내비게이션도
알지 못한 나의 **운명**

김교운 지음

내비게이션도 알지 못한 나의 운명

초판 1쇄   2019년 05월 20일

지은이   김교운
발행인   김재홍
디자인   이가인
마케팅   이연실

발행처   도서출판 지식공감
등록번호   제396-2012-000018호
주소   경기도 고양시 일산동구 견달산로225번길 112
전화   02-3141-2700
팩스   02-322-3089
홈페이지   www.bookdaum.com

가격   20,000원
ISBN   979-11-5622-449-5 03100

CIP제어번호   CIP2019018395
이 도서의 국립중앙도서관 출판예정도서목록(CIP)은 서지정보유통지원시스템
홈페이지(http://seoji.nl.go.kr)와 국가자료종합목록시스템(http://www.nl.go.kr/
kolisnet)에서 이용하실 수 있습니다.

내비게이션도
알지 못한
나의
운명

김교운 지음

차례

2장 주역과 미래

3장 세상 이치와 근본 원리

4장 불교와 業, 윤회, 道(깨달음), 사후세계

귀 있는 자 들으리라!

세상사가 재주와 노력에 의해서만 이뤄지고 결정된다면 얼마나 좋겠는가! 그러나 결단코 그렇게 되지 않는다. 살아 보면 안다.

노력은 성공에 있어서 일종의 조건이기는 하지만, 필수 요소는 아니다. 즉 노력은 어느 정도 인생의 성공에 도움이 되지만 그 자체로는 무리라는 말이다. 그리고 노력과 재능도 타고난다.

태어날 때 이미 팔자에 금수저(여왕벌), 흙수저(일벌)가 따로 정해져 있다. 따라서 너무 악쓰거나 억울해하지 말고 주어진 명(命)을 알고 주어진 일에 최선을 다하되, 그 결과는 하늘에 맡겨야 한다.

시도하고 노력하는 것은 사람이고 이루고 허락하는 것은 하늘이다. 분수를 알고 편안히 여기고 만족할 줄 알면, 吉을 추구하고 凶을 피할 수 있다. 공자도 '지천명'이라고 팔자를 인정하고 죽었다.

이 책에서 많은 이야기를 했지만 '귀 있는 자'만이 듣고 이해하고 실천할 것이다. 근기(根機)가 되지 않고 인연이 없으면 송곳으로 귀를 뚫고 얘기해 줘도 모른다. 줄탁동시(啐啄同時)가 되어야 한다.

삼라만상은 끝이 없지만 「법성게」에서처럼 인간은 자기 근기만큼 자기 팔자만큼 자기 인연만큼 보고 듣고 행하다가 갈 뿐이다.

중생들은 배우거나 모른다고 하는 대신 스승과 귀인을 비난하고 능멸하려고 한다. 그래서 "너 자신을 알라"는 말이 나왔다. 자신이 무식한 것을 알면 유식한 길로 갈 수 있는 가능성이 열리는데, 무식한 줄 모르고 유식한 줄 알면 가능성이 평생 닫히고 만다.

쇼펜하우어는 모든 진리는 세 단계를 거친다고 했다. "①조롱당하고, ②심한 반대에 부딪치고, ③자명한 것으로 인정받는다." 그래서 부처님 예수님 주역 공히 그토록 "귀 있는 자 들으리라"고 강조하셨다.

공자님 말씀대로 "먼저 찾아와서 간절히 묻지 않으면 대답해 주지 마라"가 맞다. 또 카네기가 말한 "사람은 재산적 열등감은 참을 수 있어도 지적 열등감은 참지 못한다. 그러므로 애써 상대방을 설득하려 하지 말라"를 아주 잘 기억하고 있다.

그러나 그것을 알면서도 깨친 것을 나누고 싶었다. 무지로 고통받고 있다면 그 고통을 덜어주고 싶고 길을 알려주고 싶었다.

1장

운명과 팔자

아무리 외면하고 부정해도
운명(팔자)은 있다

똑똑하다고 잘사는 것 아니야! 예쁘다고 잘사는 것 아니야! 노력만 한다고 잘사는 것 아니야! 부처님 말씀처럼 자기 복대로 업(業)대로 사는 거야! 타고난 복과 지혜-그릇-인연-팔자만큼 살다가 죽는 거야! 조금 주어지는 자유의지를 전부라고 착각하지만 팔자의 꼭두각시와 아바타일 뿐이야! 인생을 크게 좌우하는 것은 재주와 노력이 아니라 타고난 운명이고 팔자야! 부귀는 실력과 인성보다 천명(天命), 즉 팔자와 복이야! 아무리 운명이 없다고 외면해도 있는 것이 없어지는 것이 아니야!

흔히 알고 있듯이 "머리 좋은 년은 예쁜 년을 못 당하고 얼굴 예쁜 년은 팔자 좋은 년을 못 당해! 능력 있는 놈은 아부나 빽 있는 놈을 못 이기고 빽 좋은 놈은 운 좋은 놈을 못 이겨!, 용장(勇將)→지장(智將)→덕장(德將)→운장(運將) 순이야!

사람은 어느 나라에서 어떤 부모를 만나느냐? 동식물은 어떤 기후에서 어디에 씨앗이 떨어지느냐? 에 따라 이미 인생의 대부분이 결정되어 버린다. 주어진 것을 거역할 수도 있지만 그 수는 극소수이다. 결국 인생은 복 싸움이다.

아주 잘 나가거나 뭘 모르거나 혈기방장한 젊은 나이에는 운명의 존재를 믿지 않거나 더 나아가 비웃고 조롱하면서 무엇이든 재주와 노력과 지모(智謀)로 해결할 수 있다고 우기지만, 인생을 살면서 재주와 노력과 인모(人謀)로 감당할 수 없는 숱한 일들을 겪고 나면 '귀모(鬼謀)'의 작용을 감지하여 자의 반 타의 반 진인사대천명의 자세로 겸손하게 살고자 하게 된다.

강태공은 "부귀는 성인의 덕(德)과 같아서 다 천명(天命)에 달렸다"고 하면서 위수에서 빈 낚싯대를 드리우고 72세까지 주나라 문왕을 기다려 문왕의 아들인 무왕을 도와 폭군인 은나라 주왕과 달기를 멸하고 그 공으로 주나라 제후국인 '제나라의 시조'가 되었지만, 공자는 처음부터 완전한 운명론자나 천명론자가 아니라 운명 개척론자였다.

공자는 주역을 위편삼절(韋編三絕)까지 하면서 공부하여 "50세가 되어 천명을 알았다"고 하였으며, 주역 점을 수시로 치고 "열에 일곱(70%)은 맞는다"고 하였지만, 운명과 천명을 완전히 믿지 않고 자신을 등용해 줄 나라를 찾아 55세부터 그 넓은 중국을 13년 동안 상갓집 개처럼 무수히 떠돌았으나 결국 벼슬에 실패하고 말았다. 68세에 자의 반 타의 반 고향인 노나라로 돌아와 저술과 후진 양성에 몰두하다가 "죽고 사는 것은 명(命)에 있고 부귀는 하늘에 있다"고 하고는 73세에 죽었다.

금수저들은 조상과 자신의 부귀를 모두 실력과 노력의 결과라면서 흙수저들에게 실력과 노력 부족이라고 윽박지르고 조롱하지만 개가 웃을 일이고, 거의 대다수 노인들은 "지난 세월을 되돌아보니 내 의지와 노력이 아니라 어찌할 수 없는 뭔가 모르는 힘에 의해 이끌려 온 것 같다. 아니라고 하지 마라. 나도 한때 아니라고 했다. 살아보면 안다"고 한결같이 입을 모은다.

명심보감을 두 줄로 요약하면 "부귀(富貴)와 인명(人命)은 하늘의 뜻이요, 사고와 행동은 중용(中庸)을 취하라"는 것이고, 로마 철학자 시세로는 "인생을 좌우하는 것은 지혜가 아니라 운명이다"라고 했다. "신은 죽었다"고 선언한 철학자 니체도 "우리의 운명은 우리가 그것의 본성을 배우기 전부터 우리에게 영향력을 행사해 왔다"면서 운명을 인정했다.

그리고 천명과 운명이 있음을 모든 것의 최고와 근원을 가르치는 종교에서 강하게 주장하고 있고, 자연적 과학적 현실적 이치가 그러하고, 동서고금에 살았고 살고 있는 많은 사람들이 느끼고 믿고 있다. 현대 물리학에서는 「과학적 결정론」과 「확률론적 결정론」을 얘기하고 있으며, 뇌(腦) 과학에서는 「자유의지」가 없다고 주장하고 있다.

정말 운명(전생업보, DNA, 설계도, 시스템, 프로그램, 주님 섭리, 내비게이션)이 있을까? "풋내 나는 입술로 아니라"고 하지 마라. 흔히 말하는 '운칠기삼'이고, 내구연한(질병, 수명 등)-프로그램(머리, 성격, 팔자, 용도 등)-배터리(에너지, 노력의 강약 등) 모두 타고난다.

작은 것은 머리와 노력의 싸움이고, 중간 것은 운칠기삼이며, 큰 것은 팔자 싸움이다. 누가 팔자가 더 좋으냐에 따라 승패가 갈린다.

- 小福 : 노력과 의지 / 中福 : 조상 음덕과 본인 업보 / 大福 : 하늘 지원
- 단기·부분 : 노력 / 장기·전체 : 팔자
- 작은 병 : 관리소홀 / 큰 병 : 팔자

가을의 풍년 여부는 농부의 노력보다는 주로 하늘의 날씨에 달려 있다. 심지어 동서고금 대부분의 국가와 제국들의 문명성쇠도 날씨 등

자연환경에 달려 있었다.

불교-유교-기독교 모두 노력에 대해서 얘기를 안 한 것은 아니지만 천명사상과 운명의 하위적이고 부수적인 것으로서 다루고 있으며, 그 비중과 언급 횟수는 거의 미미한 실정이다. 그리고 노력으로는 작은 것만 이룰 수 있고 운명을 채우는 보조적인 수단이라고 해 놓았다.

그리고 흔히들 "노력하면 다 성취할 수 있다"라고 얘기하지만, 그것은 사회가 만들어 둔 희망고문과 자기만족을 위한 최면에 불과하다. 노력도 타고나며 팔자가 나쁘고 똑똑하지 못하면 노력할 줄도 모른다. 즉 사람은 팔자에 없는 노력은 할 줄도 모르고, 복과 인연 없는 엉뚱한 노력은 사고-좌절-실패-골병-죽음만 초래하고 죄업만 더 짓게 된다.

자 이제부터 천명과 운명이 있다는 이치와 근거를 제시해 보겠다.

첫째 : 세상의 최고 높은 경지와 근원을 가르치는 모든 종교에서 천명과 운명을 강조하고 있다. 종교 〉 철학 〉 과학 순이라는 것을 알아야 한다. 인도 힌두교는 절대적으로 운명을 신봉하고 있다(카스트 제도). 그래서 인도에서 공부를 오래 한 스님들에 따르면 "현실을 당연시하여 계층 간 갈등도 별로 없다"고 한다.

힌두교와 불교는 업-윤회-인과-인연 등을 통해 천명(운명)을 가장 강하게 주장하고 있는데, 유교, 기독교 등 여타 종교들도 말만 다르게 했을 뿐 역시 전체적 뜻은 대동소이하게 천명(天命)을 크고 강하게 누차 얘기하고 있다.

특히 불교는 업(카르마), 인과응보, 윤회, 타고난 복, 부처님의 수기(예언), 연기론, 근기, 유식사상 등을 통해 운명을 강하게 얘기를 해 놓았다. 부처님은 "과거를 알려고 하지 마라. 지금 현재 받고 있는 것이다. 미래를 알려고 하지 마라. 지금 현재 하고 있는 것이다", 또 "전생의 업보란 하늘로 옮길 수도, 쇠 그물로 덮을 수도 없다"고 하셨다.

유교의 최고 경전인 주역은 하늘의 뜻을 받아 미래를 점(占)치는 것이다. 즉 유교는 천명사상에서 출발하였다. 유교 창시자 공자는 "죽고 사는 것은 명(命)에 있고 부자가 되고 귀하게 되는 것은 하늘에 달렸다"고 얘기를 했는데, 그도 처음에는 운명을 반신반의했다.

공자가 고향인 노나라에서 '대사구' 벼슬(법무장관)을 하다가 55세 무렵 실권을 쥔 대부 계손자 등의 모함으로 쫓겨나게 되는데, 이때 공자는 자신의 뜻을 펴기 위한 주유천하를 하기 전에 주역 점을 쳐 본다.

주역 점을 보니, 「산화비」라는 괘가 나왔는데, 이것은 "빛 좋은 개살구"라는 뜻이다. 앞으로 명성은 있으나 벼슬은 할 수 없다는 말이다. 이에 공자가 울면서 다시 한 번 더 주역 점을 쳐 줄 것을 부탁한다. 원래 주역 점은 한 사안에 대해서 2번 점(占)을 치면 안 되는 것을 알면서도 말이다. 그만큼 간절히 벼슬하여 뜻을 펴고 싶어서 일 것이다. 공자는 주역에서 "세상에서 가장 귀한 것은 부귀(富貴)이며, 자리(벼슬, 직위)에 있지 않고는 뜻을 펼 수 없다"고 하면서 관직 진출을 학수고대했다.

2번째 점의 결과도 「화산려 괘」로 역시 벼슬은커녕 "고생하며 여기저기 떠돈다"는 뜻이다. 그럼에도 공자는 포기하지 않고 풍찬노숙에 상갓집 개 소리까지 들어가며 자신을 등용해 줄 나라를 찾아 중국 대륙을 13년간 70여 개국을 떠돌아다녔으나 토착 귀족들의 시기와 질투로 결국 벼슬을 하는 데 실패하고, 고향에 돌아와 후진양성과 저술을 하다가 73세에 죽고 말았다.

명심보감에 "부귀를 지혜와 힘으로 구할 수 있다면 공자는 젊은 나이에 마땅히 제후(諸侯)가 되었을 것이다. 세상 사람들은 푸른 하늘의 뜻을 알지 못하고 부질없이 몸과 마음으로 하여금 한밤중에 근심하게 한다"라고 한 것을 알고나 있는가? 또 "어리석고 귀먹고 고질이 있고 벙어리라도 집이 크게 부유하고, 지혜 있고 총명하지만 도리어 가난하다. 운수는 해와 달과 날과 시가 분명히 정하여 있으니 계산해 보면 부귀는 명(命)에 말미암고 사람에 말미암지 않는다"고 하였다.

공자가 부귀가 재주와 노력이 아니라 천명(天命)에 달려 있다는 것을 후학들에게 보여 줬다면, 소크라테스와 예수는 너무 똑똑하거나 한 시대의 선각자가 얼마나 힘들고 어렵고 우중들에 의해서 어떻게 되는지를, 부처는 깨닫는 것의 소중함과 깨닫는 과정과 깨달음 뒤에 어떻게 해야 하는지를 몸소 보여줬다.

위에서 보듯이 성인(聖人)들도 마음대로 팔자를 바꿀 수 없다. 왜냐하면 천지는 마음이 하나도 없이 하는 것만 있고(天地無心而有爲), 성인은 마음만 가득 있지 하는 게 없기(聖人有心而無爲) 때문이다. 천지는 성인과 더불어 근심하지 않는다. 자연법칙(공전·자전 등)은 성인과 중생을 가리지 않고 그저 행할 뿐이다. 그래서 성인은 유심(有心)이나 무위(無爲)라고 했다.

도교에서는 "인간은 땅에 매여 있고, 땅은 하늘에 매여 있고, 하늘은 법칙에 매여 있고, 법칙은 스스로 그러하다"(自然)라고 했다. 도교도 유교와 마찬가지로 역시 천명사상(天命思想)이 주를 이룬다. 도교의 한 분파인 기독교도 천명사상에서 벗어나지 않는다. 인간은 주님의 피조물로서 종이고 모든 것이 주님께 달려있다고 하는 등 오히려 더 강하다.

둘째 : 우리 세상과 우주에는 연기법(緣起法)과 인과법(因果法)과 작용 반작용의 법칙과 질량 에너지 등가의 법칙과 원 운동과 순환의 법칙이 엄연하기에 미래는 정해져 있다. 완전히 정해져 있는 것은 아니지만 웬만히 큰 계획과 그림만 정해져 있는 것이 된다. 왜냐하면 현재→미래 과정에 새로운 크고 작은 인과가 생겨날 수 있기 때문이다.

예를 들면 정부에서 도시 및 국토종합개발 계획을 만들었다면 언젠가는 그렇게 되지만 꼭 100% 그대로 되는 것이 아니라 중간에 정권 변경·예산 과부족·여론 변동·계획 수정 등의 변수로 인해 결국 공사는 하지만 공사 착공 시기나 공사 기간이 연기되거나 일부 설계 변경이 일어나기 때문이다.

만약 인과법과 연기론이 없다면 우리는 우리가 한 것과는 아무 관계도 없이 우연이나 제멋대로 일어나는 복불복(福不福)의 인생을 사는 것이 된다. '노력하면 잘 된다'는 것도 인과나 연기를 전제로 한 것이다.

셋째 : 위의 도교 주장이나 기독교 주장(주님의 인간 등 천지창조, 성부·성자·성령)이나 불교(법신·보신·화신) 주장이나 힌두교 등의 범신론 주장 등을 풀어 보면, "우리 세상과 인간은 신+대우주+대생명+천지 대자연+지구의 축소 모사판으로 그들의 자식이고 표상"이라는 말이다. 이것은 세계 대다수 국가와 민족의 신화·전설, 세계 각종 종교, 주역·한의학 등 동양학은 물론 과학에서도 널리 주장하고 있는 것이다.

그리스 철학자 플라톤도 '이데아', '동굴의 비유' 등을 통해 "이 세계는 진실로 존재하는 「이데아」의 세계를 흉내 낸 첫 번째 것에 불과하다"고 하여 위의 내용을 말하고 있다. 독일 철학자 셜링도 「동일철학」을 통해

"신이 밖으로 드러난 것이 세계이다"라고 하였다.

지구와 우주는 자연법칙에 따라 존재하고 순환하기에 그 속에 속해 있으면서 그 일부분인 인간은 자연법칙과 순환에 종속될 수밖에 없다. 이 세계는 인간이 중심이 아니라 자연이 중심이고 인간은 그 부속품일 뿐이다. 그래서 인간의 삶은 자연에 지배를 받을 수밖에 없다.

지구와 우주가 전체이고 상위이며 그 일부분과 하위가 사람이다. 전체와 상위가 법칙-궤도-규칙-질서가 있는데, 그 부분과 하위가 법칙과 궤도가 없겠는가? 인간은 우주와 자연의 일부분이 아니고 다른 세계의 것인가? 아무리 아니라고 우겨도 인간은 전체 속의 부분이다.

구체적으로 태양계의 지구나 달 등 모든 것은 자기보다 더 큰 성체(星體)인 주성(主星)을 중심으로 해서 주기적으로 일정한 궤도를 공전하고 있다. 이에 공전하는 천체는 주성의 영향을 절대적으로 받게 되며, 지구는 당연히 주성인 태양의 영향을 가장 많이 받아서 자전으로 음양인 낮과 밤이, 공전으로 음양오행의 변화인 4계절이 생기게 된다.

인간은 지구라는 테두리 속에서 그 구성원으로서 지구와 함께 태양 주위를 돌면서 자전과 공전을 하기에 당연히 태양의 영향을 가장 많이 받을 수밖에 없다. 하늘 즉 태양에 매여 있게 되는 것이다. 그리고 우주만물이 큰 것이나 작은 것이나 모두 운동을 하듯이, 인간도 자기만의 공전·자전 궤도가 있다. 인간도 우주를 머금고 있는 작은 별이다.

넷째 : 많은 사람들이 운명(팔자)이 있다고 하면 서양의 과학을 내세우면서 미신이라고 조롱하고 맹비난하지만, 서양의 과학은 가장 미신적인 기독교를 뚫고 나왔고, 서양은 점차로 고전물리학-상대성 이론-양자물리학-뇌 과학 등을 통해 힌두교·주역·불교가 말한

주장이 사실임을 차례로 증명하고 있고, 현대 물리학에서는 「과학적 결정론」과 「확률론적 결정론」을, 뇌(腦) 과학에서는 「자유의지」가 없다고 주장하고 있다. 운명이 있음을 직접적 또는 우회적으로 말하고 있는 것이다.

이처럼 종교가 제일 앞서 달리고 있고 과학이 뒤따라가면서 종교가 얘기해 놓은 것을 하나하나 증명해 내고 있다. 종교가 주장한 모든 진리가 밝혀지는 것은 시간문제이다. 과학도 계속해서 올라가면 결국은 정신의 문제이고 종교의 영역이다. 동양의 종교·사상과 과학의 관계는 「제2장, 불교·주역·명리학은 물리학이다」에서 자세히 설명하겠다.

그리고 스위스의 정신의학자로 분석심리학의 개척자인 '칼 융'은 "무의식이 곧 운명이다. 나의 생애는 무의식의 자기실현의 역사이다"라고 하였으며, 그 외 미국 심령학자 '에드가 케이시'가 수면 상태에서 타인의 전생과 환생(인과응보의 역사)을 읽어내어 기록해 두었고, 미국 버지니아 의과대학의 정신과 교수인 '이안 스티븐슨'은 전생과 환생을 과학적으로 연구(인과응보 법칙)하여 책을 발행하였다.

현대에 와서는 과학은 생명체도 태어날 때 유전자(DNA)에 이미 생로병사가 프로그램되어 있다는 것을 밝히고 있다. 양자물리학에서는 동종(同種) 사이에는 보이지 않는 '형태 공명장'이란 연결선이 있어 상호작용을 한다고 보고 있으며, 형태 공명장을 인간의 범위로 축소해 놓은 '후생 유전학'에 따르면 부모의 유전자를 물려받은 자손은 부모와 외모·성격·질병까지도 비슷하며 부모의 희로애락도 동기감응으로 공유하는 등 부모–자식 간에는 모든 것이 상호 연결되어 작용한다고 보고 있다.

다섯째 : 땅과 바다에도 길이 있다. 심지어 장애물이 전혀 없는

하늘에도 길이 있다. 우리는 길을 따라 움직이고 있다. 길이 없는 곳은 없다. 없으면 길을 만들어 그곳으로 다닌다. 우주에 태양 포함 모든 별들은 모두 궤도(길, 자연법칙)를 따라 정확하고 일정하게 공전·자전을 하며 움직이고 있다.

이를 두고 피타고라스도 주역(周易)처럼 '수(數)가 우주를 지배한다'고 생각했다. 즉 우주가 질서와 조화를 유지하는 것은 수의 지배 때문이라는 것이다. 수가 지배한다면 변하지 않고 조화를 이루는 법칙·규칙·질서가 있는 것이다. 이에 뉴턴·라플라스 등 19세기 고전물리학자들은 「과학적 결정론」을 주장했다.

과학적 결정론이란 근대 과학의 아버지로 불리는 갈릴레오가 과학적 결정론의 시조인데, 그는 자연을 '수학의 언어로 쓰인 책'이라고 표현했다. 우주는 완벽하게 질서 있게 구성되어 있기 때문에 미래는 한 치의 오차도 없이 수학적 공식으로 결정되어 있다는 뜻이다. 근대 철학의 아버지로 불리는 데카르트도 갈릴레오와 같이 '자연의 언어는 수학'이라고 생각했다. 데카르트는 물질적인 세계를 하나의 기계로 이해했다

스티븐 호킹 박사는 "우주는 수학적 체계로 돌아가는 합리적 우주다", MIT 물리학 교수인 맥스 테그 마크는 "우리가 사는 물리세계의 실체는 바로 수학적 구조다"라고 했다. 수학적 구조라면 규칙과 질서가 있고 계산을 할 수 있고 정해진 미래를 예측할 수 있는 것이다.

우리의 세상과 인간은 신+대우주+대생명+대자연+지구의 축소 모사판이다. 따라서 인간과 인간 세계를 고차원적으로 확대해 보면 곧 신+대우주+대생명+대자연+지구가 되고(삐삐 : 동물 〈 폴더폰 : 인간 〈

스마트폰 : 천재 〈 슈퍼컴퓨터 : 신) 그들의 모양과 뜻을 알 수 있다.

즉 인간 세계가 길이 있듯이 대우주도 길(궤도, 자연법칙)이 있는 것이다. 대우주가 길이 있으니 그 부분인 인간과 세상도 길(자연법칙, 궤도)이 있는 것은 자명한 것이다.

여섯째 : 확률적으로 봐도 나 혼자만 있으면 내 뜻과 노력이 100% 반영되지만, 그 숫자가 늘어날수록 내 뜻과 노력이 차지하는 영역은 급격히 줄어들고 만다. 우리가 마음대로 하는 것 같지만 국가나 사회제도·법·문화라는 공업(共業)이 있고 거기다 힘센 자나 천재가 내 주위에 있다면 내 능력은 제로와 마이너스가 된다. 더 나아가 재산과 목숨마저도 다 빼앗길 수 있다. 그저 대중(중생)은 '자칭 똑똑하지만' 사실상 무슨 특별한 능력과 의지 없이 원숭이처럼 선전선동에 막무가내로 놀아나고 플랑크톤처럼 큰 파도와 물결에 이리저리 휩쓸릴 뿐이다.

일곱째 : 아주 작은 것은 내 의지와 노력으로 가능하다. 그러나 중간 것은 대개 내 의지와 외부 영향력의 조합으로 이뤄지며, 큰 것은 내가 하고 싶다고 하고(부귀 등) 안 하고 싶다(군 복무, 전쟁 징집 등)고 안 할 수 있는 것이 아니다. 큰 것은 내 의지와 노력을 벗어난 것이다.

여덟째 : 우리는 부모의 부귀 등 가문, 민족, 성별, 용모, 지능 등 태어날 때부터 벌써 많은 것들이 이미 정해져 있다. 그런데 이것들이 복불복(福不福)의 우연에 의해서 그렇게 된 것이고 그 우연을 입 닥치고 고스란히 다 감당하라고 하면 옳겠는가? 이게 이치상 맞는가? 이 세상에는 인과법칙-연기법칙-원 운동 법칙-작용·반작용 법칙-부메랑 법칙 등이 있는데도 말이다. 이 우주에는 거시-미시 모두 일정한 법칙이 엄연히 존재한다. 만약 모든 것이 인과(因果) 없이 우연의

복불복으로 일어난다면 우리의 선악−노력−보상과 징벌−의지도 아무런 의미가 없다. 그냥 아무 생각 없이 마구잡이로 살아야 하는 것이다.

그래서 이것의 답은 전생에서 찾을 수밖에 없다. 힌두교와 불교가 말한 '전생 과보'에 의한 결과로밖에는 해석할 수 없고 또 그러는 것이 옳다. 이 우주가 아무런 법칙 없이 제멋대로 미쳐서 돌아가는 것은 아니지 않는가? 세상은 음양−중도−연기이기에 열린 것이 있다(노력)면 정해진 것(운명)도 있게 된다.

아홉째 : 처음에서 얘기했듯이 젊어서는 거의 다 운명(팔자)을 강하게 부정하고 미신이라고 맹비난하지만, 40대 중반이 넘어가면 운명의 힘을 서서히 느끼고 노인이 되어서는 금수저 몇 명을 제외한 거의 모든 사람들이 팔자와 운명의 존재에 대해서 자의 반 타의 반 인정을 한다. 즉 동서고금에 살았고 살고 있는 수많은 사람들이 느끼고 믿고 있는데, 이것을 무조건 미신이나 개인의 실패에 대한 변명이나 자기 합리화로 몰아붙일 수는 없다. 단지 현상과 증거가 있는데 우리의 이해가 부족하고 그것을 측정할 수 있는 장비와 과학이 뒤처져 있을 뿐이다. 과학은 엄연히 눈이 보이고 잡혀도 장비로 측정할 수 없으면 비(非)과학이고 미신이라고 맹비난하는 꽉 막힌 꽁생원들이다.

요즘은 젊은이들도 "개천에 용이 나지 못한다, 금수저·흙수저론, 헬조선" 등의 말을 통해 운명이 있음을 점차적으로 인정하고 있다.

이렇듯 운명과 운이 중요한데, 운(복)을 중요시한 사례들을 살펴보도록 하자. 이병철 삼성회장은 성공의 세 가지 요인으로 운−둔함(기다림)−근면 순으로 얘기했다. 재벌이 성공 요인으로 운을 말하다니, 신기하지 않는가? 록펠러 등 세계 대다수 거부들도 이병철 회장과 마찬가지 입장이다.

그리고 구한말 세계 최강 러시아 발틱 함대를 무찔러 「러일 해전」을 승리로 이끈 일본 '도고 제독'을 알 것이다. 이 사람이 일본 함대 사령관에 임명되기 전에, 해군사령부에서 도고를 포함한 후보자 2명을 선발해서 '메이지 천황'에게 그중 1명을 낙점해 주기를 원했다.

메이지 천황이 물었다. "이 두 사람은 각각 어떤 사람들인가?" 해군에서 이렇게 답했다. "한 사람은 실력이 엄청나게 뛰어나고, '도고 제독'은 실력은 그저 그런데 도저히 어떻게 말로 설명할 수는 없지만 하여튼 운(복)이 엄청나게 좋은 사람입니다."

명치 천황은 운이 엄청 좋은 '도고 제독'을 일본 함대 사령관으로 임명했다. 이 도고 제독이 동서고금 세계사에서 가장 존경했다는 이순신 장군도 싸우기 전에 반드시 주역 점 등 각종 점을 쳐서 운을 봤다. 다 알다시피 미국 루즈벨트 대통령도 점성술로 중요한 결정을 내렸다.

다 알다시피 유명 정치인과 재벌 등 부귀자나 상근기일수록 역학에 민감하고 이용에 관심이 많다. 그들은 하근기들과 달리 부귀를 얻거나 세상이 돌아가는 원리가 노력보다 타고난 복과 운에 있다는 것을 잘 알고 있기 때문이다.

우주 질서와 법칙이 엄연한 데 하찮은 인간이 바란다고 없는 것이 생기는 것이 아니듯이, 부정한다고 있는 것이 없어지는 것도 아니다. 그러니 진리를 알기 위해 늘 공부해야 한다.

과학은 과연 변하지 않는 진실이고
만병통치약인가?

전혀 과학적이지 않다구요? 그럼 과학에 대해 한 번 알아볼까요? 과학이라는 것은 "어떤 사건이나 사물을 같은 조건에서 실험했을 때 언제, 어디서, 누구가 하든 상관없이 같은 결과가 나오는 것을 말한다."

그러나 문제는 자신이 전혀 모르거나 동서고금 다수가 인정하는 현상·사실·증거가 분명히 있지만 실험과 측정 장비가 아직 없어서 실험과 측정하여 증명할 수 없는 것은 무조건 비 과학, 거짓, 미신으로 매도를 해 버리는 데 있다. 현상·사실·증거는 분명히 동서고금에 넘치게 있고 동서고금의 수많은 사람들이 겪고 인정을 하는데, 과학자 자기가 모르고 실험하여 측정·증명할 수 없다고 아니고 없고 미신이 되어야만 하는가?

아파서 병원에 가 봐라. 과학으로 원인을 알고 고칠 수 있는 병이 1/10이나 되는지?, 그 1/10조차 제대로 치료를 하는지? 못 고치면 원인을 모른다. 아직 감기조차 근본적인 치료를 못하고 있는 것이 그 잘난 과학의 현주소이다. 그러면서 의사라는 특권의식에 빠져서 고자세에 얼마나 싸가지들이 없는지…, 이러한 현상은 실력이 없고 시골의사일수록 더하다. 의료사고를 내어도 도대체 인정과 반성할 줄 모르고, 의료사고를 규명하려고 해도 서로 동종업계 보호와 밥그릇 지키기에만 혈안이 되어서 동료의사 편들기만 하기에 의료사고는 검찰·경찰의 정식 수사 말고는 규명할 방법이 사실상 없는 실정이다. 일방적으로 환자에게 불리하게 되어 있는 법을 공정하게 개정해야 한다. 잘난 의사들은 돈도 많이 벌고 특권의식에 빠져 있는 만큼 실력을 갖추고 정정당당하게 실수를 인정하고 사과하고 보상을 해라! 그래야 의료가 발전하고 국민이 행복해지고 나라가 발전한다.

만유인력을 발견한 뉴턴은 "내가 발견한 것은 어린아이가 바닷가에서 작은 조개껍질 하나를 주워 온 것과 같다"라고 했고, 아인슈타인은 "우리는 아직 자연이 보여주는 모습의 1/1,000도 모르고 있다"고 하였다. 즉 무릇 우주 안의 현상과 사물의 이치는 무궁하고 우리의 지혜는 유한하다. 유한한 지혜로 무궁한 현상과 이치를 다 밝힐 수는 없는 것이다. 기실 과학이란 것이 우주 삼라만상 중 먼지만큼만 밝힌 것이다. 먼지가 대우주를 평가·재단·매도하고 있는 꼴이다. 그리고 과학은 부정만 잘할 뿐 그 대안은 제시하지 못하고 있는 것이 부끄러운 현실이다.

그리고 과학의 역사를 살펴볼 때 18~20세기 과학이, 지금 현재 21세기에 그대로 남아 있는 것도 있지만, 폐기되거나 번복되거나 수정되어 온 것이 부지기수이다. 과학은 '번복과 뒤집기'의 역사이다. 그래서 대부분의 과학 서적과 이론들이 시대가 바뀌면 낡은 지식이 되어 역사의 뒤안길로 사라지고 말았다. 지금의 과학이라는 것이 시공을 초월하여 절대적인 것이 아니라 "현재의 실험 장비와 식견의 수준에서 현재의 사람들 수준에 맞게 설명한 것"일 뿐이다. 앞으로 과학자·전문가들의 지식과 식견이 더 나아지고 관측·측정·실험 기술이 더 발달하고 이를 듣는 대중들의 수준이 더 높아지면 현재의 과학이란 것(說)이 어떻게 될지 모른다. 지금의 과학이 미래의 과학에서 살아남을지 미지수이다.

심지어 아인슈타인도 자기 이론을 스스로 수정을 하거나 타인에 의해서 수정을 당했다.

뉴턴 등 많은 과학자들이 그러했듯이 아인슈타인의 이론들도 계속 수정을 거듭하다가 결국에는 더 보편적인 이론으로 대체될 것이 뻔하다. 그런데도 우리는 결론이 나지 않은 과학을 마치 결론이 난 것처럼 단정하고 맹신한다.

지금 과학자들은 또 무엇인가? 지금 아예 모르고 잘 모르고 비과학이고 미신이고 불확실하다고 믿고 알려진 것들을, 연구하고 실험해서 과학으로 만들려고 하는 사람들이 아닌가? 현재 과학으로 재단해서 인정된 것만 믿고 받아들여야 한다고 하면, 그냥 그대로 가만히 있어야지, 왜 현재 미신이고 인정하지 못하는 것들을 연구를 하고 또 연구하게 내버려 두는가? 다 처벌을 해야 옳지 않을까? 모든 일과 현상이 네가 모르면 미신이고 네가 알면 과학이고 진실인가? 진실이 과거와 오늘은 거짓과 미신이고, 실험해서 증명하면 내일은 진실이고 과학이 되는가?

우리가 지금 미신이라고 욕하는 것들이 우리의 무지(無知)의 소치라는 것을 인정하거나 그 미신이 사실일 지도 모른다는 가능성은 왜 열어 두지 않는가? 우리는 기독교가 천동설을 주장하고 '지동설'을 비난하고 핍박한 적이 있듯이, 실제로 우리 중생들의 과학을 빙자한 어설픈 선입견이나 지식 쪼가리가 무지의 소치임을 계속해서 밝혀 오고 있다. 그리고 대부분의 발견과 발명품들도 처음에는 상상-공상-망상-환상-가설-가정-꿈-전설-미신-신의 계시에서 출발한 것을 알고나 하는 말인가?

따라서 미래의 과학이 역설적으로 선각자들의 주장(천명과 운명)을 증명해 줄 것이라고 믿는다. 힌두교와 불교 주장들도 처음에는 말도 안 된다고 비난하였으나 과학이 발달할수록 거의 다 인정을 하고 경이로운 존경을 보내고 있는 것처럼….

종교의 '宗'(마루종)은 "모든 것의 근원·근본, 우두머리, 가장 뛰어난 것을 의미"하는 것으로 종교는 최고 높은 근원과 경지를 가르치는 것이다. 종교 밑에 철학, 철학 밑에 과학이다. 과학은 종교에서 비롯되었다. 즉 종교는 과학의 할아버지 격이다. 뒤에서 자세히 얘기하겠지만 주역, 명리학, 불교의 반야심경·화엄경·의상조사 법성게 등은 그 자체로 물리학이다. 천체 물리학이기도 하다. 서양의 과학이 세계 종교 중에서 가장 미신적인 기독교를 자랑스럽게 뚫고 나왔으면서도 자신이 모르거나 자신이 인정하지 않는 다른 종교·철학·사상·현상·사실·증거들에 대해 왜 그렇게 배타적이고 부정적인가? 가장 독재적이고 불합리한 기독교를 박차고 자유·평등·민주주의·합리주의를 만들어 놓고도 말이다.

전체(현상)가 부분(과학)을, 상위개념(종교)이 하위개념(과학)을 평가할 수는 있으나, 부분과 하위가 전체와 상위를 무턱대고 평가, 부정할 수는 없다. 초등학교를 다니는 손자가 그 뿌리이며 인생 70~80년을 산 할아버지를 재단·평가·부정할 수는 없는 것과 같은 이치이다.

과학은 어설픈 자기주장을 그토록 강요하면서, 자기가 모르거나 자신의 잣대를 벗어나는 것은 아무런 대안(代案)도 제시하지 않고 절대로 인정치 않고 맹비난하고 있다. 문제는 우리들도 과학이 뭔지? 미신이 뭔지? 잘 모르면서, 과학자들의 이 같은 주장을 아무 사유나 검증이나 비판 없이 앵무새처럼 따라 하는 데 있다. 어리석은 중생들이 그럴 수밖에는 없겠지만…

왜 모르는 것을 모른다고 할 줄 모르는가? 왜 그렇게 옹졸하고 자신이 없는가? 공자는 "아는 것이 무엇이냐?"는 제자의 질문에 "아는 것을 안다고 하고 모르는 것을 모른다고 하는 것이 진정 아는 것이다!"라고 했다. 아무나 "모른다"는 소리를 할 수가 없다. 진정 넓고 깊게 많이 알고 열려 있고 통이 크고 자신만만해야 '모른다'고 할 수 있다. 무엇이든 단정하면 안 된다. 사고는 배움의 자세로 늘 열려 있어야 한다. 이제라도 과학은 '모름을 인정하는 용기'를 냈으면 좋겠다.

아는 것도 단계가 있고 안다고 말하는 것도 그 단계가 있다. 이제 과학도 공자처럼 말해야 한다. 그래야 조상들이 이룩해 놓은 종교 등 문화유산을 당장 이용할 수 있고, 이것들을 미래를 위한 자원으로 활용할 수 있다. '열린 사고! 탐구 정신!'은 발전의 씨앗이고 동력이다.

선각자들이 주장한 「천명과 운명이 있다」가 지금 당장 눈 밝은 자에게나 세월이 지나 인간의 식견이 더 열리고 인과측정 기법과 과학 장비가 더 발달하면 '제2의 지동설'로 평가받을 것이라고 확신한다.

왜 역학은
미신 취급과 조롱을 받는가?

　스님들의 인터뷰를 보면 하나같이, "운명은 있는가?"라는 기자의 질문에 "그런 것은 없다"라고 대답을 한다. 그렇다면 불교의 중심 사상인 인과응보(인연과보)-윤회-숙업-연기-복(부처님 : 세상에서 복의 힘이 가장 뛰어나다)-근기-수기-아뢰야식은 도대체 무엇이 되나? 이런 대답은 부처님과 불교 자체를 부정하는 것이 된다.

　왜 이럴까? 그건 전혀 역학을 공부해 보지 않았고 인생과 불교의 진수를 모르기 때문이다. 혹 알더라도 근기가 낮은 중생들에게 '운명이 있다'고 얘기를 했다가는 파급 영향이 너무 크기 때문이다. 많은 사람들이 좌절하고 인생을 포기하고 나자빠질 것을 우려해서이다. 그래서 "운명은 없다"고 하얀 거짓말을 하고, "저 산 넘으면 좋은 것이 있고 이 물만 건너면 진짜 좋은 것이 있다"고 살살 달래면서 인생(고생) 목적지(죽음)까지 데리고 가야 한다. 어쩔 수 없이 '희망팔이'를 해야 한다. 희망팔이는 종교와 종교인의 가장 큰 무기이고 도사의 필수품이다.

　그리고 미신을 배격한다는 유교 국가 조선에서는 풍수지리에 근거하여 한양으로 천도하고 국가와 왕실에서 사용하기 위해 과거제도(잡과)를 통해 명리학자 등을 공식적으로 선발까지 했는데, 왜 운명은 없고 노력만 있다고 생각하게 되었을까?

조선 이씨 왕조와 양반들은 역학과 풍수지리의 효과를 잘 알기에 명리학으로 왕비나 후궁 간택·가문 간 결혼 궁합과 택일·뛰어난 자식(왕자)을 낳기 위한 부부 합방 일자 선택·왕이 될 만한 사주와 관상을 가진 자에게 줄서기(하륜→이방원), 주역 점 등으로 개인진로 결정은 물론 전쟁승패 예측(세종대왕→여진족 정벌, 이순신 장군 왜적 격퇴), 왕조와 가문의 번영과 영달을 위해 풍수지리로 한양을 수도로 삼고 조상을 명당에 모시기 위해 사력을 다했지만(조선왕조실록에는 명당을 둘러싼 묘소 분쟁이 가장 많다) 그것이 일반 백성들에게까지 퍼져 나가서 이용(특출 난 인물 배출로 왕권 위협, 혁명 빌미 제공 등)되는 것을 막기 위해 쉬쉬하면서 역학 전파를 막았고 미신이라고 세뇌하면서 사용하지 못하게 하는 이율배반적인 행태를 취했기 때문이다.

그리고 중국·인도 등 동양은 문명 발상지로서 정신·물질·문화·사상·종교 등 모든 면에서 서양에 앞서고 세계의 중심이었으나 과거 200년 전후에 산업혁명에 성공한 서양인들로부터 철선에 실린 대포 몇 방 맞고 식민지나 반식민지가 된 다음, 너무 놀라고 부끄럽고 좌절감이 들어서 스스로 기존의 동양 것들은 모두 잘못되었다고 모조리 부정해서 버려 버리고, 물질은 물론이고 정신까지도 서양의 노예가 되고 말았다.

또한 서양 제국주의자들도 동양의 식민지와 사람들을 지배하기 위해 철선과 대포의 힘과 기독교와 과학의 이름으로 기존 동양의 모든 것을 미신과 거짓과 쓸모없는 것으로 매도하고 세뇌해 버렸기 때문이다. 게다가 일제 식민지 시절의 우리 전통문화 말살 정책, 해방과 6·25 전쟁을 거치는 동안 기독교의 국가인 미국 군정의 지배와 그 문화 유입,

기독교 신도인 이승만 통치, 새마을 운동 등의 영향도 크다.

그런데 서양인들의 정신-사상-문화-제도적 기반인 기독교는 성경 그 자체가 '예언서이고 가장 미신적'이라는 것을 알아야 한다. 그리고 기독교에서는 점 봐서는 안 되고, 운명이 없다고 말하고 있는데 아주 잘못 알고 있는 것이다. 그것은 목사들이 무지해서이거나 신도들을 교회와 자기 손아귀에 묶어서 끌고 다니려고 부리는 고도의 술수이다. 가장 미신적인 요소가 많은 기독교가 '미신을 믿지 말라'고 더 펄펄 뛰고 자기와 다른 것에 지독히 배타적인 것은 웃기는 일이다. 시앗이 시앗 꼴을 못 보는 것은 아닌지 반성해 봐야 할 일이다. 실제로 성경에 등장하는 그 수많은 기적(홍해가 갈라짐, 예수가 물 위를 걷고 부활 등)과 예언(메시아 출현, 최후의 심판, 요한계시록 등)과 선지자(=신의 심부름꾼, 예언자, 무당, 점치는 자)는 또 무엇인가? 그 밖에도 신의 섭리, 예정론, 예정조화설, 신의 약속과 예비하심, 신의 축복, 달란트, 신의 쓰임, 기름 부은 자라는 말을 통해 예언(점)과 운명을 강조하고 있다.

그중 '예정조화설'을 예로 들면, 주역의 세계관에 심취했던 17세기 독일의 철학자요 수학자인 라이프니츠는 "독립된 관현악단이나 합창단이 저마다의 악보를 연주하지만 지휘자에 의해서 조화를 이루고 있듯이, 각각의 단자들이 세상에 존재하는 방식도 각각이 지닌 법칙에 의해서 보이지 않는 힘으로 조화되고 있다"고 하였다.

또 서양 철학·사상·문화의 근원인 그리스는 신탁(점)을 통해서 전쟁 등 중요 국가대사를 결정했고, 소크라테스·플라톤·아리스토텔레스는 철학자 이전에 무당이었다. 소크라테스는 "세상을 인간과 신의 영역으로 구분하고, 신의 영역은 신탁을 해 보라"고 주장했으며, 아리스토텔레스는 심지어 "자신이 철학자가 되는 것"까지도 점을 쳐서 결정한 것을 알고나 있는가?

이렇게 귀한 주역·명리학·점 등 역학이 미신 취급과 조롱을 받는 이유는 무당이나 역술업 종사자들과 중생들 모두에게 절대적인 책임이 있다.

첫째 : 당연히 실력 부족이고 '모른다'를 소리를 못해서이다. 맞지 않으니 역학이 틀린다고 하고 미신이라고 하는 것이다.

명리학은 통계학이라 어느 역학자가 봐도 특정 개인의 기본 음양오행과 사주팔자의 틀은 똑같이 나오는데, 이것을 얼마나 통변(해석)을 적절히 잘 하고 인생 진로상담을 고급스럽게 코치해 주느냐에 엄청난 차이가 난다. 예를 들면 같은 X-ray 사진을 두고 동네 병원에서 암, 대학병원은 가벼운 염증이라고 하는 것과 같다. 백지장 밖에 차이 안 나는 것이 사람 차이이고 또 하늘과 땅 차이가 나는 것이 사람 차이이다.

대개 역학 중 명리학만 공부한 경우에 문제가 발생하는데, 명리학은 사주팔자에 따른 사람 특성과 인생의 거시행로(巨視行路)에 대해서만 다루고 있다. 그래서 인간 외의 삼라만상의 일이나 사람 인생의 미시(微視)에 대해서는 점(占)을 칠 줄 알아야 하는데, 이것을 못하니, 모른다는 소리는 차마 할 수 없고, 명리학으로 대충 통쳐버리니 맞지 않는 것이다.

둘째 : 손님의 인생을 잘 상담을 해줘서 인생을 밝게 잘 열어 가도록 해 줘야 하는데, 제사에는 관심이 없고 '잿밥에만 관심'이 있는 경우이다. 손님들에게 거액의 돈을 뜯어내기 위해 굿과 이러이러한 비방을 하면 합격하고 당선되고 사업 번창하고, 내 말을 듣지 않으면

사업 망하고 죽는다고 협박하는 것이다. 특히 귀신들린 무당이 이런 짓을 잘하고 TV출연 경력 등 유명세를 빙자하여 사기를 치는 경우도 많다.

셋째 : 영업 전략상 어쩔 수 없이 나쁜 말을 쏙 빼고 좋은 말만 할 수밖에 없는 경우이다. 사람들은 역학자와 상담을 통해 인생 나침반과 디딤돌로 삼으려는 경우는 거의 없고, 선의의 거짓말을 원한다. 진실을 원하는 것이 아니라 위안·위로·희망적인 말을 듣기를 원하는 것이다. 그리고 대개가 미리 결정을 해 놓고 거꾸로 그에 합당한 대답을 들으러 왔기에 사실대로 얘기해 봐야 손님 기분만 나쁘게 하고 영업만 안 될 뿐, 손님이 이미 결정한 대로 하고 만다는 것을 잘 알기 때문이다.

만약 사실대로 얘기했다가는 "어찌 그런 소리를 할 수 있느냐?"고 따지고, 욕하고, 울고불고, 복채도 안 주고, 밖에 나가서 실력이 없는 나쁜 놈이라고 악소문을 내고 다니는 것을 수없이 당해 봤기 때문에 어쩔 수가 없는 것이다.

철학관을 운영하는 사람들도 가게세를 내야 하고 생활도 해야 되기 때문이다. 사주팔자 그대로 얘기했다가는 죽일 놈 되고 깡통을 차게 되고, 손님들이 원하는 대답, 즉 '나쁜 것을 쏙 빼고 좋은 것만 얘기해 주고 더 나아가 무조건 좋고 잘 된다'를 연발해 주면 실력 좋고 용하다는 소리를 듣고 복채를 시원스레 받고 이름이 나고 손님이 몰리기 때문이다. 그래서 어쩔 수 없이 '빨간 거짓말'을 하고 '희망팔이'가 될 수밖에 없다.

넷째 : 사람 팔자를 보면 1~2% 금수저 말고는 인생에 좋을 게 없다. 그저 평생 오욕칠정과 탐·진·치에 휘둘리고 의식주에 전전긍긍 시달리면서 희망고문을 받다가 죽고 마는 것이 중생들의 팔자이다.

그래서 역학자 입장에서는 일반 중생들의 팔자에 대해서 마음속 깊은 곳에 애잔한 슬픔과 아픔이 든다.

가뜩이나 안 좋은 팔자와 인생, 내가 또 거기다 상처 난 곳에 소금 뿌리는 것이 아닌지~, 천기를 누설하는 것도 죄인데 거기다 절망을 줘서 더 큰 죄를 짓는 것은 아닌지~, 에이 차라리 하얀 거짓말이라도 해서 위로와 희망이라도 주자~, 이 일로 복은 못 쌓을망정 죄는 짓지 말아야지~, 하는 애잔한 심정으로 '무조건 되고, 좀 참으면 되고, 기다리면 되고, 나이 들면 풀린다'고 거짓말을 하게 되는 것이다. 역술이란 희망과 용기를 주고 절망을 극복하는 힘을 주는 데 있다고 해석하는 것이다.

그래서 "이번에는 안 되지만 3년 뒤에 된다"고 한다(3년 뒤에 따질 사람 없다). "올해는 어렵지만 내년 되면 풀린다". 내년에 가서 안 풀려서 찾아가서 따졌더니, "30세가 넘으면 풀린다" 30세가 넘어서 안 풀려서 찾아가서 항의했더니, "50세가 넘으면 진짜로 풀린다"고 하는 것이다. 또 "되기는 되는데 열심히는 하셔야 됩니다" 이런 식으로 말한다. 안 되면 네가 열심히 안 해서 그렇다는 빠져나올 구멍을 만들어 두는 것이다.

역학이 미신 취급을 받는 가장 큰 책임과 피해는 중생들 본인에게 있다. 예를 들면 불교 프로는 기독교 등 여타 종교·철학·사상들을 폭넓고 깊게 공부를 해서 그 원리와 장단점을 훤히 꿰고 있는 데 반해, 기독교는 배타적·독선적·이기적이라 '타 종교를 악마'라고 금서(禁書)로 지정해서 근처에도 못 가게 해 놓고 즉 아무것도 모르면서 비난만 해대는 데 문제가 있다. 이처럼 중생들도 역학에 대해서 전혀 공부해 보지도 않고 남 얘기만 듣고 앵무새처럼 '미신'이라고 따라만 하고 있는 것이다. 그래서 「법성게」에서는 "이로운 법의 비는 허공에 가득한데 제 나름 중생들로 온갖 원 얻게 하네~"라고 하였다. 진리는 무궁무진하게 널려 있는데 자기 근기와 복과 인연만큼만 보고 듣고 찾아 쓰는 것이다.

그러면 어떻게 하면 제대로 된 상담을 받아서 인생 나침반과 디딤돌로 삼을 수 있을까? 철학관에 가거든, 복채를 가격표보다 넉넉히 내어놓고, 공손하게 "저는 재미로 보러 온 것이 아닙니다. 이번 상담을 인생 내비게이션으로 삼고자 합니다. 제 팔자를 제대로 알고 장점을 발전시키고 나쁜 것은 개선시켜 보려고 합니다. 그러니 제발 있는 대로 말씀해 주시고 방책이 있다면 지도해 주십시오. 절대로 성내거나 항의하거나 하지 않겠습니다"라고 3번에 걸쳐서 간곡히 얘기를 해야 한다.

노력만으로
세상이 돌아가서는 안 된다

우리는 대개가 노력만으로 세상일이 이뤄질 수 있다고 착각을 하고 또 그러는 것이 합당하다고 생각을 한다. 나도 늘 그렇게 생각을 하면서 노력을 신봉해 왔고 지금도 노력에 빠져 살고 있고 노력하지 않고 실력 없는 사람을 극도로 싫어하지만, 공부할수록 단지 노력만으로 세상이 돌아가지도 않고 돌아가서도 안 된다는 생각이 든다.

첫째 : 우주와 인간 포함 만사만물은 신-대우주-대생명의 설계도와 프로그램이 있고, 개인사에도 전생 숙업과 인연이라는 프로그램이 있다. 이것들은 일정한 시공-인연-조건 등을 필요로 하는데, 노력만으로 모든 것을 일시에 극복할 수 있게 해 버리면, 즉 알렉산더 대왕처럼 '고르디우스의 매듭'을 단칼에 풀어 버리도록 해 버리면, 이 질서-설계도-프로그램이 무너져서 세상과 우주가 뒤죽박죽이 되고 만다. 그래서 노력은 큰 질서와 프로그램에 혼란을 주지 않을 범위 내에서만 허용을 하고 있다.

둘째 : 우주가 빅뱅이 있고 나서 팽창을 계속하고 있듯이, 생명체도 창조와 진화가 섞여 있듯이, 우주가 초기 대폭발 없이 완만한 팽창만 하고, 생명체도 창조 없이 진화만 있다면, 속도가 너무 늦고 다양한 새로운 것과 우수한 것을 단시간 내에 만들어 낼 수가 없다. 그래서 완만한 팽창과 진화만 있어서는 안 되고 대폭발과 창조도 있어야 한다.

이처럼 세상에는 보통 사람과 둔재의 노력도 있어야 하지만 경천 동지할 천재의 번뜩이는 통찰력과 창조도 있어야 한다. 그래야 천재가 우주 빅뱅과 생명 창조와 같은 획기적인 일을 단시간 내에 할 수 있기 때문이다. 보통 사람 1만 명이 천재 1명을 당하지 못하는 법이다.

세상에는 천재의 팍! 팍! 팍! 하는 번갯불-통찰력-비전 제시가 있어야 하고, 그것을 현실에 구현하고 따라 줄 일반인들의 노력도 있어야 한다. 천재가 없다면 새롭고 유익한 발명품-사상-제도 등이 나오지 않는다. 동서고금 획기적인 정신적·물질적 발견과 발명은 모두 천재들이 한 것이다. 중생들은 늘 그 발명품들을 이해하고 따라가기도 벅차다.

셋째 : 자연과 우주가 유지되기 위해서는 먹이 사슬 피라미드가

반드시 필요하듯이, 어리석은 일반 중생들도 다수 있어야 하지만 하늘과 신의 뜻을 땅과 인간세계에 구현할 하늘이 점지한 자, 기름 부은 자 등 특별한 사람도 반드시 있어야 한다. 다수의 일벌과 일개미가 있어야 하지만 이들을 낳고 다스릴 여왕벌·여왕개미가 있어야 한다는 것이다.

일반 중생의 비천함과 쪼들림이 있다면, 귀족의 풍요-여유-고귀함-사명감도 반드시 있어야 한다. 저속한 중생들만으로 세상이 이뤄지고 굴러간다면 어떻게 될 것인가? 늘 탐·진·치와 본능에만 휘둘리고 의식주 해결만 걱정하다가 말 것이다. 발전이나 고급문화가 꽃필 수 없다.

그래서 아인슈타인과 같은 천재도 필요하고, 예수·부처·공자와 같은 성인은 물론 김유신-세종대왕-이순신 같은 고귀함과 사명감으로 뭉친 왕과 귀족도 있어야 한다. 그래야 세상이 변하고 발전을 한다.

비천한 가문에 천박하고 무식한 돌 쌍놈들이 단지 시간과 똥 힘만을 무기 삼아 무지막지한 노력을 통해 부귀를 쥐거나 상류층에 올라가는 것을 상상해 보라! 이것은 자수성가요 개천의 용이 난 격일 수도 있지만 한편으로 그 천박함과 한(恨)을 마구 휘두르는(완장) 데서 파생할 해악은 엄청날 것이다. 실제로 우리는 모 대통령을 통해 이 해악을 직접 경험해 보았다.

운명-노력의 관계는 中道이고
주역의 네 박자이다

명심보감 말대로 '작은 것은 노력이고 큰 것은 하늘의 뜻'이다. 복이 없는 사람은 대체로 못나고 어리석고 인성이 나쁘고 게으르고 고집이 세다. 설사 노력을 하더라도 노력의 강도가 약하고 어떻게 어디로 노력을 해야 하는지도 모른다. 복(씨앗)이 있어야 운(꽃과 열매)도 오고 노력도 하고 능력도 생긴다. 또 팔자가 좋으면 대충 살고 조금만 노력을 해도 되고 노력보다 몇 배의 효과가 난다. 좋은 기계나 승용차, 휴대폰은 비싼 것이 배터리와 연비, 성능, 내구연한이 더 높고 길다.

노력과 복 사이에 있는 것이 뛰어난 '분별력-판단력-통찰력'인데, 이것이 있기 위해서는 우선 복과 건강이 있어야 하고, 둘째로 동서고금의 형이상학과 형이하학에 걸쳐서 많은 공부가 있어야 하며, 셋째로 세상 다양한 경험과 쓰디쓴 고난을 발효시켜 지혜로 만들고, 지극히 고요하여 내면의 진정한 소리를 들을 줄 알아야 하며, 넷째로 뛰어난 스승이나 참모가 필요하다. 노력보다는 머리이고, 머리보다는 마음(분별력, 통찰력, 德 등)이고, 마음보다는 전생에서 쌓은 업(業)과 복이다.

제갈공명처럼 신출귀몰하는 재주가 높을수록, 우보만리(牛步萬里)·우공이산(愚公移山)·마저작침(磨杵作針)하는 노력을 할수록, 새로운 것을 만들어 내고 운명과 하늘의 뜻을 일부분 거스를 수 있는 비율이 커질

수는 있어도, 그것도 결국 한계가 있고 크게는 하늘을 뜻을 거스르지는 못한다. 재주보다 센 것이 덕(德)이고 덕보다 센 것이 복(福)이다(노력과 재주도 타고 나는 운명이지만 일반인들이 다르다고 생각하니, 일반인들의 시각에 맞추어 일단 다르다고 가정하고 얘기를 해본다).

예를 들면 농사가 잘되기 위해서 하늘-땅-인간 모두 다 같이 힘을 합쳐야 하지만 동서고금 역사에서 대부분 하늘(날씨)이 영향력이 절대적이고 그다음은 땅의 비옥 정도이며 나머지가 인간의 노력이다.

그래서 개인의 인생(타고난 복(운명, 재주)+노력+우연한 사건사고)도 타고난 운명에 모두 달린 것도 아니고 후천적인 노력과 재주가 전부라고도 할 수 없다. 그와 동시에 팔자는 운명이라고도 할 수도 있고 노력이라고도 할 수 있다. 인생은 불교에서 말하는 중도(中道)처럼 운명과 노력을 떠나고 또 운명-노력을 포함하면서 서로 상통하는 관계이다.

인생의 성취 여부가 단지 운명이나 노력만으로 작용한다고 생각해서는 안 된다. 다소 그 비율이 사안에 따라 차이가 있지만 운명-노력은 서로 연관관계를 가지므로 서로 상승작용을 할 때 그 힘이 커진다. 다르게 말해서 하늘의 뜻(운명)과 인간의 노력이 서로 합쳐질 때 신인합발(神人合發)로 일이 이루어진다. 어느 하나만으로 일이 될 수가 없다. 이것을 통일교와 증산교에서 잘 설명하고 있다.

통일교에서는 "하나님의 예정이 100%라 하더라도, 그 뜻을 이루기 위해서는 하나님의 책임분담 95%와 함께 인간의 몫인 5%의 책임분담이 수행되어야만 그 예정이 성취될 수 있다"고 하였으며, 증산교도 신인합발 또는 모사재인 성사재천(謀事在人 成事在天 : 일을 꾸미는 것은 사람이나 그것이 이루어지느냐는 하늘에 달려 있다)이라고 했다. 촉나라 대(大)전략가인 제갈공명도 라이벌인 위나라 사마중달을 화공(火攻)으로 거의 죽일 뻔하였으나 갑자기 비가 와서 실패한 다음 "모사재인이요 성사재천이구나! 대사란 모름지기 억지로 할 수 없는 일이구나!" 라고 탄식하였다.

천운을 타고나면 아무리 무능하고 인성이 나빠도 부귀를 얻고 물려받고 손만 까닥이고 하품만 해도 돈과 먹을 것이 들어오고 저절로 장군·재벌·황제도 되고 대통령까지도 밀어 올려 주지만, 그 자리에 상응하는 노력과 실력을 쌓지 않아 내공과 전략전술이 없고 덕과 겸손과 공익을 모르면 모 대통령이나 재벌 2~3세대들처럼 결국은 그 부귀를 빼앗기고 만다.

만약 운명-노력, 하늘-인간 어느 한 부분만으로 인해 팔자가 이뤄지고 세상이 굴러간다면 세상은 몇 바퀴 구르다가 멈춰 버리고 말 것이다. 운명과 노력, 하늘과 인간은 중도(中道)처럼 서로 외면하고 따로이고 다투기도 하지만 결국 서로 통해서 하나가 되는 관계다. 음양이고 남녀의 관계이고 수레의 양 바퀴이고 지구의 공전이다.

그리고 운명과 노력, 하늘과 인간의 관계는 주역에서 말한 네 박자이다. 완전히 운명-하늘인 것도 있고 완전히 노력-인간인 것도 있고, 운명(하늘)과 노력(인간)이 뒤섞여서 일어나는데 그중 운명(하늘)의 부분이 큰 것도 있고 노력(인간)의 부분이 큰 것도 있다. 세상 모든 만사와 만물의 이치는 불교의 중도와 주역의 네 박자를 벗어나지 못한다.

노력에 대해서 더 얘기를 해 보면, 팔자가 아주 나쁜 사람은 노력 유전자가 아예 없어서 노력할 줄도 모르고 노력하라고 해도 죽기보다 더 싫어하고 외면한다. 노력하지 않는 핑계는 수천 가지도 더 넘는다.

노력도 타고나고 복이 있어야 할 수 있다는 말이다. 흙수저로 태어나서 노력으로 자수성가한 사람은 팔자에 그런 복(성공 씨앗과 노력 배터리가 잠재)이 있기 때문에 가능한 것임을 알아야 한다. 씨가 있기에 땅과 물과 날씨의 인연을 만나 싹이 트고 꽃이 피고 열매를 맺은 것이다.

사람은 팔자에 없는 노력은 하지 않고 설령 팔자에 없는 노력을 한다 한들 이뤄지지 않는다. 노력해서 되는 팔자가 있고(복의 씨가 잠재되어 있다), 아무리 노력해도 아니 되고(복의 씨가 아예 없다) 오히려 그 노력으로 인해 자타(自他)에 피해만 끼치고 나쁜 업(業)만 더 쌓은 팔자도 있다는 것이다. 노력이 아주 좋은 것이지만 팔자와 인연에 없고 그릇에 맞지 않는 노력은 헛된 욕심+과욕(過慾)이 되어 오히려 나쁜 것일 수도 있다는 것을 알아야 한다(이것 참 어려운 얘기이다). 헛되고 과한 욕심은 부작용이 많고 화(禍)를 불러일으킨다. 부작용을 계속하면 돈이 나가고 몸이 아프고 가족과 집안을 망치고 만다. 노력이 어느 정도까지는 효과가 있는데 어느 정도 이상 넘어가면 이것도 한계효용체감의 법칙에 걸리고 더 넘어서 자타를 해치고 만다는 것이다.

그래서 자수성가한 사람이 자기의 성공을 자랑하고 으스대면서 (TV·강연·책 등에서) "나처럼 노력하면 누구나 잘 될 수 있다. 당신들이 성공하지 못한 것은 나처럼 간절함이 없고 뼈를 깎는 비범한 노력을 하지 않아서 그렇다. 더 노력해라~!"고 함부로 강권하고 윽박질러서는 안 된다. 이것은 자수성가형 사람들이 흔히 범하는 실수이다.

위에서 노력과 운명에 대해서 이런저런 고상한 얘기를 했지만 솔직히 노력은 천하고 흔하고 복은 귀하고 드물다. 사실 노력이란 것은 누구나 할 수 없는 것이라 아주 존중받아야 하지만 또 개나 소나 다 해 볼 수 있는 대수롭지 않은 것이 노력이다. 그러나 중생들은 죽도록 노력을 해야 한다. 왜냐하면 1~2% 금수저 말고는 복과 운이 거의 없기 때문에 처절하게 노력이라도 해서 신이 주는 개뼈다귀나 금수저들이 먹다 남긴 음식 부스러기라도 주워 먹고 살아야 하기 때문이다.

금수저는 금광을 가지고 태어나기에 계속해서 금덩이(부귀)가 나오기 때문에 가만히 있어도 되지만, 타고난 복이 없는 나머지 흙수저들이 금을 얻으려면 인생과 목숨을 걸고 위험한 바다와 땅속을 기어들어가고 수많은 시간과 노력을 들여서 돌과 흙을 뒤져서 사금(砂金)이라도 채취해야 한다.

만약 금수저도 아닌 일반 중생들이 살기 위해 피땀 나는 노력을 하지 않으면 신이 절대로 가만두지 않는다. 당장 밥숟가락을 빼앗고 죽도록 때리고 마구 짓밟아서 하수구에 처넣고 낭떠러지에 떨어뜨려 버린다.

금수저-플라스틱 수저는
태어날 때 이미 정해진다

　왕후장상의 씨는 만들어지는 것이 아니라 타고나는 것이다. 초한지 항우와 한신의 고귀함-비범함-피나는 노력은 왜 천박 무식한 양아치 난봉꾼 유방에게 속절없이 무너졌을까? 많은 역사가들이 이런저런 이유를 대지만 모두 다 지엽적인 얘기이고, 가장 큰 원인은 유방은 하늘이 내린 용(龍)의 자식이기 때문이다. 하늘이 미리 계획한 설계도와 프로그램 때문이다.

　흔히들 진학-취업-진급-사업에 실패한 사람들을 보고, '대기만성'(大器晚成)이라느니, '먼저 피는 꽃도 있고 나중에 피는 꽃도 있다'고 위로한다. 그러나 꽃은 시간만 지나면 모두 피는 것이 아니다. 꽃이 피는 나무는 따로 있다. 꽃이 피지 않는 나무도 있고, 피어도 꽃인 줄 알지 못하고 관심받지 못하는 것도 수두룩하다. 태어날 때부터 여왕벌과 일벌이 따로 정해진다. 성골-진골-6두품-평민-노비가 따로 있다. 제품처럼 그 가격-용도-품질-내구연한이 다 있는 것이다.

　우리 인간도 자연의 일부분이라 그것을 그대로 닮아 있어, 일찍 피어 사랑받는 벚꽃도 있고, 나중에 피는 꽃도 있지만, 절대 피지 못하는 꽃도 있고, 피어 봐야 꽃인 줄 모르는 꽃도 수두룩하다. 금수저~흙수저가 따로 있다. 흙수저도 못되는 플라스틱 수저도 허벌나게 많다. 처음부터 여왕벌~일벌이 따로 있고 왕대~졸대가 따로 있다. 왕후장상과 빈부귀천은 타고난다. 사람이 마구잡이로 태어나는 것 같지만 사주팔자가 좋을 시기(연월일시)에 태어나는 아기는 극소수에 불과하다.

예를 들면 흙수저는 최저가 휴대폰·요금제에 배터리가 아예 없거나 있어도 방전되어 나오고, 금수저는 최고가 휴대폰·요금제에 배터리마저 충전(최고급차와 기사에 기름 만땅 출고)되어 나오는 것과 같다. 1~2% 말고는 개털이고 시다바리(したばり)이고 들러리일 뿐이다. 평생 천지도 모르고 헤매고 전전긍긍하면서 먹고 사는 것 해결에 시달리면서도 지잘난 줄 알고 살다가 병들어 어~어~하다가 죽고 만다. 금·은·동메달 말고는 아무런 영광도 없고 메달을 위한 숫자 채우기 역할만 하는 것과 같다.

SNS에 보면 모두가 다 잘 먹고 잘살고 행복한 것 같고, 동창회에 가보면 남자들은 하나같이 "내 한마디면 다 죽는다. 하는 일이 너무 잘되고 돈이 너무 많아서 쓸데가 없다"고 하고, 여자들은 "우리 애 너무 똑똑하고 나는 남편과 시댁 사랑 많이 받고 산다"라고 얘기를 한다(그래서 '나만 왜 이렇게 못살고 못 나가는가?' 싶다). 98% 다 뻥이다!

태양계는 수성 등 8개 행성과 이에 속한 160개의 위성 및 약 3,000개의 소행성, 그 밖에 혜성·유성·운석 등으로 구성되어 있다. 그런데 그중에 태양−지구−달 3개(금·은·동메달 0.094%) 말고는 나머지는 들러리이다. 이중 태양은 지름이 139만 2,000km, 질량은 지구의 약 33만 배로서 태양계 전체질량의 99.8%를 차지한다.

엄밀히 말하면 태양−지구(0.063%)만 의미가 있고, 더 줄이면 태양도 결국엔 지구(0.031%)를 위한 시다바리이고, 반대로 지구는 태양의 꼭두각시일 뿐이다. 태양−지구를 위해서, 지구에 생명체를 만들기 위해서 나머지 행성·위성들이 필요한 것이다. 우리는 신-대우주-대생명-대자연과 지구의 축소 모사판이기 때문에, 한국의 진짜 금수저도 1~2%가 아니라 0.031~0.094%로 51,635,256명 중 16,006~48,537명 정도만 금수저~동수저이고 나머지는 이들을 위한 들러리이고 시다바리일 뿐이다. 다수를 위해 소수가 있는 것이 아니라 소수 금수저들을 위해서 다수 시다바리가 있는 것이다.

억울하고 열 받는가? 그래도 할 수 없다.

그런데 아주 재미있는 것은 꼭 부귀를 쥔 금수저로 태어나야 잘 먹고 잘 사는 것이 아니고 흙수저 중에서도 세라믹(도자기)으로 만든 '세라믹 수저'가 있다. 세라믹은 우주선~탱크까지 광범위하게 사용된다. 즉 부모·학벌·직업·인품 등 모든 것이 낮은데 평생 아무 장애 없이 술술 잘 풀리고 작게나마 잘 먹고 잘 사는 경우이다. 가성비가 제일 좋다고 할 수 있겠다.

각자 타고난 그릇과
할 일과 놀 곳이 따로 있다

　명리학에서는 사람마다 각자 만들어진 용도가 틀리고 놀 곳이 따로 있고 그릇의 크기와 질이 차이가 난다고 한다. 빼갈잔~맥주잔이 따로 있고, 또 물—평지—산—하늘에서 놀고 일할 사람이 각각 따로 있다.

　평지나 물에서 놀고 일해야 될 사람이 산에서 놀고 일하면 늘 상 걸리고 자빠지고 떨어지고 만다. 또한 평지나 산에서 놀아야 될 사람이 물에서 놀면 맨 날 물에서 허우적거리거나 빠져서 죽고 만다. 놀 곳에 놀고 일하면 자연스럽고 편하고 쉽다. 뭐든 하늘이 정하고 내리는 순리대로 하는 것이 좋다.

　요즘 직업적성검사가 있듯이 명리학은 이미 직장 생활, 사업, 학문, 서비스, 기술 연마, 특별한 분야 개척 등 자기가 할 것이 따로 있고 거기서 일하거나 놀 때 성공하거나 편안한 삶을 살 수 있다고 해 놓았다.

　팔자에 맞은 일을 하고 그릇에 맞게 살아야 한다. 팔자에 있는 일은 실패하지 않는다. 도자기와 그릇은 가마에서 한 번 굽혀져 나오면 끝이다. 한 번 굽혀진 그릇은 그 위에 그림을 추가하거나 잘 관리하는 것 외에는 달리 방법이 없다. 나는 한때 "송충이는 솔잎을 먹고 살아야 한다"라는 말에 대해 심한 반감이 있었는데, 머리가 희어지니 날로 이해가 더해 간다. 팔자와 적성과 그릇에 맞지 않은 것은 자타만 해치고 만다. 송충이 이론은 아무 꿈도 꾸지 말고 포기하고 살라는 말이 아니라, 타고난 적성과 인연과 그릇대로 살고 놀 곳에서 놀고 일해야 좋다는 것이며 쓸데없는 헛욕심과 과욕을 부리다 화를 자초하지 말라는 말이다. 컴퓨터가 불도저 역할이나 망원경이 현미경 역할을 하지 말라는 것이다.

조직 생활(정관, 편관)해야 할 사람이 장사(편재)를 하거나 장사를 해야 할 사람이 조직생활이나 학문을 하면 될 일이 없다. 더군다나 학문(정인)을 해야 할 사람이 시장에서 장사를 하면 어떻게 되겠는가?

공장에서 물건이 만들어질 때 그 용도와 내구연한이 따로 있다. 트럭과 승용차는 처음부터 만든 용도와 쓰임새가 다르고, 그 모양도 다르다. 트럭에 사람을 태울 수는 있지만 불편하거나 다친다. 승용차에 짐을 실으면 많이 실지도 못하면서 차만 망가지고 만다. 승용차도 티코~벤츠는 분명 역할과 차이가 있다. 남자와 여자, 컴퓨터와 불도저, 망원경(거시)과 현미경(미시)도 그 나름대로의 역할과 용도가 있다. 술잔과 밥그릇의 크기와 용도도 그렇다. 소주잔이 맥주잔만큼 담으려고 하면 내 옷 버리고 남의 옷 버리고 온 천지가 술 바다가 된다. 식기도 고급 호텔용과 시장 국밥집용이 따로 만들어져 나온다.

국밥집 등 여타 천한 일을 해서 돈을 많이 번 사람이 빌딩을 사고 국밥집이나 천직(賤職, 天職)을 때려치우고 다른 고상한 일을 하거나 펜대만 굴리려고 하다가 망하는 것을 많이 보았을 것이다. 누구나 주어진 사명과 갈 길이 있는데 섣불리 남 따라하고 겉멋만 들면 초식동물인 소가 고기를 먹어서 광우병이 걸리듯이 반드시 배탈과 사고가 나는 것이다.

그래서 엉뚱한 곳에서 헤매고 고생하지 않고 순탄하게 잘 살려면 자기 그릇-인연-업과 자기가 잘하고 하고 싶은 것을 하면서 사는 것이 좋다. 자기 그릇-인연-전생 업은 명리학을 보면 되고 (직업적성검사를 하는 것이 과학시대를 살아가는 지성인으로서 과학적·합리적·이성적으로 보이겠지만 명리학에 비하면 '발끝의 때'만도 못하다.), 그다음 본인에게 '뭘 하고 싶은지~' 물어보고, 마지막으로 앞의 두 개에다 엄마가 아닌 아버지가 자식을 보는 관점을 섞어서 판단하면 답이 나온다.

천운과 국가운은 있는가?
그 책임은 무엇인가?

개인의 운명만 있는 것이 아니라 천운(天運)과 국가운도 있다. 부처님께서는 「사위국」의 침략으로 자신의 조국과 민족인 「석가족」이 멸망한 것과 관련하여 국가와 민족도 업보가 있음을 이미 말씀하셨다.

천운과 국가운에 대하여는 나의 의견을 말하기보다 문선명 통일교 총재의 말을 옮기는 것이 낫다고 본다. 그만큼 잘되어 있고 공감이 가기 때문이다. 세상사 모두 내가 할 필요는 없다. 내가 잘하는 것만 직접하고 나머지는 보는 눈·듣는 귀를 가지고 최고를 빌려 오면 된다.

일자무식의 테무진과 가장 약소국이었던 진나라 정왕이 세계를 정복하고 중국을 통일하여 칭기즈칸과 진시황이 될 수 있었던 것은 나보다 나은 생각, 내게 유리한 것, 돈 되는 것은 모두 받아들여 내 것으로 만들어 사용했기 때문이다. 발전하기 위해서는 우리도 그렇게 해야 한다.

"천운(天運)이란 세계를 움직이는 힘이며 우주가 돌아가는 원리이다. 우리는 알지 못해도 세상을 창조하신 분이 섭리하는 천운이란 게 분명히 있다. 우주는 그 나름대로 질서에 딱 맞게 움직인다. 이 세상의 모든 존재물들은 존재하기 이전부터 어떤 원칙을 갖고 있다. 저절로 되는 것처럼 보이는 자연현상들 속에도 우리가 알지 못하는 우주의 방향성이 있다. 우주의 운, 천운이란 그런 것이다. 우리가 미처 알지 못할 뿐 우주가 순환하는 과정에 큰 운이 닥치는 시기가 분명히 있다. 지혜로운 사람은 우주의 법도와 박자를 맞춘다. 역사적 위인들은 모두 우주의 법도와 박자를 맞춘 사람들이다. 세계 문명의 방향은 해 뜨는 동양에서 출발해 해를 따라 줄곧 서진(西進)을 하면서 발달해 왔다. 일본을 크게 키워준 힘이 이제는 한반도로 옮겨오고 있다. 인류의 문명이 한반도에서 결실을 맺을 채비를 하고 있다. 천운에는 반드시 막중한 책임이 따른다. 이제 천운을 맞이할 한반도는 강대국들이 서로 충돌하지 않고 세계의 번영과 평화를 위해 긴밀하게 협력하도록 '베어링'과 같은 역할을 해야 한다. 베어링은 회전하는 기계의 축을 일정한 위치에 고정하면서 동시에 축을 자유롭게 회전시키는 역할을 한다. 이제 우리 한반도가 바로 강대국들과의 관계를 매끄럽게 유지하면서 세계평화를 발전시키는 베어링이 되어야 할 때이다."

세상의 문명이 간방인 우리나라에서 시작해서(환단고기, 홍산문화) 해가 가는 방향으로 진행(東→西進)하여 다시 우리나라로 돌아오고 있다. 이미 세계 문명의 75~80% 정도는 동북아시아 3국(중국-한국-일본)에 와 있지만 세계를 주도하기 위해서는 90% 이상이 와야 한다.

인생에
누구나 3번의 기회가 오는가?

큰 부귀가 들어오고 나가는 것은 운이다. 천운이 내려오고 무의식에서 「지름신」이 와야 한다. 우리는 "평생 3번 운이 온다"고 잘못 알고 있는데, 운이 2~3번 오는 사람은 극히 드물고 대부분 1번밖에 오지 않는다. 운이 왔을 때 그 돈을 꼭 쥐고 있어야 평생 잘 살 수 있다.

그러나 대부분의 사람들은 운이 왔을 때 운이 온 줄 전혀 모른다. 대개가 수십 년이 지나고 나서 '아차~!' 하고 느끼고 후회를 한다. 그래서 흔히들 "옛날에 주위에서 그 땅·아파트를 사라고 했을 때 샀으면 지금 갑부가 되어 있을 것인데~, 그때는 일과 사업이 잘 되서 돈을 까꾸리(갈퀴)로 끌었는데~, 돈 번다고 밥 먹고 화장실 갈 시간도 없었는데~"라고 자랑 반 넋두리 반의 푸념을 털어놓는다. 그래서 "그 땅·아파트를 왜 안 샀느냐?"고 물어보면, 대부분 "그때는 그것을 사는 것이 사기를 당하거나 미쳤다고 생각했다"라고 답하고 간혹 "간이 작았다. 마침 돈이 없었다"라고 대답한다. 또 "옛날에 돈을 까꾸리로 끌었다는데, 그 많은 돈을 다 어떻게 했느냐?"고 물으면, 하나같이 "그때는 그런 돈이 평생 그렇게 계속 들어 올 줄 알았다. 그래서 돈의 가치도 몰랐고, 이번에 쓰고 다음에 모으면 된다고 생각했다"고 대답을 한다.

젊은이들은 이것이 거짓말이라고 생각할 것이나 사실이다. 장사를 하든, 조직 생활을 하든 간에 누구나 평생에 1번의 기회는 준다. 그런데 대다수 사람은 돈이 없다. 왜 이런 현상이 벌어지는가 하면, 천명을 모르고 그릇이 작기 때문이다. 팔자에 복과 인연이 없어서 기회를 주고 진수성찬을 떠먹여 줘도 알아보지 못하고 도리어 욕을 하면서 거절하거나, 소주잔에 1천cc 맥주를 부어줘도 '소주잔'만큼만 담을 수 있기 때문에 다 흘리고 만 것이다.

그래서 운이 오고 돈이 벌릴 때, 운이 온 줄 알고 꼭 잡고 그 돈을 함부로 써버리지 말고 저축을 해 놓아야 한다. 특히 마지막 운이 왔을 때(대개 40대) 번 돈을 지키지 않고 더 큰 욕심이 나서 확장하거나 또 다른 사업과 투자를 했을 경우에는 대개가 망하는 경우가 많다. 그러면 평생 회복을 못한다. 왜냐하면 보통사람은 큰 운이 딱 1번밖에 안 오기 때문이다. 인생 처음이자 마지막 운이기 때문이다.

그래서 일반 중생들은 한 번의 인생 대운(大運)이 왔으면 더 이상 일을 벌이거나 확장을 하지 말고, 그 돈을 부동산으로 바꾸어 붙잡고 있어야 한다. 주식-도박-부동산-사업 등 모두가 한 번만 더~! 이것만 하고~! 한방 더~! 에 골로 가는 것이다. 주역은 "더하기를 그치지 않으면 반드시 결단을 당한다"고 하였다. 꼬리가 길면 결국 밟히는 법이다.

조선 후기 인삼 무역상인 의주 거상 임상옥(솔개가 마당의 닭을 채가는 것을 보고 자신의 운이 다했다고 판단, 모든 사업을 정리하고 은퇴)처럼 성공해서 돈을 많이 벌었더라도 팔자가 나쁜 시기가 오기 전에 미리 정리해서 부동산으로 바꾸어 보존해야 한다.

그러나 그릇이 안 되면 운이 오고 돈이 벌려도 그 순간을 알아채지 못한다. 또 잘 나가고 성공하면 마음속에 오만과 탐욕의 빅뱅이 일어나고 가속도가 붙어서 더욱 크게 벌고 빨리 이루고 싶어 하기 때문에 스스로 멈추기란 하늘의 별 따기처럼 어렵다. 따라서 위에 얘기를 마음에 깊이 새기고 늘 종교생활과 기도를 하고 스승을 두고 고전을 공부하면서 자신을 성찰해야 할 필요가 있는 것이다. 그리고 명리학을 보고 주역 점을 쳐서 자기 운이 오고 가는 시기를 잘 알고 대비할 필요가 있다.

우리가 '운명이 있다'라는
말을 그토록 거부하는 이유?

우리는 타고날 때부터 정해진 것이 너무나 많고 많은데, 세상은 음양이라 열린 가능성과 정해진 것이 반드시 있는데, 왜 사람들은 머리와 노력만 있고 운명은 없다고 생각을 할까? 운명이 있다고 얘기하면 외면하고 다 싫어할까? 더 나아가 비웃고 핍박하려고 할까?

그것은 우선 지혜가 없고 무지해서 그렇고, 그다음 운명을 인정하면 자기가 '흙수저'인 것을 자인하고, 장밋빛 미래를 포기하는 꼴이 되고, 더 나아가 판도라 상자에 마지막 남은 '희망'을 없애는 것이 되기 때문이다. '신데렐라 꿈'에서 깨지 않고 '희망 고문'이라도 계속 받고 싶은 것이다. '불편한 진실'이기 때문에 애써 외면하고 싶은 것이다.

사실상 불가능한 1% 가능성이라도 '혹시나' 하며 붙들고 싶은 것이다. 대중은 우매하면서도 지독히 교활하여 진실에 귀와 눈이 열려있는 것이 아니라 믿고 싶은 것만 믿고 듣고 싶은 것만 듣고 보고 싶은 것만 볼 뿐이다. 그저 위로-희망-사탕-마약을 원하는 것이다. 그래서 대중이고 우중이고 중생이다.

그런데 분명 있는 것을 무지해서 모르거나 애써 외면하고 무시하고 조롱한다고 없는 것이 될까? 자칭 똑똑하고 이성적이고 합리적인 척 우기고 자위하면서, 운명이 없다고 조롱하고 배척하고 짓눌러도 엄연히 있는 것이 없는 것이 될까? 우리는 자신의 타고난 그릇과 한계를 지적해 주는 것을 죄악시하는데…, 열리고 지혜로운 사람이 되어 타고난 근기와 달란트를 제대로 알아서 자신의 타고난 그릇과 한계와 가능성과 방향을 정확히 알고 노력과 대처를 하는 것이 더 좋지 않을까?

한계와 가능성도 모르고 엉뚱한 곳과 잘못된 일에서 미련하게 희생과 시간 낭비만 하는 것은 실패와 한숨으로 점철된 헛된 인생을 사는 것이 되고 만다. 한계-가능성-방향-공격과 수비-완급을 알아야 한다.

타고나지도 않고 갖춘 것도 없는데 "넌 무조건 할 수 있고, 불가능은 없다"라는 말에 속아서 그저 노력만 하고 악만 쓴다고 서울대 가고 재벌 되고 노벨상 받고 올림픽에서 금메달을 딸 수 있을까?

팔자(운명)는
구체적으로 어떻게 작용하는가?

우리는 흔히 인생을 머리-노력-확률이라고 생각한다. 노력과 확률이라는 것은 계속하다가 보면 누구나 목적에 도달할 수가 있고, 결국은 기회와 결과의 평등이 보장된다는 것이다. 즉 목표한 바를 열심히 계속하거나 줄만 서서 기다리기만 하면 언젠가 마침내 종착지에 도착하고 목적한 바를 얻을 수 있다는 것이다. 그리고 똑똑하면 다 된다는 것이다.

그러나 인생을 살아 보니 과연 그렇던가? 세상사를 보면 잘되는 사람은 계속 돈 벌고 승진하는 등 잘 풀리고, 안되는 사람은 아무리 노력을 해도 하는 일마다 실패하면서 평생 고생고생하며 산다. 머리와 노력과 확률이라면 머리 좋고 노력하는 사람이 못 살 리도 없고 확률이라면 결코 계속 같은 현상이 수없이 반복될 수가 없다.

또 명심보감의 말처럼 똑똑하고 성실해도 늘 가난하고 구석에 처박히고, 무능하고 한심하고 게을러도 늘 승승장구하는 경우가 비일비재하다. 복 없는 영민함과 성실성과 미모는 동서고금 역사에 나와 있듯이 이용만 당하고 시기·질투를 받아 도편제(그리스)에 걸리거나 마녀사냥에 걸리거나 토사구팽당하거나 귀양과 사약을 받고 만다. 무능하면 무시만 받을 뿐이지만, 너무 똑똑하면 감옥 가고 죽을 수도 있다.

불교의 심리학격인 「유식학(唯識學)」에서는 인간의 마음을 제5~8식까지 나누어 놓았고, 상세히 말하면 제5식(前五識 : 眼識, 耳識, 鼻識, 舌識, 身識), 제6식(意識), 제7식(말나식), 제8식(알라야식) 등으로 나누어지고, 제8식에 우리가 행하는 모든 것이 저장되어 없어지지 않으며(하드디스크, 블랙박스) 이것이 '업과 윤회의 주체'라고 하였다.

스위스의 유명한 정신의학자인 칼 융은 1938년 영국의 식민지인 인도를 여행하면서 불교의 「유식학」을 발견하고, 깜짝 놀라서 이것을 고향으로 가져가서 다시 의식(5~6식), 잠재의식(7식), 무의식(8식)으로 재구성하였다. 그리고 "나의 생애는 무의식의 자기실현의 역사이다. 무의식을 의식화하지 않으면 무의식이 우리 삶의 방향을 결정하게 되는데, 우리는 바로 이런 것을 두고 운명이라고 한다"라고 하여 '무의식이 곧 운명'이라고 하였다. 즉 무의식(제8식, 아뢰야식)이 정하는 삶의 방향이 곧 운명이라는 것이다. 무의식이 시키는 대로 한다는 것이다.

칼 융에 앞서 오스트리아의 심리학자로 정신분석학의 창시자인 프로이트는 "인간의 행동은 합리적으로만 이루어지는 것이 아니며, 우리 마음 깊은 곳에 숨어 있는 '무의식'이 그 행동과 정서를 규정한다"고 하였다. 그는 인간의 행동이 스스로 알지 못하는 性충동과 무의식의 영향을 받고 있으며, 따라서 인간의 모든 행동 심지어는 실수나 망각마저도 우연이 아니고 항상 원인과 의미가 있는 것으로 봤다.

현대과학은 "뇌는 73%가 물로 이뤄져 있으며 우리는 일의 95%를 무의식적으로(業力, 傾向性, 習慣) 결정한다"고 밝히고 있다. 즉 의식과 무의식의 비율이 5:95 정도로 무의식 쪽이 많아 우리의 마음과 행동의 대부분이 무의식에 의해 행해진다는 것이다. 의식은 수면 위에 드러난 빙산의 일각일 뿐이다. 수면 밑에 엄청난 무의식이 있는 것이다. 무의식 속에 천지 기운과 뜻, 전생 윤회 업보와 인생 프로그램이 들어 있다.

유식학을 우리의 머리에 해낭하는 컴퓨터에 비유하면 5~6식은 입력장치(자판, 카메라, 스캐너, USB, 디스켓 등)와 연산기능, 7식(ego, 自我)은 제어기능, 8식은 하드 디스크(OS와 응용프로그램이 깔려 있다)에 해당이 된다. 하드 디스크도 8식과 마찬가지로 컴퓨터가 행한 모든 기록이 저장(블랙박스)되고 삭제를 해도 웬만하면 다시 복구할 수 있다. 범죄자는 하드 디스크를 부수고 검찰은 이것을 반드시 확보한다.

유식학을 우리의 머리와 뇌(腦)로 환산해서 얘기하면 5식이 안이비설신, 6식이 대뇌피질(특히 전두엽, 이성의 뇌), 7식이 대뇌변연계(감정의 뇌), 8식이 뇌 줄기와 소뇌(小腦, 생명의 뇌)라 할 수 있겠다.

그럼 운명(팔자)이 어떻게 작용하는지 보자. 불교의 8식(아뢰야식), 칼 융의 무의식, 컴퓨터의 하드디스크, 뇌의 뇌간과 소뇌 등에 '내비게이션'이나 '자동항법장치'나 '시스템 소프트웨어(OS : Windows 등 운영체제)와 중요 응용 프로그램'이 깔려 나온다고 보면 된다. 무의식 속에 천지 기운과 그 뜻(인과의 결과, 업보, 천명)이 들어 있는 것이다.

큰 기본 프로그램(System Software, OS)과 중요 응용 프로그램은 공장(신, 대우주, 대생명, 대자연)에서 물건(인간 등 만물)이 만들어질 때 이미 깔려 나오고, 중요 응용 프로그램이 많이 깔려 나올수록 재주와 복이 많은 사람이다. 기타 세세한 것은 컴퓨터 구입 후 추가로 '응용 프로그램(한글·엑셀 등)'을 구입해서 쓰거나 '업그레이드'하거나 하는 것이다. 아기가 태어날 때는 큰 뇌 지도가 깔려 있고 작은 것은 태어나서 경험이나 학습에 의해서 차차로 만들어지는 것과 같다. 주요 고속도로를 만들고 그다음 톨게이트와 간선이나 국도를 만드는 것이다. 요즘 과학은 인체에 생로병사가 이미 프로그램되어 있다고 밝히고 있다. 성격과 암 등 주요한 병은 대다수 유전적인 경우가 많다고 한다.

그래서 팔자에 있으면 아무리 말려도 하고, 팔자에 없으면 아무리 얘기해도 결코 듣지 않고 하지도 않는다. 큰 것은 요즘 아이들 말로 '지름신'이 와야 되는 것이다. 이것이 곧 무의식(=운명)의 명령이다.

내가 이렇게 얘기를 하면 인간은 내 맘대로 선택할 수 있는 자유의지가 있다고 반론을 펼 것이다. 대부분의 사람들이 인간은 자유의지가 있다고 알고 있으나 「뇌 과학」에서는 '인간은 자유의지가 없다'고 이미 밝히고 있다. 자유의지는 인간의 '착각'이나 '착시'라는 것이다.

김대식 「뇌 과학」 전공 카이스트 교수는 '인간의 자유의지'에 대해 다음과 같이 얘기하고 있다(2014.7.25. 문화일보). "벤저민 리벳 박사가 자유의지와 관련된 실험을 했는데, 내가 무엇을 하고 싶다는 생각을 하기 몇백 밀리 세컨드 정도의 극히 짧은 시간 전에 뇌에서는 이미 많은 변화가 일어났다. 자유의지라고 하고 하면 내가 원하는 것을 하는 것인데, 사실은 나라는 자아가 무언가를 원하기 전에 뇌는 뭔가를 하고 있는 것이다. 일반인들이 생각을 할 때는 내가 무언가를 원해서 선택을 한다. 즉 신호가 있어 선택한다고 생각하지만, 현대 뇌 과학에서 선택을 먼저하고 신호를 나중에 만드는 게 아닐까 생각한다."

아인슈타인도 "나는 모든 것이 이미 결정되어 있다는 것을 알지만 마치 자유의지가 있는 것처럼 행동하고 있다"라고 하였다. 즉 무의식의 명령대로, 이미 설치된 프로그램대로, 미리 장착되어 있는 자동항법 장치나 내비게이션이나 자동운전시스템이 가라는 대로 무작정 따라가고 있는 것이다(속담 : 오리 새끼는 땅에서 길러도 크면 물로 가고, 꿩 새끼는 집에서 키워도 결국 산으로 간다). 이것을 요즘 아이들 말로 '지름신'이라고 한다.

그래서 무슨 일을 결정하거나–연애결혼–사기를 당하거나–실패를 할 때는 팔자가 그러면, 주위에서 아예 말리지도 않고(속담:도둑이 들려면 개도 짖지 않는다), 설령 아무리 설득하고 말려도 결단코 듣지 않고 행하지 않고 물귀신에 끌려가듯이(호랑이 밥 팔자가 기어코 방문을 열고 호랑이 아가리로 제 발로 들어가듯이) 기어코 그리로 가고 만다. 귀가 닫히고 눈이 먼다. 완전히 미쳐서 날뛴다. 봉사나 멧돼지 마냥 맹목적이 된다. 스스로 죽을 짓만 골라서 하고 죽을 자리만 찾아서 간다. 팔자에 따라 춤추는 '팔자 꼭두각시'가 되고 만다. 큰 실수·실패는 타인이나 외부 요인보다 대부분 자기 자신이 스스로를 망친다. 큰 성공도 마찬가지로 기회와 함께 지름신이나 귀인이 온다. 즉 나를 돕는 것을 나도 하고 남도 해 주듯이, 나를 해치는 것도 남도 그렇게 하지만 나도 나를 해치는 것이다. 그래서 남이 나를 해치는 것도 막아야 하지만 내가 나를 해치는 것도 막아야 한다. 몸 밖의 적과 마귀도 막아야 하지만 내 안의 마귀(業障, 나쁜 프로그램)도 막아야 하는 것이다. 사실상 전쟁 등이 아니고는 대개가 내가 나를 해치는 것이 더 무섭다.

그러나 운이 나쁜 사람들의 가장 큰 특징이 절대로 자신에게 도움이 될 만한 말을 듣지 않고 남의 좋은 말을 철저히 무시하고, 자기 에고(ego, 我想)에 빠져서 좋은 정보를 버리고 맹목적으로 미친 듯이 나쁜 정보와 나쁜 사람들을 취하고 만다. 나쁜 팔자와 인연에 완전히 미쳐서 날뛴다.

나중에 시간이 지나서 완전히 패가망신하고 정신을 차리면, 팔자 폭풍이 지나고 여기저기 널린 부서진 잔해들을 보면, 처자식들의 눈물을 보면, 내가 그때 왜 그렇게 맹목적이고 듣는 귀도 없고 외눈박이였는가 싶다. 분명 귀신(팔자, 업, 무의식, 내비게이션)에 홀린 것이다. 그러나 시간이 지나 또다시 겉옷만 바꿔 입은 유사한 일에서 자기 나쁜 팔자에 미쳐서 앞의 실수와 실패를 반복하고 만다. 무의식과 업이 이토록 무섭다. 국가와 민족의 역사는 물론 개인의 역사도 되풀이되는 것이다.

둘째로 팔자(운명)를 작동하고 조종하는 원리가 있는데, 그것은 바로 「유유상종과 자석의 원리」, 「휴대폰 원리」, 「인력과 중력의 원리」, 「동기감응의 원리」이다. 이 원리들로 팔자를 작동하고 조종한다.

먼저 유유상종과 자석의 원리부터 설명하면, 세상 만물과 만사는 서로 비슷한 것끼리 있고 싶어 한다. 그래서 내 팔자와 기운이 나쁘면 계속 나쁜 것들이 달라붙는다. 업(業)과 기도에 의해 거대한 자석(나 자신)에 못이 날아와 붙듯, 아니면 못(나 자신)이 거대한 자석으로 끌려가듯이 한다. 시공을 초월해 날아가 붙는다. 결국 업(팔자)의 작용이고 유유상종이다. 이것을 다른 말로 얘기하면 동기감응, 끌어당김의 법칙, 에너지 공명현상, 심기혈정의 원리, 일체유심조 등으로 표현할 수 있겠다.

심기혈정(心氣血精)의 원리 : 마음(心)이 있는 곳에 기(氣)가 모이고, 기가 모인 곳에 혈(血)이 모이며, 혈이 있는 곳에 정(精)이 충만하다는 것이다. 즉, 마음(心)이 에너지(氣)를 생성하고 이것이 발전하여 물질(血)과 정(精)을 창조하니, 마음 하나만 잘 부리면 세상 모든 것을 원하는 대로 끌어당길 수 있다는 것이다.

복(운)이 많으면 부귀·여자·좋은 일들이 저절로 날아온다. 사이비 교주에게 돈·여자가 넘쳐 나는 것도 유유상종과 자석의 원리 등인데, 교주가 기도·수련 등으로 그 자체가 거대한 자석이 되었기 때문에 그 큰 자석(교주)에 돈·여자들(작은 못)이 끌려오고 끌려간다. 또 공명현상 등에 따라 안테나(휴대폰)처럼 같은 주파수끼리 시공을 초월해서 통하고 끌려가고 온다. 이와 반대로 팔자가 나쁘거나 한때 좋았더라도 나쁜 시기가 오면, 나를 병이나 다른 사람으로 치거나(온갖 나쁜 것들이 시공을 초월해서 나에게 날아온다) 나 자체를 바보로 만들어 버린다. 그래서 내가 내게 나쁜 것만 골라서 하고 내가 물귀신이 되어 나를 물속으로 끌고 간다. 사람 자체가 안테나가 되어 파동에 맞는 사람이나 사건들을 스스로가 느끼지 못하는 사이에 불러들이고 있는 것이다.

다른 식으로 설명을 하면, 물체와 물체 사이에서는 서로 접촉하지 않고도 힘이 작용한다. 이를 인력(引力) 또는 중력(重力)이라고 한다. 인력은 질량을 가진 모든 물체들 사이에 작용하는 힘이다. 질량이 큰 물체가 작은 물체의 인력을 흡수하고 끌어당긴다. 즉 질량이 큰 중심점을 향하여 질량이 작은 것들이 일정한 축을 형성하면서 회전운동을 한다. 수성·지구·화성 등이 질량이 큰 태양 주위를 회전하는 것과 같다. 그래서 이런 원리로 내가 큰 악(선)이면 주위 작은 악(선)들이 내 주위로 끌려와서 돌고, 내가 작은 악(선)이면 큰 악(선) 주위로 끌려 들어가서 돌고 돈다. 내가 복이 없으면 복 없는 것들이, 내가 복이 있으면 복 있는 것들이 끌려서 와서 내 주위를 공전·자전하면서 맴돈다.

동기감응이란 유유상종이란 말인데, 유유상종은 우주의 근본원리이고 법칙이다. 삼라만상은 서로 비슷한 것끼리 끌리고 모여 있게 된다. 원불교 정산종사는 "마음으로 생각하는 것이 다 허공 법계에 스며들어 마음과 마음이 서로 통하고 기운과 기운이 서로 응한다"고 했다. 즉 뜨겁고 맑고 밝은 좋은 기(주파수)는 좋은 기끼리, 나쁜 기는 나쁜 기끼리 동기감응을 하는 것이다. 그래서 내가 나쁜 친구·애인과 사귀고 나쁜 배우자와 같이 살고 나쁜 일들이 자꾸 일어난다면, 그것은 내 안에 들어 있는 나쁜 기운이 그들을 불러들인 것이다. 이것을 두고 명리학에서는 '팔자(운명)'라고 그러고, 불교에서는 8식(아뢰야식)이 주체가 된 인과응보의 '업보'라고 하며, 칼 융은 '무의식의 조종(운명)'이라고 한다.

그래서 내가 나쁜 친구·애인·배우자와 헤어지면 좋은 사람을 만나야 하는데, 또 그전과 비슷한 성향의 나쁜 친구·애인·배우자를 만나고 만다. 내 속에 들어 있는 나쁜 기운과 성향이 그와 같은 기운과 성향과 동기감응하려고 무의식적으로 막무가내로 애를 쓰기 때문이다. 이에 심신의 수련을 통해 자기 심신의 유전자(DNA, 무의식, 제8식)를 완전히 바꾸지 않은 이상 계속 이러한 현상이 일어나고 만다. 좋은 것과 유유상종하려면 수행과 선업과 내공으로 나의 마음과 무의식을 태양처럼 뜨겁고 밝게 주파수는 높게 영혼의 질량은 무겁게 만들어야 한다.

셋째 : 자기 근기(업보, 달란트) 이상의 경지는 생각할 수도 없고 보고 들을 수도 없고 행동할 수도 없다. 아파트 아래층은 잘 보이지만 위층은 전혀 볼 수 없듯이, 하수(下手)는 고수의 경지를 모른다

(폴더 폰은 스마트 폰에 '카카오톡–각종 앱–인터넷'의 기능이 있는 줄 모른다). 그리고 자기 그릇의 크기(소주～맥주잔)와 용도(호텔용～시장용) 이상은 담을 수 없다. 오토바이·지게차·굴삭기 등은 고속도로에 아예 올라갈 수 없다.

넷째 : 신과 하늘이 특정한 사람을 국가적·역사적으로 특별한 소명과 목적을 위해 써야 할 경우 목동이 길을 트고 막아서 양과 소떼를 몰듯이 직접 관여를 한다. 이런 경우는 이 사람들의 사주팔자와 실제 인생이 맞지 않을 수 있다. 인간의 식견과 명리학 책의 한계를 벗어난 것이기 때문이다.

다섯째 : 위의 네 가지로 팔자가 결정된다면 정해진 것과 닫힌 것만 있고 정해지지 않은 것과 열린 것은 없다는 말이 되어, 전생의 업보가 현생을 100% 지배해 버리는 힌두교식 '닫힌 윤회론'이 되어 버린다.

부처님은 깨달음을 얻고 나서 힌두교에서 말한 '윤회와 업보'가 있다고 재차 인정을 하였으나 힌두교식의 전생 업보가 현생을 100% 지배하는 어쩔 수 없는 닫힌 윤회가 아니라, 전생 업보에다+현생의 새로운 업보와 노력과 깨달음 여부에 따라 전생 업보보다 위로도 아래로도 갈 수 있는 4박자를 말씀하셨다. 즉 '열리고 가능성 있는 윤회론'을 설파하셨다.

비행기나 배도 태평양과 대서양을 건너는 장거리를 갈 경우에는 '자동항법장치'를 걸고 가지만 짧은 거리나 이착륙 시, 번개·태풍 시에는 직접 운전을 하듯이, 사람 팔자(운명)도 과거 업보(프로그램)를 그대로 따라가는 경우 즉 자동항법 장치를 걸고 가거나 내비게이션을 맹종하는 경우도 있고, 또 스스로 운전해 가는 경우도 있는 것이다. 작은 것과 인생 일부분에서 자유의지가 작게나마 작동되는 때도 있는 것이다.

따라서 운명은 불교에서 말한 전생의 숙업+현생의 새로운 개인의 업보·노력·깨달음에다+현생의 우연한 사고나 개인이 어떻게 할 수 없는 불가항력의 대형 사건사고(6·25 전쟁-장영자 어음사기사건-IMF 등)나 천재지변(지진·태풍) 등이 합쳐져서 만들어지고 굴러간다.

운에 대한
과학적 설명

옛날 선각자와 성인들은 우주가 일정한 질서와 법칙에 따라 한 치의 어긋남도 없이 정밀하게 운행되고 있다는 것을 알고, 이 우주의 질서-법칙-비밀을 빈틈없이 표시하고 밝혀 놓은 것이 주역(周易)이며, 그 주역의 원리 중 하나가 음양오행설이고, 음양오행설에서 명리학이 나왔다. 즉 주역과 명리학 등은 우주-인간-지구의 관계에 대해 밝혀 놓은 것이다.

조계종 혜국 큰스님은 "정녕 눈에 보이는 물질의 세계보다는 눈에 보이지 않는 마음의 세계가 엄청나게 크고, 보이는 것보다는 보이지 않는 것이 더 크게 작용한다. 감지되지 않는 전생의 업이 분명히 알 수 있는 현생의 업을 능가하며, 느낄 수 있는 '나의 기운'보다는 느낄 수 없는 '나 주변의 기운'이 더 크게 우리를 좌우하기도 한다"고 했다.

이처럼 보이는 것 못지않게 보이지 않는 것에 의하여 우리의 삶이 지배되고 있다는 사실을 느낄 때, 인생에서 우리가 모르는 무언가 변통수가 작용하고 있음을 느낀다. 즉 운(運)이란 무엇인가?

이것을 공명현상(共鳴現象)이라는 과학적 용어로 설명해 보겠다. 전자레인지, 라디오 주파수와 TV 채널을 맞추거나 MRI 촬영도 공명현상의 원리를 활용한 것이다.

모든 물체는 자신만의 '고유 진동수'를 가지고 있다. 그리고 자신의 진동수와 똑같은 진동수를 지닌 음파가 와서 부딪치면 그 물체는 같은 진동수로 진동을 시작한다. 공명이란 고유진동수가 일치하는 현상이다. 음파가 계속해서 물체에 부딪히면 그 진동은 점점 크게 일어난다. 우리가 유리잔의 고유 진동수와 같은 목소리를 낼 수 있다면 유리잔을 진동시키고 결국 사람의 목소리만으로도 유리잔을 깨뜨릴 수 있다.

1940년 11월 7일, 미국 워싱턴 주의 「타코마 다리」(840m 현수교)가 바람으로 인해 붕괴되었다. 「타코마 다리」는 190km/h의 강풍에도 견딜 수 있도록 설계되었지만 고작 70km/h의 바람에 의한 진동으로 붕괴가 된 것이다. 바람의 진동수가 다리가 흔들리는 진동수와 일치하면서 점점 더 거세게 흔들리다가 결국은 무너져 내리고 만 것이다. 그러나 이는 어디까지나 동적(動的)인 파장(波長)의 맞닥뜨림인 것이다.

전기도 강전(强電)과 약전(弱電)이 있듯이, 인간의 운(運)을 좌우하는 공명현상이란 동적(動的)인 것이 아니라 우주 전체의 정적(靜的)인 파장 주파수와 인간 개개인의 정적인 파장 주파수가 일치될 때를 말하는 것이다. 우리 세상과 인간은 신+대우주+대생명의 축소 모사판으로 그들의 아들이고 표상이다.

우주와 각 개인의 정적(靜的)인 파장의 맞닥뜨림에서 길흉화복이 일어난다. 즉 우주의 큰 기운(주파수)과 개인 기운이 일치되면, 일의 성과가 증폭되거나 일을 이룬다. 우주-개인 간 상호 주파수가 어긋날 때, 일의 성과가 줄어들고 실패를 하는 것이다. 크게 말하면 개인의 타고난 기운은 고정되어 있고 우주의 기운은 순환을 하는데, 우주의 기운이 개인의 기운을 올려주는 때가 왔을 때 큰 기회와 성과가 나는 것이다. 즉 사람은 잘 변하지 않는다. 공장에서 이미 제품의 용도-특성-성능이 결정되어 나오기 때문이다. 출고 후 튜닝이나 리모델링을 할 수가 있는데 해 봐야 얼마나 할 수 있을까? 사람은 그대로인데 우주 운수(運數)가 돌고 돌아서 나와 맞는 좋은 운이 오면 잘 풀리고 나쁜 운이 오면 매사 넘어지고 막히는 것이다. 차도 같은 차인데 고속도로를 만나면 신나게 달리고 비포장도로나 심지어 길이 없는 곳에서는 고전을 면치 못한다. 고속도로에서도 공사 중이거나 차가 막히면 어쩔 수 없는 것이다.

이를 사람들은 "운(運)이 있다. 운이 없다. 또는 하늘이 도운다. 하늘이 버렸다. 아다리(あたり)가 잘 맞는다. 아다리가 안 맞는다" 등으로 표현하고 있는 것이다.

주역 점을 칠 때도 공명상태를 이뤄야 하는데, 공명상태를 이룰 수 있는 기초는 호흡 조절이다. 안정된 호흡을 통해 뇌파가 변하고 그 파장이 우주파(宇宙波 : 7.5 헤르쯔, 갓난아이 뇌파 주파수)와 일치할 때 공명상태를 이룬다. 이런 공명 상태에서 무작위로 괘를 얻는다.

우리가 뇌파를 자유자재로 조절할 수 있다면 우주 의식과도 동조할 수가 있고 교신할 수 있다. 휴대폰으로 전파를 송수신하듯이….

운명에 대한
물리학적 증명

과학의 최고봉 「물리학」으로 팔자(운명)에 대해 증명해 보겠다. 물리학은 뉴턴의 만유인력의 법칙 등 고전물리학→아인슈타인의 상대성이론→양자역학→통일장 이론까지 발전해 있다.

고전 물리학과 「과학적 결정론」에서 결정론이란 과거의 결과가 미래의 원인이 되며, 우주의 모든 사건은 이미 정해진 곳과 때에 이루어지게 되어 있었다는 이론이다. 「과학적 결정론」이란 만유인력의 법칙을 발견한 뉴턴 등이 주장한 것으로 "우주에서 일어나는 모든 사건과 운동은 이미 그전부터 결정되어 있으며, 어떤 법칙에 따라 합리적으로 움직인다"는 것이다. 더 나아가 프랑스 수학자 라플라스는 "우주의 모든 입자의 위치와 속도를 안다면 우주의 미래를 예측할 수 있다"고 주장했다.

예를 들면, 날아가는 미사일의 위치와 속도, 운동방향을 알면 미사일의 궤도와 탄착점을 정확히 예측할 수 있다. 이와 같이 우주의 모든 물질의 위치와 속도, 운동방향을 알고 각각 상호 영향력까지 계산할 수 있다면, 물질로 이루어진 인간의 행동도 예측이 가능해진다(지금 현재 상태의 모든 정보를 알고 있다면 모든 미래를 알 수 있다). 정확한 예측이 가능하다면 미래가 결정되어 있는 것이다.

「과학적 결정론」에 따르면 인간의 자유의지마저 결정되어 있어 자유의지가 없다는 것이 되는데("뇌 과학은 자유의지가 없다"고 주장), 학계에서는 자유의지가 '있다, 없다'로 의견이 엇갈리고 있다. 그러나 20세기의 양자역학에서는 '프랙탈 이론'과 '나비효과', '불확정성의 원리', '양자 카오스 이론' 등이 나오면서, 모든 것이 이미 정해져 있다는 「과학적 결정론」 대신, 모든 일은 그 사건이 일어날 확률만이 정해졌다는 「확률론적 결정론」이 등장하였다.

양자 역학은 미시(微視) 물리학 이론, 눈에 안 보이는 대상, 즉 물질을 구성하는 최소 단위 분자·원자·소립자의 운용법칙을 정립한 물리학 이론으로 뉴턴·아인슈타인 등의 거시(巨視) 물리학(눈에 보이는 것 대상)과 함께 현대 물리학을 완성한 2대 이론이다. 상대성이론 등 기존 거시 물리학은 현재의 상태를 알고 있으면 미래의 어느 순간에 어떤 사건이 일어날지 정확하게 알 수 있다는 「인과론의 결정론」을 따르고 있으나, 양자 물리학은 「우연성과 확률론에 입각」하여 입자의 운동법칙을 증명한 물리 이론이다.

프랙탈 이론은 혼돈에서 규칙을 찾아내는 이론으로 미국 과학자 만델브로가 1979년에 주장했다. 프랙탈이란 우주의 구조를 설명하는 이론 중 하나로 "부분이 전체의 패턴을 계속 반복하는 것"을 말한다. 즉 부분과 전체가 똑같은 모양을 하고 있다는 자기 유사성과 순환성을 기하학적으로 푼 것이다. 겉으로는 불규칙해 보이는 현상에서도 어떤 규칙성을 찾을 수 있다는 것이 카오스 이론이고, 그 혼돈 된 상태의 공간적 구조로 기하학적이고도 규칙적으로 나타난 모형이 프랙탈 구조이다. 자연계의 모든 존재는 이런 프랙탈 구조를 가진 것으로 여겨진다. 자연계는 멀티 프랙탈 구조이다. 우주라는 거대한 존재와 우리 자신이 본질적으로 동일한 실체이며, 우리의 무한한 '프랙탈적인 확대'가 바로 '우주'라는 것이다(의상조사 법성게 : 하나 곧 모두이고 모두 곧 하나이니~, 불교의 同體大悲).

나비효과는 나비의 단순한 날갯짓이 날씨를 변화시킨다는 이론(연기론, 화엄경–세상은 중중무진 인다라망으로 연결되어 있다), 미국의 기상학자 에드워드 N.로렌츠가 1972년 처음으로 발표한 이론이며, 나중에 「카오스 이론」으로 발전하는 계기가 되었다.

독일 이론물리학자인 하이젠베르크의 「불확정성의 원리」(1932년 노벨상 수상) : 전자(電子)는 입자(粒子)인 동시에 파동(波動)이며(화엄경 : 中道, 非有非無, 雙遮雙照 / 반야심경 : 色卽是空), 입자의 위치와 운동량을 동시에 정확히 측정할 수 없다. 그래서 입자가 어디로 튈지 모른다. 그러나 확률적으로는 어디로 튈지 알 수 있다.

양자 카오스 이론은 외관상 불안정·불규칙적이고 무질서하고 혼돈의 상태에 있는 것으로 보이는 현상들 속에도 질서와 규칙성을 지배하는 논리적 법칙이 존재한다는 이론이다. 결국 입자가 어디로 튈지 확률적으로 알 수 있다는 것이다(확률론적 결정론).

양자역학의 요지가 뭔가 하면 상대성 이론까지는 공전·자전 등 거시는 규칙·법칙·질서가 있고 미시는 제멋대로 움직인다고 봤는데, 1930년대 불확정성의 원리→1970년대 양자 카오스(Chaos, 혼돈,) 이론에서는 미시도 확률적으로 규칙·질서가 있다고 보는 것이다.

따라서 분자·원자·소립자 등 미시로 이뤄진 우리도 당연히 규칙과 질서가 있는 것이 된다. 우리 몸을 구성하고 있는 입자들이 '불확정성의 원리'에 의해 운동을 하고, 그 입자에 의해서 우리가 만들어져 있기 때문에 '불확정성 원리'에 의해서 반응을 할 수밖에 없다. 즉 제멋대로 움직이는 것 같지만 규칙과 질서가 있어 운명이 있게 되는 것이다.

또한 소립자 등의 미시가 모여 우리가 '인간'이라는 거시가 되었으니, 거시(巨視)가 규칙-법칙-질서가 있는 것은 당연하다 하겠다. 이처럼 세상 만물의 거시와 미시가 모두 일정한 법칙-규칙-질서-궤도가 있다면 인간 포함 그 어떤 것과 사건도 팔자와 운명에서 비껴갈 수 없게 된다.

다시 말하면, 공전·자전 등 거시적인 것들은 미래가 정해져 있다. 그리고 눈에 보이지 않는 미시 입자들도 제멋대로 인 듯하나 확률적으로 미래를 예측을 할 수 있으므로 결코 제멋대로가 아니다. 단지 짧은 기간의 시공간 내에서 제멋대로 움직인다고 보여질 뿐이다.

이에 입자의 미시로 이뤄진 인간의 행동도 예측할 수 있고(즉 미래를 알 수 있고), 미시 입자가 모여서 거시 인간이 되었으니 당연히 규칙과 질서가 있어 미래가 정해진 것이고 미래를 예측할 수가 있다.

자유의지에 대해서는 힌두교, 유불선과 기독교 등 거의 모든 종교에서 얘기하듯이 인생의 큰 것은 타고난 천명이고, 중간 크기의 것들은 제멋대로 인 듯하지만 역시 이것도 그 '일정한 행동 패턴'이 정해져 있어 천명을 벗어날 수 없다. 즉 중간 것 이상은 자유의지가 없는 것이다. 또한 현대의 「뇌 과학」에서도 역시 자유의지가 없다고 본다.

인간 등 생명체는 자연과 우주 법칙의 일부로써 태어나고 그 속에 살아가기에 자연과 우주의 법칙과 질서의 범위를 벗어날 수 없다. 자연과 우주의 법칙과 질서의 범위 내에 있게 되는 것이다. 그래서 아주 작은 것만 과거 전생의 업과 천명(天命)에 영향을 받지 않고, 현생에서의 자유의지에 따라 이렇게도 저렇게도 해 볼 수 있는 것이다. 결론은 중간과 큰 것은 천명(팔자)이고, 소소한 작은 것은 노력(자유의지)이다.

과거-현재-미래는 동시에 존재하므로
운명은 정해져 있다

시간의 존재 여부에 대하여 물리학계에서는 '있다'(有)·'없다'(無)로 의견이 엇갈리고 있다. 아인슈타인은 시간은 존재하나 절대시간이 아닌 '상대시간'만이 존재하고, 중력 근처에서는 시간은 느려지거나 빨라진다고 했다. 우주 물리학자들은 빅뱅 이후 시간과 공간이 함께 생겨났고, 이들은 별개로 존재하지 않고 항상 같이 존재한다고 보고 있다.

그러나 대다수 물리학자들은 시간은 인간이 만들어낸 개념과 환상에 불과하며, 시간이란 존재하고 않고 단지 공간(空間)의 변화만 있을 뿐이고 변화의 속도를 수량화한 것일 뿐이라고 주장하고 있다. 또 다른 물리학자들은 시간은 과거 현재 미래가 함께 존재하는데 인류가 시간을 현재 진행형으로만 인식하기 때문에 시간을 '과거'와 '미래'로 나눈다는 것이다. 양자의 세계에서는 "시간이 과거와 미래의 양방향으로 흐른다"는 입장이다. 따라서 놀랍게도 미래가 과거에 영향을 줄 수도 있다는 것이다.

과거-현재-미래가 함께 존재한다면 미래가 이미 정해진 것이 되며, 운명도 정해진 것이 된다. 우주의 처음과 끝을 기록해 두었다는 「아카식 레코드」도 있는 것이 된다. 우리가 4차원의 시공간에 갇혀 있으면서 시간에 어쩔 수 없이 끌려가고 있고, 우둔하여 단지 과거와 현재만을 인식할 뿐이라서 그렇지…, 4차원보다 더 높은 5차원

이상에서 4차원을 내려다보면 시간의 처음과 끝을 동시에 보고 또 과거와 미래를 오고 갈 수 있다.

불교에서는 「영원의 지금 그리고 여기」만이 존재할 뿐이다. 단지 현재의 시간을 과거–현재–미래로 나누어 임의 구분해 놓은 것이라는 것이다. 즉 눈금 없는 자에 눈금을 새겨 놓은 것과 같다고 본다. 따라서 인간이 바로 옆에서 보면 과거–현재–미래가 있지만, 4차원의 시공을 넘어선 5차원 이상에서 내려다보면 늘 현재와 여기밖에 없는 것이다.

지금
내 팔자를 알려면?

내 조상–부모형제–배우자–자식–친한 친구가 누구인지를 보면 된다. 그 사람들이 전생부터 가장 큰 인연이 있고 그 사람들 수준이 곧 내 팔자 수준이다. 그리고 경제적으로는 내가 어떤 수준의 직업·돈· 의식주를 가지고 있는지 보면 된다. 또 내 얼굴과 신체의 미추와 건강, 성격, 그간 인생을 살펴보면 된다. 이것들에 자기 전생 업보가 고스란히 나와 있고 녹아 있다. 그것이 곧 내 수준이고 내 팔자이다.

내가 어떻게 생겨 먹고 무엇을 하고 무엇을 얼마만큼 가지고 있고 내 주위에 보이는 것이 무엇인가가 곧 내 팔자이다. 내 부모가 누군지, 내

학력이 어떤지, 내 직업이 뭔지, 어느 동네와 아파트에 사는지가 그대로 내 수준이고 팔자이다. 알고 보면 복잡할 것도 없다. 운명은 뜬구름 잡는 얘기가 아니라 직접 눈에 보이고 잡혀지는 것이다.

불행한 중생들은 못나고 무지하고 고집이 세고 인성이 나쁘거나 그 주변에 인성이 나쁜 사람들로 가득하다. 7성급 호텔에 귀인들로 넘쳐 나듯이, 교도소에는 범죄자로 가득하고, 시궁창에는 파리와 쥐들뿐이다. 우주법칙이 유유상종이라 비슷한 것끼리 서로 모이게 되어 있다. 또한 못난 중생들은 대개 시기와 질투만 하지 반성하고 배우려고 하지 않는다.

구체적으로 내 팔자에서 가장 중요한 것은 부모이고 그중에서도 아버지이다. 특히 여자는 아버지가 누구인가에 따라 그 팔자가 결판이 난다. 여자는 아버지 잘 만나면 신랑 잘 만나고 신랑 잘 만나면 좋은 자식과 만난다. 금수저를 물고 태어난 것이다. 거기다 미인이면 다이아몬드 수저이다.

왜 부모이고 조상인가? 서로 비슷한 기운과 업(業)끼리 응해서 가문을 만들기 때문이다. 그래서 조상의 심신만 자손에게 유전되는 것이 아니라 팔자도 자식에게 상당 부분 유전이 된다. 나무의 뿌리-밑둥치-가지-잎-열매는 다르면서 같다. 즉 조상과 후손은 공동체 운명이다. 그래서 조상이 좋아야 하고 나도 당대나 후손을 위해 지금 잘살아야 한다.

그래서 명리학을 보면 내 팔자에 조상, 부모, 처가, 처자식의 대체적인 팔자까지 모두 포함되어 있는 것이다. 이들의 전체 합이 곧 나의 팔자가 되는 것이다. 여기에 태어난 곳의 풍수지리와 내 이름도 함께 작용한다.

그리고 운명의 핵심은 건강-돈-직업이다. 건강한가? 돈이 있는가?

무슨 직업에 종사하는가? 그 일은 잘 풀리는가? 여부가 제일 중요한 것이다. 특히 건강과 돈이 있는지 없는지를 보면 안다.

팔자를
고칠 수 있는 11가지 방법

부처님은 크게 업-연기-인과응보(인연과보)-윤회-공-삼법인(제행무상, 제법무아, 열반적정)-중도-팔정도-육바라밀-일체유심조-진여 등을 통해 타고난 운명이 있으며 위에서 말한 것을 알고 실천함을 통해 올바른 삶을 살고 깨달음을 얻고 팔자를 좋은 방향으로 바꿀 수 있다고 하셨고, 세부적으로 "인과와 윤회와 그에 따른 운명이 분명히 있지만 또 운명은 변할 수 있다. 인생에는 밝음과 어둠이 있고, 그것은 다시 네 갈래의 길을 만들어 간다. 즉 ①어둠에서 어둠으로 들어가는 길, ②어둠에서 밝음으로 들어가는 길, ③밝음에서 어둠으로 들어가는 길, ④밝음에서 밝음으로 들어가는 길이 그것이다." 라고 하셨다.

1. 자신의 팔자와 그릇을 알아차려라. 분수와 괘도를 알아라

땅이든 집이든 사람이든 간에 그 그릇의 크기와 질과 용도와 인연만큼 쓰이고 복과 화가 드나들기 때문이다. 우주의 작은 별인 나의 공전·자전 괘도를 알아서 어느 정도 크기로 돌고 어느 방향으로 가고 놀아야 할지 알아야 한다. 자신의 팔자-그릇-공전·자전 괘도를 아는 방법은 명리학을 보는 것이다. 즉 내 인생을 명리학이라는 X-ray나 CT로 찍어 보는 것이다.

자기의 짧은 식견과 고집대로 하지 말고, 자기를 버리고 큰 부모인 하늘의 뜻을 물어 그에 따라 행동을 해야 한다. 왜곡될 대로 왜곡된 나를 내던지고 올바른 천명(天命)을 물어 나의 인생을 바로 잡으라는 것이다. 즉 자신의 숙명(宿命)을 알고 그 방향에서 올바른 노력을 기울여야 한다. 그러므로 자신의 숙명과 소질이 어느 쪽인지 아는 것이 중요하다. 그래야 쓸데없는 길로 가지 않고 과욕을 부리지 않고 실패하지 않는다. 또한 나가야 할 때와 머무를 때, 공격과 수비해야 할 때, 씨앗을 뿌릴 때와 거둘 때를 알아야 한다. 때(타이밍)를 알아야 한다.

그릇과 괘도란 지식-지혜-복-부귀 등을 담고 행할 수 있는 용량-질-방향-한계를 말한다. 그래서 물건도 처음부터 좋은 것을 사고, 사람도 된 것을 뽑아 조금 다듬어 써야지 처음부터 아닌 것을 만들어 쓸 수는 없다. 따라서 내 자식도 주위 사람도 그 사람의 그릇과 괘도를 따지지 않고 왜 그렇게 못하느냐? 고 닦달해서는 안 된다. 타고난 그릇이 작으면, 그릇 이상으로 담으려고 하지도 않고 더 주려고 해도 싫다고 거부하고 또 더 달라고 해도 주지도 않는다. 그릇과 괘도가 작으면 복과 지혜 등을 담을 수도 없거니와 혹 우연에 의해서 크고 좋은 것이 왔다 하더라도 유지할 수 없고 오히려 화(禍)가 되고 만다. 그릇과 복이 작은 사람이 부귀-미인 등 귀한 것을 가지면 오히려 그것에 다친다.

2. 소식과 운동을 해라. 그리고 앞머리를 까라

소식(80%)을 해야 살을 빼고 건강하고 장수하고, 몸의 혈(血)과 기(氣)의 순환이 원활하여 심신이 안정되어 올바른 말-행동-결정을 해 복을 불러올 수 있으며, 또 천록(天祿, 평생 먹을 양식)을 아끼는 길이다. 대식가는 절대로 오래 살지 못한다. 건강하게 장수하지 못하면 팔자가 나쁜 것이다. 재벌도 중병에 걸리고 단명하면 그걸로 끝이다. 또한 여자들이 키 작고 돈 없는 남자들을 경멸하듯이, 남자들도 뚱뚱한 여자를 제일 싫어한다. 그래서 뚱뚱하면 좋은 남자들 만날 수 없다.

운이 나쁠 때는 마음이 위축되고 몸의 혈과 기운이 원활치 못하고 자율신경이 굳어져 있다. 이것을 땀이 뻘뻘 나도록 운동(사우나 병행)을 하고 여행을 통해서 혈과 기운을 풀어서 순환을 시키고 나쁜 기운을 떨쳐 내야야 한다. 그래야 새로 좋은 기운을 받고 새로운 인연을 만날 수 있다. 과학적으로도 누워서 하는 생각보다 의자에 앉아서 하는 생각이 실수가 적고, 앉아서 하는 생각보다는 걸으면서 하는 생각이 가장 뇌가 활성화되어 창의적이고 균형 잡힌 사고를 할 수 있다. 남방불교의 「위빠사나」처럼 산책은 각종 종교의 깨달음의 한 방편이고 위대한 사상과 제도와 기계 발명 등은 모두 산책에서 나왔다고 해도 과언이 아니다. 베토벤의 위대한 악상은 모두 산책에서 나왔다.

이마는 작은 하늘과 부모로서 부귀와 미래를 상징하는 곳으로 하늘의 기운(天氣 : 햇볕, 주요 별 기운, 氣, 공기, 암흑물질, 암흑 에너지 등)과 뜻(天命 : 아카식 레코드)을 받는 거울-태양 전지판-

위성 안테나이고, 하늘 기운과 천명을 충전하고 저장하는 배터리와 창고이다. 천기와 천명을 잘 받아야 운-기운과 활력-통찰력이 생기고, 모든 일이 성사된다. 좁은 이마는 부모의 도움이 없고 하늘이 열리지 않은 것이라 복을 받을 수 없어 단명하고 부귀와 인연이 없어 매사에 실패한다.

그래서 이마에 햇볕이 잘 들어야 한다. 요즘 여자들은 여성 군림시대를 맞이하여 옛날에 내렸던 앞머리를 나 보란 듯이 훤하게 까고 있는데, 젊은 남자들은 기가 폭 죽어서 앞머리를 내리고 있다. 기가 죽어서 이마를 내리고 숨는 것이다. 그리고는 유행이라고 변명을 한다. 이마를 가리는 것은 하늘에 먹구름이 끼고 밤낮으로 집에 커튼을 친 것과 같다.

젊어서 이마가 알맞게 벗겨지면 일찍 출세하고 늙어도 이마가 벗겨지지 않으면 하늘이 열리지 않는 것과 같이 일이 풀리지 않는다. 그래서 인위적으로 앞머리를 까 천기와 천명을 받는 변발을 한 몽골족·만주족·일본 놈들은 중국 전체나 아시아를 먹거나 세계를 먹었다. 중세 수도사들도 천기와 천명을 잘 받기 위해 머리 위 중앙 '속 머리'를 하얗게 쳤다. 이마는 유명 정치인· 연예인들과 같이 볼록거울처럼 넓고 반듯하게 잘생기고 빛이 날수록 좋다. 퇴계 이황 선생도 이마가 아주 넓어서 어릴 적 '광상아(廣顙兒)', 즉 '이마가 넓은 아이'라는 별명으로 불리었다. 이마가 넓고 잘 생겨야 그 속에 들어있는 전두엽(인간과 동물을 구분하는 것으로 성격, 선택, 창조성, 독립성을 좌우한다)이 예쁘고 크게 발달하고 햇볕이 간접적으로 잘 들어서 전두엽이 크게 활성화된다.

짧은 머리는 양(陽)의 기운을 불러오고 긴 머리는 음(陰)의 기운을 불러오기에 예술가 외에는 짧은 머리를 하는 것이 좋다. 부자는 짧은 머리가 많고, 앞머리를 까서 이마를 드러내야 일이 잘 풀리고 출세를 한다. 세계 지도자들치고 트럼프 말고 앞머리를 안 깐 사람은 없고 YS도 앞머리를 올리고 나서 대통령이 되었다. 대머리들은 웬만큼 산다. 특히 어머니가 앞머리를 내리고 있으면 자식 앞길을 막는 것과 같다. 머리가 짧은(햇볕을 잘 받는) 군대(운동선수)와 긴 군대가 싸움을 하면 대개 짧은 군대가 이긴다. 2차 대전 시에 일본 수상부터 빡빡머리를 한 것은 짧은 머리가 적극성-진취성-야성-깡이고 투쟁이기 때문이다.

그리고 머리숱이 많으면 좋다고 잘못 알고 있으나 옛말에 "머리숱 많은 사람 재상 없다"고 했다. 즉 머리숱이 지나치게 많고 빡빡하면 건강하고 강인하기는 하나 천기와 천명을 받을 수 없기에 운(運)이 피지 않는다. 더 나아가 융통성과 재운도 없고 윗사람과 잦은 충돌을 일으키고 여색에 빠진다. 여자가 머리숱이 많으면 여기에 추가로 과부가 되고 만다. 숲을 간벌하듯이 머리숱은 확 쳐 내여 개운(開運)해야 한다.

3. 긍정적으로 생각하고 많이 웃고 종교를 제대로 믿어라

비관적인 것보다 긍정적으로 생각하는 것이 정신 건강에 유리하고 실제로도 동서고금 역사를 보거나 우주 법칙상 미래는 과거보다 좋게 되어 있다. 그래서 투자도 긍정적인 사람이 이기게 되는 것이다.

"웃으면 복이 와요"라는 말이 있다. 신과 좋은 것과 행복은 밝은 것이라서 유유상종 원리에 따라 밝은 곳에 오고 싶어 하고 오래 머무르고 싶어 하기 때문이다. 웃기 위해서는 늘 작은 것에도 감사하는 마음, 즐거운 마음을 길러야 한다. 처음에는 어색해도 기르면 차츰 길러진다.

세상에서 가장 으뜸 되고 근원을 가르치는 것이 종교이다. 종교는 신과 하늘의 뜻이고 영혼의 안식처이고 병원이고 배터리이고 지혜의 보물 창고이다. 그래서 종교를 믿으면 위로와 희망을 얻고 더 나아가 천명(天命)과 바른 가치관과 지식-지혜-식견-통찰력을 기를 수 있다. 그래서 종교와 전쟁만큼 개인과 세상을 획기적으로 바꾸는 것은 없다고 한다. 이에 마르크스는 "종교는 아편"이라고까지 했다. 그만큼 종교는 우리의 운명과 세상에 변화를 줄 수가 있는 강력한 것이다.

자기 멋대로 하지 않고 늘 하늘의 뜻과 교감할 수 있다면 본인 사주팔자를 벗어나 운명을 바꿀 수 있다. 사주라는 것이 하늘의 뜻을 품고 있는 것인데, 수시로 하늘의 뜻을 묻고 하늘과 교감을 하면 타고난 사주라도 바꿀 수 있는 것이다. 그래서 유명 종교인들은 사주와 전혀 다른 좋은 삶을 살고 있다. 또 종교시설은 하늘의 지상 출장소라 여기에 숨어 있으면 잘 건드리지도 않는다. 또 종교를 믿으면서 현실과 적당한 거리를 두고 지내면 시야가 넓어지고 실패와 괴로움에서 벗어날 길도 보인다.

4. 명상과 염불과 기도를 해라

불교 유식학(아뢰야식)과 칼 융이 말한 것처럼 '무의식이 곧 팔자'이기에, 팔자를 바꾸려면 무의식을 바꿔야 한다. 무의식을 바꾸기 위해서는 명상, 기도, 참선, 호흡법 등을 통해 무의식을 깨끗하고 강력하게 해야 한다. 명상 등을 통해 잠재의식(7식)을 뚫고(→) 무의식(8식, 진여, 하드 디스크)까지 들어가서 무의식의 기존 나쁜 프로그램을 없애고 거기에 좋고 새로운 프로그램을 깔아야 한다. 무의식을 컨트롤해야 한다는 말이다. 그러면 마음이 바뀌고 몸이 바뀌고 언행이 바뀌고 팔자가 바뀐다.

명상을 하면 나쁜 기운을 몰아내고 좋고 맑은 기운을 크게 한다. 그러면 유유상종의 원리에 의해서 좋고 밝은 것을 끌어당길 수 있다. 즉 뇌의 에너지가 정화되어 순수 뇌파를 발신하게 되면 저절로 탁한 것은 물리치고 밝은 에너지를 끌어당겨 공명하게 된다. 또한 발신하는 뇌파가 강력해지면 주위의 파동을 내편으로 동조시켜 계획보다 더 큰 결과를 낳을 수 있다. 왜냐하면 삼라만상은 모두 연결되어 있기 때문이다.

다른 비유를 들면 구정물을 깨끗이 하고, 잡철이 섞이고 성능이 나쁜 자석을 순도가 높고 성능이 좋은 자석으로 만드는 것이고, 순도가 낮은 금을 자꾸 제련하여 24k를 만드는 것이다. 순도가 높은 물−자석−금은 좋은 것을 끌어당기고 좋은 대우를 받게 만든다. 자기가 일정한 수준에 도달해야 그 수준에 맞는 복과 인연을 만나게 되는 것이다.

그리고 명상 등을 하게 되면 전생의 업장소멸(業障消滅)을 하게 되어 업장이 일어나지 않거나 업장이 아주 최소한으로 약하게 된다. 즉 마음에 일어나는 생각들이 행동으로 옮겨지게 되는데, 즉 생각이 일어나면 생각은 에너지라 행동이 동반되게 된다. 이것이 전생부터 가지고 온 업장(숙업, 카르마)이 실현이 되는 것이다. 그래서 계속 업장(業障)을 만드는 것이다. 그런데 명상 등은 일어나는 생각을 처음부터 잘라 버리는 것이다. 그리고 더 나아가 그 생각이 일어나는 뿌리와 원천까지 잘라 버리니 업장 소멸이 되는 것이다. 그러면 전생 업보가 행동과 일과 인연으로 연결되지 않는다.

염불과 기도를 열심히 하면 내 안의 작은 신과 우주의 큰 신을 설득하여 도움을 얻고, 나와 우주가 하나가 되는 자타불이의 경지에 들어가서 액운을 줄이거나 피해갈 수 있고, 더 나아가 좋은 일이 생기고 좋은 인연을 만난다(「제4장, 기도 성취 이치…, 기도는 이루어진다」 참조). 몸과 마음을 연결시키는 것은 '호르몬-전기-기-뇌파'가 하고 있듯이, 명상과 염불과 기도도 육체와 정신을 원활히 연결하고 업그레이드하는 역할을 한다. 컴퓨터의 포맷과 같고, 좋은 프로그램을 까는 것과 같다.

5. 과거 잘못과 실패를 철저히 분석·반성하고 개선해라.
   운이 나쁠 때는 쥐 죽은 듯 가만히 있어라.
   말을 함부로 하면 반드시 망한다

과거 허물-실수-실패를 철저히 분석·연구하고 반성하여 그것에서 교훈을 얻어 개선하고 대책을 마련하지 못하면 반드시 허물과 실패의 역사를 되풀이할 수밖에 없다. 과거 역사는 현재와 미래에 또다시 되풀이되고, 인생 연극의 주제는, 예를 들면 여자들이 좋아하는 '신데렐라' 연속극처럼 늘 같지만 배역-옷-장비-장소만 달라질 뿐이기 때문이다. 개인-민족-국가 모두 같다. 집안에 내려오는 나쁜 내력도 나의 대에서 인식하고 철저히 끊어내서 후대에 내려가지 않도록 해야 한다.

전생 업보인 자타를 해치는 나쁜 성격과 습관을 팔정도와 육바라밀을 통해 평생을 두고 고쳐 나가야 한다. 그러나 팔자가 나쁜 사람들과 후진국들은 그 허물과 병폐를 무슨 금덩어리처럼 꼭 끌어안고 절대로 놓으려고 하지 않고 놓기 싫다며 발버둥이를 치면서 악을 써댄다.

운이 나쁠 때는 자신의 처지와 운명을 겸허히 받아들이고 모든 것을 놓아 버리고 무욕(無慾)을 견지하면서 바짝 엎드려 있어야 한다. 밖에 나가거나 무슨 일을 한다고 설치면 사고를 치거나 당한다. 죽은 듯이 자기를 들어내지 않고 숨만 꼴딱이는 것이다. 대책이 없을 때는 무위자연(無爲自然)하고 그냥 죽은 듯이 참고 가만히 기다리는 것이 좋은 방법이다. 인생에는 군대처럼 가기 싫지만 가야 하고 빡빡 기어야 하는 때가 있는 것이다. 인생에도 신호등의 파란불과 빨간불처럼 멈춰서 있을 때와 나갈 때가 있는 법이다. 한 걸음 물러나야 하늘이 보이기 시작한다.

대스타로 살다 온갖 풍상을 겪은 가수 이선희는 "가장 중요한 건 잘되는 시간이 아니라 안 되는 시간인데, 고난을 어떻게 보내느냐? 가 중요하며, 힘든 시간일수록 더 많이 나를 아끼고 나를 돌아보는 시간을 갖게 되면 좋은 기회가 왔을 때 그것을 얻을 수 있다"고 하였다.

운이 나쁠 때는 팔자소관으로 돌리고 버텨야 한다. 불행을 받아들이지 못하면 미치거나 병들거나 자살하는 수밖에 없다. 성공은 지능지수(IQ), 감성지수(EQ)가 아니라 역경지수(AQ)에 의해 좌우된다. 신과 팔자의 몽둥이가 내리칠 때는 도망가거나 피하지 말고 실컷 맞아줘야 한다. 삼국지의 유비는 위나라 승상인 조조에게 감금을 당해 똥지게를 지고 배추를 가꾸면서, 불평하는 장비에게 이렇게 말했다. "세상일을 아예 불평하지 마라. 몸을 굽히고 분수를 지켜서 천시(天時)를 기다리는 것이 제일 상책이다. 섣불리 천명과 다투어서는 안 된다."

음양은 한 몸이라 기쁨이 있으면 그 기쁨에 빠지지 말고 뒤에 슬픔이 있음을 헤아려야 하고, 슬픔 뒤에는 기쁨이 싹을 틔우고 있음을 깨달아야 한다. 지나고 보면 이 세상에 아무 뜻 없는 시련은 없다. 옛 속담에 "참을 인(忍)자 셋이 모이면 살인도 면한다"고 했다.

운이 나쁠 때는 지푸라기라도 잡으려고 발버둥 치지 마라. 떨어지는 운세이니 아등바등할 필요가 없다. 오히려 반동으로 올라 치는 힘만 약해진다. 안 되는 것은, 안 되는 것이다. 내려갈 때 마음을 비우고 확 떨어지면, 바닥을 탁 치고 그 반동으로 확 솟구칠 텐데, 안 떨어지려고 아등바등하면 결국은 그런 반동마저 얻는 기회를 잃어버린다. 얻기 위해서는 먼저 확 비우고 확 놓아야 한다. 버릴 때는 뿌리로부터 크게 버려야 한다. 확 비우고 크게 밑으로 내려가 봐야 더 크게 담고 더 위로 올라갈 수 있다. 신은 절망의 끝에 섰을 때 나타나는 법이다.

행동뿐만 아니라 생각과 말도 함부로 하지 말아야 한다. 생각과 말은 그 자체가 운명이고 창조이고 모든 것의 '씨앗'이다. 말투와 생각은 나의 관상과 팔자마저 바꾼다. 말투가 이상하고 삐딱한 인간은 그냥 놔둬도 스스로 알아서 반드시 망한다. 말은 적이 아닌 이상 따뜻하고 아름답고 긍정적이고 희망적으로 해 줘야 한다. 물에게도 따뜻한 말을 건네면 결정체가 아름답게 나타나지만, 부정적인 말을 들은 물은 기괴한 형상으로 변한다. 팔자가 좋아지려면 시기나 질투나 악담 대신에 덕담(德談)을 해야 한다. 말로 죄 짓기도 싫지만 말로 복 짓기도 싶다. 이 쉬운 걸 안 하고 반대로 하려고 애쓰는가?

옛 속담에 "병은 입으로 들어가고 화는 입으로부터 나온다. 입은 시비를 부르는 물건이다"라고 했다. 눈이 마음의 창이라면 입은 마음의 대문임을 알아야 한다. 소리로 세상이 창조되었듯이 말은 힘이 있고 사라지지 않고 언제나 작용을 한다. 말은 마음의 파장과 소리의 파장이 한꺼번에 모여 있으니 당연한 것이다. 파장이 희미하게 살아 있다가 자신의 근원으로 주파수가 동일한 곳에 되돌아와 작용하게 된다. 말의 힘은 이토록 무섭다.

습관적인 악담은 남을 죽이고 돌고 돌아 자신을 또 죽이는 짓이다. 악담자의 건강과 팔자를 극도로 나쁘게 한다. 옛말에 "타인을 저주하거나 비판을 반복하면 구멍(무덤)이 두 개"라는 말이 있다. 자신도 그 대가를 치러야 한다는 말이다. 무의식은 자타를 구분치 않고, 피와 독을 뿜으면 자신이 먼저 그 독과 피에 오염되고 당하는 것과 같다.

6. 보시는 대출을 해 주고 보험을 드는 것이다.
각고의 노력을 해라

씨를 뿌리지 않았는데 거둘 곡식이 있겠으며, 부메랑을 던진 적이 없는데 날아올 부메랑이 있겠는가? 주역에서는 "먼저 손해를 봐야 나중에 이익을 본다, 베푸는 집안에 반드시 기쁨이 있다"라고 했다. 우주에는 공짜가 없다. 베풀어 놓으면 언젠가 돌아온다. 天地人 창고에 저축과 보험을 들어 놓아야 현생과 내생에 무언가 타 먹을 것이 있다.

평소 적선과 보시를 통해 저축과 보험을 들어 놓아서 동학혁명·6·25 전쟁 등 위급한 환란 시기에 자신과 가족의 목숨을 살린 예는 무수히 많이 있다. 보시 중 가장 효과와 발복이 빠른 것은 돈을 주는 것이고 그다음은 술밥을 먹이는 것이고 그다음은 방생하는 것이다. 가장 뛰어난 것은 부처님 말씀대로 법시(세상을 올바르고 지혜롭게 살아가는 힘, 고기를 잡는 법을 알려 주는 것 등)를 하는 것이다. 보시는 꼭 돈이 없어도 자비의 마음만 가지고 있으면 그 방법은 말, 지혜, 소개와 추천, 인생 경험 등으로써 얼마든지 돈 이상의 큰 도움을 줄 수가 있다.

세상사 유유상종이라 나쁜 일을 하면 사악한 기운이 몰려들고, 좋은 일을 하면 좋은 기운이 같이 온다. 좋은 기운은 좋은 기운과 만난다. 적선이 보은이 되어 돌아오면, 즉 새로 지어 놓은 원인의 결과가 나타나면 그 힘으로 내 팔자의 틀과 한계를 깰 수 있고 업그레이드를 할 수 있다. 과거에 지은 어둠과 구름(나쁜 업)도 현생의 새로운 태양(현생의 선업)을 비춤으로써 밝힐 수 있다. 촛불(과거 업)도 태양이 뜨면 그 촛불이 존재는 하지만 그 빛과 영향력을 잃고 마는 것과 같다.

그러나 무조건 보시를 해서는 안 된다. 중생들이 신의가 없고 근기가 낮아서 보시가 복과 보은이 되어 되돌아오는 경우는 1~2% 미만이고 나머지는 잊거나 배은망덕을 한다. 심지어 물이 빠진 사람 건져 줬더니 보따리 내어놓으라고 하거나, 물을 줬는데 우유 대신 독을 생산하는 독사도 많고 얼어 죽어가는 독사를 품어 넣어 녹여서 살려 줬더니 도리어 사람을 물어 버리는 경우가 비일비재하기 때문이다(이것은 악을 직·간접적으로 조장하고 융성하게 하는 것과 같다). 그래서 보시도 선후가 있어야 하고 선별적이고 지혜롭게 해야 한다. 가족이 우선이다. 가족도 구제해야 할 불쌍한 중생이고 나와 인연과 업이 가장 큰 관계이기 때문이다. 또 악당(독사와 잡초) 대신 양심에 따라 착하고 성실하고 정의롭게 사는 사람(젖소와 곡식)을 도와줘야 한다.

내가 보시를 해 준 상대방이 아무리 배은망덕하고 에고(Ego)가 생을 까도 도움을 받은 것이 상대방 무의식에 고스란히 저장(業)되어 있어서 언젠가 보은을 하게 되어 있다. 그리고 내가 행한 밝은 빛인 보시가 뭉쳐서 일정 이상 커지면 인력(引力)과 중력(重力)이 생겨서 그 자체로 역시 밝은 것인 주위 복을 끌어당긴다. 이것을 하늘이 대신 상을 준다고 한다.

복은 아무나 가질 수 없고 그 효과도 커서 귀하고, 노력은 아무나 할 수 없지만 또 누구나 하고 해 볼 수 있는 것이라서 흔하고 천하다고 생각할 수도 있다. 그러나 노력을 통하지 않고 되는 것은 아무것도 없다. 진수성찬을 차려줘도 먹는 노력을 해야 하고, 천하 미인을 갖다 줘도 소 닭 쳐다보듯 하고 있으면 아무 소용이 없다. 하늘은 스스로 돕는 자를 돕는다. 우선 나 스스로를 돕기 위해 각고의 노력을 해라.

물은 99도에서 끓지 않는다. 100도가 되어야 끓는다. 즉 '임계치(臨界値)'를 넘어야 한다(처칠 : 성공이란 열정을 잃지 않고 실패를 거듭할 수 있는 능력이다). 모든 아름답고 귀한 것은 고난과 고통스러운 과정을 지나야 얻을 수 있다. 그 아름다움과 귀함이 클수록 사전에 그만큼의 고난과 고통이 필요하다. 더 나아가 노력도 막무가내로 하지 말고 스승을 두고 이치를 밝혀 지혜로운 노력을 해야 한다.

7. 눈 밝은 훌륭한 스승을 만나라.
좋고 밝은 것을 늘 가까이해라

내가 세상사 모두를 알 거나 직접 할 수는 없다. 그리고 사람은 자신 수준 이상의 것은 보지도 듣지도 생각하지도 행하지도 못한다. 그래서 늘 공부하고 기도하고 나보다 훨씬 뛰어난 참모나 스승을 주위에 두어야 한다. 성공하는 곳에서는 아무리 작은 조직이라도 유비와 제갈공명 같은 보스+참모(스승)의 조합이 있다. 제갈공명 같은 천하 최고의 책사도 부 참모(방통)나 새끼 참모(마속)를 두었다. 똑똑한 놈이 더 알고 배우려고 한다.

인생의 기로에서 고수의 한마디는 상상을 초월할 정도로 효과가 크다. 어중이떠중이 1만 명이 뛰어난 스승이나 귀인 1명보다 못하다. 세상은 노력보다 제대로 된 판단이나 귀인의 특별한 조언·지원이 더 중요하기 때문이다. 이것은 내가 가진 돈보다 더 큰 아파트를 사고자 할 때 은행에서 돈을 빌려오는 것과 마찬가지이다. 스승과 귀인이 가진 복과 재능을 빌려 와서 부족한 내 복과 재능을 채우는 것이다.

똑같은 실수를 반복하는 사람은 그 사람의 마음속에 그러한 실수를 유발시키는 근원적인 일, 즉 업(業)이 있기 때문이다. 이것은 혼자서 벗어나기가 힘들다. 공부와 기도와 훌륭한 스승의 조언을 통해서 빠져나오고 극복해야 한다. 운이 나쁜 사람들은 에고에 빠져서 모든 선택을 할 때 자기 고집과 느낌대로 한다. 자기주장만 강하고 남의 의견을 듣지 않는 사람은 한번 나쁜 운이 찾아오면 그것에서 빠져나오기가 어렵다. 반대로 운이 나빠도 빨리 그 상황을 벗어나는 사람은 선택의 시점에서 스승과 고수의 조언을 통해 그것을 결정한다. 운이 좋은 사람이거나 뛰어난 전문가와 스승에게 조언을 구함으로써 잘못된 결정을 최소한으로 줄이고 개선대책을 마련할 수 있는 것이다.

중요한 일은 마누라와 상의하고 점을 쳐 봐라. 마누라의 검증을 통과하지 못하면 실패를 안고 시작하는 것과 같다. 여자의 감성 통찰력은 남자의 분석력을 능가한다. 여자는 직접 하지는 못해도 평가나 채점은 기가 막히게 잘한다. 그리고 소크라테스는 "세상을 인간과 신의 영역으로 구분하고 신의 영역은 신탁(점)을 해 봐라"고 주장했다. 아리스토텔레스는 심지어 '자신이 철학자가 되는 것'까지도 점을 쳐서 결정했다.

우리나라 1세대 재벌 창업자들은 귀인을 만나 성공한 경우가 많다. 부귀와 귀인은 시공을 초월해서 날아온다. 이병철 삼성회장은 미국으로 유학을 다녀온 박사도 많이 기용했지만 부산 박제현 도사라는 고수도 옆에 두고 높은 대접(작은 빌딩 선물)을 해가며 자문을 구했다. 또 일본을 주기적으로 방문하여 몇 달간 체류하면서 선진문물·제도와 경제 전문가(기업인, 관료, 교수, 기자 등)들에게 배우고 이들을 연구하고 모방하려고 했다.

그러나 스승이나 귀인은 그냥 얻어지는 것이 아니고 늘 갈구하고 찾고 기도까지 해야 겨우 만날 수 있다. 자기가 일정 수준에 도달해야 그 수준에 맞는 인연과 스승을 만나게 된다. 보는 눈 듣는 귀가 없으면 귀인과 스승이 와도 알아보지 못하고 천금 같은 말도 듣지 못하고 우리가 4대 성인을 죽이고 핍박했듯이 오히려 이겨 보려고 하고 핍박하고 만다. 그리고 주위 사람들을 운이 좋은 사람이나 긍정적이고 미래 지향적이면서 지혜롭고 통찰력이 있는 자들을 두고 가까이 지내라.

또한 스스로 나쁜 것과 나쁜 환경을 만들지 말아야 한다. 늘 좋은 것과 밝은 것을 알고 찾고 좋아해야 결국 좋은 것과 밝은 것을 차지한다. 고기도 먹어 본 놈이 잘 먹고 팔자도 길들이는 대로 간다. 사람이든 옷이든 물건이든 일이든 늘 좋은 것! 밝은 것과 함께하는 습관을 들여라. 명명덕(明明德)해야 한다. 나쁜 것 옆에 있으면 근묵자흑(近墨者黑)은 당연하고 더 심하면 자기도 모르게 또 알아도 어쩔 수 없이 블랙홀 속으로 휘말려 들어가 버리고 만다. 대홍수의 큰 물결에 휩쓸리고 만다.

만약 자기가 나쁜 환경에 있거나 잘못된 길을 가고 있다고 생각하면 거기서 과감히 벗어나야 한다. 끈기-인내-시종일관이 무조건 좋은 것만은 아니다. 그런 것은 좋은 것과 희망이 보일 때 하는 것이다. 때로는 '원천무효'를 시키거나 '36계 줄행랑'을 쳐야 할 때도 있다. 주역에서도 피치 못할 경우에는 도망을 가라고 했다. 나쁘거나 잘못된 것은 과감히 파기하거나 그만두고 밝고 좋은 곳으로 도망을 쳐야 한다.

역사적으로 봐도 따뜻한 남쪽 나라를 찾았던 훈족, 게르만족, 바이킹족, 원·청나라 등 중국 북방 유목민족은 다 성공을 하였고, 반대로 러시아 동토(凍土)로 쳐들어갔던 나폴레옹과 히틀러 등은 모두 패망하고 말았다. 주역에서도 "서남쪽은 좋고 동북쪽은 나쁘다"고 하였다.

그리고 부귀든 뭐든 좋고 귀한 것을 내가 당장 없다고 질투-원망-저주해서는 안 된다. 질투나 원망하는 것은 절대로 내게 오지 않고 오히려 멀리 도망가게 되어 있다. 저주와 원망이 자신의 무의식에 새겨져 당신을 부나 행운으로부터 멀리 떼어놓는 결과를 초래한다. 무의식은 자타를 구분하지 않고 작용하고, 삼라만상은 여자처럼 자신을 지극히 사랑하는 곳에 머물고 싶어 하기 때문이다. 뼈에 사무치게 좋아해야 내게 온다. 우주와 세상의 근본 법칙이다.

8. 잘 배우는 사람이 되자. 배움 속에 부귀가 들어 있다

복과 지혜를 함께 닦아야 한다. 그러기 위해서는 잘 배우는 사람이 되어야 한다. 공부 못하는 사람들이 "공부가 인생의 전부가 아니다"라고 이솝 우화의 신포도식 자기 합리화를 하지만 세상에 공부하지 않고 되는 것은 아무것도 없다. 이런 사람들이 나이가 들면 공부 안 한 것을 더 후회한다. 기술도 장사도 다 공부이다. 생존을 하고 처자식을 부양해야 하기 때문에 오히려 학교 다닐 때보다 더 치열하게 공부해야 한다.

그래서 예수·부처·주역 공히 애타게 "진실로 말하노니 귀 있는 자 듣고 공부하라"고 했다. 위에서 말한 진시황과 칭기즈칸처럼 해야 한다. 때로는 모르는 것이 약이기도 하지만 거의 대부분은 아는 것이 힘이기에 잘 배우는 것만큼 팔자를 크게 개선할 수 있는 것은 없다.

잘 배우는 방법 중에 가장 현실적이고 뛰어난 것은 화엄경 「입법계품」 선재동자 구도(求道) 이야기처럼 주위에 뛰어난 사람을 찾아내어 장래 희망 모델로 삼아서 따라다니면서 배우는 것이다. 이 스승에게 다 배웠다 싶으면 내가 원하고 필요한 장점을 가진 또 다른 스승을 찾아서 배우는 것이다. 이것이 프로가 되고 최고가 되고 뼛속의 정수(精髓)를 얻을 수 있는 길이다.

그다음 가장 쉽고 간단하고 싸게 먹히는 것은 독서를 하는 것이다. 작가는 자기의 뼈와 살을 깎아 넣듯이 자기 인생·경험·지혜를 책 속에 다 쏟아 넣는다. 작가의 뼈와 살이 담긴 귀한 경험과 식견을 1~3만 원에 사 볼 수 있는 것이다. 책 속에 인류가 해 오고 경험한 성공과 실패가 다 들어 있어, 성공을 당길 수 있고 실패를 미리 예방할 수 있다. 간접 경험과 모방은 내공을 키우고 성공과 재창조의 밑거름이고 뿌리이다.

그러나 흔히들 "책 속에 길이 있다"고 하면, 또 뻔한 소리를 하네~, 하고는 만다. 나도 수 만권의 책을 독파했지만 똑같은 생각을 가지고 있었다. 그런데 어느 순간 공자는 "많이 알수록 운도 더해진다"고 하였고, 정보화 사회에서 '지식이 곧 돈'이며, 워런 버핏 등 세계 부호들은 독서광이라는데, 나는 왜 이렇지? 라는 의문을 가지게 되었다.

그것은 대한 답은 이렇다. 이해한다는 것은 머리로만 이해했다고 되는 것이 아니라 눈→머리→가슴→영혼(무의식)→지행합일→능수능란한 지행합일→능수능란한 자리이타(自利利他)의 지행합일이 되어야 하는 것이다. 사사무애(事事無碍)의 단계까지 가야 한다. 이것이 진정한 앎이다. 진정한 앎은 어둠을 몰아내고 만사를 밝게 하고 일을 성공하게 한다.

책 속에 길도 있고 부귀와 미인도 들어 있다. 또 공자와 처칠 수상 모두 미래가 궁금하면 과거를 돌아봐야 한다(溫故知新)고 했는데, 과거는 고전과 역사책에 자세히 들어 있다. 그리고 2001년 노벨 경제학상을 수상한 「정보 비대칭 이론」(조셉 스티글리츠 등 3명)에서는 "지식과 정보의 크기가 부의 크기를 결정한다"고 하였다. 즉 "지식과 정보가 빈약한 사람은 영원히 경제적 빈자가 될 수밖에 없다"는 것이다.

책 속에 지혜-깨달음-통찰력도 들어 있고, 팔자를 개선할 방법도 있다. 공부는 운명을 개선할 수 있는 가장 좋은 방법이다. 내생에 뛰어난 것을 만드는 인(因)이 된다. 읽으면 성장하고 쓰면 이뤄진다.

그리고 책을 읽으면서 고민하고 숙고하는 것이 명상 효과를 낸다. 독서를 통해 생각이 깊어지고 명료해지면, 사리가 밝아지고 화도 덜 내고 점잖아진다. 이런 과정이 반복되면 이목구비가 정확해지고 얼굴이 깨끗하고 준수해진다. 내면이 좋게 변하면 외면도 좋게 변하고 좋은 것들을 불러오게 된다. 영혼인 알맹이가 변하면 껍데기도 변하게 된다.

9. 명당에 살고, 명당에 조상을 모셔라. 깨끗이 하고 살아라

도교와 풍수지리에서는 "사람의 운명은 땅에 달려 있다"고 했다. 팔자는 개개인별로 적용되어 모두 틀리고 어쩔 수 없는 것이지만, 명당에 들어가면 압력밥솥에 들어간 음식처럼 모두 익어서 나오고, 습식 사우나에 들어가면 누구든 물이 묻고 땀이 나는 것과 같다. 즉 좋은 터에 들어가면 개인 팔자가 나빠도 모두 다 팔자가 나쁜 것을 극복하고 잘 살 수 있다는 말이다. 명당은 천기+지기+수기가 뭉쳐진 압력밥솥·사우나와 같다.

일반 사람들은 풍수지리를 미신이라고 맹비난하지만, 우리보다 수십만 배는 잘나고 대단한 재벌과 옛날 대통령 후보들이 왜 조상 묘를 수차례씩 이전하고 명당에 거주하겠는가?

명당 터에 살면 당대에 부귀를 누리고 훌륭한 자식을 낳고, 조상 묘를 잘 쓰면 당대에 부귀를 누리고 자손이 번창하고 후손들이 부귀를 누릴 수 있다. 후손들에게 좋은 교육과 많은 재산을 물려주는 것도 좋지만 대대로 부귀를 누릴 수 있는 명당 터를 물려주는 것도 수승한 일이다. 집은 1년 이상 거주해야 효과가 나타나고, 조상 묘소는 하관 즉시 효과가 나타나지만 본격적인 효과가 나타나려면 역시 1년이 지나야 하고, 완전한 효과가 나타나려면 3년이 지나야 한다. 그리고 조상묘소는 뼈가 삭아 없어지는 100년까지 그 효과가 지속된다.

심신은 물론 내가 사는 터를 깨끗하게 하고 살아야 한다. 청결은 신 그 자체요 신의 행위이기에, 신과 복과 건강을 불러들이고 신과 복과 건강을 오래 머물게 하는 것이다. 청결은 모든 것의 시작이고 근본이다. 수신제가치국평천하의 출발이다. 그래서 심신도 주위도 다 깨끗하게 해야 한다. 거지가 제일 싫어하는 것이 목욕이다. 주위를 잘 살펴보면, 가난하거나 개차반이거나 팔자가 나쁜 사람들에게 공통적으로 발견할 수 있는 특징이 있는데, 한결같이 씻기 싫어하거나 뱀 허물 벗듯이 자기 몸은 씻지만 자기가 사는 곳의 청소나 정리정돈 하기를 극도로 싫어한다는 것이다. 전쟁터가 따로 없고 돼지우리가 따로 없이 해 놓고 산다. 깨끗이 하지 않으면 가난해지고 심신이 병들고 망한다. 청결은 곧 신성(神性)이다.

10. 과감해라. 저질러라

마키아벨리는 권력자들의 부침(浮沈)에서 「포르투나」(운명, 행운)의 엄청난 영향력을 인정하면서 「포르투나」의 힘을 견제할 수 있는 것은 『비르투스』(탁월함, 용기, 과단성 있는 결단력)에 달려 있다고 했다. 그래서 자신의 저서 「군주론」에서 "신중한 것보다는 과감한 것이 더 좋다고 생각한다. 왜냐하면 운명의 신은 여성(포르투나)이기에 그녀를 손아귀에 넣고 싶다면 그녀를 때려서라도 복종시키는 것이 필요하기 때문이다"라고 했다. 과감하게 불확실성을 즐기라는 것이다.

이스라엘 군(軍)에서는 진급을 빨리 시켜서 50대 초반에 참모총장을 배출한다. 왜냐하면 '6백만 유태인 학살'을 되풀이 당하지 않기 위해서 역사를 바꿀 만한 세계 주요 전사(戰史)를 연구해보니, 늙은 지휘관과 젊은 지휘관이 맞붙었을 때, 100% 젊은 지휘관이 이겼기 때문이다. 늙으면 지혜는 늘어나나 신중하고 겁이 많아지기에 과감할 수가 없다.

동서고금 예정된 날짜나 앞당겨서 실행한 쿠데타나 혁명은 대다수가 성공하는 것을 볼 수 있다. 그러나 예정된 날짜를 미루는 경우에는 거의 다 배신자가 나타나서 실패를 했다(사육신의 세조 시해 모의, 김질의 밀고로 사전에 발각). 간 큰 놈이 널 장사를 하고, 부동산도 저지르는 놈이 결국 이긴다.

동서고금을 살펴보면 일이 커질수록 중요도가 높아질수록 대기업의 과점·독점처럼 경쟁자의 숫자가 극도로 줄어들고 일의 성패도 노력과 재주보다는 과감한 추진력과 운과 돌발 변수에 의해서 결정되는 수가 더 많다.

11. 충격요법이다. 잘못 탄 인생 기차에서 뛰어내려라

사람은 대개 전생 결과(업보)인 팔자라는 큰길을 따라가는데, 나의 한때 잘못된 판단으로 팔자와 다른 길을 가고 있거나 현생에서 내가 만든 것이 아닌 새로운 불가항력적인 큰 사건·사고도 팔자에 큰 영향을 미친다. 예를 들어 6·25 전쟁, 장영자 어음사기 사건, 김영삼 정부의 IMF, 미국의 리먼 브라더스 사태, 태풍과 같은 큰 사건은 개인의 팔자에 지대한 영향을 미친다.

그래서 개인이 타고난 팔자대로 살지 못하고 왜곡된 삶을 살 수도 있다. 순항하던 배나 비행기가 큰 파도-태풍-벼락을 맞아서 자기 항로에서 이탈되어 헤매거나 고장이 나 버린 것이다. 또 부산행 기차를 타야 하는데 여수행 기차를 잘못 타는 경우도 있다. 경부고속도로를 이용해 서울을 가다가 중간에 엉뚱한 톨게이트로 빠져나와 한참을 헤매게 될 수도 있다. KTX를 타야 하는데 무궁화호를 탈 수도 있다.

이럴 때는 박정희 대통령처럼 오랜 성찰과 전문가와 상의를 통해 과감히 '내가 지금 타고 있는 팔자라는 기차'에서 뛰어내려(일제시대에 초등학교 선생을 하면서 처자식이 있는 상태에서 만주군관학교 진학, 5·16 쿠데타 등) 볼 필요가 있다. 그러나 달리는 열차에서 뛰어내리는 것은 쉽지 않다. 거기다 처자식까지 있을 경우 사실상 불가능 하다.

하지만 팔자를 바꾸기 위해서는 죽음을 각오하지 않으면 안 된다. 나를 감동시키고 하늘을 감동시켜야만 팔자를 바꿀 수 있는 것이다. 얻기 위해서는 먼저 놓고, 버릴 때는 뿌리로부터 버려야 한다. 운명은 내 전부를 바치지 않고는 절대로 한 발자국도 밀려나지 않는다.

여자는
성형으로 운명을 바꿀 수 있다

성형을 결코 부추기는 것은 아니지만 성형은 모자라고 부족한 것은 고치고 채워 쓰라는 풍수지리의 비보풍수(裨補風水)에 해당한다. 살아 있는 생명체는 누구나 어둡고 나쁜 것을 피하고 좋은 것과 밝은 쪽으로 나아가고자 하는 욕망이 있다. 신이 생명체에게 내린 권리이자 의무이기도 하다. 그것이 적응이고 발전이고 진화이다.

옛날 고전과 선각자들이 "후천시대에는 바람과 구름을 임의로 만들어 내고, 빠진 이빨이 새로 나며, 흰 머리가 검은 머리가 되고, 뼈를 바꿔 모습을 새로 만들며, 늙은이가 젊어진다"고 하여, 인공강우와 임플란트와 성형미인 등을 예고하였는데 그대로 되고 있다.

그런데 '성형을 하면 팔자가 달라지는가'이다. 결론부터 말하면 팔자가 확 달라진다. 남자는 별 영향이 없지만 여자는 크게 달라진다. 대개 약간만 달라진다고 하는데, 그렇지 않다. 공부를 더 해라. 그 약삭빠른 여자들이 괜히 목숨을 걸고 수술대 위에 눕겠는가를 생각해 봐라. 신은 여자 편이고 인생은 남자보다 여자에게 훨씬 더 쉽게 되어 있다.

성형수술 성공으로 스타가 된 여자 연예인들을 보라! 그 원판으로는 결코 스타가 될 수 없다(반면 미인 연예인들이 내공과 팔자 부족으로 더 예뻐지려고 성형을 자꾸 하다가 얼굴과 팔자를 망치는 사례도 가끔 볼 수 있다. 여자는 용모가 절대적이기에 얼굴이 망가지면 당연히 팔자도 망가진다). 여자의 미모는 동서고금은 물론 미래에도 천복이고 권력이기 때문이다. 결국 남자는 능력이고 여자는 몸매이고 미모이다.

하늘인 남자가 능력과 마음을 높이면 팔자가 달라지듯이, 땅인 여자가 얼굴과 몸을 가꾸면 당연히 팔자가 달라진다. 성형 이전에 옷을 잘 입어도 화장을 잘해도 살을 빼도 남자가 줄을 서는 등 인생이 달라진다. 얼굴이 예뻐지면 마음도 예뻐지고 자신감과 여유와 품격마저도 생긴다. 내외상통(內外相通)이기 때문이다. 여자는 내외상통이 쉽게 된다.

남자는 돈과 실력으로 평가받고 여자는 보이는 만큼 대우를 받는다. 허세와 꾸밈 후에 실속과 부귀가 온다. 여자는 얼굴과 몸매와 옷과 섹스로 평가받는다. 그리고 땅(여자)은 가꾸고 개발하고 쓰기 나름이다. 비유해서 설명하면 집을 리모델링해도 값이 올라가고, 바다를 메우거나 산을 깎아 농사를 짓거나 공항도 만들고 집·공장을 지을 수도 있고, 임야·농지인 지목을 '주택지'로 바꿔서 집을 지을 수도 있다. 기존 대지도 땅 위에 어떤 건물(남자, 액세서리, 미용기구)을 짓느냐에 따라 땅의 팔자가 바뀐다. 즉 땅은 형체가 중요하고 모양을 꾸미고 바꾸고 그

용도를 다르게 쓸 수 있다. 여자는 땅이다. 땅인 여자가 몸을 가꾸거나 바꾸면 당연히 가격이 달라지고 팔자가 바뀐다. 이것이 환골탈태이다.

그러나 남자는 하늘이라 하늘은 형체가 없고 형체를 중요시하지 않는 관계로 성형이 별 도움이 되지 않는다. 하늘은 모양보다 얼마나 높고 맑고 넓으냐에 따라 그 가치가 달라지기 때문이다. 따라서 남자는 실력과 용모를 다 갖추면 좋지만 굳이 하나만 갖추라면 얼굴보다 실력과 인품이고, '뚝배기보다 장맛'이다. 성형하는 돈과 노력으로 능력과 내공을 더 쌓고 길러야 한다. 높고 쾌청한 큰 하늘이 되어라!

금강경에서 상(相)을 깨라고 거듭거듭 나오는데, 바꿔 말하면 그만큼 상이 중요하다는 말이다. 세상 보이는 것이 거의 다이고 진리에 가깝다. 내면은 보이지도 않고 굳이 들여 다 봐도 겉과 같거나 비슷하다. 겉이 내면이고 내면이 곧 겉이다(內外相通). 마음 에너지(본성)에 의해서 관상이 만들어지기 때문이다. DNA가 얼굴에 다 나온다. 그래서 겉(외면)이 극히 중요하다.

근데 현재의 용모는 전생 업의 결과이다. 그래서 이번 생이나 다음 생을 위해서 불평-분노-열등감을 가지지 말고, 지금이라도 선업(善業)과 독서를 많이 하고 양심을 가지고 바르게 살아야 한다. 그리고 성형을 해도 하드웨어에 걸맞은 소프트웨어를 갖추지 않으면, 목소리의 귀천은 달라지지 않으며 유유상종의 원리 작용과 사물을 인식하는 눈이 없어서 늘어나는 똥파리와 잡놈을 구별 못 하면 운이 더 나빠질 수 있다. 독서를 하면 목소리가 귀하게 바뀌고 총명해지므로 이런 위험이 적다.

당장 용모가 좋아지려면 성형 수술 이전에 살을 빼라. 다이어트는 가장 큰 성형이다. 살은 안 빼고 예쁜 옷 입고 화장을 해 봐야 헛일이고 앞뒤가 바뀐 짓이다. 장기적으로 용모를 크게 개선시키고 싶다면 넓고 큰마음으로 늘 웃고 자비하고 보시하고 양심과 경우대로 살고 부처님께 꽃 공양을 많이 하고 꽃을 많이 심고 가꾸면 좋다. 물론 다음 생 용모에도 크게 영향을 미친다. 지금 내생의 좋은 용모를 위해 씨를 심는 것이다.

육체는 마음의 종이고 겉이니, 주인인 마음을 바꾸면 종인 육체는 저절로 바뀌게 되어 있다. 양심대로 살고 탐·진·치를 조절하고 마음을 계속해서 예쁘고 따뜻하고 밝고 경우(境遇) 바르게 쓰면 육체는 처음에는 느낌만 바뀌다가 결국에는 외모도 밝고 아름답게 바뀌게 되어 있다. 차츰 환골탈태가 되는 것이다. 알맹이가 바뀌면 껍데기도 변한다.

그래서 예뻐지려면 몸도 다스려야겠지만 마음과 마음의 표현인 언행도 같이 다스려야 한다. 그중 主人이 먼저이다. 주인(마음)을 먼저 다스리지 않고 종(외모)만 비난하고 칼로 째고 톱으로 잘라서야 쓰겠는가?

팔자가 바뀌는 것을
어떻게 알 수 있나?

앞의 팔자 바꾸기 11가지를 다 했을 경우에 그 효과로, 또는 나의 팔자에 예정되어 있던 좋은 시기가 와서, 막혔던 나의 운이나 팔자가 바뀌는 것을 어떻게 알 수 있는가이다. 눈으로 보이고 나타난다.

첫째 : 삼라만상은 내외상통(內外相通)이고 내면과 외면은 같기에 마음을 좋고 밝게 쓰면 겉모습이 바뀌고 용모가 바뀌면 팔자도 바뀐다. 또 좋은 운이 오면 먼저 건강해지고 뼈골과 관상이 좋은 상으로 바뀌고 살이 후하게 찐다. 하늘과 팔자가 자연스럽게 환골탈태와 성형을 시켜 준다. 반대로 큰 부귀를 쥐면 그에 맞게 관상이 확 좋게 바뀐다.

둘째 : 운이 나빠지면 눈빛이 흐려졌다가 운이 좋아지면 눈빛도 살아난다. 안색과 눈빛이 바뀐다. 얼굴에 붉고 검고 푸른빛이 사라지고, 붉고 누렇고 탁하고 날카로운 눈과 눈빛이 검고 맑고 밝고 부드럽게 된다. 좁은 이마가 차츰 넓어지고 빛이 나는 등 전체적인 분위기가 밝게 바뀌면서 관상과 팔자가 바뀐다. 긴 눈썹 1~2가닥이 새로 난다.

얼굴 전체가 누르스름하면서 윤기가 흐르고 빛이 번쩍번쩍 난다. 얼굴 기색이 좋으면 액운이 물러가고 좋은 일들이 줄줄이 생긴다. 특히 이마가 넓어지고 빛이 나야 한다. 코미디 황제 이주일도 앞이마가 벗겨져 대머리가 되고 나서야 젊은 시절의 기나긴 무명(無名)을 접고 인기를 구가하게 되었다. 일본-몽골-만주족들이 변발을 한 것은 천기(天氣)를 받기 위해서다.

전두환 전 대통령 이마를 관상학에서 최고로 친다. 출세한 사람이나 道가 높은 스님·목사 등 종교인들을 보면 이마에서 빛이 번쩍번쩍 난다. 국회의원이나 대통령 당선자들도 선거 전부터 이마에 빛이 번쩍번쩍 난다.

셋째 : 명심보감에 "사람이 가난하면 지혜가 짧아지고, 복이 이르면 마음이 밝아진다"고 했다. 즉 사람이 가난하게 되면 생활에 쪼들리고 심신(心身) 모두 오그라들어서 지혜를 발휘할 수 없을 뿐만 아니라 도리어 줄어들고 더 나아가 자기 죽을 짓만 골라서 한다. 가난하면 철도 없다. 반면 복이 오게 되면 지혜가 밝아져서 계획을 잘 세우게 되고 일에 잘 대처하게 되어서 일이 순조롭게 이루어진다는 것이다. 요즘 아이들 말로 '지름신'이 와서 지르는 것마다 대박이 난다.

좋은 운이 오면 봄 처녀처럼 마음이 편안하면서 밝게 설레고 들뜨고 새로운 기운이 솟고 건강해지고 현명해지고 일이 트인다. 특히 재물운이 올 경우에는 그 이전에 살이 후하게 찌고 여자가 먼저 오거나 같이 온다. 여자와 돈은 아래에서 위로 흐르고 시공을 초월해서 날아온다.

넷째 : 내 의도대로 일이 이뤄지고 하는 일마다 막히지 않고, 10가지 중에 3~4가지만 해 놓으면 나머지는 알아서 척척 되고, 뭐든 아다리가 잘도 맞는다. 노력 대비 몇 배의 효과가 나타난다. 주위에 좋은 사람들만 있게 되고 자꾸 도와주려 하거나 적극적으로 협조해 준다. 그리고 여기저기서 사람들이 연락을 해 오고 만나자고 그런다. 돈 되는 일이 생겨서 바빠진다. 획기적으로 운이 트일 경우에는 귀인(貴人)이

반드시 온다.

　그러나 팔자가 바뀌고 막혔던 것이 개통되기 전에 액땜이나 명현현상(瞑眩現象) 또는 호전반응(好轉反應)이 올 수도 있으니 유의해야 한다. 액땜이란 단순한 흉운(凶運)이 아니라 길운(吉運)을 동반한 것을 말하는데, 보통은 대단히 좋은 운수가 오기 일보 직전에 나타난다.

　명현현상은 어떤 상처가 아물기 전에 돌연 급속도로 가해지는 고통을 말한다. 겨울의 해뜨기 바로 직전이 가장 어둡고 춥게 느껴지는 것처럼 어떤 상태가 회복되기 위해서는 반드시 고통의 과정을 겪어내야만 하며, 이것은 모든 생명체에게 적용되는 우주의 법칙이다.

팔자
어느 정도 바꿀 수 있을까?

　이 부분이 운명(팔자)을 연구하면서 가장 많은 고민을 했고 수십 년 동안 두고두고 풀리지 않던 난제였다. 운명과 인생에 있어서 가장 중요하고 최종적이기 때문이다. 결론부터 말하면 거의 바꿀 수 없다.

　앞에서 팔자 바꾸는 방법 11가지를 제시했지만 팔자를 바꾸는 것은 DNA를 바꾸고 전생 성적표(宿業, 因果)를 바꾸는 것인데 그것이 어디 쉽겠는가? 그렇게 쉽게 바꿀 수 있다면 누가 출세 못 하고 누가 못

살겠는가? 그래도 신은 여자에게 더 관대하기에 남자보다 훨씬 더 팔자를 바꾸기 쉽게 해 놓았다(신데렐라, 성형수술, 여자 팔자 뒤웅박 팔자).

흔히 운칠기삼(運七技三)이라고 얘기하지만 누구나 다 노력으로 30%를 바꿀 수 있는 것이 아니다. 최고 최대한이 30%라는 것이다. 팔자를 하나도 못 바꾸고 오히려 더 후퇴하는 사람이 거의 대다수이고, 발전한다면 소수 0.1~2%의 사람이 1~30% 범위 내에서 팔자를 바꿀 수 있다.

그러나 자수성가자, 범죄자, 정신병자, 유명 종교인, 정치인, 연예인 등 특별한 사람들의 팔자가 명리학 책보다 상하로 1~2단계 변동이 있는 경우를 가끔 볼 수 있는데, 이것은 책이 틀렸다기보다는 현생의 개인 노력(의지)—선악 행위—방종—깨침 등으로 타고난 팔자보다 상하로 1~2단계 이동했다고 보는 것이 옳다. 부처님이 주장한 것이 이 학설이다(「제1장, 팔자를 고치는 11가지 방법」 첫 부분 참조).

타고난 팔자보다 아래로 1~2단계 내려간 대표적인 것은 미인이나 부귀를 물려받은 남자가 이것을 제대로 감당치 못하거나 사용치 못하거나 범부가 악행을 저질러서 그런 것이고, 위로 1~2단계 더 올라간 것은 현생에서 높은 종교적 신심—선업—피나는 노력의 결과이다.

그래서 잘 타고 났다고 해서 방종—나태—타락해서도 안 되고, 못 타고났다고 해서 포기해서도 안 된다. 부귀자는 늘 겸손—성찰—노력—보시로 지켜야 하고, 빈천자와 못 갖춘 자는 주제파악을 하고 늘 은인자중하면서 숙이고 배우고 각고의 노력에다 선업을 쌓아야 한다.

그러나 타고난 팔자보다 3단계 더 위로 뛰려고 할 경우에는 반드시 개망신을 주거나 그동안 노력(의지)으로 쌓아놓은 작은 부귀마저도 빼앗고 감옥소에 처넣는다. 불구를 만들거나 죽여 버린다. 뱁새가 황새 따라가려다가 실제로 가랑이가 째진다(계단을 한번에 3단계 이상 상하로 가려고 해 봐라. 어떻게 되는지…). 노력과 과욕·탐욕·헛욕심은 또 다른 문제이다. 위로 뛰는 것도 범위가 있고 한계가 있는 것이다. 끈 이론에서 출발한 막 이론처럼 더 위의 차원으로 못 올라가는 것이다.

비유로 9급 합격할 복과 머리가 이판사판으로 공부하면 7급 시험 합격이 가능하고 목숨을 걸면 어쩌다 5급 시험까지는 되겠지만, 노력하면 다 된다고 공무원 퇴직 후 기초단체장 이상에 도전했을 경우에는 반드시 이제까지 쌓아 놓은 부귀와 명예를 다 날리고 죽거나 감옥소를 가고 만다는 것이다. 즉 팔자 개선과 관련 보통사람들은 위에서 말한 운칠기삼에서 끝나고, 이판사판에 목숨을 걸 경우에 타고난 것에서 위로 2단계까지, 심지어 트랜스젠더처럼 타고난 성(性)까지도 바꿀 수 있다. 특히 트랜스젠더는 이 우주에 완전한 것은 없기에 신(神)과 우주가 저질러 놓은 실수를 인간의 의지로 제대로 바꾸어 놓는 것이다.

또 그릇과 팔자가 안 되는 사람이 우연이나 갑자기 부자가 되면 결국 다시 가난해지거나 병들거나 감옥을 가거나 목숨까지 잃고 만다. 이것은 복이 아니라 복을 가장한 화(禍)와 독(毒)인 것이다. 그리고 대성대패(大成大敗)하는 경우도 있다. 이승만(망명), 박정희(암살), 전두환·노태우·이명박(감옥), YS·DJ(자식 감옥), 노무현(자살), 박근혜(탄핵과 감옥), 재벌이나 유명 정치인들 중에 감옥 안 가 본 경우는 드물고 심지어 감옥 가기 전에 자살하거나 옥중 자살까지 한다. 그러나 남자라면 모두 부러운 팔자들이다.

팔자를 얼마나 바꿀 수 있는가? 에 대한 다른 종교와 도사들의 견해를 살펴보면, 도계 박재완 선생은 명심보감의 말처럼 "작은 틀에서는 바꿀 수 있지만(노력과 의지) 큰 틀에서는 힘들다(하늘이 뜻)"고 했는데, 이것이 일반적인 중론이지만 구체적인 숫자(퍼센트)가 없다.

통일교에서는 "하나님의 예정이 100%라고 하더라도, 그 뜻을 이루기 위해서는 하나님의 책임분담 95%와 함께 인간의 몫인 5%가 수행되어야만 그 예정이 성취될 수 있다"고 하였고, 증산교에서는 신인합발(神人合發) 또는 모사재인 성사재천(謀事在人 成事在天)이라고 했다.

유명한 명리학자는 1천 명 중에 겨우 1~2명(0.1%)만이 팔자를 바꿀 수 있다고 했으며, 허경영 선생은 타고난 팔자 중 1%를 바꿀 수 있다고 했고, 통일교에 이어 어떤 도사는 팔자의 5%를 바꿀 수 있다고 했으며, 조용헌 선생은 팔자의 10% 정도를 바꿀 수 있다고 했다. 관상가 신기원 선생은 죽도록 노력하면 당대에 30%의 운명을 바꿀 수 있고, 30%씩 3대를 노력하면 90%를 바꿀 수 있다고 했다.

이것도 기도와 각고의 노력 등을 통해 이판사판으로 악을 쓰고 죽음을 각오해야 겨우 가능하다. 그러나 성인인 공자도 악을 썼지만 결국 팔자를 못 바꾸고 "부귀와 목숨은 하늘에 달려있다"라고 팔자를 인정하고는 죽었다. 소크라테스·예수도 타인의 손에 죽었고, 천하의 제갈공명도 사마중달을 죽이지 못했고 기도로 목숨을 연명해 보려 했지만 삼국 통일을 못하고 결국 죽고 말았는데, 누가 감히 어찌해 볼 수 있단 말인가?

사람의 기본 성격이나 운명은 거의 바뀌지 않는다. 천성(天性)은 불개(不改)요, 근본(根本)이라. 사람의 근본 인성은 거의 바뀌지 않는다. 평상시 잠깐 바뀐 듯 보이지만 위급한 순간이나 시간이 지나면 도로아미타불로 제자리로 돌아오고 만다. 왜 속담에 "세 살 버릇 여든까지 간다. 개꼬리 삼 년 두어도 황모 못 된다"고 했겠는가? 그래서 사람은 절대로 만들어 쓰는 것이 아니라 복 있고 반듯하고 된 사람을 골라서 필요에 따라서 조금 다듬어 써야 한다. 이것을 잘한 사람이 삼성 이병철 회장이다.

하락이수에서는 "사람이 운명은 귀신이나 사람의 잔꾀로 옮길 수 없다"고 하였다. 아무리 노력해도 근본 운명은 바뀌지 않는다는 말이다. 즉 맡은 바 명연기는 할 수 있겠지만 신이 인간에 준 배역 자체는 바꿀 수가 없다. 사람은 결코 하늘을 이기지 못한다!

팔자를 거의 못 고치는 이유?

대개들 팔자를 바꾸는 것이 타고난 DNA와 인종(人種)을 바꾸는 것보다 더 어렵다고들 말한다. 왜 이렇게 팔자를 바꾸기가 힘들까?

가장 큰 이유는 「제1장, 노력만으로 세상이 돌아가서는 안 된다」에서 적시한 대로 우주와 인간 포함 만사만물은 신-대우주-대자연-대생명의 설계도와 프로그램이 있고, 개인사에도 업-인과-인연이라는 설계도와 프로그램이 있다. 이것들이 발현되거나 없어지려면 일정한 시공-인연-조건 등을 필요로 하는데, 노력만으로 이 모든 것을 단시간 내 한꺼번에 극복할 수 있게 해 버리면, 이 질서-설계도-프로그램이 무너져서 세상과 우주가 뒤죽박죽되고 만다. 비행기가 차도로 다니고 버스의 배차 노선과 배차 시간 무너뜨리고, 비행기 노선과 시간을 무너뜨려 버리면 어떻게 되겠는가? 그래서 팔자 개선은 큰 질서와 프로그램에 혼란을 주지 않을 범위 내에서만 허용하고 있다.

그래서 과거를 돌이켜 보면서 "그때 그렇게 하지 말았어야 했는데…," 하고 후회하고 자괴감을 가지지만 이미 그렇게 결정하도록 프로그램 되어 있었고, 혹여 다른 선택을 했더라도 그것과 관계없이 비슷하게 운명이 흘러오게 된다. 경부고속도로를 이용해서 서울을 가나, 중부고속도로를 타고 서울을 가나 목적지와 결과는 서울일 뿐이다.

둘째 : 지금의 우리는(용모·성격·습관 등) 수많은 윤회를 거듭한 결과물이고 종합편이다. 우리 몸 세포 60조 개 하나하나에 무량겁을 살아온 우리의 모든 것(業)이 다 기록되어 있다. 그래서 그 뿌리가 아주 깊다. 그 뿌리가 깊은 것을 손바닥 뒤집듯이 갑자기 바꿀 수가 없다.

예를 들어 정지한 차를 갑자기 120km 고속으로 높일 수도 없고, 고속으로 달리는 차를 갑자기 급정거할 수도, 갑자기 좌회전-우회전- 뉴턴을 할 수도 없다. 수많은 윤회 동안 쌓이고 쌓여 어쩔 수 없는 성격과 버릇이 곧 내 운명인 것이다. 담배도 피운 세월만큼 금연이 어렵다.

이것을 뉴턴의 운동법칙으로 설명해 보자.

- 관성의 법칙 :
운동하는 물체는 계속 같은 방향으로 움직이는 속성이 있다.
- 가속도의 법칙 :
물체에 힘이 작용하면 힘의 크기에 비례하고 질량에 반비례하는
가속도가 생긴다.
- 작용 반작용의 법칙 :
운동 방향을 바꾸려면 현재 작용하고 있는 관성보다 더 큰 힘이
필요하다.

수많은 세월 동안의 전생 업보와 윤회의 관성(慣性)을 이기려면 또 이제까지 살아온 그만큼의 많은 세월 동안 그보다 더 큰 새로운 힘을 가해야 한다. 세상사 쉬운 일은 없다.

셋째 : 영혼이 처음 태어났을 때는 서로 수준이 모두 비슷했으나 수많은 세월 동안 수많은 윤회를 거치면서 노력·재능·선업 등에서 개인 간에 엄청난 차이를 나타나게 되었다(부익부 빈익빈). 그래서 수많은 윤회 동안 쌓아온 게으름·부족함·악행 등에 대한 대가를 갚지 않고는 갑자기 부귀를 줄 수가 없다. 악행 등을 반성하고 갚고 다시 노력하고 재능과 선업을 쌓아야 부귀를 누릴 수 있다. 이 과정은 엄청난 시간과 노력이 필요하다.

넷째 : 운명을 바꾸려면 '심상(心象)'을 바꾸고 '환골탈태'가 되어야 하는데, 우리가 발목이나 허리가 조금만 삐끗해도 걸음을 못 걷고 아파 죽을 지경인데, '환골탈태'가 말이 쉽지 현실은 불가능하다. 여자가 수술로 환골탈태가 되려고 해도 피를 보고 죽음을 각오해야 한다.

심상을 바꾸려면 道가 통해야 한다. 즉 무심경지에 오르기만 하면

모든 망념과 백 천만년 지어놓은 업(숙업)이 한순간에 없어질 수 있다. 그러나 도(道)가 통한 사람이 동서고금을 통해 몇 사람이나 되는가 묻고 싶다. 종자(種子)와 인성(人性)은 쉽게 바꿀 수 없다. 부처님처럼 깨닫지 못하면 전생 업에서 비켜갈 수는 있어도 완전히 벗어날 수는 없다고 했다.

공자·소크라테스·예수 등 성인들도 팔자가 아주 나쁘고 그것을 개선하지 못했다. 그래서 주역에서는 "천지는 마음이 하나도 없이 하는 것만 있고, 성인은 마음만 가득하지 하는 게 없다"고 했다. 즉 천지와 자연은 어떤 의도가 없이 그저 자기 할 일만 할 뿐이고(공전, 자전, 사계절 등), 성인은 천지 이치를 알지만 막상 어떻게 해 볼 수는 없다는 것이다.

다섯째 : 삼라만상은 끝이 없지만 타고난 팔자, 복, 인연, 근기, 달란트 이상의 것은 보이지도 들리지도 않고 행하지도 못한다. 자기 수준 이상의 것은 절대로 생각지도 행하지도 못하는 것이 중생들의 운명이다. 아파트 아래는 잘 보이나 위는 전혀 보이지 않는 것과 같다. 그러나 아파트 위는 분명히 있다.

여섯째 : 노력이라는 것도 타고나야 할 수 있다. 초등학교 졸업에 기능장까지 되신 분들이 운명을 극복한 대표적인 분들이라 보는데, 노력(배터리, 성능) 역시 이미 정해진 프로그램의 일부이며 결과이다. 우선 빈천하게 태어났을 뿐 뛰어난 자질과 성공과 노력의 씨앗이 이미 들어 있는 것이다.

일곱째 : 개는 팔자라는 말뚝에 묶여 있고 끈 길이 내에서만 자유다. 묶인 끈을 물어 끊거나 아예 말뚝 자체를 뽑아 버리고 탈출을 하면 되지만, 평생 살면서 이런 개들 봤는가? 어쩌다 1번 정도는 봤을

거다. 그러나 거의 다 팔자라는 말뚝과 끈이 있다는 것을 믿지 않고, 믿어도 잠시 낙담할 뿐 탈출하려고 노력을 하지 않으며, 노력을 해도 작심삼일과 용두사미로 포기하고, 설령 끝까지 탈출을 시도하더라도 중간에 마장과 병에 생기던지 주인(타의)이 나타나서 더 이상 못하게 된다.

거의 대부분 중생들은 예정된 설계도와 프로그램대로 가 버리고 만다. 무의식의 내비게이션을 맹종한다.

여덟째 : 사람별로 타인과 구별되는 자아(自我, ego)를 가졌기에 남과 다른 내 주관대로, 자기 마음대로, 자기 특성대로 살고자 하고, 꽃과 나무와 동물처럼 자기 모양-뜻-색깔-향기를 드러내고 싶어 한다는 것이다. 무생물도 마찬가지이다. 그래서 말로만 남에게 묻을 뿐 뛰어난 상근기 외에는 대개 자기 마음대로 하고 싶어 한다. 삼라만상은 하나이면서도 또 따로이다. 성인과 고수를 따르지 않고 나쁘고 저차원의 자기 생각대로 하니 당장의 삶은 물론 장기적으로 팔자가 개선이 될 리가 없는 것이다.

아홉째 : 노력해서 타고난 팔자를 많이 벗어났다고 생각하는 순간 허무하게도 원래 팔자대로 다시 되돌아가는 것을 볼 수 있다. 왜냐하면 공장(신, 대생명)에서 만들어질 때 제품을 그렇게 만들어서 그렇다. 스프링이 복원되는 원리, 세 살 버릇 여든 가는 원리, 형상기억합금의 원리와 같은 것이다.

팔자를 못 고친다면
어떻게 해야 할까?

태양계에서 태양-지구 2개만 주인공이고 나머지는 이 2개를 위한 들러리이듯, 우리들 98~99%는 1~2%의 여왕벌-금수저-로얄 패밀리들을 위해서 일하고 존재하는 일벌-일개미-노예일 뿐이다. 그래서 부귀가 원천적으로 안 된다. 너무 심한가? 심해도 할 수 없다. 현실 직시와 진리는 쓴 약과 같다.

그러면 어떻게 해야 할까? 운명이 있다는 것을 인정하고, 또 노력해야 한다는 것도 알고 실천해야 한다. 그래서 이렇게 했으면 좋겠다.

자식의 진로 결정은 명리학+자식 희망+아버지 의견을 종합해서 결정하는 것이 가장 좋고 합리적이지만 이것을 믿고 실천하는 사람이 드물기 때문에, 일단 30대까지는 운명이 없다고 얘기하고 무조건 노력하면 잘될 수 있다고 해야 한다. 왜냐하면 그 시기는 되든 안 되든 무조건 기본을 크고 넓게 키워야 하기 때문이다. 한계를 미리 알면 시도를 할 수가 없다. 작은 나무는 훌륭한 조각을 할 수가 없다. 또 일단 밑그림은 크게 그려야 한다. 노력은 자신과 세상에 대한 기본 예의이다.

그러나 40대 이후에는 반드시 노력을 넘어서는 운명과 천명을 알아야 한다. 공자님은 "지천명(知天命) 하지 않고 주역을 모르면 군자가 아니라"고 했다. 그래서 신세를 한탄하거나 자포자기하지 말고, 그동안 인생을 돌아봐서 인정할 건 인정하고, 포기할 건 포기하고, 가꿀 건 가꿔야 한다(유향 : 운명을 아는 자는 하늘을 원망하지 아니하며 자기를 아는 자는 남을 원망치 아니한다). 요즘 말로 선택과 집중을 해야 한다. 낙천지명(樂天知名)해야 한다. 희랍의 철학자 세네카는 "운명에 저항하면 끌려가고, 운명에 순응하면 업혀간다"고 했다.

그리고 무슨 일을 시작하기 이전에, 우선 내가 이것을 할 수 있을 것인지(80~90% 이상) 없을 것인지를 잘 판단하여 가부를 정하고, 시작했으면 부단한 노력을 하되 또 한편으로 '진인사대천명'이라는 넉넉한 마음 자세를 가지면 좋겠다(미국 영화 「포레스트 검프」 중 중에 "인생은 하나님이 주신 것에서 최선을 다하는 것이다" 라는 말이 있다).

자신의 숙명이, 자신의 소질이 어느 쪽인지를 알아서 최선을 다하되 그 결과는 하늘에 맡겨야 한다. 일신우일신(日新又日新)하되 진인사대천명(盡人事待天命)하고, 안분지족(安分知足) 취길피흉(取吉避凶)해야 한다. 분수를 편안히 여기고 만족할 줄 알면, 길(吉)을 추구하고 흉(凶)을 피할 수 있다.

中道의 여러 가지 뜻이 있지만…, 양쪽을 다 알고 다 바라보고 다 실천할 수 있고 다 받아들일 수 있는 것이 중도의 삶이라 생각한다.

왜 모든 종교에서 노력보다는 안분지족(安分知足)과 범사에 감사하라고…, 욕심을 내지 말고 버리라고 하겠는가? 불교에서 말한 것처럼 욕망이 괴로움의 근본이며 모든 화(禍)의 원인이기 때문이다. 또 타고난 여왕벌이나 금수저 말고는 사실상 부귀가 불가능하기 때문이다. 그래서 결코 안 되는 것을 추구하다가 좌절하거나 골병이 들거나 사고를 치거나 병으로 죽지 말고, 분모(分母)인 욕심과 욕망을 확

줄이라는 것이다. 현실에 만족하라는 것이다. 마음을 비우라는 것이다. 이미 가진 작은 것이라도 애써 감사하려고 해야 한다는 것이다(불행한 사람은 갖지 못한 것을 사모하고, 행복한 사람은 갖고 있는 것을 사랑한다).

운이 나쁠 때는 어쩔 수 없이 마음을 확 비워야 한다. 운이 나쁜데도 오기로 문제를 풀려고 하면 아무것도 되는 일이 없다. 더 나빠지고 곤란해지고 사고만 난다. 마음을 비워야 앞이 보이고 그 무엇도 겁나지 않고, 비워야 새로운 것을 담을 수 있는 것이 세상 이치이다. 담담하게 살아라. 주역에서는 "세상사 궁즉통(窮卽通)이다. 어려울수록 원망을 안 하고 머리를 푹 숙이고 노력하면 궁하지만 결국 통하게 된다"고 했다.

근사록에서는 "군자가 곤궁한 때를 당하여 그 곤궁한 것을 벗어나기 위한 방법을 다하여 보고 그래도 벗어날 수가 없으면 이는 운명인 것이다. 운명임을 알았으면 궁색이나 재난을 당했어도 그 마음이 흔들리거나 길을 잃지 말고, 자기의 의리(義理)만을 행할 뿐이다"라고 했다.

"벼랑에서 아등바등하지 않고 손을 놓아 버리는 것이 가히 장부로다(김구 주석).", "장부(丈夫)로 태어나 나라에 쓰이게 되면 죽음으로 충성을 다할 것이요. 버려지면 들에게 밭을 가는 것으로 족하다. 아첨하여 영화를 꾀하는 것은 나에게 큰 수치이다(이순신 장군)."

그리고 "나는 악당도 아니고 똑똑하고 열심인데 왜 자꾸 이런 어려운 일이 생기는가?" 할 때는 전생의 업(業)을 받는 것이다. 또는 남은 생과 다음 생에 큰일을 맡기기 위해 험한 훈련을 받는 것이다. 과거에 지은 업을 안 받을 수 없고 빚을 갚을 때이므로 깨끗이 받아버려야 한다.

즉 우리가 받는 인과(因果)와 업보(業報)는 외부의 조건들에 의하여 변할 수도 있지만, 또 내 자신의 마음을 움직여 변할 수도 있는 것이다. 반성하고 마음을 확 돌리거나 마음을 엄청나게 넓고 높고 깊게 키우는 것이다.

외부의 조건이 변하지 않더라도 자신을 움직이고 있는 마음의 조건이 달라지면 작게는 나부터 크게는 우주까지 변할 수 있는 것이다. 즉 잘못 했으니 당연히 맞아야 한다고 반성하고 이 매를 맞고 나면 빚도 갚고 더 성숙된다고 생각하는 것이다. 내 마음을 우주나 큰 호수처럼 키우면 돌멩이(장애)는 걸림돌이 되지 못한다.

내 업보와 부모 업보가 합쳐져
부모 자식이 만나진다

비천한 집에 태어난 자식들은 부모를 원망한다. "제대로 키우지 못할 것이면서 왜 나를 낳았느냐?" 라고…, 많이들 그랬을 것이다. 사실 자식을 키울 만한 정신적·물질적 준비가 전혀 없으면서 마구잡이로 낳는 것도 죄악이다. 자신은 무지-성욕-동물적 욕심으로 낳는다지만, 그 자식들은 흙수저로 태어나 평생 고통과 눈물로 살아야 한다. 이것에 대해 한번이라도 생각해 보았는가? 범죄자도 거의 흙수저들이다.

자식 출산을 거름지고 장에 따라가는 식으로 해서는 안 된다. 그런데 우리(베이비붐 세대) 부모 세대들에게 "정신적·물질적 능력도 전혀 없으면서 왜 이렇게 자식을 많이 낳았어요?"라고 물어보면, "옛날에도 정부에서 추진하는 산아제한이 있었지만, 남들이 그만큼 낳았으니까 나도 그렇게 했다. 아들 낳으려고 그랬다"는 것이다. 자기 수준과 형편은 생각지 않고 아무 생각 없이 그 시대와 사람들의 분위기에 휩쓸려 '거름지고 장에 따라간 것'이다. 이것이 대중-우중-중생들의 특징이고 한계이다.

유럽·미국 등 선진국 사람들이 우리보다 뭘 모르고 못나서 결혼을 안 하고 자식을 안 낳겠는가? 그리고 수상과 대통령도 동거를 하겠는가? 그들이 단지 경제적 이유 때문에 자식을 안 낳거나 적게 낳겠는가? 그들은 우리보다 몇십 년의 시대를 앞서 살고 있는 사람들이다. 앞서 살면서 시행착오도 겪으면서 더 알고 깨달은 사람들이다.

선진국에서는 큰 부자들이거나 아주 못살고 못 배운 사람들일수록 자식이 많다. 후진국일수록 자식 많은 것이 무슨 자랑이다. 농사를 지어야 하고 무지해서이고 국가와 부귀를 가진 자들의 선동과 세뇌(노예·세금·군인 필요) 때문에 그렇다. 그들 말대로 자식은 결코 먹을 것을 타고나는 것도 아니고 저절로 크는 것도 아니다. 돈과 정성으로 쌓고 쌓아야 큰다.

그런데 불교에 따르면, 사람이 태어나는(윤회) 것은, 부모+자식의 점수와 인연이 서로 합해서 만나는데, 부모가 자식을 선택하는 경우보다는 대개 자식들이 자기의 업보에 따라 부모를 선택한다고 얘기한다. 시쳇말로 자기 수능 성적에 따라 대학(부모 선택)을 간다. 세부적으로 수많은 조상들이 수없는 윤회를 통해 만들어 놓은 심신(心身)과 업보(業報)에, 조상이 후손으로 다시 태어나거나 그와 비슷한 업보를 가진 중생이 거기(조상의 심신+업보)에 입태(入胎)를 하게 된다. 그것도 모르고 부모를 원망하고 있으니…, 부모 원망 마라. 자신의 업(業)의 결과이다. 자기 실력에 맞게 원해서 선택한 대학(부모)이다. 거기다 지기(地氣)를 무시 못 하기에 태어난 곳의 풍수지리도 한몫한다.

지지리도 못나고 말 안 듣고 애먹이는 팔자 나쁜 너를 온갖 사랑과 고생으로 부양하고 있으니 고마워해야 할 일이다. 부모도 너처럼 못난 놈보다 예쁘고 잘 생기고 말 잘 듣고 똑똑한 기쁨과 영광의 자식을 낳고 싶었다. 그런데 그것이 안 되어 내심 많이 속상하다.

그리고 부모와 자식이 동시에 원한 경우도 있는데(願生), 서로 복이 많거나 훌륭한 부모가 똑똑한 자식을 낳게 해 달라고 지성으로 기도하는 경우에 그에 맞는 훌륭한 영혼이 잉태되어 자식으로 태어난다. 또 선업을 많이 쌓은 환생할 영혼이 훌륭한 부모를 원할 때 훌륭한 부모와 가문에서 태어난다. 이때는 환생할 영혼이 어머니 태내(胎內)에 들어갈 때, 고요하면서도 즐거운 음성만을 듣고 아름다운 모습만 보게 된다고 한다. 또 원생(願生)의 하나로 부처님·아인슈타인처럼 천상의 고귀한 영혼이 원력(소명)을 가지고 남에게 베풀어 주고 이 세상을 정신·물질적으로 획기적인 발전을 시키기 위하여 태어나는 경우도 있다.

그런데 이것은 극히 좋은 경우이고 반대로 부모와 자식이 만나서 안 좋은 경우가 있는데, 이때는 부모+자식 모두 팔자가 안 좋은 경우가 있고, 또 부모는 팔자가 좋은데 자식은 팔자가 안 좋은 경우로 나뉜다.

①부모와 자식 모두 전생의 나쁜 업보가 많을 경우에는, 부모가 고생함은 물론 그 자식도 심신과 팔자 모두 아주 나쁘게 태어나 둘

다 함께 고통을 받는다. 그리고 ②전생에 서로 원수지간에 있었던 사람들이 부모-자식으로 만나는 경우도 많은데, 그중 ②-1 전생의 피해자가 가해자의 자식으로 태어나서 적극적으로 부모(전생 가해자)를 죽이거나 지속적으로 괴롭히는 경우가 많다.(부모가 자식의 등을 처먹는 것은 그 반대의 경우이다) 또는 ②-2 자식이 둔재·장애인 등으로 태어나서 소극적·암묵적·비작위적으로 부모에게 평생토록 심적·물적 부담을 주는 경우로 나뉜다. 부귀를 가진 집안에 부귀로 어찌 못할 숨은 장애인이 있고, 지나치고 약삭빠르고 교활하고 사악한 사람의 경우에 본인은 출세하고 돈도 많이 벌지만 이상하게 그 자식들이 심신 박약아가 많다.

왜 전생의 원수를 부모-자식 사이로 묶어 버리는가 하면, 서로 피할 수도 숨을 수도 보복을 가하기도 힘든 관계이기 때문이다. 그저 꼼짝도 못하고 서로 얽혀서 평생 전생 피해자(자식)로부터 줄기차게 보복을 받아야 하는 것이다. 이렇게 해서 전생의 업을 치르라는 것이다. 이것이 가장 무서운 업(業)이고 윤회이다. 그래서 "자식이 원수이다"라는 말이 있고, 불경·성경 모두 "가족이 원수인 줄 알아라" 라는 얘기가 있다. 여러 가지 뜻이 있지만, 전생 업이 가장 두터운 인연이 서로 만난 것이 가족이라는 것이다.

자식이 속을 썩이면 이렇게 생각하면서 참고 스스로를 달래야 한다. "아! 저 자식이 전생에 빚 받으러 왔구나! 똑똑하게 못 태어난 것을 어쩌나? 돌과 쇠 부처를 섬길 것이 아니라 살아있고 전생의 빚 받으러 온 저 「자식 부처」를 섬겨야지…"

그래서 자식의 근기(根機)와 깨달음의 인연이 성숙할 때까지, 서로의 나쁜 업보(業報)가 풀릴 때까지 큰 울타리만 쳐놓고 기다려야 한다. 근기가 갑자기 한순간에 성숙하고, 전생업보가 금방 풀리는 것이 아니니, 그냥 큰 울타리만 벗어나지 않으면 관섭하지 말고 그냥 무관심한 듯 지켜보는 것이다. 집 나간 탕자(蕩子)가 돌아올 때까지…, 탕자 얘기가 불교 「법화경」과 기독교 「성경」 모두 다 나오는 것을 보면, 자식이 부모 속을 썩이는 것은 동서고금 예외가 없는 것이다.

마지막으로 부모 팔자는 안 좋은데, 자식 팔자가 좋은 경우가 있다. 이때는 그동안 집안의 나쁜 업보를 벗고 좋은 쪽으로 나아가기 위한 것인 경우가 있고, 또는 집안 자체가 몇 대에 걸쳐서 안 좋아서 그 집안 자체가 아예 없어져 버릴 위기에 처했을 경우에 하늘에서 똑똑한 자식을 한 명 보내어 집안의 명맥을 이어주기 위해서 그렇게 하는 것이다.

부모도
자식의 팔자를 바꾸어 줄 수 없다

부모가 애와 속이 타서 못난 자식의 팔자를 개선시켜 주고 싶지만, 그 자식의 개인 업보-인연-역사-괘도가 있기에 팔자를 바꾸어 줄 수가 없다. 그 자식은 자신이 타고난 업보를 치러야 한다. 군대를 자식 대신 갔다 오거나 직장을 대신 다닐 수는 없는 일이다. 그리고 내 팔자도 모르고 개선은 더 못 하겠는데 그 누구의 팔자를 개선시켜 준다는 말인가?

자식 인생에 너무 간섭·개입하려 들면 안 된다. 대부분의 부모들이 자식 팔자를 바꾸어 줄 정도로 도사급의 내공이 없을 뿐만 아니라 자식이 복과 인연이 없으면 결코 듣지도 않고 부모–자식 간 사이만 더 나빠질뿐더러 내 자식이라도 제3자의 업보와 인생 공부에 부당 개입하는 꼴이라 새로운 업을 짓기 때문이다. 시험을 대신 치러주는 부정행위와 같을 수도 있다.

흔히들 부모–자식 간 대화에서 자식이 말을 안 듣는 것을 두고, "어른이 자식의 수준에 맞게 얘기를 하지 않아서 그렇다"고들 하는데, 어불성설(語不成說)이다. 어른이 자식 수준에 맞게 얘기를 하지 않아서 그런 것이 아니라 그 자식이 듣는 귀–복–인연이 없어서 못 알아듣는 것이다. 복과 인연이 없으면 아무리 좋은 방편과 이익을 주려고 해도 알아듣지 못하고 도리어 원망만 하고, 심지어 부모를 죽이거나 빨리 죽기만을 바란다. 특정 개인이 치르고 겪고 갚아야 할 숙업과 개인이 만들어 갈 역사는 아무리 사랑하는 내 자식이라도 코치와 약간의 도움은 줄 수 있어도 그 누구도 대신 해 줄 수 없는 것이다. 그래서 황제–성인–재벌도 자식을 마음대로 하지 못하는 것이다. 따라서 내 자식도 2~3번 얘기해 보고 말아야 한다. 할 놈과 될 놈은 부모가 말하기 전에 먼저 알아서 한다.

결국 처음부터 씨가 나쁘게 태어난 것을 고쳐서 쓸 수가 없다. 이미 다 되어 있는 것을 약간만 다듬어 써야 한다. 즉 처음부터 똑똑하고 훌륭한 자식을 낳고 거기다 부모가 약간의 지원이 필요할 뿐이다. 사람은 연장과 달리 된 것을 골라 써야지 안 된 것을 고쳐서 못 쓴다.

혹자는 대대로 먹고 살 수 있는 큰 부귀(금수저, 건물주 등)를 자식에게 물려주면 된다고 할지 모르겠으나, 아무리 큰 부귀를 물려줘도 팔자가 나쁘고 복과 인연이 없고 내공이 없는 자식은 그것을 결단코 유지하지 못하고 오히려 그 부귀로 인해 더 크게 다치고 만다.

뛰어난 자식을 낳으려면
혈처(명당)에서 합궁해야 한다

훌륭한 자식을 낳기는 내가 훌륭한 것보다 훨씬 더 어렵다. 부모가 아무리 똑똑하고 미남미녀라도 자식이 그렇게 되기는 참으로 힘들다. 똑똑한 자식을 낳으면 가문의 영광이요, 못난 자식을 낳으면 평생 원수 아닌 원수가 된다. 마지막 인생 승부와 성공 여부는 뛰어난 자식을 두느냐에 달려있다. 그래서 태교를 한다. 그러나 태교는 사실 크게 늦은 것이다.

뛰어난 후손을 낳으려면, 조상 대대로 선업을 많이 쌓아야 하고 임신 전에 기도가 필수이다. 왜냐하면 팔자와 업(業)은 후손에게 유전되고, 우주는 유유상종이라 내가 자꾸 전화하면 상대방과 통화할 수 있고 직접 만날 수 있는 것과 같다. 기도라는 휴대폰으로 뛰어난 영혼을 부르는 것이다. 삼라만상은 사랑을 갈망하는 관계로 자기를 자꾸 좋다고 하면 웬만하면 그리로 가게 되어 있다. 여자와 마찬가지로 삼라만상은 자기를 진정 사랑하는 곳에 속하고 싶어 하기 때문이다.

옛날 얘기나 위인전에 보면, 위대한 인물들은 모두 그 부모들의 간절한 기도에 의해 태어났다고 하는데, 이것은 그 인물들을 신비화하고 백성들을 통치하기 위함이며 출세한 사람의 결과론적인 얘기라고 치부할 수도 있다. 대개 그렇게 생각한다. 나도 한때는 그렇게 생각했다.

그러나 기도는 뛰어난 사람들의 무서운 지혜임을 알아야 한다. 합궁 전 100일 기도는 과학적이다. 정원세포가 정자(2억 개)가 되는 기간이 72일이기 때문이다. 그래서 100일 동안 부부가 술과 담배 등 해로운 음식을 금하고 언행을 삼가는 등 몸과 마음을 정결히 하라는 것이다. 사전 준비와 아무 노력도 하지 않고 있다가 아이가 태어난 뒤에, 아인슈타인 우유를 먹이고 고액과외를 시켜 봐야 아무 소용이 없다.

좋은 씨는 동식물 모두에 기본이다. 일단 뛰어난 영혼을 불러 놓고 태교하고, 태어나면 좋은 교육을 시켜야 한다. 그래야 훌륭하게 된다. 이미 출고된 자전거나 소형차를 아무리 튜닝 해봐야 벤츠나 스포츠카가 안 된다. 유명한 자동차 회사에 많은 돈을 주고 특별제작해 달라고 부탁해야 한다. 스텔스 전투기나 우주선을 사면 더 좋다.

그다음 합궁 택일을 해서 혈처(穴處→명당)에서 합궁해야 한다. 혈처는 천기+지기+수기가 하나로 융합하여 뭉쳐진 핵심 장소(천기:70%, 지기·수기:30%)로 주역의 태극과도 같고 우주 탄생과 빅뱅이 이루어지는 공간과도 같고 어머니의 자궁과도 같은 곳이기 때문이다.

그래서 '인걸지령(人傑地靈)'라 했고, 「태교신기(胎敎新記)」에서 "아버지가 하루 아이를 낳아 주심이 어머니가 열 달을 회임해 기르는 것보다 중요하고, 스승이 10년을 가르치는 것보다 더 중요하다"고 한 것이다. 이것을 안 눈 밝고 귀 밝은 사람들이 반기문 前 유엔사무총장 생가(충북 음성군) 옆의 러브호텔에서 앞다투어 합궁하는 것이다.

그러나 옛날부터 "큰 대도시나 크게 개발된 곳에는 지기(地氣)가 손상되고 사람들이 너무 복작하여 지기를 많이 사용한 관계로 인물이 나오지 않는다"고 했다. 이중환 선생은 택리지에서 "한양에서 벼슬을 그만두고 삼남(충청도, 전라도, 경상도)으로 내려간 사람들의 자손들은 다시 한양으로 벼슬을 해서 올라오지만 한양에서 머문 사람들은 가세(家勢)가 기울어 명문가 이름에서 사라져 버렸다"고 하였다.

그리고 평소 반듯한 생활과 섹스를 해야 한다. 우주와 세상은 유유상종이다. 잉태 전에 퇴폐적이고 바르지 못한 생활과 섹스를 하는 부부들의 정신 파장은 바르지 못하고 퇴폐적인 영혼을 불러올 수밖에 없고, 잉태 전에 생활이 바르고 기도를 많이 하고 아름다운 섹스를 하는 부부들의 정신 파장은 그에 맞는 훌륭한 영혼을 불러들이는 것이다.

후기 밀교 등에서 말하는 훌륭한 섹스와 완전한 남녀의 결합이란 무엇인가? 서로 사랑하는 연인들이 최대한 상대를 사랑하는 마음을 일으켜서 그에 따른 정성스런 애무와 기교로 둘이 완전한 음양합일(陰陽合一)로 녹아들고 자타불이(自他不二)로 합쳐져서 신비롭고 아름다운 황홀경 속으로 들어갈 때, 그 황홀경의 절정에서 최고의 명상상태에 도달할 때, 그래서 모든 것을 잊고 물아양망(物我兩忘)과 무아(無我)의 경지에 도달할 때, 완전한 섹스와 남녀결합이 이루어진다. 천지－물불(水火)－음양－주객－자타－심신이 모두 하나가 되어 남녀가 아름답게 승화된다. 아름답고 완전한 섹스 속에서 훌륭한 영혼의 자식들이 태어나고 본인 자신들의 영혼과 육체도 맑아지고 건강해지는 것이다.

밀교를 간단히 설명하면 업(業)은 신(身)－구(口)－의(意)가 원인이 되어 짓는다고 보고 이것을 삼업(三業)이라고 하였으며, 이 세 가지를 잘 다스릴 때(身, 행동 : 초기－수기, 후기－미인과의 섹스 수행, 단 사정은 안 된다. 남녀 간의 작용이 우주다. / 口 : 옴마니 반메훔 등

진언 / 意 : 만다라, 佛畵, 우주와 합일) 깨달음에 이를 수 있다고
보았다.

인도 힌두교와 불교 후기 밀교에서는 남녀를 우주를 대표하는
음양으로 보고 이들의 완전하고 성스런 결합이 곧 완성으로 가는
길이고 깨달음이라고 보았다. 그래서 남녀 간 성교를 통해 깨달음을
추구한 것이다. 그 심오한 것을 표현해 놓은 밀교 진언이 '옴마니
반메훔'이다.

팔자에 구속되지 않는 사람은 누구?

천하 악당과 바보, 천하선인, 부처님처럼 완전히 깨친 자는 팔자에
구속되지 않고 하늘도 간섭하지 못한다고 했다. 아주 바보나 악당이나
미친 사람은 누구도 건드리지 않고 피하기 마련이다. 열외를 시켜 주는
것이다. 어디든 예외 없는 규칙과 열외가 없는 곳은 없다.

또 성경의 "오른뺨을 때리거든 왼뺨도 내어 주라"(마태복음 5장 39
절)·"너희 원수를 사랑하며 너희를 핍박하는 자를 위해 기도
하라"(마태복음 5장 43절)고 했고, 금강경 14장에 "수보리야, 여래가
옛날 가리왕에게 신체를 베이고 찢길 때에도 여래는 성내고 원망하지
않았고 아상·인상·중생상·수자상에 걸리지 않았다"고 나오는데,
이런 천하 선인(善人)은 어찌할 수가 없다. 결국 상대도 팔자도 신도

감화되고 만다.

부처님처럼 완전히 깨치면, 즉 무아(無我)가 되면 인과(因果)를 마음대로 요리할 수가 있게 되는 것이다. 일체유심조(一切唯心造)의 경지가 되는 것이다. 그리고 인간의 운명이란 하늘이 간섭하는 것이지만 진정한 소신을 가지고 행하는 일은 하늘도 어쩌지 못한다고 하였다.

세상은 왜 불합리하고
인생에 고난과 길흉이 있을까?

인생을 살면서 왜 좋은 일만 있지, 도대체 왜 고난과 실패와 나쁜 일투성이인가에 대해 고민과 원망을 많이 했을 것이다. 공자는 인생을 한마디로 '어려울 난(難)'이라고 했다. 성인에게도 어려운 것이 삶이요 인생이다. 어렵지 않은 인생은 없다는 뜻이다. 불교 「법화경」 등에서는 "삼계(三界)가 불타는 집이요. 사생(四生)이 괴로움의 바다이다"라고 했다. 예수님도 "인생이 고통이요 모두 부질없다"고 하셨다.

세상은 왜 불합리하고, 인생에서 고난과 길흉과 이해(利害)가 왜 생기는지에 대해서는 주역(周易)에 구체적으로 잘 나타나 있다.

"이 우주와 세상 만사만물은 음양(음양)으로 이뤄져 있고 이 음양이 교차-대결-균형과 조화를 이루어 나가기에 필히 음양을 모두 겪어야 한다. 양(좋은 것)을 위해서는 음(힘들고 싫은 것)이 반드시 있어야 한다."

이것을 크게 풀어보면 하늘(양)의 도는 '착할 선'(善)이지만, 땅(음)의 도는 엄연히 '약육강식(弱肉强食)'과 '적자생존(適者生存)'이다. 그래서 이 두 가지가 대결-협조-균형과 조화를 이뤄서 세상이 굴러가기에 정의-행복-이로움-선도 있지만 불의-불행-해로움-악도 피할 수가 없는 것이다. 작게는 파괴 없이 창조 없고 공기의 저항이 없으면 비행기가 날지 못하고, 식물도 햇볕과 비바람과 낮과 밤을 교대로 맞아야 성장을 할 수 있듯이 인간도 성장하기 위해서는 고난과 행복의 음양을 모두 겪어야 한다.

그리고 주역은 "지구 환경(기후·토지·지하자원·동식물 등) 자체가 고르지 않고 여러 가지가 마땅치 않게 다양하게 뒤섞여 있고, 그곳에 사는 동식물 역시 타고날 때부터 우열(優劣)이 있으며, 인간도 우열이 있고 나 혼자 있으면 길과 흉도 없을 것인데 상대가 있기 때문에 길흉이 생긴다는 것이다. 너와 나, 큰 것과 작은 것, 선과 악, 강자와 약자가 있기 때문에 서로 이기고 지는 가운데서 패하기도 하고 흉하기도 하다 보니까 좋은 일 나쁜 일 생긴다는 것이다. 그리고 물과 불이 있어 적시기도 하고 말리기도 해야 만물이 성장한다"고 하였다.

또 주역은 "사랑함과 미워함이 서로 침에 길과 흉이 생기고, 먼 것과 가까운 것이 서로 취함에 悔(뉘우칠 회)와 吝(인색할 린)이 생기며, 참과 거짓이 서로 느낌에 이(利)와 해(害)가 생긴다"고 하였다.

그리고 원초적으로 음양은 모두 하나인 태극(太極)에서 갈라져 나왔기 때문에, 행복과 불행 등 모든 반대되는 것은 모두 서로 앞뒤나 옆으로 맞붙어 있다. 모두 쌍으로 나오고 쌍으로 움직이기 때문이다.

지구가 바다가 70% 육지가 30%로 되어 있어서 길흉이 있고, 그중 육지인 길(吉)이 30%로 작다는 말은 널리 알려진 것인데, 상당히 신빙성이 있다고 본다. 야구 최고 타율도 3할대가 고작이니 말이다.

묵자는 천경설(天鏡說, 하늘의 렌즈)을 주장했다. "즉 지구 지축이 23.5도 기울어져 있어서 윤도수(閏度數, 윤달·윤년, 지구 1년 : 365 1/4일)가 생겨나 있고, 동시에 하늘의 기운(빛)이 굴절(屈折)되어 땅의 기운과 합해서 사람이 태어나고 굴절된 기운을 계속 받고 있는 관계로 천·지·인 모두 삐뚤어져 있으며(原罪), 그래서 천·지·인 모두 불합리하게 되어 있고 불합리하게 굴러간다는 것이다. 후천에 지축정립(천지개벽)이 되면 지구가 태양의 햇빛을 정면으로 받으니까, 지구의 자전은 360일로 딱 들어맞고, 천·지·인 기운도 모두 바로 잡혀서 춥고 더운 기후가 극한이나 극서가 없이 항상 온화하게 살기 좋은 땅이 된다. 인간성도 올바로 잡혀서 짐승과는 다른 성현군자나 권능(權能)의 사람이 된다. 후천이 되어 지축이 바로 서면 부정부패나 불합리가 없어지고 깨끗하고 정의롭고 합리적인 사회가 된다"는 것이다.

성경은 '아담과 하와의 선악과의 원죄(原罪)' 때문이라고 하며, 통일교에서는 "인간이 죄를 범하고 세상이 죄악의 세상의 된 것은 에덴동산의 '하와'가 사탄의 우두머리인 '누시엘'과 음행을 한 육체적 원죄로 인해 인간의 몸속에 사탄의 피가 흐르고 있기 때문이라"라고 한다. 또한 통일교에서는 "하나님의 뜻 자체에 대한 예정이 100%라고 하더라도, 그 뜻을 이루기 위해서는 하나님의 책임분담 95%와 함께 반드시 인간의 책임분담 5%가 더해져야 하는데, 아담과 하와가 하나님의 말씀을 믿고 지키는 책임분담을 다하지 못하고 오히려 죄를 지었기 때문에 하나님의 뜻인 이상세계가 이루어지지 못하고, 오히려 하나님의 뜻과는 반대인 죄악세계가 되었다"고 주장한다.

왜 괴롭고 고통이고 불타는 집이고 괴로움의 바다인가? 불교에서는 이것을 크게 인간의 능력은 유한한데 욕망은 무한한 데서 오는 괴리(乖離)라고 얘기하고 수행의 통해 욕망의 불길을 꺼서 열반에 이르고자 한다.

또 불교는 세상사 고통과 괴로움의 원인을 '스스로 지은 업'(宿業, 기독교 : 원죄) 때문이라고 한다. 즉 자기의 번뇌와 탐·진·치로 지은 업에 의해 자신의 심신(心身)과 사는 세계와 인생을 스스로 만들어 간다는 것이다. 업(業, 카르마)과 인과(因果)의 결과라는 것이다. 좀 더 자세하게 불교의 「분별선악보응경(分別善惡報應經)」에서 인생 길흉의 원인을 찾아보면, "온갖 중생의 지은 행위와 닦은 인(因)에 선악(善惡)이 같지 않으므로 얻어지는 보응(報應)에도 귀천(貴賤)의 상하와 성씨(姓氏)의 높고 낮은 구별이 또한 다르게 된다"고 하였다.

그리고 윤회는 육체를 동반한 경험을 통해 영적(靈的) 성장을 위하여 있는 것인데, 그러려면 늘 상 앞서고 이기고 성공하는 것만 경험해서는 안 되며, 어떤 생에서는 나약함을-어떤 생에서는 부드러움을-어떤 생에서는 낙오하고 도태되는 공부를 해야 한다는 것이다. 중생들은 이런 모든 과정들을 통해 부족하거나 넘침이 없이 모든 것을 골고루 갖춘 전인적(全人的)인 인간, 즉 보살-성인-군자가 되어야 한다는 것이다.

고생을 해 봐야 세상이 바로 보이고 지혜가 생긴다. 깊은 고난을 겪어보지 않은 사람은 천지의 마음을 사무치게 체험할 수 없다. 고통과 실수를 통하여 크고 발전하고 깨달음을 얻을 수 있고, 고통을 통하여 타인의 고통을 이해하고 결국 내 마음을 선행(善行)으로 돌리려는 데 있다. 그리고 동식물과 사업 등 삼라만상은 혼자보다 상호 경쟁과 천적이 있어야 더 잘 크고 좋고 훌륭한 것들이 나오고 발전한다.

인생에 고(苦)가 없다면 과연 좋을까?

세계 4대 성인들마저 고통스럽고 부질없다고 생각한 것이 인생이다. 그러하면 인생에서 고(苦)를 없애 버리면 과연 좋고, 중생들이나 종교에서 추구하는 것처럼 지상천국과 불국정토가 건설될 수 있을까 하는 의문이 든다. 모두들 그렇다고 생각을 할 것이다.

그런데 우리 상상과 달리 현실은 그 반대의 경우로 나타났다. 고(苦)를 없앴더니 지상 천국은커녕 동물과 인간 모두 스스로 타락하고 무너지더라는 것이다. 그리고 쾌락주의를 주장했던 서양「키레네학파」도 쾌락의 한계치를 계속 높이기가 어려운 데다가 특히 극단적인 육체적 쾌락은 반드시 고통과 후유증을 가져오기에 후기에 들어와 염세주의로 바뀌고 말았다.

쾌락의 최고를 경험한 사람들이, 가난한 나라보다 사회보장제도가 잘 발달되어 있는 북유럽 선진국에서, 쾌락을 마음껏 누릴 수 있는 부유층에서 오히려 인생의 허무를 느끼고 끝내 자살을 하는 경우가 많다.

시험도 너무 어렵게 내면 담당 교수를 욕하고, 그렇다고 너무 쉽게 내면 공부도 하지 않고 교수가 실력이 없다고 비아냥거린다. 그래서 시험도 적당히 어렵게 내어야 학생들의 실력도 늘고 교수가 욕도 먹지 않는다. 이처럼 인간의 타고난 본성상 어쩔 수 없이 군인처럼 적당히 훈련을 시키고 굴려야 시간도 잘 가고 건강한 강군(強軍)이 되는 것이다. 고(苦)는 세상을 유지시키고 발전시키기 위해 필요악인 셈이다.

원래 음(不幸, 苦)과 양(幸福, 樂)은 태극의 한 뿌리에서 나왔기 때문에 동전의 앞뒷면과 같아서 피할래야 피할 수가 없다. 상호보완 관계이다. 조계종 혜국 큰스님도 주역 공부를 했는지, "지구의 기운이 음양으로 딱 반으로 나눠져 있어 반은 행복이고, 반은 불행이다"라고 했다.

이처럼 음양(행복↔불행)이 서로 붙어 있고 서로 섞여서(陰中陽 陽中陰) 일어나는데 우리는 왜 고(苦)만을 심하게 느끼는가? 좋은 것은 당연히 여기고, 또 나쁜 일이 하기 쉽고 나쁜 것의 영향이 훨씬 커서 좋은 것을 잠식하고도 남음이 있기 때문이다. 맑은 물에 검은 물을 한 방울만 떨어트려도 곧 전부 검은색이 되고 만다. 건물도 짓기는 어렵지만 해체는 다이너마이트 몇 발이면 된다. 그래서 인간들은 늘 힘들고 불행하다.

그리고 우주의 모든 미시 원자나 거시 별들이 끊임없이 진동하거나 돌고 도는 자전·공전을 하기에 미시의 집합이고 거시의 부분인 인간도 평생 쉬지 않고 움직이고 돌 수밖에 없다. 원래 빡세게 굴러야 하는 운명이다. 생명이 있기에 움직이고 움직여야 살아갈 수 있는 것이다.

인간세계는 물론 신도 완전한 것은 없기에, 아무리 잘나가는 사람이나 집안도 부귀로 결코 해결할 수 없는 숨기고 있는 애로사항이 다 있다. 또한 애로사항이 없으면 일부러 만들어 내는 것이 또 인간이다.

고(苦)를 없앤 예로 동물의 경우를 보자. 사슴과 늑대가 사는 섬에서 늑대를 박멸해 버렸더니 처음에는 사슴들의 지상천국이 건설되었다. 그러나 시간이 갈수록 사슴이 기하급수적으로 늘어나서 자기들끼리 싸우고 미친 사슴이 수없이 나오고 심지어 집단으로 바다에 투신하더라는 것이다.

인간의 얘기를 해 보자. 동서고금의 역사를 보면 국력이나 문화 전성기에 타락이 시작되었고, 그 타락과 부패로 인해 쇠락-후퇴- 멸망하고 말았다. 세계 민족과 제국들 모두 똑같은 운명을 걸었다. 개인적으로 보면 남부러울 것 없이 보이는 부유층이나 부유층 자제, 스타 연예인들이 마약이나 도박에 빠지는 것도 같은 이치이다.

최근 예를 들어 보자. 인간의 경우 먹고 사는 활동을 하는 와중에 대부분의 선악과 희로애락이 일어난다. 그래서 먹고 사는 문제와 노동에서 완전히 해방을 시켜 주면 걱정이 없고 지상천국이 될 것 같다.

미국이 땅을 뺏은 보상으로 인디언 보호구역에 의식주는 물론 의료보험 제도까지 공짜로 해 줬더니, 즉 인생의 고(苦)를 대부분 없애 줬더니, 문화가 꽃피기는커녕 알코올 중독자와 비만이 판을 친다고 한다.

중동지역 일부 석유 부국에서도 국민들에게 기초 생활비를 지급하는 등 먹고 사는 문제를 해결해 줬더니 옛날의 화려했던 아라비아- 페르시아 문화가 다시 꽃피는 것이 아니라,「이슬람 IS」에 가담해서 문명 파괴와 대량 살육에 나서더라는 것이다.

남자들도 마찬가지이다. 평생 노동으로 고생하고 처자식을 부양하느라 전전긍긍하지만, 만약 그런 의무-책임-목적-목표로 소처럼 코뚜레를 꿰어놓지 않으면, 늘상 술이나 처먹고 노닥거리거나 몰려다니면서 싸움과 전쟁만 할 것이다. 세상이 전쟁으로 지옥이 되고 만다. 보통 남자들에게는 처자식 부양이라는 그런 작은 목표와 사명감이라도 주고, 수송아지 모양 코뚜레를 꿰어놓아야 본인도 삶에 의미가 있고 세상도 안전하게 돌아가는 것이다. 그래서 인생은 자전거를 타고 언덕길을 올라가고, 배를 저어 물길을 거슬러 가는 것처럼 해 놓았다.

하근기 중생들은 너무 많은 짐을 지우고 빡세게 굴리면 죽겠다고 난리 치고, 그렇다고 가만히 놓아두면 목표와 목적이 없어서 노름·술·여자 탐닉 등 헛지랄을 하거나 심심해서 못 견뎌 한다. 그래서 적당히 굴리고(5일) 적당히 놀리고(2일) 해서 평생 끌고 가는 것이다.

옛말에 "젊어 고생은 사서도 한다"는 말이 있다. 극복한 고난과 고생은 나를 크게 뒤돌아보게 하고 우리에게 진리-지혜-교훈-능력을 주고, 신을 만날 수 있게 해 준다. 고통과 역경은 우리를 변화시키고 겸손하고 원숙하게 만들어 준다. 큰일을 하려면 고난을 통해 강해지고 넓고 깊게 알 필요가 있다. 훈련과 고난 없이 어찌 큰일을 하랴? 맹자는 "하늘이 큰 사람을 내어 일을 시킬 때면, 먼저 그 몸과 마음을 고달프게 만들어 단련을 시킨다"고 하였다. 역경이 없으면 발전하기 힘들다.

파도가 치고 태풍이 불어야 지구가 살고 과일과 야채도 하우스보다 노지 재배가 색깔·맛·향이 더 좋다. 상처받은 조개가 진주를 생성하듯 영혼이 상처를 받아야 좋은 작품이 나온다. 쇠도 많이 맞으면 좋은 칼과 연장이 되고 황금도 불 속에 들어갔다 나오면 더 빛나고 좋아진다. 고통을 겪지 않으면 교훈(지혜·면역력·무기 등)이가 생기지 않는다. 고통을 겪더라도 교훈을 얻지 못하면 말짱 도루묵이고 또 고통을 겪는다.

쇠 등 무생명도 제련이 필요하고 동식물도 적당한 경쟁과 천적이 있어야 더 강해지고 번성을 하듯이, 인간 세상에서 적당한 고(苦)는 반드시 필요하다. 몸도 중력이 없는 우주공간에서는 쉬이 허물어지고, 운동도 적당히 힘들지 않으면 운동도 되지 않고 건강에서도 멀어지고 말듯이 말이다. 또 고(苦)가 없으면 유지도 발전도 성숙도 창조도 일어나지 않는다.

왜 이 세상은
선보다 악이 더 창궐하고 악이 이기는가?

모든 종교에서는 악보다 선을 강조하고 결국 선이 이긴다고 가르치고 있으나, 실제로 동서고금의 역사를 살펴보거나 우리네 삶이나 주위를 둘러보면 정도(正道)가 사도(邪道)나 사이비(似而非)들을 못 이기고, 충신이 간신을 못 이기고, 선인(善人)이 악인(惡人)을 못 이기고, 일 잘하는 사람이 빽과 아부꾼을 못 당하고, 진실이 거짓과 사기와 선전선동을 못 이기고, 악화(惡貨)가 양화(良貨)를 쫓아내는 것이 현실이다.

곡식은 부처 떠받들 듯이 떠받들어도 될까 말까 하고, 잡초는 밟고 뽑고 자르고 흙으로 덮고 불로 태우고 제초제를 쳐도 감당이 불감당이다. 맑은 물과 똥물을 섞으면 똥물이 되고, 쌀과 보리를 섞으면 보리밥이 되고 만다. 하늘은 '착할 선'이지만 땅은 '약육강식'이고 '적자생존'이라서 땅에서 우리 욕계에서는 양(선)보다 음(악)이 더 강하고 악을 행하는 것이 더 답일 지도 모른다. 악(음)은 잡초처럼 아니 가르치고 아니 장려를 해도 잘도 하고, 선(양)은 늘 가르쳐도 하기 싫어하고 하지 않으니, 악(잡초)이 선(곡식)보다 더 옳고 적자생존이 아닌지? 그리고 선과 순경(順境)에서는 공부를 망치고 악과 역경(逆境)에서 공부가 더 잘 된다.

이처럼 수준이 극히 낮은 남섬부주 지구에서는 악(惡)은 잡초처럼 가만히 두면 창궐하고 선(善)은 곡식처럼 온갖 정성을 다해도 살아남기 힘들기에 성인들과 각종 종교에서는 악을 경계하고 선을 애써 강조한 것이다. 기독교 등 각종 종교에서는 "심판의 날인 추수 때에 가라지(잡초)는 먼저 거두어 불사르고 곡식은 모아 곳간에 넣겠다"고 하였다.

악이 더 창궐하고 악이 이기는 것은 묵자의 천경설(天鏡說)도 그 원인이고, 우리가 살고 있는 남섬부주 지구의 수준이 낮아서 그렇다. 즉 인간은 탐·진·치에 휘둘리고 물질과 동물적 속성이 더 많은 욕계(欲界) 중에서도 낮은 단계에 있기 때문이다. 불교에서 말하는 더 나은 세상(인간→六欲天→色界→無色界)에서는 선이 차츰 우위를 찾아가서 악이 멸하고 결국 선이 완성을 이룬다. 후진국에서 선진국으로 갈수록 법과 제도가 갖춰져 가고 합리적이 되고 도덕 수준이 높아가듯이 말이다.

장사나 주식은
아무나 해도 될까?

　창업은 모든 샐러리맨들의 꿈으로 퇴직 후 창업을 해 보지만 얼마 못 가고 재산을 다 날리고 낭패를 보는 일이 허다하다. 왜 그런가? 장사는 아무나 해서는 안 되는 것인데, 아무나 하니 그렇게 되는 것이다. 조직에 들어갔다는 것은 98%가 이미 월급쟁이 팔자라는 것이다.

　그리고 직장에서 퇴직이나 은퇴를 했다는 것은 대개 운이 끝났다는 것이다. 운이 남은 사람은 퇴직 후에도 다른 기관으로 스카우트된다. 운이 끝났는데도 불구하고 지킬 생각은 하지 않고 공격적으로 나간다는 것은 화를 자초하는 것이다(속담 : 50세 넘어 새집 짓지 않는다). 반드시 이길 싸움(90% 이상)을 해야지 참가하는 데 의의를 둬서는 안 된다. 사업은 모든 것이 한방에 다 날아가기 때문이다. 이제 나이가 있어서 더 이상 회복할 수도 없다. 사업은 큰 도박과도 같은 것이다.

　사업에 성공하려면 사주가 아주 좋거나(사주가 좋으면 무슨 일을 해도 다 잘 되지만, 이런 사람들은 벼슬이나 학자를 하지 장사를 하지는 않는다) 편재격(偏財格)에 사주가 좋은 사람이 대운과 관성(官星)이 활성화되어 있는 시기에 해야 한다. 즉 3~5% 정도가 가능하고 나머지는 머슴 팔자로 남의 밑에서 월급쟁이를 해야 하는 운명이라 사업을 해 봐야 망하거나 겨우 밥만 먹고 살 뿐이다.

사장보다 능력이 뛰어나다고 착각을 해도 그것은 머슴-부속품-참모로서의 능력과 운일 뿐이다. 머슴과 토끼가 자기 분수를 한참 뛰어넘어 사업을 하려고 덤비니 잘될 일이 있겠는가? 월급쟁이와 사장은 다르다. 초식 동물과 육식 동물 만큼 그 씨가 틀리다. 머슴이 아무리 똑똑해도 사장을 당하지 못한다. 종업원 복과 그릇은 아무리 돈이 많아도 평생 종업원만 할 뿐 사장을 하지 못한다. 장사도 도(道)와 마찬가지로 여러 생의 전생을 걸쳐서 장사에 올인을 해야 이번 생에서 크게 꽃 필 수 있는 것이다.

따라서 거의 대다수 일반인들은 직장 생활을 하는 것이 옳고, 기어코 사업을 해 보고 싶다면, 자신이 이제까지 하고 싶고 잘해온 것을 중심으로 종목과 분야를 검토하고→사주팔자를 봐서 장사를 할 팔자인지? 복이 아직 남아 있는지? 를 보고, 그다음 내가 선정한 종목의 사업을 해도 좋은지 점(占)을 쳐 보고→마나님께 물어 허락을 구하고→주위의 자문과 기술과 서비스를 쌓은 다음 해도 늦지 않다. 그러나 내공이 없고 팔자가 나쁘면 일을 안 벌이고 가만히 있기도 어렵다.

주식도 아무나 하는 것이 아니다. 가장 널뛰기이고 화려한 팔자가 정치인과 연예인인데, 그것보다 더 롤러코스터가 주식이다. 뉴턴과 아인슈타인과 같은 대과학자는 물론 노벨경제학상 수상자들도 거의 다 주식투자에서 실패했다. 장사나 공부보다 더 어렵다는 말이다. 운이 나쁜 사람은 주식 투자를 절대로 해서는 안 되고 더군다나 퇴직 후는 금물이다. 복이 좋은 사람도 주식 투자에서 만큼은 이길 수가 없다. 왜냐하면 거대한 조직-인력-자본-정보-공매도 등 무기-파렴치한 잡수를 가진 기관·외국인이 개인보다 복과 능력이 훨씬 더 좋기 때문이다. 외국인의 주식 투자 역사는 벌써 400년(1602년 네덜란드)이 넘었다. 금융 노하우 차이가 갓난아기와 노련한 노인과의 대결이다.

그래서 부처님께서는 "어리석은 이는 자기가 할 수 없는 일을 하려고 하고, 자기가 할 수 있는 일을 하지 않으려고 한다. 그러나 지혜로운 이는 자기가 할 수 없는 일은 하지 않고, 자기가 할 수 있는 일을 기꺼이 한다"고 말씀하셨다.

부자는 누가 되는가?
돈이 곧 신이다

운수 중에 금전운이 제일 중요하다. 돈은 인간 3대 욕구 중 첫째인 식욕이라 생사가 달린 문제이기 때문이다. 재물은 제2의 생명이다. 그래서 금전운이 간절하고 무섭고 제일 중요하다. 돈은 세상사 근본이고 세상을 움직이는 원인이고 뭐든 할 수 있는 힘이다. 돈이 곧 신이다. 돈을 위해 모두가 매진하기에 전쟁과 같고 얻기가 가장 어렵다.

모든 것이 금전운의 영향을 받는다. 인생 98%를 해결하고 지킬 수 있는 만능 도깨비 방망이다. 돈이 곧 생명-팔자-성불이고 부처고 예수이다! 돈은 가장 큰 신이다. 삼라만상이 신이고 그들로부터 전권(全權)을 위임받은 대표선수이자 왕이라 신들 중에서 돈 신이 가장 크고 힘이 센 신이다. 신은 영혼을 통해서 인간을 통제하지만 돈을 통해서도 세상의 길흉과 완급과 방향을 통제한다. 돈은 생생하게 살아있는 神이라서 눈과 발·인격·의지·감정 등이 다 있다. 그래서 돈은 아무한테나 오지도 않고 아무한테나 머물러 있지도 않는다. 또 신이기에 지극한 정성으로 빌면 오고 머문다. 따라서 돈을 경멸하면 절대로 부자가 될 수 없고 사업하는 사람들이 지극 정성으로 기도하는 것을 뭣 모르고 비웃으면 안 된다.

돈의 차이가 곧 운명의 차이이다! 기독교(특히 청교도)는 "풍족한 재산은 하나님의 선한 축복이다"라고 하였고, 부처님도 "가난은 죽음보다 더 괴롭다. 돈을 많이 벌라. 재물을 가지면 한량없는 복을 얻는 것이다"라고 하였다. 유대인은 '돈을 주머니 속의 작은 종교'라고 얘기한다. 세상사 걱정과 고통을 없애는데 돈보다 더 좋고 능력 있고 믿을 수 있는 친구는 세상에 없다. 종교에서 돈을 천시하는 것 같지만 실제로는 돈을 더 중요시하고 돈을 가져오지 않으면 냉대를 한다. 종교도 곧 돈이다.

그리고 도(道)와 돈은 서로 반대인 듯하지만 사실은 같은 것이다. 정신과 육체가 서로 다르면서 같듯이…, 물심불이(物心不二)이고 중도(中道)이고 색즉시공 공즉시색(陰中陽 陽中陰)이며 이사무애(理事無碍)이다. 이것을 모르고 위선자나 반풍수·반편이·사이비들은 돈에 대한 욕구를 비도덕적이거나 나쁜 것으로 매도하거나 외면하는 척을 하면서 똥 폼을 잰다. 그런다고 고상해 보이는 줄 아는가? 네 마음속에는 정의로움을 가장한 질투(못 가진 돈에 대한)가 맹렬히 불타고 있는 줄…, '신포도 얘기'인 줄 다 알고 있다. 즉 말로는 돈을 정신세계 것보다 고결하지 못한 하급의 것으로 취급하면서 무의식 깊은 곳에서는 누구보다 돈을 갈망하다 못해 가지지 못해서 증오하는 있는 것을 모를 줄 아는가? 그러나 삼라만상은 자기를 지극히 사랑하는 곳에 머물고 싶어 하기에 돈을 하찮게 여기거나 증오하면 결코 돈을 가질 수 없다. 우리 현실에서, 사바세계에서, 욕계(欲界)에서, 물질세계에서는 정신적 에너지보다 물질적 에너지가 더 강하고 고귀하다는 것을 알아야 한다. 물질이 먼저 충족되지 않고는 결코 정신이 충족되거나 발전될 수가 없다. 진짜로 돈이 중요치 않다고 생각한다면 그것은 백치이다.

그럼 부자는 누가 되는가? 노력하면 된다고? 노력해서 부자가 될 것 같으면 부자 안 될 사람이 없을 것이다. 풍수지리는 부귀와 자손 번영의 길을 밝혀 놓은 동양의 실천 철학이기에 명당에 살거나 조상 묘소를 명당에 모시면 부귀를 얻고 자손이 번성하게 된다. 또한 불교-주역-명리학적으로 물과 땅이 삼라만상을 낳고 기르는 모든 것의 근본이고 돈이라 편관 격에 사주가 좋고 사주에 물과 땅이 많고 물과 땅을 잘 다루고, 관상학 상으로는 관상이 좋고 살집이 후한 수형과 토형이 부자가 된다. 살 뺀 개그맨이 인기가 떨어지고 죽거나 패가망신하는 것을 볼 수 있다. 물과 땅은 음이고 음에서 모든 것이 나오고 길러지기에 역시 음의 최고 핵심이고 첨단 제품인 여자를 잘 대우하고 다뤄야 한다. 재성(財星 : 돈복, 마나님)과 인성(印星 : 문서와 부동산 운, 어머니)을 강화시켜야 한다. 여자는 곧 돈이기에 어머니와 부인 등 집안 여자들에게 잘해야 한다. 돈이 있으면 여자가 구름처럼 몰려들지만, 반대로 집안 여자에게 잘하면 돈이 생기고 모인다. 실제로도 이제 장사든 정치든 드라마든 그 무엇이든 여성들을 잡지 못하면 성공할 수 없다.

그리고 어느 경제지에서 성공한 기업인을 대상으로 성공요인을 질문하였더니, 작은 부자는 노력과 절약, 큰 부자는 기술과 제품, 더 큰 부자는 인재(사람), 그리고 아주 큰 부자(소위 '재벌'은 운(運)이라고 답하였다. 미국 스탠퍼드 대학의 존 크럼볼츠 교수가 미국 기업인 1천 명을 대상으로 성공요인을 물었더니 75%가 역시 운(Fortune)이라고 답하였다. 세계 최고의 갑부 미국 록펠러도 부자가 되기 위한 세 가지 조건으로 첫째·둘째·셋째 모두 운이라고 하였다. 부처님도 "세상에서 복(운, 전생업보, 팔자, 신의 은혜와 축복)의 힘이 가장 뛰어나다. 복 쌓기를 게을리하지 말라"고 하셨다.

한국 부자(KB금융경제연구소 2016년 기준, 금융자산 10억 원 이상)의 유형과 비율은 어떻게 되는가? 상속 10%, 자수성가 90%('士'자· 프로선수 등 전문가형 30%, 사업 50%, 절약과 부동산 투자 10%)이다.

부자가 되는 방법에 대해 온갖 얘기를 다 하지만 그것은 작은 부자에 대한 것이고, 큰 부자는 노력한다고 더 넘어 악을 쓴다고 모험을 한다고 되는 것이 아니고, 하늘이 내리고 팔자에 재복(財福)이 있어야 한다. 명심보감 말대로 "작은 부자는 노력이고 큰 부자는 하늘이 내린다". 큰돈과 재벌은 운으로 벌고 되는 것이다. 노력한다고 재벌 안 된다. 돈은 중력과 같아서 돈 복이 있는 사람은 돈을 끌어당기기에 주위에서 돈을 거의 가져다주다시피 한다. 반면 돈 복이 없는 사람은 아무리 좋은 기회를 입에 떠 넣어줘도 몰라보고 "이딴 것을 주냐"면서 욕을 하고 내뱉는다. 그리고 팔자가 좋은 시기가 오면 돈이 저절로 오거나 조금만 노력하면 돈이 오고 돈을 벌고, 운이 나쁜 시기가 오면 돈이 알아서 제 발로 나간다. 큰돈은 운(복)으로 버는 것이다. 즉 큰 귀인과 무의식의 '지름신'과 '직관'이 와야 한다. 돈이 따라온다. 부자가 되려고 하면 갑자기 큰 귀인이 와서 도와주고, 지름신이 와서 괜히 어떤 시점에 어떤 주식과 부동산 사고 싶고 무슨 사업을 하고 싶고, 때가 되면 팔고 싶다. 타이밍이 딱딱 맞아 떨어진다. 무의식(8식, 아뢰야식)이 나도 모르게 족집게 과외로 답을 알려 주고 갈 길을 정해 주는 것이다.

이 재복이 있으려면 전생에 크게 베풀고 '죽을 때 다음 생에 꼭 부자가 되겠다'고 원(願)을 세우고 죽어야 한다. 전생에 부자가 되고 싶은 한(恨)을 심고 보시라는 큰 투자를 해 놓아야 한다. 복의 그릇이 커야 담을게 많고, 이미 담아 놓은 것도 흘러 나가지 않는다.

의사 등 전문가형의 재능(才能)도 처음부터 하늘이 내린 것이다. 옛날에는 의사·변호사 등 '사(士)'자 직업은 팔자가 좋은 사람들이 했고, '士'자 자격증만 따면 다 잘나가고 돈을 벌었으나, 이제 시대가 바뀌고 그 숫자도 많아서 꼭 팔자가 좋은 사람들이 그쪽으로 가는 것도 아니기 때문에 잘나가고 돈을 벌려면 그들도 팔자가 좋고 재복이 있어야 한다.

부자가 되려면 크게 출세를 하는 것이다. 재생관(財生官)－관생재(官生財)로 부자와 권력은 서로 떨어질 수 없는 관계이다. 벼슬이 높아지면 권력이 생기고, 권력이 강해지면 돈을 저절로 생기게 마련이다. 또 돈도 유유상종이라서 돈이 있어야 돈이 끌려와서 돈을 번다. 그러나 세상 이치는 이합집산(離合集散)이라서 뭐든 일정이상 모이고자 하는 힘도 있지만 일정이상 모이고 시간이 지나면 흩어지려고 하는 힘도 강하기에 부자들처럼 목숨 걸고 돈을 지켜야 제대로 간직할 수 있다.

자수성가해서 부자가 되려면, 우선 부자를 모방하고 부자 가까이서 놀아야 한다. 통찰력·기획력·배짱·끈기를 가지고 돈을 신과 미인처럼 떠받들면서 끝없이 쫓아다녀야 한다. 전쟁처럼 목숨을 걸어야 한다. 부자들은 돈을 좋아하고 믿는다. 반면 보통 사람들은 돈을 좋아하면서도 돈과 부자에 대한 부정적인 생각과 경멸감을 가지고 있다. 돈과 부자에 대해 무의식적이라도 부정적인 생각을 가지면 그 사람에게는 돈이 모이지 않는다. 무의식(제8식)이 거부하는 것은 결코 내가 가질 수 없고 지닐 수 없다. 사람도 자기를 좋아하는 사람에게 끌리기 마련인데 돈이라고 다를까? 돈도 자신을 긍정적으로 바라보고 진심으로 좋아하는 사람에게 끌리기 마련이다. 사랑해야 내 것이 된다. 여자는 물론 삼라만상이 자기를 가장 사랑해 주는 곳에 속하려고 하기 때문이다. 즉 돈과 사람은 귀하게 여기고 아껴야 곁에 있지 하찮게 여기면 그들도 도망을 가고 만다. 그래서 진정으로 사랑하지 않으면서 소유하거나 지배하는 것은 가짜이므로 언젠가는 달아나거나 토해내고 만다.

그리고 일체유심조라 정신에서, 물질에서 나왔으므로 도통(道通)하면 된다. 도통하면 돈과 여자가 큰 자석에 붙듯이 날아온다. 위에서 道와 돈은 같은 것이라고 얘기를 했다. 정신과 물질이 같기에 정신이 도통하면 물질인 돈은 같은 것이라 저절로 날아온다. 종교 교주가 돈과 여자로 넘쳐나고, 기도나 참선 등을 통해 도통하면 돈과 사람이 날아와 사찰이나 교회 등 큰 종교시설을 짓는 것이 그 좋은 예이다. 그래서 교회·사찰을 부흥시키거나 종교시설을 짓기 전에 기도는 필수이다.

명리학에서 부자는 공부가 약간 부족할 때 나온다고 하니, 공부 못한다고 구박하지 말고 희망을 가져 봄이 어떠한가? 오너는 공부가 부족하고 참모는 공부가 많은 것이 가장 좋은 궁합이다. 너무 알면 겁이 나서 분석하고 따지기만 할 뿐 '확 내지르지~' 못하고 또 기존 지식-상식-통념-한계를 깨지 못하고, 무식하면 질러 놓은 것을 구체화하고 관리할 수 없다. 그리고 부자들은 대개 생긴 것도 이상하더라.

주역에서는 부자 되는 방법에 대하여 "즐거우면 반드시 따름이 있게 되고, 사람과 더불어 같이하는 자는 물건이 반드시 모여들게 되며, 망령됨이 없어진 후에 가히 쌓는다"고 하였다. 즉 사람들을 즐겁고 기쁘게 해 주고 사람들을 많이 모으면(연예인, 정치인, 종교인, 좋은 물건과 맛있는 음식을 파는 장사) 그 속에서 돈이 생겨난다는 말이다. 또 헛욕심·과욕이나 과소비 등 망령된 짓을 하지 않아야 한다는 것이다.

부처님은 돈을 잘 벌고 재산을 잘 관리하는 질문에 대하여, "우선 일을 잘하는 법을 배워야 한다. 그리고 번 돈을 1/4은 먹고 사는 데 쓰고, 2/4는 생업을 위해 이윤을 얻는 일에 쓰고, 나머지 1/4은 곤궁할 때 대비해 저축해 두는 것이 좋다"고 하셨다.

월급쟁이는 절대로 부자가 될 수 없다. 딱 먹고 살 만큼 준다. 그래서 아무리 까불어 봐야 퇴직하면 애들 공부시키고 더도 덜도 말고 집 한 채 딱 남는다. 동서고금 모두 부자가 되려면 사업과 부동산 투자를 해야 한다. 동서고금의 세계사는 물론 개인사를 한마디로 정의를 하면 '땅 뺏기와 지키기의 역사'이다. 부동산은 입지(立地)인데 입지를 보는 큰 안목은 풍수지리에서 나온다. 명당을 잡아도 돈이 저절로 몰려오고 날아온다.

투자는 혜안과 배짱이 있어야 한다. 혜안이 없이 미래를 볼 수 없고 모험을 하지 않고 보물섬에 갈 수 없다. 혜안과 모험은 공부와 지식에서 나온다. 훌륭한 투자자는 훌륭한 학생이다. 즉 돈은 독서량과 상상력에서 나온다. 또 기다리고 인내해야 한다. 돈은 시간과 세월의 고통을 먹고 자란다.

그러나 재복(그릇)과 내공이 없는 사람이 악을 쓰거나(속담 : 악으로 모은 살림 악으로 망한다) 갑자기 큰돈이 생기면 큰 화를 입게 된다. 1등 복권 당첨이나 큰 토지 보상금을 받은 자 중에 5~30%만 그 재산을 지키고, 나머지는 그 돈을 감당치 못해 그 돈에 화(禍 : 술, 여자, 노름, 투자, 사기, 과소비, 이혼, 질병, 타살 등)를 당하고 만다. 미국 통계는 1등 복권 당첨자의 95%가 돈을 모두 탕진하고 그전보다 더 못한 상태가 되었다고 한다. 그래서 명심보감에서는 "까닭 없이 천금을 얻는 것은 큰 복이 있는 것이 아니라, 반드시 큰 재앙이 있을 것이다"라고 했다. 즉 재물을 많이 벌어도 그릇이 작고 복과 지혜가 없어 관리할 능력이 안 되거나 무재(無財) 팔자는 결국 다시 가난해지거나 교도소를 가거나 심한 경우 목숨까지 잃는다는 말이다. 또한 격이 낮은 자나 마른 자가 부자가 되면 빨리 죽는다.

주위 노인들 말을 들어 보면 인생 결산을 하는 나이가 되면 대체로 100명 중 35명 정도가 그나마 집이 있고, 나머지는 전세나 원룸에 살고 있으며, 5명 정도가 먹고살 만한 부자로 산다고 한다. 미국 통계는 백 명에 1명이 부자고, 5명은 돈 안 빌리러 갈 정도이고, 나머지 94명은 경제적 실패자로 고단한 인생을 산다고 한다. 돈이 가장 어렵다.

미남미녀 팔자가 궁금하다

우선 미남미녀 숫자가 아주 적은 이유에 대해서 알아보자. 도공이 가마에 도자기를 수백~수천 점을 넣어서 굽지만 그중에서 작품은 몇 점 나오지 않는다. 가마에는 날씨-중력-연료-불의 세기-시간 등 여러 가지 요소들이 있고 이 모든 것들이 완전하지 않기 때문이다.

그래서 우주 공간에 나가서 최첨단 가공과 정밀 실험을 하는 것이다. 그러나 중력·공기 등이 없는 우주 공간에 가서 실험하고 무엇을 만들어도 완전하지 않다고 한다. 수학적으로 어디든 어떤 조건이든 완전한 것은 없기 때문이다. 당연히 인간 세계에서도 완전한 것은 없다. 미남미녀가 적은 것도 이와 같다. 미녀 4%, 미남 2% 정도 된다.

불교식으로 말하면 현재 용모는 우리가 수 억겁을 윤회하면서 아뢰야식(8식) 속에 축적해온 수많은 업이 만들어 낸 것이 지금의 우리 모습이다. 우연도 아니고 공짜도 없는 것이다. 업-인과-복만큼 생기는 것이다. 부처님께서는 포교를 잘하기 위해서 전생에서 수많은 세월 동안 잘 생기는 복을 닦았다고 한다. 그래서 '32상 80종호'의 완벽한 형상이다. 요즘 키 작은 남자를 '루저'라고 하는데, 불교에서는 전생에 약삭빠르고 오만방자한 업보라고 하니 새겨들을 일이다. 실제로도 대개가 그렇다(속담 : 키 작으면 앙큼하고 담대하다. 키 작으면 잘고 까분다).

미녀 4%(특급 2%, A급 2%)는 하늘과 대자연의 큰 축복과 강한 에너지를 받은 명품이다. 그중 특급 미녀 2%는 인생 98%를 성공한 것이나 마찬가지이다. 이 세상에서 가장 아름다운 경치는 금강산이나 장가계가 아니라 미인의 육체이다. 하늘(정신)의 형상과 특성을 본받아 만든 최고 작품은 성인과 영웅이고, 땅(육체)을 본받아 만든 최고 예술작품은 미인이다. 즉 신과 우주가 만든 최고의 소프트웨어가 성인의 철학과 사상이라면, 최고의 첨단·정밀·예술의 하드웨어는 미인이다. 강력한 무기-보물-권력을 손에 쥔 것이다. 고시 3관왕보다 더 낫고 그 어렵다는 돈-권력-명예에 곧바로 접근할 수 있는 만능 통행증이다. 영웅도 나라도 무너뜨릴 수 있다(미녀를 볼 때 뇌에서 마약을 했을 때와 유사한 호르몬이 나온다고 한다). 성경에 보면 목욕하는 인간 처녀들이 너무 아름다워서 하늘의 천사들이 처녀들을 범하는 얘기마저 나온다.

플라톤은 "아름다움은 사랑의 첫 번째 이유이자 마지막 이유이다" 라며 美人을 극찬했다. 부귀를 가진 상근기 남자가 함부로 하지 않듯이 미인도 상식과 격을 지키려고 노력한다. 그래서 "상근기 상근기" 한다.

그러나 미인 4%의 팔자는 2%가 자의 반 타의 반 창녀나 술집 계통으로 빠지고, 1%는 술집으로 가지는 않지만 미인박명의 팔자를 겪게 되고, 나머지 1%만 부귀와 인기와 사랑을 누리는 귀부인 팔자가 된다. 이처럼 미인팔자는 보통 여자들보다 훨씬 복잡하고 기구하다. 즉 일반적인 생각과 달리 美人이 귀부인이 되는 것은 극히 드물고 자의 반 타의 반으로 대부분 노처녀로 늙거나 결혼 생활이 순탄치 않고(첩 생활, 사기꾼·양아치·조폭·무능자에게 시집을 가거나, 부부 사이 아주 나쁨, 잦은 이혼과 결혼 등), 술집과 화류계 계통에 종사하면서 그 귀한 무기와 보물을 함부로 쓰고 있다(속담 : 송곳니를 가진 호랑이는 뿔이 없다).

왜 이런가? 사회학상으로 미남미녀 등 뛰어나고 귀한 것은 공공재이기도 하고, 큰 것은 이미 팔자로 정해져 있기 때문이지만, 개인도 현생에서 좋은 결혼을 하고 술집 계통으로 가지 않기 위해 극단적인 노력을 하고 내공을 길러야 한다. 즉 미인이 술집 계통으로 가는 것은 명리학적으로 보면 물인 여자는 물이 많아야 미인이고 물이 많으면 성욕이 강하고 물장사를 하는 유흥업소에 적합하기 때문이다. 그래서 더욱 자제가 어렵다.

하지만 미인이 아무리 가만히 있으려고 해도 너무 예쁘면 이 남자 저 남자가 자꾸 쳐다보고 집적거리게 되어 자기도 모르는 사이에 허물어져 버린다. 결국 남자들의 '미인 쟁탈전' 회오리 속에 휘말리고 만다.

미인이 왜 모두 귀부인이 되지 못하고 술집에 가고 창녀가 되는가? 미인은 강한 음(陰)이지만, 물(음)은 깨끗한 물(上, 귀부인)이 있고 탁한 물(下, 창녀)도 있다. 영웅·깡패도 모두 강한 양(陽)이지만, 하늘(양)은 맑고 청명한 하늘(上, 영웅)도 있고, 구름이 끼고 천둥·번개가 치는 어두운 하늘(下, 깡패)도 있다. 즉 강한 양도 上下로, 강한 음도 다시 上下로 나눠진다.

미인도 타고날 때부터 귀부인 팔자(淸水)도 있지만 술집과 창녀 팔자, 깡패나 사기꾼 부인 팔자(濁水)도 있는 것이다. 그래서 미인으로 태어난 것이 모두 축복이 아니라 그 아름다움이 나를 망치는 무섭고 소름 끼치는 저주와 흉기가 될 수도 있다. 그 미모가 악을 불러들이고 나를 핍박하고 죽이는 것이다.

미인은 하늘과 대자연의 큰 축복과 강한 에너지를 받은 것이고, 신의 명품이고, 강력한 무기와 보물과 권력을 손에 쥔 것이라 잘 쓰면 좋지만 잘 쓰지 못하면 좋은 만큼 위험하고 다칠 수 있다는 것을 알아야 한다. 예를 들면 미인이라는 것은 예리한 보검(寶劍)과 같다. 잘 쓰면 나라도 구하고 못 다루면 자기 자신마저 베어버리고 마는 것이다. 남자의 뛰어난 머리와 재주가 출세의 발판이 될 수도 있지만, 반대로 타인의 시기와 질투를 유발하여 토사구팽 되어 죽고, 스스로 큰일과 모험을 감행하여 자신을 망치고 죽음에 이르게 하듯이 말이다.

미인도 복 있는 여자가 있고 복 없는 여자가 있다는 것이다(명리학을 보면 알 수 있다). 그래서 스스로 좋아서 가거나 자의 반 타의 반 귀신에 끌리고 홀린 듯이, 또는 외부와 타의의 힘에 의해 강제로 술집 계통이나 깡패·사기꾼에게 가고 만다. 업과 인연이 이토록 무섭다. 이것에 걸리면 정신을 못 차리고 아무것도 보이지도 들리지도 않고 아주 미쳐 버린다. 웬만한 공부와 식견과 노력과 의지와 인내로는 벗어날 수 없다.

나쁜 곳으로 빠지는 미인은 현생에서 스스로 실수하거나 남에게 해코지를 당하는 새로운 인연에 의한 것도 있지만, 대부분은 전생에 기생·꽃뱀·색마·상습 강간범·여우 등이 환생한 경우가 많다. 즉 스스로 좋아서 하거나 자기가 전생에 저질러 놓은 업보를 갚아야 하는 것이다.

남자도 똑똑하고 부지런하다고 잘사는 것이 아니듯 역시 미인이라도 당연히 잘사는 것은 아니다. 천하의 미인이라도 복이 없으면 못 살고 말짱 꽝이다. 결국 복으로 산다.

남녀의 만남도 주역의 4박자이다. 강한 양의 上(영웅)과 강한 음의 上(미인 중 귀부인급)이 만나면 「시경」에 나오는 군자와 요조숙녀의 만남이요, 선남선녀와 왕자공주의 만남이다. 반대로 강한 양의

下(깡패)와 강한 음의 下(美人 중 창녀)가 만나면 탕남탕녀의 만남이 된다. 또 강한 양의 上이 강한 음의 下(미인 중 기생급)을 만나는 것은 멋과 일탈이요. 강한 음의 上이 강한 양의 下(깡패, 사기꾼 급)을 만나는 것은 필망(必亡)이다. 반대로 강한 음의 下(하녀급)가 강한 양의 上을 만나는 것은 행운이요 신데렐라이다. 강한 양의 下가 강한 음의 上(귀부인급)을 만나는 것은 사기-여복이요. 바보 온달이 되는 것이다.

미인의 가장 큰 리스크는 무지-무지혜-나대는 것-돈-남자이다. 이중 남자와 함부로 나대는 것이 가장 위험하고, 미인이 돈이 없으면 추하고 미(美)도 유지할 수 없다. 돈이 있어야 美가 유지되고 빛을 발한다.

그럼 미남(2%)은 어떨까? 미남은 대개 웬만큼은 산다. 잘 생겼다는 것은 곧 관상이 좋다는 것이다. 미남이 실력도 있고 인품도 반듯하고 깔끔하다. 그러나 사회생활에 절대적으로 유리한 미인과 달리 남자는 잘생길수록 질투와 견제를 심하게 받아서 취업과 진급 등 사회생활에서 어렵다는 영국 대학(UCL) 연구 결과(2015.12)가 있다. 실제로 겪어보니 그랬다.

어쨌든 미남미녀들은 대체로 신과 대자연의 축복이고 선업(善業)의 결과인 만큼 잘 써야 한다. 그리고 그에 걸맞은 실력과 인격을 갖춰야 한다. 명명덕(明明德) 해야 한다. 미남미녀가 하찮은 일을 하고 인격을 갖추지 못하면 보기가 싫다. 예쁜 꽃은 좋은 곳에 피어 있어야 하고 좋은 향기가 나야 한다. 그것을 지킬 지혜의 가시도 있어야 한다.

여자가 미남을 더 좋아하면서도 겉으로는 "나는 남자 얼굴 안 본다"라고 거짓말·위선·내숭·앙큼·생깜·신포도 얘기를 하는데…, 이것 다 뻥이다. 미색호걸(美色豪傑)이다. 미남이면 여자가 적극적으로 돈도 쓰고 먼저 은근하고 교묘하면서도 노골적으로 남자를 유혹한다. 또 요즘 강남 부자들과 경제력을 갖춘 여자들은 남자 인물을 크게 고려한다.

추녀, 복은 껍질 속에 있다

남자들이 입만 열면 자기 주제 파악도 못하고 '예쁜 여자'를 읊조리는데, 허면 "못생긴 여자들은 다 죽으란 말인가?" 아니다. 말만 예쁘게 해도 웬만한 남자는 다 자빠진다. 옛말에 "미인 소박은 있어도 박색(薄色) 소박은 없다"고 하였다. 흔히 미인의 마음씨는 너그럽지 못하지만, 박색의 마음씨는 너그러워서 가정이 화목하므로 이혼하는 일이 없다는 뜻이다. 안 예뻐도 말과 행실을 예쁘게 하면 남자가 감동을 먹는다.

처음에는 당연히 미인이 이기고 경쟁력이 있겠지만 인격과 행실이 나쁘면 아무리 예쁜 미인도 나중에는 악마보다 더 못하게 되어 진절머리가 난다. 동서고금의 마녀와 악마나 귀신은 왜 모두 예쁠까? 결국에는 마음 예쁘고 지혜 있는 여자가 이기게 되어 있다. 마음 예쁜 여자가 천사고 보살이고 제2의 어머니인데 남자가 어디로 가랴? 악마에게 가랴?

아무리 타고난 절세미인이라도 몸-마음-말을 나쁘고 어둡게 쓰면 결국 추한 용모로 바뀌고 인생도 시궁창에 처박히고 만다. 그대의 생각과 행동이 그대의 모습과 팔자를 바꾼다. 못 믿겠거든 유명 미인 연예인들의 행실과 과거와 현재의 용모와 팔자를 비교해 보면 알 수 있다. 또한 귀신 들린 무당 미인도 결국 추한 귀신의 모습으로 바뀌고 만다. 반대로 예뻐지려면 말과 마음을 잘 써야 하고, 다음 생에 美人으로 태어나려면 현생에서 늘 선업(善業)을 많이 쌓고 화를 내지 말고, 꽃을 좋아하고 심고 가꾸고 여러 사람이 보도록 공양을 많이 하면 된다.

그리고 노력과 지혜 없는 복은 사상누각이 되고 자타를 해치는 흉기가 되고 만다. 아무리 美人이라도 지식과 지혜의 가시와 무기ㅡ교양ㅡ선(善)이 없는 여자는 성공도 못하고 그것을 유지하지도 못한다. 젊음과 단물만 쪽 빨리고 껌처럼 버려지고 만다. 동서고금의 역사가 이것을 잘 증명하고 있다.

추녀들은 이것을 모르고 작고 좁고 약은 생각에 "어차피 예쁨 못 받고 사랑 못 받을 거, 너한테 거절당하기 전에 내가 먼저 너를 거절하고 싸가지 없이 놀아서 너를 엿 먹이고 없는 자존심이나 지키겠다. 나는 남자에게 거절당한 것이 아니라 내가 상대를 먼저 찬 것이다"라는 못나고 억한 심정으로 얼굴만큼이나 못난 말과 행동을 함부로 확~ 내질러 버린다. 그래서 악순환이 반복된다. 마음 에너지에 의해서 얼굴이 만들어지기 때문이다. 남은 현생은 물론 내생을 위해서도 그런 못난 짓은 하지 마라. 얼굴이 안되면 성격과 행실이라도 좋아야 한다.

못났다고 실망하지 마라. 아무리 추녀라도 성격이 좋으면 남자들의 감동과 사랑을 불러일으킨다. 또 옛말에 "복은 껍질 속에 있다"고 하였다. 미녀처럼 추녀도 복 없는 여자가 있고 복 있는 여자가 있다. 인간 세상에는 다 안 주고 또한 죽으란 법도 없는 것이다. 복이 있으려면 상식과 경우가 있어야 한다. 큰 복은 타고나지만 작은 복은 자기 스스로 만들 수 있다. 남자가 장가를 못 가는 것은 주로 돈 때문이고, 여자가 시집을 못 가거나 이혼하는 것은 인물보다 성격과 언행 탓이다. 추녀에 뚱뚱하고 성격까지 나쁘면 답이 없다.

나는 옛날에 TK지역에서 최고 상위의 기관장들과 기업체 사장들의 부인 50여 명을 초청하여 공식 오찬 행사를 할 기회가 있었는데, 그중 딱 1명만 괜찮고(그것도 젊었을 때 괜찮지 않았을까로 어슴푸레 추측됨) 나머지는 평균 이하의 키 작고 뚱뚱하고 못생긴 추녀였다. 그래서 너무 황당하여 퇴근하고 곧장 어머니께 이 일을 말씀드렸더니, 한 말씀이 "야~야아! 옛말에 복은 꺼풀(껍질) 속에 이따 캤다". 얼굴 예쁜 것이 전부가 아니라 숨어있는 복이 더 중요하다는 말이다.

운명은 직접 보이는 것이니, 세계 각국 국제공항이나 세계 유명 관광지에 온 여자들을 유심히 살펴보라. 해외관광은 아무나 오는 것 같지만 나름 복이 있어야 한다. 국내 여행지는 미녀가 많지만 해외 여행지나 국제공항에는 예쁜 여자는 아예 없고 떡판·넙판들이 활개를 치고 거기다 비싼 물건들을 겁도 없이 마구잡이로 사는 것을 볼 수 있다.

예쁘면 모두 복도 많고 잘살 것 같지만 동서고금 모두 미인이 오히려 더 세상 풍파가 많고 힘들다. 너무 못생겨도 어렵게 살지만 너무 예뻐도 팔자가 안 좋다는 말이다. 미인은 분명 인기는 많지만 대체로 남자 복은 좋지 않다. 예뻐야 잘 사는 것이 아니라 복이 많아야 잘 산다.

복이 없고 업장만 있으면
인생이 장애로 가득하다

부처님께서는 "복이 있으면 즐거우나 복이 없으면 괴롭다"·"잘 살려면 복과 지혜라는 두 개의 수레바퀴가 있어야 한다"고 하셨다. 복만 있고 지혜가 없으면 돼지 목에 진주 목걸이고 자타와 사회에 해악만 끼치며, 지혜만 있고 복이 없으면 지혜를 드러낼 수 없기 때문이다. 특히 복이 없으면 깨달음도 얻을 수 없고 중생 제도도 할 수 없다.

복이 많으면 유방처럼 하품을 하고 아무리 무능하고 양아치라도 술밥─여자─돈─진급─명예가 시공을 초월해서 저절로 날라 온다. 재주보다 센 것이 덕(德)이고, 덕보다 센 것이 복(福)이다. 그러나 복이 없는 상태에서의 노력은 시기─질투─외면─좌절─사고─골병─곤경만 초래하고, 좋은 결과 대신 자타에 해를 끼치고 나쁜 업보마저 쌓게 되며, 복이 없는 것을 넘어 나쁜 업장까지 많으면 결국 폐인이 되거나 죽고 만다.

발버둥 치면 칠수록 늪 속에 빠진 토끼처럼 더욱 더 수렁 깊이 빠질 뿐이다. 눈물과 땀이 비 오듯 흐르고 모욕에 치를 떨고 뼈가 부서지고 한숨에 땅이 꺼진다. 오직 깜깜한 밤중이고 새벽을 기약할 수 없다. 쇠그물에 걸린 고기나 사슴처럼 몸부림치면 칠수록 더 옥죄일 뿐이다. 이 업보(業報)의 무서움을 안다면 누구든 함부로 살지 않을 것이다.

예를 들면 은행에 저축이 없고 대출(나쁜 업보, 원죄)마저 있을 경우,

그 대출을 갚지 않고는 절대로 돈을 주거나 빌려주지 않는다. 돈(복)이 없으니 아무 일도 할 수가 없다. 사소한 것 이상은 결국 팔자와 복 싸움이다. 그러니 무슨 일을 하더라도 업장 소멸과 복을 쌓아서 하자! 그래서 선각자들이 큰일을 하려고 할 때 기도와 보시를 먼저 하고 나서 시작을 하는 것이다.

복 없는 연예인이 TV에 나와서 "쇠고기 집을 했더니 '광우병 사태'가 터지고, 그래서 돼지고기로 업종을 바꾸었더니 '돼지 콜레라'가 발생하고, 삼계탕 집으로 변경했더니 갑자기 '조류독감'이 생겨서 망했다"는 얘기가 그저 농담이나 우연히 생긴 특별한 경우가 아니다.

지은 악업이 많다고 느끼면 매를 맞는 것을 피하거나 억울해하지 말고 과보를 기꺼이 받아 하루빨리 청산해야 한다. 당연히 해결해야 할 일로 생각을 하고 진정으로 사죄하고 맞아야 덜 때리고 덜 아프다. 그리고 기도와 보시 병행은 기본이다.

「금강경」에서는 "금강경을 늘 수지 독송하고 남에게 전해 주며 어디에도 걸리지 않는 마음을 내고 무아법(無我法)에 통달하면 전생의 죄업을 소멸하고 아뇩다라삼먁삼보리를 얻을 수 있다"고 해 놓았다. 불교 「대집경」에서 "백 년이나 지난 때가 묻은 옷이라도 하루의 빨래로 깨끗해진다"고 하였고, 「증일아함경」에서는 "사람이 악행을 지었더라도 허물을 뉘우치면 차츰 엷어지나니 날로 뉘우쳐 쉬지 않으면 죄의 뿌리는 아주 뽑힌다"고 하였다.

그러나 대부분 나쁜 업장은 업보를 달게 받고 보시·기도 등을 해도 갑자기 없어지지 않는다. 왜냐하면 수없는 세월 동안 윤회를 통해 만년빙이 쌓이듯 나쁜 업보가 견고하게 쌓였기 때문이다. 만년빙을 핵폭탄 한발로 깰 수 있지만 보통 사람에겐 핵폭탄(부처님처럼 깨닫기,

핵폭탄급 보시 등)이 없어 힘든 일이다.

업보는 만년빙이 봄 햇살에 녹아 한 방울씩 똑똑 떨어지듯 녹고, 복도 물방울이 그릇에 한두 방울씩 차는 듯이 찬다.

복 없는 중생은
어떻게 해야 하는가?

아무리 해도 안 되는 사람이 있다. 뒤로 넘어져도 코가 깨지는 사람들, 즉 복이 없는 사람들은 어떻게 해야 할까? 불운에서 벗어나려고 노력하고 악쓰면 늪 속에 더 빠지고 가시덤불에 더 깊숙이 처박힌다. 그리고 이제까지 잘 나가던 사람도 갑자기 막히거나 문제가 생기기 시작하면 그때부터 운이 끝난 것이다. 복이 끝나면 고난이 찾아온다.

나쁜 일들이 3~4년 일어날 때는 본인의 의지력과 인내력으로 버틸 수 있지만, 10~20년 계속될 때는 누구든지 견디지 못하고 무너진다. 쇠도 녹아내린다. 그것이 일생 동안 이어지는 사람도 있다. 완전히 초죽음이다. 남북극은 여름에도 허벌나게 춥다. 한마디로 징~하다.

이때는 한탄-원망-좌절할 수밖에 없지만 자의 반 타의 반으로 받아들이는 것도 필요하다. 운이 좋지 않을 때, 욕심을 버리고 내려놓는다면 훨씬 지내기가 수월해진다. 이것이 최고의 액땜이고 개운법이다.

절대로 사업이나 투자를 하지 말고 그 어떤 꿈도 꾸지 말라! 무욕(無慾)에 그저 죽은 듯이 입을 다물고 머리를 푹 숙이고 직장생활만 하면서 월급만 따박따박 챙기는 것이다.(속담 : "호랑이도 곤하면 잔다." 일이 잘 안되고 실패만 거듭할 때에는 차라리 아무것도 하지 않고 기회를 기다리는 것이 좋다) 입을 굳게 다물고 모든 것을 포기하고 내려놓으면 신이 불쌍하다고 덜 때리고 가끔씩 먹다 남은 개뼈다귀라도 하나씩 던져 준다.

종교를 열심히 믿고 명상·기도·보시를 생활화해라. 그저 주어진 일만 열심히 하고 숨만 쉬어라! 주역에서는 "어려울 때는 원망하지 말고 은인자중하는 지혜가 있어야 하고, 자신을 돌이킬 줄 알아야 하며, 덕을 닦아야 한다"고 했다.

가늘고 길게 살아라. 잘난 사람보다 무능한 사람이 회사를 오래 다닌다. 오래 다닌 사람이 대개 이긴다. 그리고 100% 이기는 일만 해야 한다. 지는 게임은 아예 시도하지 마라. 주역에 나오는 얘기이다. 또한 운이 나쁜 사람들은 무슨 일에 있어 결정을 빨리 내리지 말고 항상 시간을 두고 여러 번 생각하고 묻고 돌다리도 두드려 보고 건너야 한다. 소심이 대범보다 안전하고 훨씬 낫다. 그리고 당초 계획한 것보다 조금 낮추어서 해라. 예를 들어 7급 시험 보려던 사람은 9급을 보고, 33평 아파트를 사려고 했으면 조금 줄여서 24평 아파트를 사는 것이 좋다. 또한 할까 말까 망설이는 것은 하지 마라. 망설이는 것에는 벌써 부정과 실패가 들어가 있는 것이다.

그러나 운이 좋은 사람은 빨리 결정하고 계획보다 크게 하는 것이 좋다. 뭐든 다 되기 때문이다. 무의식의 '지름신'이 성공할 것만 하라고 시키기 때문이다. 이때는 하는 것마다 타이밍과 앞뒤가 착착 맞아 떨어진다. 이럴 때는 돌다리 두드리다 돌다리가 없어지고 만다.

또한 복이 없거나 못 배웠거나 못난 사람은 자기 자신이 대해서 알아야 한다. 잘났다고 오만 떠는 사람도 문제지만, 그와 반대로 못났으면서 못난 줄 모르거나 더 나아가 잘났다고 착각하는 것은, 잘난 사람이 오만 떠는 것보다 수십 배 더 큰 문제이고 불행이다. 더 나아가 못난 사람이 자신의 부족함을 자각하지 않고 자기 발전의 노력 없이, 잘난 사람 끌어내리기에만 열중하면 구제불능이다.

왜냐하면 잘나서 오만 떠는 것은 사실이니 그렇다 치고, 또 비난을 받더라도 당장 부귀가 있으니 문제 될 것도 없다. 하지만 못난 사람이 못난 줄 모르고 시기심만 있다면, 자타에 심한 피해를 끼치고 자신을 개선하고 발전할 기회를 영영 놓쳐 버리기 때문이다.

특히 아무것도 갖추지 못한 남자나 미모와 교양이 없는 여자들이 열등감에 비관해서 역(逆)으로 잘났다고 마구 설치고 오버를 하고 선수를 쳐서 싸가지 없이 굴거나 막되어 먹게 행동하는 경우가 많은데, 이것은 절대로 피해야 한다.

팔자가 좋으려면
어떻게 해야 할까?

사주 즉 나의 복(福) 유전자가 좋으려면, 내 전생의 업(業)이 좋아야 함은 물론 나의 조상님들이(고조부 포함 위 3대) 좋은 일과 노력을 많이 하여 후손들을 위하여 주위에 음덕(善人善果)과 실력을 쌓아 두어야 한다.

기운과 업(業)이 같은 것끼리 가문을 만들기에 윤회는 대개 가계 내에서 일어난다. 조상이 후손으로 다시 태어난다는 말이다. 명문가가 되고 뭘 좀 해 보려면 3대 이상에 걸쳐서 덕과 실력이 쌓여야 한다. 즉 부모와 자식, 조상과 자손은 영(靈)의 뿌리와 가지이고 열매이며, 같은 맥락이고 한 계통이다. 그래서 조상이 선(善)을 쌓으면 복이 되어 자손에게 유전된다. 자신이 복을 지어서 자기 자신과 후손이 이자까지 얹어서 함께 복을 타 먹는 것이다. 뿌리가 튼튼해야 가지와 열매가 무성한 법이다. 이 주장은 힌두교·불교·유교·기독교 모두 같은 입장이다.

복 유전자(DNA)가 좋으면, 가만히 있어도 돈+권력+명예를 갖다 준다. 뭘 해도 잘 되고 모든 사람들에게 다 예쁘게 보이고 적극적으로 도와주려고 한다. 극히 게으르고 무능해도 "아 그 사람 착하고 여유가 있고 원만하다"라고 한다.

당신은 실력과 노력에서 이기고 팔자와 복에서 질 것인가? 아니면 실력과 노력에서 져도 팔자와 복에서 이길 것인가? 어느 쪽을 택하겠는가?

노무현이 대통령이 된 것은 한약방을 하며 늘 보시를 실천했던 외할아버지의 공덕이라고 하지 않는가! 이의근 전 경북지사도 임시직 공무원으로 들어가 승승장구해서 청와대 행정수석은 물론 관선 경북지사에다 민선 경북지사를 3선까지 하였는데, 그 할아버지가 경북 청도에 교회를 짓고 나병환자들을 많이 돌본 공덕이라고 한다.

명심보감 계선편에도 "돈을 모아서 자손에게 남겨 준다 하여도 다 지킨다고 볼 수 없으며, 책을 남겨 준다 하여도 자손이 다 읽는다고 볼 수 없다. 남모르는 가운데 음덕(陰德)을 쌓아서 자손을 위함만 못하다"라고 하였다. 이와 반대로 조상이 심한 악행(惡行)을 하면 자손이 고질병을 갖고 태어나고 매사 막힌다. 내 후손을 위해서라도 너무 나쁘게는 살지 말자!

그리고 좋은 사주에 맞춰서 제왕절개 출산을 하면 된다. 그러나 이 말을 듣는 사람이 드물다. 이미 태어난 후에 팔자가 좋아지려면 불교에서는 선(善)과 보시를 행하고 지혜를 닦으라 하였고, 기독교에서는 선(善)과 하나님께 복종을, 주역에서는 하늘은 순한 자를 돕고 사람은 신(信)한 자를 돕는다고 하였다. 공자는 "하늘에 순종하는 자는 살고, 하늘을 거역하는 자는 망한다"고 했다. 하늘은 선(善)이다. 지어지선(止於至善)해야 한다. 즉 인간은 우주의 일부이기에 우주의 뜻과 흐름에 따라서 살아야 한다는 것이다.

또 세상은 '인과의 법칙'이 지배하기에, 모든 일은 과거의 원인에 의해 나타나는 관계로 원인이 변하지 않으면 똑같은 결과를 가져온다. 나쁜 일과 실수가 반복되고 만다. 따라서 '새로운 좋은 원인'을 주입하기만 하면 반드시 '새로운 좋은 결과'가 나타나게 되어 있다. 운명을 바꾸기 위해서는 자신이 타고난 근본을 바꿀 만한 새로운 원인을 지어야 한다. 즉 타고난 호박을 잘라내고 그 자리에 수박을 접붙여야 한다. 악성 바이러스를 치료하고 좋은 프로그램을 깔아야 한다. 흑색 물감에 백색을 자꾸 더하다 보면 결국은 백색으로 변하고 만다.

불교 화엄경에서는 우주가 중중무진 '인다라망'으로 서로 연결되어 있다고 했듯이, 양자물리학에서도 자연은 어떤 독립된 구성체가 아니라 상호 다양하게 작용하는 그물과도 같은 것으로 이들의 관계는 관찰자와 관찰되는 과정의 연속이며 이들의 상호작용으로 이뤄진다고 했다. 즉 완전히 고정된 것이 아니라 끊임없이 변해 간다는 것이다.

따라서 인과도 변한다. 즉 업(카르마)도 큰 윤곽과 방향은 정해져 있지만, 현생에서 새로운 인(因)이 있기에 결과가 100% 고정된 것은 아니다. 기존의 강한 숙업(宿業)도 새로운 좋은 인(因)을 계속 넣으면 어느 정도 과(果)가 개선되는 것이다. 인간의 의지와 노력에 따라 세부 조정이 가능하다는 말이다. 거시적 인과(因果)는 불변하는 것으로 보이지만 미시적 인과는 끊임없이 변한다. 이에 미시적 인과를 자꾸자꾸 바꾸면 결국 거시적 인과의 방향과 크기도 어느 정도 조절할 수가 있다.

세부적으로 부귀 등 뭐든 좋고 뛰어난 것에 대하여 절대로 시기와 질투를 하지 말고 사랑해야 하며, 늘 진시황과 칭기즈칸처럼 나보다 나은 생각과 행동, 돈 되는 것, 유리한 것을 찾고 받아들이고 따라야 한다. 그리고 나쁜 것과 나쁜 장소와 나쁜 사람을 꼭 피해야 한다.

이번 생의 좋은 일과 노력은 지금 생과 다음 생에서 더 좋은 조건 속에서 새로운 삶을 시작할 수 있는 씨앗과 원인이 된다. 봄에 씨앗을 심듯 늘 좋은 씨앗을 뿌리면서 살자!

하늘의 선택과 큰 부귀와 미모는
어떻게 지키고 사용해야 하는가?

솔로몬 왕 등 유명 정치인이나 종교인 등 하늘의 선택(天命, 기름 부은 자)을 받은 자들이 죽기 전에 이미 쇠락하고 타락하는 경우가 허다한데, 천명(天命)은 어떻게 지켜야 하는가? 그리고 조상의 거대한 유산이나 당대에 얻은 부귀-명예-미모는 또 어떻게 지키고 사용해야 하는가?

부귀는 갖고 있는 사람이 잘 사용하면 만인을 살리는 보배이지만, 갖고 있는 사람이 선의(善意)-정의(正義)-대의(大義)가 없고 제 욕심을 차리는 데만 쓰면 만인을 죽이는 흉기이기 때문이다. 그래서 내가 잘나고 노력해서 천명을 받고 부귀를 쥐었다고 생각하지 말고, 하늘과 수많은 중생들에게 빚을 졌음을 알고 "하늘 앞에서는 늘 부족하다"는 겸손함으로 순응하고 지혜를 숭상하고 백성의 뜻(여론)을 따라야 한다(속담 : 지위가 높을수록 마음은 낮추어 먹어야 한다). 더 나아가 수신제가치국평천하, 명명덕(明明德), 신민(新民)을 해야 한다.

자신의 운과 그릇의 크기를 모르고 무턱대고 원망과 노력만 해 대는 것도 문제지만, 운이 좋다고 오만-방종-타락-악업하고 겸손-지혜-노력-자비와 선을 보태지 않으면 그 좋은 운이 마냥 계속될 수만은 없다. 청와대에 들어간 대통령의 나쁜 말로가 그것을 여실히 보여주고 있다. 또 젊은 시절 부와 인기를 한 몸에 누렸던 스타 연예인·프로

선수들이 노년에 병원비마저 없거나 월세방을 전전하는 것에서 잘 알수 있다. 절세미녀 연예인이 늙어서 추녀와 나쁜 팔자로 바뀌는 것도 같다.

문선명 총재는 "하늘의 선택이 철회라도 될까 싶어 노심초사하며 늘 노력했다"고 하였다. 하늘의 선택이 철회되면 다시 쓰지 않기 때문이다.

큰 부귀–명예–미모는 어떻게 지키고 사용해야 하는가? 불교에서는 현생의 큰 부귀는 전생의 업, 인과응보라고 한다. 그런데 그 귀한 복을 현생에서 곶감 빼먹듯 다 먹어 버리고, 저축 없이 계속 돈을 찾아서 쓰기만 하면, 이번 생은 룰루랄라~ 하겠지만 다음 생은 어쩔 것인가?

원불교에서는 "역경(逆境)이 설산(雪山)이라면 순경(順境)은 화산(火山)이라. 설산에서 죽으면 송장(시체)이라도 남지만 화산에서 죽으면 다 타서 흔적조차 없다"고 했다. 또 어느 고승은 복이 허망하다면서 "한 생은 복 짓느라고 고생하고, 다음 생은 복을 쓴다고 복 지을 기회를 잃고 복을 잘못 써 악업을 짓고, 그다음 생은 그 악업을 갚느라고 고생해야 하기 때문이다"라고 했다. 남자는 부귀가 없다고 여자는 미모가 없다고 늘 신세 한탄을 하지만 막상 이것들을 쥐여주면 98%는 자리이타는커녕 감당을 못해서 자타에 큰 죄업만 짓고 마는 것이 중생들이다.

큰 부귀–명예–미모 등 극히 좋은 것은 뒤에 극히 무서운 것이 숨어 있다는 것을 알아야 한다. 부귀는 갖고 있는 사람이 잘 사용하면 자신과 만인을 살리는 보물이지만, 갖고 있는 사람이 오만을 떨고 제 욕심을 차리는 데 쓰면 자신과 만인을 죽이는 흉기가 되기 때문이다.

주역에서는 "위태할까 하는 자는 그 위(位)를 편안히 하는 것이요. 망할까 하는 자는 그 존함을 보존하는 것이요. 어지러울까 하는 자는 그 다스림을 두는 것이니, 이런 까닭에 군자가 편안하되 위태함을 잊지 아니하며, 존 하되 망함을 잊지 아니하며, 다스리되 어지러워짐(혼란)을 잊지 않느니라. 이로써 몸이 편안하여 국가를 보존할 수 있으니, 역에 이르길 '그 망할까 망할까 하여야 우북한(더부룩한) 뽕나무에 맨다'라 하니라"고 하였다. 또 주역은 "크게 가진 자는 교만하거나 가득 차서는 안 되며 더하기를 계속하면 결단을 당하므로 조금 손해를 보는 것이 부귀를 지키고 더 크게 이익을 얻는 것이라"고 하였다.

특히 조상에게 물려받은 큰 부귀를 지키려면 중생들과 사바세계를 잘 알아야 한다. 고생을 사서라도 해야 한다. 중생들과 사바세계를 모르고서는 이들로부터 부귀를 지켜 낼 수도 없고 중생들을 지배하고 다스릴 수도 없다. 미인도 지혜가 없으면 성 노리개로 이용만 당하고 패가망신한다. 자녀들에게 돈 관리하는 방법을 가르쳐야 한다. "운명이란 경제이고 돈이라" 돈 관리가 곧 팔자 관리이기 때문이다.

우리 속담에 "부자 3대 못 간다"는 말이 있는데, 실제로 미국의 자산관리 컨설팅 업체 「윌리엄스 그룹」이 조사해 본 결과, "미국 부유층 가운데 70%가 2대에 재산을 모두 까먹고, 3대에 이르면 무려 90%가 거리에 나앉는 것으로 나타났다(2015.8.11 아시아경제)." 이것은 후손들이 고생과 인생을 모르고 정신이 약하고 썩어서 그런 것이다.

일정 이상의 부귀가 되면 이것을 유지하고 물려주고 사회에 기여하고 큰 뜻을 펴는 것이 필요한데, 이때는 내가 우선 약간 손해 보고 남에게 베풀고 이익을 주는 것이 부귀를 더 키우고 안전하게 물려주는 길이다. 수신제가를 넘어서 치국평천하를 해야 한다는 말이다. 민심과 사람 관리를 하라는 것이다.

서양 부자들은 일찍이 '피의 혁명 역사'를 통해 이것을 잘 알고 있다. 그래서 민주주의와 선거제도가 발달해 있고 기부를 많이 하는 것이다. 기부는 절세 방편이기도 하지만 결국은 혁명을 차단해 자신의 부를 안전하게 늘리고 지키고 물려주기 위한 높은 지혜이다. 즉 복을 지어가면서 복을 쓴 것이다. 그러니 복 은행의 잔고는 늘 가득할 수밖에…

주역에서는 "천지의 큰 덕이 生이요, 성인의 큰 보배가 位(부귀)인데, 位를 어떻게 지킬꼬? 바로 仁(인)이다"라고 했다. 즉 사랑과 자비로 지켜야 한다. 뇌천대장 괘는 "힘 있는 자일수록 바르게 해야 한다"고 했다. 우리 옛말에는 "언제나 백성 보기를 상처 입은 사람을 보는 것처럼 하라"고 했다. 개·돼지로 취급하여 속여 먹고 이용해먹지 말고….

부귀 자들은 맹자 말대로 '항산(恒産)이라야 항심(恒心)'이라 지혜도 크고, 많이 배우고 많이 봤고, 계산도 빠른데, 왜 이런 큰 계산은 하지 못할까? 꿀맛에 취해서 정신을 잃고, 오만해 지고, 바르고 큰 뜻이 없고, 돈과 권력은 알지만 역사와 道를 모르기 때문이다. 큰 부귀를 쥐면 누구나 마약을 한 것처럼 팽 돌면서 공중에 붕 뜨고, 내가 잘나서 그렇게 된 줄 알고 하늘과 중생들을 무시하고, 나는 완벽한 줄 알고, 충언을 무시하고 내 맘대로 하고 싶고, 충신을 멀리하고 간신과 놀아나고 싶고, 내 맘대로 마구 휘두르고 싶고, 나중에는 신격화하고 싶어진다.

돈과 도(道) 어느 한쪽을 간과하거나 무시하면 얼마 못 가서 험한 꼴을 당하고 만다. 악담이 아니라 동서고금 피의 역사와 세상 이치가 그것을 증명하고 있다.

상속이나 당대에 이룬 귀한 부귀를 현세에 누리면서 또한 내생을 위해 하근기 중생과 사회 발전을 도와서 복을 나누고 저축하여, 내생에서 또다시 복을 마음껏 누리면 어떨까? 명문가를 만들어 보면 어떨까?

강자(상근기)와 약자(하근기)는
각각 어떻게 해야 하는가?

바로 앞글과 「제2장, 답답하고 불쌍한 그 이름, 하근기」를 조금 더 심도 있게 알기 위해, "강자(상근기)와 약자(하근기)는 각각 어떻게 해야 하는가?"를 알아보자. 왜냐하면 강자가 강자의 법을 모르면 곧 약자로 떨어지고, 약자도 강자가 되는 법을 모르면 영원히 약자에 머물고 말기 때문이다. 각각 어떻게 처신해야 하는지는 「원불교 교전」 제3 수행 편에 '강자·약자의 진화상 요법' 제하로 잘 설명되어 있다.

"강자는 약자에게 강을 베풀 때에 자리이타(自利利他) 법을 써서 약자를 강자로 진화시키는 것이 영원한 강자(强者)가 되는 길이요. 약자는 강자를 선도자로 삼고 어떠한 천신만고가 있다 하여도 약자(弱者)의 자리에서 강자의 자리에 이르기까지 진보(進步)하여 가는 것이 강자가 되는 길이다."

이것을 실천했기에 한때 핍박받거나 약자였던 진나라 정왕과 몽골족 테무진이 중국을 통일하고 천하를 정복해서 진시황이 되고 칭기즈칸이 된 것이다.

"강자가 강자 노릇을 할 때에 어찌하면 이 강이 영원한 강이 되고, 어찌하면 이 강(强)이 변하여 약(弱)이 되는 것인지 생각 없이 다만 자리타해(自利他害)에만 그치고 보면 아무리 강자라도 약자가 되고 만다. 약자는 강자되기 전에 어찌하면 약자가 변하여 강자가 되고 어찌하면 강자가 변화여 약자가 되는 것인지 생각 없이 다만 강자를 대항하기로만 하고 약자가 강자로 진화되는 이치를 찾지 못한다면 또한 영원히 약자가 되고 말 것이다."

한때 강자와 제국이 무너진 것은 강자와 약자에 대한 철저한 이해가 없었거나 초기에는 있었지만 점차 잃어버려서 그런 것이다. 약자가 약자로 계속 남는 것은 과거 실수·실패에서 교훈을 찾아 개선하지 못했고 또 「제2장, 답답하고 불쌍한 그 이름, 하근기」와 「제3장 가소롭고 역겹고 추악한 대중의 이중성」에서 한 것처럼 해서 그런 것이다.

이처럼 문제와 병이 있다면 우주는 음양이라 또 그 약과 해답이 다 갖추어져 있는데, 어리석은 중생인 우리가 복과 인연이 없고 보고 듣는 눈과 귀가 없기 때문에 이것들을 적절히 활용하지 못하는 것이다.

복은 다 쓰지 말고
노후와 후손을 위해 남겨라

연예인 중 어린이 및 청소년 시절에 스타로 떴다가 성인이 되어서도 계속 그 인기를 유지하고 있는 것은 안성기 등 몇 명 되지 않는다. 여자는 미모가 복이기에 어른이 되어서도 미모가 있으면 인기를 유지하지만, 남자는 성인이 되어서도 인기를 유지하는 경우가 드물다.

그래서 많은 하이틴 스타가 성인이 되어 좌절하다가 화병에 걸려 단명한 경우를 심심찮게 보아 왔다. 그리고 그들이 TV에 나와서 "나이 들어 되는 게 없다"며 세상을 한탄하거나 원망하는 경우를 많이 보았다.

근데 불쌍하기보다 참으로 욕심도 많고 염치도 없구나 싶었다. 왜냐하면 보통 사람들은 평생 한 번도 잘나가 보지 못하고 잡초같이 존재감 없이 허덕대다가 병 걸려 죽어 가는데, 그 아역, 하이틴 스타는 이런 서민들의 아픔과 서글픔과 고통을 단 한 번도 생각해 보지 못하고, 자기만 생각하고 말하는 것이다. 당신들은 한때 스타였지 않은가?

그것도 어린아이이고 청소년일 때, 남들이 평생 한 번도 누리지 못하는 돈과 명예를, 그것도 어린아이 때 실컷 누려 놓고 그것도 모자라 평생 내내 부귀와 명예를 누리기를 원하는가? 그럼 나머지 민초들은 무엇인가? 양지만 계속 양지가 되면…, 어떻게 될까? 좋을 것 같지만 그곳은 사막이 되고 나머지는 동토(凍土)가 된다.

왜 아역과 하이틴 스타들이 성인이 되어서도 계속 뜨지 못하는가?

연기력이 없어 그렇다고…, 시대가 바뀌어서 그렇다고…, 키가 크지 않아서 그렇다고…, 모두 일리는 있지만 더 중요한 것은 평생 복을 어린 시절에 너무 빨리 집중해서 다 써 버렸기 때문이다. 복의 하늘잔고와 배터리가 방전이 다 된 것이다. 그래서 소년등과(少年登科)가 좋으면서도 위험한 것이다. 복과 내공을 갖추지 못한 벼락부자와 마찬가지로 벼락스타(소년등과)는 그것으로 인해 오히려 다치고 죽고 만다. 그리고 키가 크지 않은 것은 유전적 요인도 있겠지만 열정과 에너지를 어릴 때 너무 많이 써버려 키로 갈 에너지가 없었기 때문이다.

그래서 에너지와 복을 다 쓰지 않고 남겨 뒀거나 저축을 많이 하거나 보시를 통해 天地人에 복을 쌓고 부지런히 겸손과 내공을 길렀더라면 성인이 되어서도 스타는 못 되어도 순탄한 인생을 살았을 것이다. 신과 천지인이 타고날 때부터 준 엄청난 축복(소명)과 그동안 대중이 보내 준 인기를 잘 쓰고 받은 만큼 되돌려 주었어야 하는 것이다.

또한 유명 연예인 자식들이 대를 이어 연예인으로 출세하는 경우가 이덕화·전영록 등 많을 것 같지만 생각보다 쉽지 않다. 김유신·이순신 장군 등 극히 유명한 사람의 후손도 마찬가지이다. 호랑이가 호랑이 새끼를 낳고 왕대나무 밭에 왕대나무 나서 명문가를 이루는 경우도 있지만, 그 반대로 유명한 인물 뒤에는 뛰어난 후손이 잘 나오지 않는다. 유명한 인물이 후손의 복까지 다 가불해서 써 버렸기 때문이다. 그러면 후손들이 복이 없고 심지어 조상이 남긴 빚까지도 갚아야 한다.

개인만 업보-운명-역사가 있는 것이 아니라 가계와 집안도 업보-운명-역사가 있기 때문이다. 그래서 개인과 마찬가지로 명문가를 제외한 나머지 가계와 집안은 시다바리와 들러리일 뿐이다. 즉

0.01~0.02% 명문가들의 복의 총량은 아주 커서 대대로 복과 지혜가 있는 자손이 계속 나와서 명문가를 쭉 이어가는 데 반해, 그 외는 가계와 집안의 복의 총량이 아주 작게 정해져 있다. 그래서 보통의 가계나 집안 중에 아주 똑똑하거나 복이 많은 사람이 한번 태어나면, 당대 친척은 물론 후손들도 똑똑한 사람이나 복 많은 사람이 잘 나오지 않는다.

따라서 부귀를 가진 부모들은 자식들을 위해 복을 제대로 쓰고 또 다 쓰지 말고 남겨 두고, 天地人에 음덕(보시)을 많이 쌓아서 그 자식들이 먹고 살 기반을 만들어 줘야 한다. 그래서 명심보감에 "후손에게 책과 재산보다 음덕(蔭德, 陰德)을 물려주는 것이 더 낫고, 복을 다 쓰지 말고 후손을 위해 남겨 주고 재주를 다 쓰지 말고 하늘에 돌려주라"고 했다.

부부는 누구랑 어떻게 만나질까?

힌두교에서 음양의 결합은 우주 창조의 원리로 이해되고, 성(性)은 생명의 원천으로 숭배되고 있다. 그러므로 성(性)은 신성한 것이고 성행위는 우주의 질서에 동참하는 경건한 일로 간주된다. 결혼은 양성이 결합에 의해 우주의 질서에 합일하는 성사(聖事)인 것이다.

결혼은 전생부터 좋거나 아주 나쁜 인연이 있어야 이루어진다.

불교에서는 부부의 인연을 '7천겁의 인연'이라고 한다. 사이가 좋은 부부는 전생에 보은(報恩)관계이거나 모자-부녀-남매의 관계이고, 사이가 나쁜 부부는 전생에 원수로 원한에 맺힌 사이이다. 주역과 명리학은 유유상종과 상보관계(相補關係)라고 보고 있다.

부부는 둘이 같은 운명이고, 서로 복이 거의 비슷한 사람끼리 만난다. 그리고 살다가 보면 닮는다고 하는데, 이것 보다는 닮은 사람끼리 만난다는 것을 알아야 한다. 하나에서 갈라진 반쪽들이기 때문이다. 그래서 오누이처럼 닮아 있는 사람들이 별 탈 없이 백년해로를 한다. 주역에서 동성(同姓)은 유유상종이고 이성(異性)은 서로 반대되는 것이 끌린다고 했다. 이성은 심신 모두 반대로 만나야 부족한 부분을 보충하고 과한 부분을 중화시켜 줄 수가 있다. 이것이 우주의 기본 프로그램인 균형-중용-중도의 원리이다. 그런데 성격 차이로 이혼이라니.

쇼펜하우어도 사랑이란 '종족 보존'이라는 자연의 유일한 목적을 달성하기 위한 하나의 속임수에 불과하다고 봤다. 남녀의 사랑은 고상한 인격이 아니라 본능에 따른 삶의 의지라는 것이다. 실제로 인간은 항상 자기에게 없는 것을 사랑함으로써 인간이라는 '종의 유형'을 보존하려고 애를 쓴다. 그래서 무의식적으로 자기에게 부족한 것을 가진 이성에게 집착하고 그를 배우자로 선택하게 된다는 것이다. 그리고 중도 법칙상 남녀 모두 극상(極上)과 극하(極下)끼리는 잘 만나지 않게 해 놓았다. 대개 잘난 것 옆에 조금 못난 것 하나 붙여 놓아 돌보라 하고, 조금 못난 것은 잘난 것 옆에 붙여서 먹고 살라고 한다.

그러나 여자는 땅이라 잘난 남자, 즉 하늘을 잘 만나면 만사

오케이고 신데렐라가 되지만, 하늘인 남자가 잘난 땅을 만나서 바보 온달이 되거나 너무 큰 처복이 있는 것은 별로 바람직한 것이 못 된다. 시간이 지나면 서로 힘들다. 천리(天理)를 거스르는 것이기 때문이다. 여자들은 모두 신데렐라를 꿈꾸지만 좋은 것이 아니다. 수준이 너무 차이 나면 처음은 잘 모르지만 갈수록 '뱁새가 황새 쫓아가려다가 가랑이가 찢어지는 사태'가 온다. 서로 답답하고 괴롭다. 자전거와 티코도 제대로 몰지 못하는 사람에게 '스텔스기'를 주면 감당을 하겠는가?

또한 탁 쏘는 콜라는 잠시 잠깐이며, 쌀밥처럼 물처럼 무덤덤해야 오래 지속될 수 있다. 잘 지내는 부부는 3% 이하에 불과하다. 정략-연애-중매결혼 모두 마찬가지이다. 다 그렇고 그렇게 지지고 볶고 산다. 단지 남 떡이 커 보일 뿐이다. 그런 척할 뿐 속은 다 거기서 거기다.

만약에 선남선녀가 진정 잉꼬부부를 지속한다면 그것은 완전한 것이기에 인간 세상에서는 존재할 수가 없는 것들이다. 그래서 지나치게 사이가 좋은 연인이나 부부는 아이가 없거나 깨지고 병들고 죽는다.

명리학에서는 바람피우는 팔자-결혼과 이혼과 사별운에 대하여 자세히 나오며, 특히 여자들의 일반적인 신데렐라 속성과 반대로 잘난 남자를 극도로 싫어하고 일부러 자기보다 훨씬 못한 남자를 선택해서 고생을 사서 하는 팔자까지 나와 있다. 또 신기하게도 배우자가 미남미녀인 것까지도 명시되어 있다.

주역에서는 예의범절이 바르고, 남편을 잘 따르고, 지조가 있고, 불과 같이 밝고 따뜻하고 집안을 잘 보살피고 부유하게 할 여자와 결혼하라고 하고 있으며, 반대로 음탕한 여자, 낭비하는 여자, 너무 강한 여자, 예절을 모르는 여자와의 결혼을 금기시하고 있다. 특히 연하와의 결혼은 극도로 흉하다고 해 놓았다. 연하는 천리(天理)를 거스르는 것이다.

이제 결혼이 선진국의 예나 우리들의 삶에서 꼭 행복의 길이 아님을 알았으니, 자식들에게 결혼을 강요할 필요는 없다. 본인이 하겠다면 밀어주고 그렇지 않으면 가만히 놓아두는 것이 옳은 방법이다.

이혼과 재혼 어찌할 것인가?

요즘 "둘이 괴로운 것보다 혼자 외로운 것이 낫다"며 이혼이 대세이다. 이혼 원인은 겉으로는 체면상 성격 차이를 내세우고 있으나 실질적으로는 남자는 경제력, 여자는 나쁜 성격이 주로 문제가 된다. 다들 잘 지내는데 우리 부부만 왜 이렇게 불행히 사는가 싶지만, 그 속을 자세히 들여다보면 3%를 제외하고 다들 지지고 볶고 그렇게들 산다.

바람피우고 이혼과 재혼해 봐야 또 거기서 거기다. 또다시 작게는 자기 성격의 호불호와 유유상종의 원리로, 크게는 복(팔자)-인연과보 만큼 만나게 되어 있다. 팔자 도망 못 간다(속담 : "아예 팔자 험하거든 두 번 팔자 보지 마라." 여자가 첫 결혼에 실패하면 재가해 봤자 좋은 팔자가 어렵다는 뜻이다). 그리고 남자는 재혼 상대인 여자가 처녀가 아니면 재혼해봐야 물리적(物理的) 결합만 일어날 뿐 화학적(化學的)

결합은 일어나지 않는다. 특히 재혼하는 여자가 자식이 있을 경우에 평생 호구 노릇만 하고 만다. 즉 뻐꾸기의 탁란(托卵, 뻐꾸기는 다른 새의 집에 알을 낳아 대신 품어 기르도록 한다) 꼴이 날 뿐이다.

그러니 결혼을 하지 말든지 했다면 첫 인연과 그러려니 하고 살아라. 진짜 잘 지내는 부부가 있다면 신의 질투를 받아서 아이가 없거나 둘 중 하나가 요절하고 만다. 요절하는 것보다 낫지 않는가? 음양(+, −)이란 원래 태생적으로 다 좋을 수도 없고 다 나쁠 수도 없는 관계이다. 그리고 동물적 속성상 같이 오래 있으면 호기심을 잃고 나이가 들면 배터리가 나가고 인생 희로애락을 함께 하다 보니 지쳐서 사랑도 시들어간다.

간혹 이혼하고 재혼해서 더 잘되었다고 하는 경우가 있는데, 이런 경우는 팔자가 극과 극을 오가는 사람이 운이 극도로 나쁜 시기에 결혼과 이혼을 하고, 운이 극도로 좋은 시기에 재혼을 하기 때문에 그렇다.

하지만 서로 원한이 차고 소름이 끼친다면 이혼해야 한다. 참고 살다가 살인 등 끔찍한 대형사고가 터지기 때문이다. 이때는 이혼이 현명한 길이다. 절대로 아닌 것은 아닌 것이다. 절대 아닌 것은 당장 그만둬야 한다. 그러나 강한 나쁜 전생과보의 인연으로 얽혀 있을 경우에는 이혼도 안 된다. 전생과보를 다 치루라고 이혼도 못 하게 막아 놓았다.

명리학에서는 부부가 사이가 아주 좋거나, 그저 그렇거나, 서로 지지고 볶고 하면서도 어쩔 수 붙어사는 경우나, 이혼하거나 사별을 하는 것까지 나온다. 이혼의 경우는 이혼 수가 너무 강하여 저절로 이혼이 되는 경우도 있고, 힘을 써야 이혼이 되는 경우로 나뉜다.

위에서 말한 것처럼 이혼하고 싶어도 이혼이 되지 않는 경우도 있다.

이혼이나 사별을 하면 여자는 주로 똥파리나 양아치가 달려들어 몸이나 돈을 노리고, 남자가 돈이 있을 경우에는 반드시 이상한 여자나 꽃뱀이 달라붙는다. 그래서 이혼이나 사별을 했을 경우에는 처녀 총각 때보다 오히려 더 조심하고 분별력을 갖춰야 한다.

정상적인 재혼도 신중해야 한다. 자신의 문제점을 고치지 않아 재혼해도 또 그 문제가 불거지고, 옛날 배우자에 진저리를 치면서도 대개 前 배우자와 비슷한 사람이나 더 못한 사람을 고르고 말기 때문이다. 왜냐하면 자신의 호불호(好不好) 등 근본 성격이 바뀌지 않고 자기 팔자(복)와 그릇만큼 고르고 인연이 되어 만나기 때문에 그렇다. 예를 들면 똥개는 쇠고기를 줘도 고개를 휙 돌리고 똥을 먹으로 쫓아간다. 그러면서 "에이 더러운 세상! 나는 맨날 똥만 먹네~!"라고 신세 한탄을 한다. 그러다 똥이 보이면 또 쇠고기는 버리고 잽싸게 똥을 먹으러 뛰어간다. 자기 유전자 즉 팔자를 바꾸지 않고는 옛날 일이 되풀이되고 마는 것이다.

그래서 재혼 때는 위와 같은 문제를 되풀이하지 않기 위해, 자기 단점을 철저히 고치고 결혼 전에 반드시 궁합을 봐야 한다.

인생은 후반전이 최종 승부처가 된다

인생은 결국 팔자와 복 싸움이다. 머리와 노력으론 작은 것이나 혼자 할 수 있는 것만 가능하고 큰 것은 안된다. 팔자도 인생 전부 좋은 사람은 드물고 사계절처럼 대개가 들쭉날쭉 한다. 초중반 팔자가 좋으면 신이 나겠지만 노년 팔자도 좋아야 한다. 노년이 나쁘면 원망과 반항할 힘도 없다.

인생은 작게 3단계(학습기-직장기-은퇴기), 크게 2단계(직장기, 은퇴기)로 나눠지는데, 보통 직장기에서 모든 승패가 결정되고, 은퇴기는 아무 의미가 없는 줄 안다. 지금 현 상태가 죽을 때까지 계속되는 줄 생각한다. 그래서 60세가 넘어서는 사주팔자를 볼 필요가 없다고 말한다.

그러나 은퇴기가 최종 승부처가 된다. 우리의 미래인 일본을 보거나 우리 주위를 둘러 봐도 노후에 넘어지고 가난뱅이로 전락하는 사람이 수도 없이 많다. 끝이 좋아야 다 좋다. 하루는 저녁이 풍요로워야 하고 인생은 노년이 풍요로워야 한다. 뭐든 마무리를 잘해야 한다. 노년에 돈과 건강이 없으면 죽음보다 못하다. 직장에서 잘 나가던 사람이 은퇴 후 사기를 당하거나 사업을 하다가 망하거나 자식에게 돈을 대어 주다가 빈털터리가 되거나, 스타 연예인이 돈 관리를 하지 못해서 노년에 알거지가 되거나 파산 신청을 하는 것을 심심치 않게 볼 수 있다.

끝이 좋으려면 절제된 생활, 돈-건강-좋은 부부 사이 유지, 자식과 손자의 훌륭한 양육, 마음공부 등이 필요하다. 그러나 이것 모두는 원천적으로 복과 지혜가 있고, 후천적으로 늘 공부하고 기도해서 깨고 노력해야 가능한 일이다.

아직 안심하지 말고 아직 절망하지 마라! 명심보감에 "사람은 아침저녁으로 화와 복이 번갈아 있고, 석자 흙 속으로 들어가지 아니하고서는 백 년의 몸을 보전하기 어렵고, 이미 석자 흙 속으로 들어가선 백 년 동안 무덤을 보전하기 어렵다"고 하였다.

아무리 쇠로 만들고 대단한 사람도 연이은 3번의 실패는 좌절의 구렁텅이로 떨어지고, 좌절하고 있어도 연이은 3번의 성공이 있으면 다시 일어날 수 있다. 사람 앞일 모른다. 희망의 끈을 놓지 않아야 한다.

너무 악쓰지 마라.
악쓴다고 안 된다

세상사 너무 악쓰지 마라. 악쓴다고 안 된다. 될 일은 10가지 중에 3~4가지만 해도 나머지 6~7개가 저절로 이루어지고, 안 되는 일은 8~9개를 해 놓아도 1~2개가 틀어져서 결국 안 되고 만다. 거기다 난데없이 불가항력적인 태풍·지진 등 천재지변이나 전염병, IMF 경제난 등 세계적 경제위기나 중국의 사드 보복이 찾아오기도 한다.

너무 힘이 들고 막히는 것은 내 일이 아니고 복과 팔자에 없는 것이다. 복과 인연에 없는 일을 억지로 구하려고 하지 마라. 인생살이 억지로 안 된다. 될 일은 결코 그렇게 힘이 들거나 막히지 않는 법이다. 억지로 하면 나중에 사고가 난다.

운이 나쁠 때는 마음을 비우고 두문불출 가만히 있어야 한다. 운이 나쁜데도 오기로 돌격하고 문제를 풀려고 하면 더 꼬이고 더 막히고 결국 사고가 난다. 그것은 세상이 그대의 일을 방해하기 위해서가 아니라 부족함을 점검하고 초심을 잃지 말라는 대자연의 배려일지도 모른다. 또한 잘 되던 일이 갑자기 어려워졌다면 만개(滿開)하기 전에 꽃샘추위가 찾아온 것이다. 억지로 피하려고 하지 말고 잠시 고개를 숙이고 기다려라. 대자연이 그대에게 기회의 문을 활짝 열어 줄 때까지….

사람은 자유의지가 있는 것 같지만 뇌 과학에서는 이미 자유의지가 없다고 하였고, 사실상 생로병사 등 큰 것은 아무것도 선택할 수가 없다. 아무리 노력해도 안 될 일은 안 되고, 팔자가 좋고 될 일이면 아무리 방해를 해도 결국 되고 만다.

박정희 대통령은 남로당에 연루되어 숙군(肅軍)에서 죽다가 살아났고, 同 사건으로 해직되었으나 6·25 전쟁 발발로 기사회생 (起死回生)으로 군에 복직되었으며, 장군 진급을 미국까지 나서서 반대하였지만 소장까지 올라갔고, 5·16 쿠데타도 사전에 누설되었지만 성공하여 18년간 절대 권력을 유지했다.

그러나 안 될 사람은 아무리 노력하고 악을 써도 인간이 맨몸으로 하늘을 날아오를 수 없듯이 결국 안 되고 만다. 악을 써서 그 어떤 일-결혼-조직 입사 등 하고 싶은 것을 해 볼 수 있거나 들어갈 수는 있겠지만 결국은 고생만 죽도록 하고 잘 안되고 만다. 인연 없는 일은 큰 사고마저 따라온다.

그리고 세상일이라는 것이 너무 지나치게 좋아하고 추구하고 따라다니면 오히려 여자처럼 앙탈을 부리고 도망을 가는 수가 있다. 또 호랑이(돈 등 부귀)를 쫓다가 호랑이에게 대려 당하는 수가 많다.

자연 속의 소나무는 노력해서 크는 게 아니라 그냥 큰다. 자연의 모든 흐름과 법칙에는 애씀이 없고 힘이 안 든다. 물은 저절로 아래로 흘러내리고 만물은 사계절을 따라 자연스럽게 흐르며 살아간다. 될 일은 물이 아래로 흐르듯 저절로 된다. 꽃 필 때 피고 열매 맺을 때 열매를 맺는다. 팔자는 나쁜데 꿈이 너무 크고 강하면 위험하고 결국 삶이 풍파가 많고 자타를 해치고 나쁜 업만 짓고 만다. 악쓸수록 더 꼬이고 더 늪 속으로 빠지고 만다(집착해서는 지혜가 드러나지 않는다). 더 나아가 주위와 사회까지 피해를 주고 만다.

지나친 노력과 악씀은 자타에 무리수를 유발하고 남과 나를 해치며 강한 業을 짓게 되어 결국 윤회 사슬에 걸리고 복을 감하고 팔자를 더욱 나쁘게 만들고 만다. 기도든 운동이든 뭐든 적당해야 한다. 팔자에 없는 일을 하면 이제까지 좋았던 운으로 쌓아 놓은 것마저도 함께 바람처럼 사라져 버린다. 팔자에 있는 것을 달라고 해야지, 없는 것을 얻으려고 악을 쓰면 어떻게 하나? 악써서 이룩한 들 '피 묻고 뼈로 쌓은 탑'이요. 앞으로 남고 뒤로 밑지는 장사일 뿐이다.

무술 영화의 전설 이소룡은 32살에 요절을 했는데, 사인(死因)에 대하여 여러 가지 설이 있지만, 가장 큰 것은 너무 무리하고 노력하고 악을 쓴 결과였다. 이처럼 천재들의 요절은 평생 쓸 에너지를 단기간에 집중해서 써버려 방전(放電)되었기 때문이다. 옛말에 "하늘 일도, 노는 일도, 먹는 일도 7부작만 하라"는 말이 있다. 넘치는 것은 부족함만 못하다. 조금 모자라야 안정감이 있다. 조금 모자라 안정감이 있어야 꽉 차는 것이다.

과욕은 반드시 화(禍)를 불러일으킨다. 오버하지 말고 마음을 비우고 생각을 쉬고 모든 것을 내려놓아라. 이것이 도(道)이고 지혜로운 삶이다. 지나친 노력과 악씀도 중도(中道)와 중용(中庸)에 어긋나는 것이 아닐까 싶다. 일이 풀리지 않거나 실패하면 악쓰지 말고 곧바로 본원으로 돌아와야 한다. 안 될 때는 무욕을 견지하면서 두문불출·동문불출이 최상의 방법이다. 인생의 밤－겨울－우천(雨天)시에 밖에 나가 봐야 좋을 것이 없다.

그리고 한 템포 느리게 살아라. 느림보가 건강하고 행복하다. 느림은 나쁘고 게으름이 아니고 빠르고 악씀은 좋고 부지런함이 아니다. 느림은 여유요 안식이요 성찰이요 평화요 차원 높은 삶이다. 대체로 생각은 신중해야 좋듯이 말과 행동도 느릴수록 좋다. 느린 것이 빠른 것이다. 그래야 복이 붙고 머문다.

　50~60세가 넘어가면 심신 모두 과욕과 지나침을 경계해야 한다. 나이가 들면 자꾸 일을 벌이고 계획을 세워서 무엇인가를 하려고 할 게 아니라 정리를 해 나가야 한다. "50이 넘으면 새집 짓지 말라"는 속담이 그냥 나왔겠는가? 감당도 못하고 오히려 다칠 뿐만 아니라 그래서는 훌륭한 인생의 열매를 맺을 수가 없다. 억지로라도 이것저것들을 확 내려놓고 더 나아가 세상에 봉사나 보시를 해 나가는 것이 좋다.

　도사와 행복이란 밥술이나 먹고 양심에 따라 상식과 경우대로 지혜롭게 자리이타(自利利他)하는 사람이다. 진인사대천명, 낙천지명하면서 유유자적하는 사람이다. 그동안 꿈도 꾸고 희망도 가지고 노력도 해 보고 악도 많이 써 보았으니, 이제 天命을 알고 나의 자리를 정함이 어떠한가?

이 풍진세상 어떻게 살아갈 것인가?

인생의 결정적인 부분을 차지하는 신체·지능·능력(男)-외모(女)-재산(男女) 모두 태어날 때 어느 부모를 만나느냐에 따라 이미 정해진다. 그리고 태어난 다음 세상사도 우리 뜻대로 할 수 있는 것은 사실상 별로 없다. 내 의지대로 사는 것 같지만 많은 일들이 내 의지와 상관없이 일어나고 없어진다. 우리 소시민들은 거대한 조직-기계-파도에 이리저리 휩쓸려 질뿐이다.

그러므로 우리가 할 수 있는 것은 진인사대천명하고, 우리가 할 수 없는 일에 대해서는 겸허한 마음으로 직면하고 수용하고 인내하는 수밖에 없다. 피한다고, 걱정한다고, 집착한다고 될 일이 아니라는 것이다. 그 대신 마음을 크게 열고 눈을 길게 떠서 밝은 지혜로 대처해 나가고, 내 뜻대로 할 수 없는 것들은 집착을 내려놓고, '안분지족 취길피흉', '진인사대천명과 낙천지명', '주여 뜻대로 하소서' 하면서 하늘에 맡기는 수밖에 없다.

우주는 음양으로 이뤄져 있고 음양으로 돌아가기에 뜻대로 되는 순경(順境)과 뜻대로 안 되는 역경(逆境)이 교대로 있기 마련이다. 순경에 오버하거나 오만 떨지 말고 제대로 해서 자리이타하고, 역경 때 너무 좌절하지 말고 실력을 쌓아야 한다.

그리고 우주와 세상만사는 절대악도 절대선도 없고, 새옹지마이고, 은생어해(恩生於害) 해생어은(害生於恩)으로 뫼비우스 띠처럼 끊임없이 돌고 돈다. 그래서 처음과 지금의 것이 절대 불변이 아니다. 세상만사는 제행무상이고 장단이 공존한다는 말이다. 어느 순간이나 한쪽 면만 보면 장점이나 단점만 보이지만, 전체를 보면 음양으로 늘 장·단점과 이익·손해가 같이 있다.

세상만사 장단이 공존하고, 집착한다고 내 맘대로 할 수 있는 것이 아니라는 것을 깨닫는다면, 성내거나 좌절하거나 집착할 이유가 없어진다. 무슨 일이든지 집착하면 고통이고, 그 집착을 놔버리면 언제나 은혜이고 자유이다. 마음을 하나에 집중·집착하면 한 가지만 보이지만 마음을 이완하고 내려놓으면 모든 것이 보인다. 모든 것이 보이면 더 잘 대처할 수 있다.

또 그냥 나이만 먹는다고 성숙하고 발전하는 것이 아니라 오히려 세파에 찌들어 더 탁해지고 후퇴하고 만다. 썩고 노욕으로 가득 찬 가짜 어른과 마귀가 되고 만다. 이것을 자각하고 닦고 또 닦고 깨치고 또 깨치고 노력해서 일신우일신(日新又日新) 명명덕(明明德) 신민(新民)하고 수신제가치국평천하를 위해 부단히 나아가야 한다. 이것이 늙는 것이 아니라 익어가는 삶이요 이 세상에 온 목적이다.

어떻게 죽음을 받아들일 것인가?

영원한 것들은(불교적이나 과학적 관점에서 영원한 것은 없지만…) 모두 무생명이다. 따라서 살아 있기 위해서는, 생명이 있기 위해서는, 그 전제 조건으로 '유한'(有限)과 '죽음'(死)은 불가피하다. 뭐든 끝이 없다면 귀하거나 소중하거나 아쉽지도 않을 것이다. 우리들도 영원한 조화(造花)보다 조금 있으면 시들어 버릴 생화(生花)를 더 가치 있게 생각하고 더 좋아한다.

그리고 모든 생명체는 무생물 무생명, 즉 죽음에서 출발했기 때문에 다시 그 근원으로 돌아갈 수밖에 없다(無생명→생명→죽음, 無생물). 또 공(空)에서 연기(緣起)했기에 다시 空으로 돌아갈 수밖에 없다.

자연이 맑고 강한 에너지를 갖게 되면 그것을 무생물로서만 간직하는 것이 아니라 기(氣)를 밖으로 분출시킨다. 분출된 기가 생명을 만든다. 즉 생명체는 자연의 일부로서 태어나는 것이다. 지수화풍(地水火風)이나 수화목금토가 잠시 인연이 있어 영혼과 뭉쳐서 온갖 희로애락을 겪다가 인연이 다해 허물어지고 흩어지는 것이다. 만약 목숨이 영원하다면 이것도 옛날 미국 영화에서처럼 또한 반드시 문제가 될 것이다. 끝과 한계가 없다는 것! 중간 매듭이 없다는 것! 이것도 유한하고 불완전한 인간이 감당하기 힘든 것일지도 모른다(그래서 미국 영화에서는 일정 이상 나이가 되면 국가에서 법률에 의해 강제로 처형한다).

생자필멸(生者必滅)이기에 죽음은 누구나 맞이하게 되어 있다. 그리고 자연은 더 이상 필요 없는 것은 죽이고 없애 버리는 것이 이치이다. 그래서 죽음을 어떻게 맞이할 것인지 한 번쯤 생각해 봐야 한다. 이런저런 좋은 예를 찾다가 '소크라테스'에게서 그 실마리를 찾아보았다. 죽음을 피할 수는 없지만 그에 맞설 지혜와 용기는 필요하기 때문이다.

소크라테스는 두 차례 전쟁에 참여하여 혁혁한 공을 세웠고 전쟁에서도 두려움이 없었다고 한다. 그리고 사형 판결을 받아 감옥에 있을 때 친구들이 간수를 매수해 탈옥시켜 주겠다고 해도 거절을 하고, 죽음에 대해서도 두려워하는 기색이 전혀 없이 독배를 빨리 가져오도록 하고 기도를 한 다음 독배를 조용히 마시고 제자들에게 죽음 시 느끼는 신체적-정신적 상태를 불러주고 기록토록 하기까지 했다(70세). 그리고 재판정에서 사형 판결을 받고 나서 "우리는 죽음을 재앙이라고 생각하지만, 죽음은 두 가지 가능성 가운데 하나입니다. 첫째로 죽음이 완전히 무(無)로 돌아가는 것일 경우, 모든 감각이 없어지고 꿈도 꾸지 않을 만큼 깊은 잠을 자는 것과 같을 것인데, 그보다 더 즐거운 밤이 어디 있겠습니까? 둘째로 죽음이 저세상으로 가는 여행길과 같은 것이라면, 생전에 만났던 훌륭한 사람들을 다시 만나볼 수 있으니, 이 또한 얼마나 좋은 일입니까? 나는 죽음을 통해 귀찮은 일로부터 해방되는 것을 오히려 다행이라고 여깁니다. 따라서 나를 고소하거나 유죄로 투표한 사람들에게 화를 내지 않습니다. 이제 떠날 시간이 되었습니다. 나는 사형을 받기 위해, 여러분들은 살기 위해…, 그러나 우리 가운데 어느 쪽 앞에 더 좋은 것이 기다리고 있을지는 신(神) 외에는 아무도 모를 것입니다"라고 담담히 애기하였다.

소크라테스는 죽음을 통하여 정신이 육체의 굴레로부터 해방되어 자유롭게 된다고 믿었다. 즉 정신적 해방을 뜻한다. 그리고 그는 죽음에 대하여 몸에서 영혼이 빠져나가는 것, 즉 육체로부터 영혼이 분리되는 것으로 생각하고 윤회를 믿었다. 로마 황제이며 스토아 철학자인 마르쿠스 아우렐리우스는 "죽음은 자연법칙의 일부분이라 자연의 섭리(攝理)에 따르는 것이 당연한 것인데 어린아이처럼 겁먹고 있다"고 했다. 또한 그는 "모든 것이 자연에서 나와 다시 자연으로 돌아가는 것이므로 이 자연의 섭리에 따르는 것이 현명한 태도"라고 가르쳤다.

세계 모든 종교와 사상들이 역시 죽음을 자연법칙의 일부와 과정으로 본다. 더 나아가 「티벳 사자의 서」에서는 죽음을 육체에서의 해방―의식의 확장과 재탄생의 기회로 보고 있고, 기독교인들은 죽음을 영생(永生)을 얻기 위하여 통과해야 할 관문으로 희망적으로 생각하고 있다.

죽음은 단지 삶의 연장이고, 이생을 졸업하고 다음 생에 태어나는 과정이며, 육체를 무게를 벗어서 실제로는 가뿐한데, 왜 그토록 죽음이 슬프고 두려운가? 그것은 우리 유전자와 세포에 생명을 추구하고 죽음을 두려워하도록 강력하게 프로그램이 되어 있고, 죽음 뒤를 모르기 때문이다.

윤회를 모르고 영혼이 영생하는 것을 모르기에 육체적 생명을 유일한 생명으로 오해하고, 육신을 가지고 영생의 욕망을 채우려고 하기 때문이다. 또 지옥에 갈 것을 두려워하기 때문이다. 그러나 도인들은 죽음 이후를 이해(「제4장, 우리는 죽은 뒤에 어떤 과정을 거쳐서 다시 환생을 할까?」 참조) 하고 있기 때문에 죽음을 무서워하지 않는다.

그리고 어차피 살 가망성이 없을 경우에 시간을 끌면서 주위에 누가 되지 않고 본인도 고통 없이 아주 평화롭고 안락하게 잘 죽는 방법에 대하여 누가 묻기에, 동서고금에 현명한 전례가 있는지 찾아보았으나 찾지 못했다. 클레오파트라가 고통 없이 죽기 위해서 맹독의 뱀에게 물려서 죽은 얘기가 있고, 현대에서는 수면제를 먹고 죽는다는 얘기가 있으며, 최근 서양에서는 안락사를 허용(네덜란드 등) 또는 묵인(스위스 등)하고 있다.

초기 불경에 "아라한들이 죽을 때가 되면, 우리 몸에 있는 화기(火氣, 불기운)를 최대한 끌어 올려서 스스로 화장(火葬)하는 것이 나온다"고 하는데 직접 읽어 보지는 못했다. 도교와 기독교에서는 신선이 되어 하늘로 올라가는 우화등선(羽化登仙)의 얘기가 있다. 그리고 옛날 道 높은 고승·도사·거사들이 앉아서도 가고 서서도 간다고 했는데, 그렇게 죽은 道人들도 어떻게 그렇게 고통 없이 갈 수 있는 방법에 대하여 구체적으로 써 놓은 것은 어디에도 찾을 수가 없었다.

스님들이나 일반인들이 고통 없이 깨끗이 죽는 방법에 대하여 단식을 얘기하고 있고 우리도 그렇다고 알고 있으나, 의사들에 따르면 "단식은 목숨을 잘 끊어지지 않고 몸에서 그렇게 많은 물이 나와서 방바닥을 흥건히 적실 정도라서 옳은 방법이 아니다"라고 말하고 있다.

쉽게 죽는 방법은 없고 없을 것 같다. 내가 동서고금을 뒤져서 못 찾은 것이 아니라, 사람들이 쉽고 행복하게 죽는 법을 안다면 힘들면 다 죽으려고 할 것이 뻔하기에 처음부터 그런 것이 없거나 설령 누가 알았다고 해도 후학들을 위해서 기록이나 공개를 안 했을 것이다.

그러나 타고난 복이 많거나 평소 염불+기도+복을 많이 지은 사람들이 편하게 가는 것이 상례인 것 같다. 방법이라면 이것이 방법이다.

2장

주역과 미래

이번 장이 「주역과 미래」인데, 내가 주역을 공부한 지 수많은 세월이 흘렀고 깊고 넓은 오롯한 경지를 이뤄 새로운 주역 해설서를 쓰려고 생각도 해 보았으나, 새 책을 쓰더라도 일반인들이 주역을 이해하기는 사실상 불가능에 가까워 별 의미도 없을 것 같고, 이미 시중에 명불허전의 주역 해설서 3권이 있어서, 이것들보다 더 뛰어난 책은 이 책 3권을 종합하는 것 말고는 방법이 없다는 생각이다.

그래서 주역을 일반인들이 거부감 없이 쉽게 이해하고 실생활에 바로 적용할 수 있도록 주역을 완전히 녹여내고 잘 익은 김치를 만들어 독자들에게 제공하기로 하였다. 아래의 내용들은 모두 그런 것들이다.

주역은 우주-지구-세상의 중도와 순환을 애기해 놓은 것이다

주역(周易)은 문자로 전해진 세계 유일, 세계 최고(最古)의 신탁서(神託書)로 초월적 지식과 영험한 지혜의 운영체계이다. 주역은 5천여 년 전에 만들어져 사주 명리학보다 대략 1,500년 이상 앞서며, 64괘 384효 24,200여자로 이뤄져 있다.

주역은 유학 등 모든 동양 학문의 뿌리이고 명리학·풍수·한의학·관상학의 아버지요, 동양학의 알파요 오메가요, 만학의 제왕이다. "3대 적선을 해야 배울 수 있다"는 말이 있을 정도로 귀하고 어렵다. 그래서 주역을 했다는 사람은 많아도 이것을 실전에 적용하는 사람은 극히 희소하다. 그러나 나무의 뿌리와 밑둥치를 알면 수천 가지와 수백만 잎은 저절로 이해가 되듯이 주역을 알면 만학(萬學)이 자연히 이해가 된다.

주역은 전쟁 승패, 태자 선정 등 중요 국가대사를 결정하고 개인의 처신책을 찾기 위해 복희씨(주역 8괘 만듦)-주나라 문왕(주역 64괘 괘사 지음)-주나라 주공(64괘 각 효사 지음)-노나라 공자(주역 해설서 겸 참고서 집필) 등 네 분의 성인에 의해 만들어지고 사용한 것이다.

주역을 공부하면 처세술, 지혜, 중도, 명철보신-피흉취길-수시변역 하는 것, 우주와 삶의 이치, 자연인으로서 살아가는 방법 등을 알 수 있다. 그 내용은 천지·남녀·주야·물불·장단·고저·강약 등 2개의 반대되는 개념인 음양의 상충-상합을 통한 우주-지구-인간사의 끊임없는 변화·순환과 대대논리(對待論理)를 얘기해 놓은 천체 물리학이다.

대대논리란 음양이라는 모순 대립하는 상호관계로 만물의 생성변화를 설명하는 것을 말한다. 음양은 남녀처럼 대대(對待)의 관계인데 서로 대립하면서도 서로 끌어당기는 관계, 상호 대립하면서도 서로 의존하는 관계, 서로 반대되는 상대가 존재해야 비로소 자신이 존재할 수 있는 관계, 서로가 서로를 품은 관계, 서로 반대되는 성질끼리 만나야 서로 감응-합일-조화하여 시너지 효과를 발생시키는 관계를 말한다.

우주는 음양으로 이뤄져 있고 음양의 진동으로 운행되고 순환된다. 우주 순환과 마음을 가장 잘 표현해 놓은 것이 원불교의 「법신불 일원상」(法身佛 一圓相 / ○ : 空, 圓, 正)이다. 일원상이란 우주만유의 근본이요, 모든 성자의 깨달은 진리이며, 우리의 본래 마음자리를 말한다. 세상의 변화는 음양의 변화에서 벗어나지 않는다. 수많은 사건과 정신 못 차릴 변화가 일어난다 하더라도 그 역시 음양의 변화일 뿐이다.

주역 64괘의 배열은 우주의 생성과정과 인간사를 하나로 축약해 놓은 것이며, 우주 삼라만상의 반복~상하~왕래(終則有始, 一致一亂, 成住壞空, 生住異滅, 春夏秋冬)를 말해 놓았다. 이 세상과 우주는 모두 음과 양의 기운이 모여 만들어져서, 두 기운이 상충—상합을 하면서 '뫼비우스의 띠'처럼 끊이지 않고 돌아간다. 그리고 물(水)이 생명의 근원임을 밝혀 놓았다. 그래서 인간과 세상사는 지구와 우주를 닮아 균형과 조화를 이루며 커지면서 크게 돌고 돌고, 생로병사가 있고, 작게는 물을 닮아 순환하고 출렁출렁거리고, 불과 빅뱅을 닮아 자꾸 커진다.

주역은 진리의 최고봉인 화엄경과 의상조사 법성계와 일맥상통한다. 주역을 이해하면 화엄경을 이해할 수 있고, 화엄경과 의상조사 법성계를 이해하면 주역을 이해할 수 있다. 그러나 주역과 화엄경 중에 어느 것이 더 어렵냐고 묻는다면 주저 없이 '주역'이라고 말하겠다. 또 어느 것이 더 넓이와 깊이가 있느냐고 묻는다면 당연히 '화엄경'이라고 답하겠다. 서로 금란지교(金蘭之交)요 용호상박(龍虎相搏)의 관계이다.

주역의 기본사상과 본질은 위로 하늘의 뜻을 알고 아래로 땅의 이치를 살펴 우주의 본성에 도달하면 사람도 천지와 더불어 그 덕을 합할 수 있다는 천지 합일사상이고 진인사대천명·낙천지명 사상이며 인애(仁愛)의 사상이다. 또한 원불교 대산종사는 "주역의 골수는 공구수성(恐懼修省)과 성경신(誠敬信)이라"고 했으니, 한번 음미해 볼 일이다.

원래 음과 양은 태극이라는 한 뿌리에서 발생하였으니 행복과 불행, 생과 사, 유무도 한데 묶여 있다. 유가 있으면 무가 있듯, 은혜가 해가 되고 해가 은혜로 변하니 손실은 다음에 이익이 일어날 조짐이요, 들어오면 나가고 나가면 들어온다. 복과 화가 같이 있다.

사물이 변화를 일으킬 때에 음양이 억압과 반발이라는 모순과 대립을 나타내면서 모순-대립-조화의 길을 반복한다. 헤겔에 의하여 정식화된 변증법 논리의 3단계 정반합(正反合)이다. 결국은 돌고 도는 둥근 원이고, 원(圓)의 대표적인 것이 우리 지구이며 공전과 자전이다.

그런데 지구가 멀리서 보면 완전한 원(圓)이지만, 가까이서 보면 그 표면이 울퉁불퉁하다. 그리고 지구 공전과 자전도 완전 원이 아니라 약간의 상하-좌우의 흔들림이 있다고 본다. 세상사도 지구의 공전(초속 30만km)-자전(초속 463m)을 닮아서 크게 보면 원이지만, 짧고 작게 보면 완전한 원이 아니고 울퉁불퉁하게 생겼고, 상하-좌우로 흔들리며 굴러간다. 또 굴러가면서 엄청난 소리를 내고 있다.

감성과 물질은 지구의 울퉁불퉁한 모양과 공전 시 상하로 미세 진동하는 것을 닮아, 물이 상하로 넘실넘실 대며 흘러가듯 이동한다. 주식시세 그래프와 비슷하다. 넘쳤다 부족했다, 올랐다 내렸다 한다. 이것을 연구하면 주식과 경제가 보인다.

법·제도·사상·정치·문화 등 비 물질과 이성은 지구 공전 시 좌우로 약간 흔들리는 것을 닮아, 강물이 좌우로 휘적휘적 흘러가듯 한다. 강물은 좌우로 왔다 갔다 하는 것 같지만 공전처럼 앞으로 나아가면서 그 방향이 있다. 현실적인 예를 들면 유럽 좌우파와 미국의 공화당-민주당이 교대로 정권을 잡으면서 역사를 발전시켜 나가는 것과 같다.

이 원리는 정치인들이 연구하면 민심과 정치, 정책, 선거가 보인다.

빅뱅 이후 우주는 소리를 내고 있고 지구도 자전·공전 시 소리를 내기에 인간사에서도 무슨 일을 할 때에 소리가 반드시 난다.

주역에서 우주가 무극(순수한 존재성)→태극(창조성)→황극(경영성) 순으로 분화(빅뱅)되었다고 했는데, 우주도 빅뱅을 거쳐 빠른 속도로 커지고 있으며, 우주 만물은 시공(천지, 음양)을 부모로 하여 끊임없이 생생불식(生生不息)하며 팽창하고 진화하고 있고, 불을 닮아 자꾸 커지고 있다. 이 세상도 빅뱅을 닮아 정신적 물질적으로 자유-진화-발전-풍요로워 지고 있다. 이 원리는 '부채와 인플레를 근간'으로 하는 자본주의와도 잘 맞아 떨어진다. 자유민주주의와 자본주의는 우주 팽창을 모사하고 인간의 본성을 반영한 것이라 결국 공산주의에 승리하였다.

물의 순환(구름→비→물→증발→구름)은 지구의 공전과 같으며, 물은 역사와도 닮아 있어 상기처럼 상하-좌우로도 움직이지만 흐르다가 고여서 돌기도 하고(역사 정체), 흐르다가 뒤집어지기도(역사 반동·복고·부활·후퇴→르네상스, 나폴레옹 3세 집권, 박근혜 당선 등) 하고, 강둑도 터트린다(4·19 혁명, 5·16 쿠데타, 박근혜 탄핵).

주역은 하늘과 땅의 큰 덕은 만물을 낳는(生) 것이며, 성인의 큰 보배는 위(位 : 자리에 있어야 뜻을 펼 수 있음)인데 그 자리를 지키려면 사랑(仁)으로 해야 하고, 사람을 모으고 부리려면 재물(財物)이 있어야 하며, 재물을 다스리며 말을 바로 하며 백성이 잘못하는 것을 금하는 것은 의(義)라고 하였다.

공자는 주역을 위편삼절(韋編三絶) 하여 논어에서 "천명을 모르면 군자일 수 없다"고 하였고, 아인슈타인·칼 융 등도 평생 주역을 끼고 살았다. 중국은 지금도 주역에 능한 자가 고위직에서 참모를 하는 경우가 많다. 우주와 세상 이치에 능해야 한다는 것이다. 주자학의 창시자 송나라 주희와 조선의 세종대왕, 이이, 이순신 등도 주역에 능했다.

또한 공자는 "앞으로는 선천이 가고 후천이란 시대가 오는데, 그때 가서는 세계가 하나가 된다. 후천에 도(道)를 펴기 위해서는 시경·서경만 가지고는 안 되고 반드시 주역이라야 한다. 주역이 중국 땅에서 꽃피다 말고 간방 땅(조선)에서 싹이 난다"고 하였다.

주역 계보는 고려시대 중국 사신으로 갔던 우탁 선생이 주역을 가지고 들어왔으며, 조선시대 서경덕→이토정→이서구→【김일부 정역 : 동학(최제우), 증산교(강증산), 원불교(박중빈)로 발전】→일제시대 也山 이달 선생→해방 후 탄허 스님, 大山 김석진 선생 등으로 이어진다.

아인슈타인·스티븐 호킹 등 세계 석학들과 주역 등 동양사상

상대성 이론의 '아인슈타인'과 양자역학의 아버지인 '닐스 보어'는 물리학의 난제를 해결하기 위해 평생 주역을 끼고 살았다.

아인슈타인은 "주역은 에센스 중의 에센스다"라고 극찬하였으며, 자신의 학설에 붙일 명칭을 음양의 개념에서 힌트를 얻어 '상대성(相對性, Relativity)'이라고 명명하였다. 그리고 죽기 직전까지 우주 생성의 비밀을 풀 열쇠인 「통일장 이론」(중력·강력·약력·전자기력을 하나의 방정식으로 통합)을 완성하기 위하여 그의 머리맡에 주역과 불경 등을 두었다. 그리고 주역·불교·힌두교(베다) 등 동양 종교와 사상에 대해 칭송을 아끼지 않았다. "유럽 과학의 발전은 두 가지의 위대한 성과를 기초로 하고 있다. 하나는 그리스의 철학자가 '형식논리의 체계'를 발명했다는 것과, 또 하나는 '실험을 통해서 인과관계를 탐구'할 수 있는 가능성을 발견했다는 것이다. 내가 보는 한 동양의 현철(賢哲)들은 비록 이 두 가지 길을 거치지 않았으나, 놀랍게도 동양에서는 그러한 것의 발견이 모두 이루어져 있었다." 이처럼 아인슈타인이 칭송한 것을 우리는 경멸하고 있다!

닐스 보어는 톰슨의 원자모형과 음양론에서 힌트를 얻어 양성자(+)와 전자(−)로 이루어진 원자모델을 확립하였으며, "대립적인 것은 상보적이다"라는 상보성(相補性) 원리를 통해 원자현상의 입자−파동 이중성 및 위치−속도 측정의 불확정성 등을 이해하는 양자역학의 기본 틀을 제시하였는데, 이 또한 "우주는 서로 대립하는 음과 양의 조화로 이루어졌다"는 주역 사상을 기반으로 만들어진 것이다. 훗날 닐스 보어는 과학적 업적을 인정받아 귀족 작위를 받게 되었는데, 귀족 가문의 문장 방패에 「태극도」를 그려 넣고 그 위에 "대립적인 것인 상보적이다(Contraria Sunt Complementa)"란 문구를 새겨 넣었으며, 1922년 노벨상 물리학상을 타러 갈 때 옷에 주역의 「팔괘도(八卦圖)」까지 그려 갈 정도로 보어에게 주역이 끼친 영향은 실로 지대하다.

정신분석학으로 유명한 스위스의 칼 융은 유식학(유식학을 '의식, 잠재의식, 무의식'으로 분류) 등 불경뿐만 아니라 주역에 대해 깊은 존경심을 갖고 주역이 걸레가 될 만큼 여러 번 읽었으며 직접 점을 치기도 하였다. 주역 점에 대하여 "주역의 점(占)은 점치는 순간에 점치는 사람이 갖고 있는 본질적인 무의식을 지시해 주는 것임에 틀림없다. 즉 무의식이 강화되어 의식으로 흘러들어가, 의식이 무의식의 본능적 충격과 내용의 영향을 받는 것이다. 그런데 무의식은 시간과 공간이 무의미하다. 인과율은 모두 시간과 공간을 바탕으로 한 지식이기 때문에 불완전하고, 반대로 시공의 영향을 받지 않는 무의식은 의식이 할 수 없는 체험을 할 수 있다. 무의식은 선천적 지식을 갖는 능력이 있으며, 인과율을 무시하고 현상을 직접 파악할 수 있다"고 하였다.

빅뱅 우주론의 거장인 스티븐 호킹 박사도 "양자역학이 지금까지 해놓은 것은 동양철학의 기본 개념(태극, 음양)을 과학적으로 증명한 것에 지나지 않는다"고 하였다.

놀랍지 않은가? 우리는 미신이고 구닥다리 학문이라고 맹비난하면서 구석에 처박아 둔 것을, 아인슈타인·닐스 보어 등 세계적인 석학들이 금과옥조(金科玉條)로 여기고 평생을 끼고 살고 주역을 연구하여 노벨상 물리학상까지 받고 말이다. 동서양이 거꾸로 가고 있다. 이는 동양의 공리공론 치중과 지나친 서양에 대한 열등감과 사대주의의 결과물이다.

주역하면
천리를 알고 미래를 볼 수 있다

"주역을 통달하면 앉아서 천리를 볼 수 있다"는 말이 있는데 과연 그럴까? 그렇다. 내가 있는 위치에 상관없이 다른 지역의 사람 및 그곳의 상태나 다가올 미래에 대해 점(占)을 쳐서 알 수 있다. 그러니 앉아서 천리(天理, 千里)를 볼 수 있는 것이다. 더 뛰어난 사람은 점을 치지 않고도 제갈공명처럼 조그마한 사건과 전조(기미)를 보거나 세상의 이치를 따지거나 과거의 전례를 보아서 천리와 미래를 알 수 있다.

예를 들면 지난 20대 총선(2016.4.13.)에서 서울 노원병에 새누리당 후보로 출마했다 낙선한 OOO씨는 출마의 변으로, "자신을 중랑천을 따라 고향으로 가는 '연어'로, 안철수 국민의당 대표를 중랑천에서 미리 기다리고 있는 '불곰'으로 표현"하였는데, 이는 패배를 예고하고 있는 것이다. 연어는 불곰에게 잡아먹히게 되어 있다.

주역은 미래 예측 학문이다. 공자는 자신이 수시로 주역 점을 치는 것을 미신이라고 비웃는 제자에게 "그런 소리 하지 마라. 열에 일곱은 맞는다"고 하였고, 세종대왕은 여진족을 정벌하러 가는 장수에게 "전투 전에 반드시 주역 점을 쳐서 참고할 것을 명했다", 또한 이순신 장군도 전투(23전 23승) 전에 주역 점 등을 쳐서 승부를 예측했다.

현대 주역 대가인 야산 이달 선생은 일제 강점기 시절에 쌀 선물

투자로 막대한 돈을 벌어 백정평등운동 등 좋은 일에 썼다. 그리고 야산 이달 선생(대둔산 석천암에서 은거하다 제자 가족 등 300호를 대동하고 충남 안면도로 피난)과 탄허 스님(오대산→통도사)이 6·25 동란을 미리 알고 피난을 간 것은 유명한 일화이다.

"주역하면 미친다"는 말이 있는데 사실인가? 사실이다. 근기가 안 되는 사람이 무리해서 공부하거나, 너무 집중하면 상기병(上氣病)과 주화입마(走火入魔)가 일어나는데 이것을 호흡과 운동을 통해 제대로 다스리지 않으면 미친다. 그래서 공부는 자신의 자질을 고려하고 전문가의 도움을 받아서 해야 한다. 조선 최고의 유학자인 퇴계 이황 선생도 20세부터 침식을 잊으며 주역을 공부하다가 신경성 위장병에 걸려서 평생을 고생하였다. 전설의 고향에서 "주역을 1천 번 읽으면 물 위를 걷는다"는 말이 있어서, 내가 실지로 해 봤더니 물 위를 걷지는 못했다.

천지창조는 누가 하였나? 신은 있는가?

세상을 창조-유지-파괴-창조시키는 신으로 힌두교 등 동양 종교와 사상에서는 기독교에서 말하는 인격신(야훼, 인간적인 의식이나 형태를 가지는 신)의 개념도 있지만 그보다는 나는 물론 우주 삼라만상이 모두 신이라는 '범신론 사상'과 양자역학처럼 '우주만물을 창조한 근본 원리와 자연법칙이 곧 신'이라는 입장이 더 크고 강하다. 즉 무(無)와 공(空)에서 스스로 생겨났거나(自然) 한 점에서 시작되었다고 한다. 신(인격신, 대자연, 대우주, 대생명, 대의식, 우주 근본원리와 자연법칙 등)이 자기를 드러낸 것이 천지인 등 삼라만상이라는 것이다.

기독교 : "태초에 하나님이 '말씀'으로 천지를 창조하셨다"(땅이 혼돈하고 공허하며 흑암이 깊음 위에 있고 하나님은 수면에 운행하시니라. 하나님이 가라사대 '빛'이 있으라 하시매 빛이 있었고~)고 했다(소리, 天命, 신의 소리→빛→영혼→정신→피→뼈→살).

플레이아데스의 사명 : 원(元)창조('앱설루텀'이라는 10의 49승에 달하는 물질적 우주, '대 진여, 찰나, 본사'에 해당)가 배움(진리)을 통해 진화하기 위해서 인간 등 물질적 우주를 신(新)창조('大 에고, 지사'에 해당)하였으며, 신창조는 윤회를 거치면서 배운 물질적 세계의 경험들을 원 창조에 제공하여 원 창조를 더욱 발전시킨다(더 자세한 내용은 "제4장, 왜 이토록 끝도 없이 윤회하게 하는가?" 제하 참조).

불교 : 힌두교에서는 창조주 브라흐만이 꾸는 꿈이 우주라고

창조주를 인정하지만 불교는 연기설을 내세우며 창조주를 부정한다. 불교에서는 우주의 생성을 업(業, 카르마 : 만든다. 짓는다. 한다)의 인(因)으로부터 인과필정(因果必定)의 원리에 따른 계(界)가 생겨 윤회(輪廻)하는 것으로 본다. 업은 그 인(因)에 대한 어떤 결과가 올 때까지 소멸하지 않는 업력불멸(業力不滅)의 원리를 갖는다. 즉 인과(因果)가 바로 신이라는 얘기이다.

모든 업은 마음이 미(迷)한 데서 비롯된다. 원래 사람의 마음이란 청정(淸淨)한 것이지만, 번뇌나 망상의 객진(客塵 : 우연히 밖으로부터 들어온 먼지와 같은 번뇌, 無明, 意識, 善惡果)이 들러붙어 업을 짓게 된다. 망상(妄想)이 붙지 않은 마음의 본체를 '진여(眞如)'라 한다.

법화경 '상불경보살품'에는 처음 성불한 부처님을 「위음왕불(威音王佛)」이라고 하여 태초에 소리가 있었다고 한다. 우주 태초 창조의 소리가 '옴~~'(만물의 근본)이다. 옴 마니 반메훔!

화엄경에서는 일체유심조(一切唯心造)라고 하여 "법계의 본성 일체가 오직 「마음」(心)으로 지어졌다"고 하였다. 즉, 시·공간이 없는 참나(眞如)에서 만들어졌다는 것이다. 반야심경 등에서는 공(空)에서 연기(緣起, 이것이 있으므로 저것이 있고…)했다고 한다.

탄허 스님 : 생명의 본체는 무형(無形)이다. 시공(時空)이 끊긴 자리다. 생명의 본체는 무형인데, 그 본질인 씨가 4대(地水火風)의 연(緣)을 만나 운행하게 되는 것이 생명이다.

원불교 : "우주와 만물의 그 근본은 유도 아니고 무도 아닌 그것이나, 그중에서 그 있는 것이 무위이화(無爲而化) 자동적으로 생겨나, 우주는 성주괴공(成住壞空)으로 변화하고, 만물은 생로병사를 따라 육도(六道)와 사생(四生)으로 변화하고, 일월(日月)은 왕래하며

주야(晝夜)를 변화시킨다"고 하였다. 따라서 "육신이 나고 죽는 것도 변화는 될지언정 생사는 아니다"라고 했다.

주역 : "무극(无極)→태극(太極)→양의(兩儀)→사상(四象)→팔괘(八卦) 순으로 만들어졌다"고 하였으며, 팔괘의 시대가 되면서 천지창조가 이뤄진 것으로 본다. 세부적으로 첫째 하늘(重天乾 괘)이, 둘째 땅(重地坤)이 있었고, 셋째 水雷屯(위는 구름·비, 밑에는 우레)이라고 하면서, "둔은 강(하늘)과 유(땅)가 처음 사귀어 어렵게 나오며, 험한 데서(水) 움직이니(雷) 크게 형통하고 바르게 하라는 것은 천둥치고(雷) 비(水)가 내리는 움직임이 가득하기 때문이다"라고 하였다. 이는 지구 초기를 묘사한 것으로 과학적으로 생명의 시원인 '단백질'을 생성하려면, 원시지구 대기와 수증기를 유리관 속에 넣고, 그 속에 +와 − 전류를 흘려 스파크를 일으키면 된다고 한다(스탠리 밀러, 53년 실험).

또 주역은 "모든 것은 신의 조화인데, 우주만물의 어느 방소 할 것 없이 모두 신이 꽉 차 있다"·"하늘의 검은 정수와 땅의 누런 정수가 혼합되어 만물이 엉겨 나온다"고 하였다(天地玄黃). 하늘 기운은 위에서 아래로 직선으로 내려오고(햇볕·비 등), 땅 기운으로 평평한 땅처럼 수평으로 올라간다. 이 하늘 기운(날줄, 세로, 70%) + 땅기운(씨줄, 가로, 30%)이 베 짤 때처럼 '교차되는 지점에서 생명들이 맺혀서' 태어난다. 이것을 좀 작게 설명하면 하늘이 씨(비·기·빛·바람 등→정액)를 땅(여자 자궁)에 뿌려 생명이 자라게 하는 것이고, 이를 본받아 남녀가 성교를 하고, 농부들도 괭이(남자 성기)로 땅(자궁)을 파서 씨(정액)를 심는다. 그래서 옛말에 "하늘은 낳고 땅은 기른다"고 하였다. 남녀의 교접을 운우지정(雲雨之情)이라고 하는데, 이것은 하늘과 땅이 교접하여 번개와 천둥이 치고 비가 오는 것을 하늘과 땅의 축소 모사판인 인간이 그대로 따라하고 있는 것이다.

도교 : "무에서 만들어졌다"고 한다(여기는 無는 완전히 없는 무가 아니라 진공묘유). 그리고 "사람은 땅에 매여 있고, 땅은 하늘에 매여 있고, 하늘은 법칙에 매여 있고, 법칙은 스스로 그러하다"(自然)고 하여 자연법칙에 따라 스스로 생겼다고 하였다. 그 외 도교에서는 최고의 신인 옥황상제와 신선 등 여러 인격신들이 있다.

빅뱅이론 : 우리가 살고 있는 우주는 무한대의 밀도와 에너지를 가지면서 부피가 없는 「특이점」에서 일어나는 '대폭발'에 기원을 두고 있다. 특이점→인플레이션→대폭발을 하여 현재 우주가 생긴 것이다.

빅 바운스 이론 : 위의 빅뱅이론으로 우주가 만들어진 것이 아니라, 현재 우주 이전의 우주가 수축하면서 '영이 아닌 아주 작은 크기의 부피'로 되었다가 다시 성장하여 현재 우주가 된 것이다.

스티븐 호킹 : 우주와 생명은 신이 창조한 것이 아니라 자연법칙에 의해서 스스로 발생한 것이다(주역, 힌두교, 불교 연기론, 도교와 같다).

데이비드 봄 : 눈으로 볼 수 있는(부피를 가진 3차원) 곳에 모든 현상은 눈에 보이지 않는 곳(2차원 : 四象─태양, 소음, 소양, 태음)에서 먼저 일어난 현상에 불과하다. 즉 소립자는 끊임없이 생멸하고 있는데 어떤 조건이 주어지면(대응하는 四象) 협동체가 이루어져 거기(3차원 : 八卦)에 물질이 나타난다(입체 오행의 탄생, 생명체의 탄생). 무질서에서 어떤 순간 질서있는 형태로 변화하는 것이다. 이는 곧 소립자는 의식이 있다는 것으로 불교의 일체유심조와 일맥상통하는 말이다.

통일장 이론 : 우주는 강력(S)·약력(W)·중력(G)·전자기력(EM) 등 4가지 힘에 의한 끈(string)과 막(membrane)으로 이뤄져 있다(「제2장,

불교, 주역, 명리학은 물리학이다」 제하에서 상세히 설명).

우주 변화의 원리(저자 : 한동석) : 그냥 얘기하면 어렵고 비유해서 설명을 하면(우선 지구를 '솥'으로 가정~), "솥 속에 물이 들어 있고 이것이 약간 기울어 있는데(자전축 23.5도) 낮에는 햇볕의 열을, 밤에는 달빛의 찬 기운을 교대로 받다 보니 솥 속에 미세한 엉김이 생기고 이것이 진화하여 생명이 되었다. 그리고 솥이 기울어져 있으니 그 속의 모든 것이 고르지 않고 부정부패가 있게 된 것이다"라고 한다.

플라톤 : "각 사물마다 각각의 '이데아'(idea)가 있지만, 최고의 이데아는 이데아의 이데아, 곧 「선(善)의 이데아」이며, 이 '선의 이데아'가 모든 것을 지배하고 모든 것이 최고의 절대목적인 이것에 의해 통일된다"고 하였다. 즉 '선의 이데아'는 전 세계를 지배하는 이성이며, 이런 의미에서 우주적 이성이자 신이라고 말할 수 있다.

삼일신고(三一神誥) : 언어나 생각을 통해 하느님을 찾는다고 해서 그 모습이 아니다. 오로지 자신의 진실한 마음을 통해 하느님을 찾아라(금강경과 유사). 너의 뇌(腦) 속에 이미 내려와 계시느니라(기독교의 성령, 불교의 불성이 우리 속에 있다는 것과 같다).

공자 : 신과 귀신에 대하여 주역에서 "음양 기운의 조화, 그 조화의 흔적이다, 음양을 헤아릴 수 없는 것, 음양이 변화하는 것(계사전)", "만물을 묘하게 함을 말한다(설괘전)"고 하였다. 즉 삼라만상이 신이라는 '범신론'과 양자역학에서 말하는 신(神)이 따로 있는 것이 아니라 '우주만물을 창조한 근본 원리', '자연의 법칙' 등이라는 것이다.

범신론 사상을 원시적이라고 할지 모르겠으나, 그건 모르는 소리이고 합리적이고 과학적이다. 시간이 갈수록 양자역학 등 과학이 이것을 증명해 내고 있다. 의상조사 법성게처럼 "하나가 모두이고 모두가 하나이다." 범신론의 대표격인 힌두교에서는 "신은 보이지 않는 자연의 힘을 표현하는 방법이요. 신은 세상의 근원이 되는 어떤 것의 표현에 불과하다"고 했는데, 모든 것을 망라하는 가장 합리적 표현이 아닐까 생각한다. 여기서 수학적 개념 '영(0)'이 나왔다. 즉 신이란 우주 삼라만상과 우주 근본 원리와 자연법칙이라는 얘기이다.

아인슈타인 등 세계적인 과학자들도 입을 모아서 "우주과학 시대에 신은 전제로 하는 종교는 더 이상 존속할 수 없으며, 불교와 같이 신을 전제로 하지 않는 종교만이 존속될 수 있을 것이라"고 하고 있다.

내 생각은 세상은 음양이라 공간이 있다면 반드시 그 반대되거나 대칭되는 비 공간이나 마이너스(−) 공간이 있어야 한다. 이 마이너스 공간에서 공간(공간에서 삼라만상)이 만들어져 나왔다. 공간에서는 에너지가 클수록 속도가 빨라지지만 비 공간에서는 에너지를 있으면 오히려 속도가 느려지고 에너지를 잃을수록 속도가 더 빨라진다고 본다.

우주 창조 후 '인간의 출현'과 관련하여 불교는 최초의 인간은 화생(化生 : 다른 세상이나 다른 차원에서 지구로 신통변화처럼 저절로 슥 생겨나옴)을 하였고 그 이후에는 태생(胎生)을 반복했다고 나온다. 금강경에서는 알(卵生)·태(胎生)·습기(濕生)로 생긴 중생이나 변화하여 생긴 중생(化生 또는 돌연변이)이나, 형상이 있는 중생(有色)이나 없는 중생(無色)이나, 생각이 있는 중생(有想)이나 없는 중생(無想)이나 생각이 있지도 않고 없지도 않는 중생(非有想非無想)들로 구분하고 있다.

아함경에서는 "옛날 천지의 마지막 겁이 다해 무너질 때 중생은 목숨을 마치고 다 광음천에 태어났다. 그들은 자연히 화생(化生)하였으며 기쁨으로 음식을 삼고 살았다. 그 뒤 땅은 다 물로 변하고 큰 어둠이 있었다. 이 물이 다시 변해 천지가 되었고(물→천지, 이 부분은 성경과 유사) 모든 광음천의 무리들은 복이 다해 땅에 태어났다"고 하였다.

성경과 주역은 인간 출현 입장이 비슷하다. 성경은 하나님께서 만물을 창조하고 나신 후 6일째 되는 날에 그 만물을 다스릴 인간을 하나님의 형상대로 창조하였다고 했다. 주역 서괘전에서는 "하늘과 땅이 있은 뒤에 만물이 있고 만물이 있은 뒤에 남녀가 있다"고 하였다.

공자는 "하늘과 땅이 정기를 축적하므로 오행 중의 우수한 것을 받으면 사람이 된다"고 하였으며, 염계 선생은 "오직 사람만이 가장 빼어난 기운을 얻어서 신령스럽고 형체를 갖추어 생겨나면 정신이 발생하여 지혜가 열린다"고 하였다. 주역과 명리학은 인간은 음양의 정기가 합쳐져서 천지의 이치를 담고 오행을 바탕으로 태어난다고 보고 있다.

수메르 점토판 해석에 따르면 "외계인들이 지구 금광 개발을 위한 노예로 부리기 위해 기존의 원시 지구인과 자신들의 유전자를 교배시켜서 현재의 인간(아다무=아담)을 만들어 냈다"고 하는데, 나는 이것을 가장 지지하는 편이다. 지구는 핵전쟁·극이동·운석 충돌 등으로 과거 화려한 문명이 꽃피고 사라지고를 반복했다고 본다. 불교의 우주관도 우리 우주뿐만 아니라 수많은 우주가 있으며, 지금 우주 이전 과거와 과거 그 이전에도 수많은 우주가 있었고 수많은 별에서 수많은 중생들이 살아오고 있다는 입장이다.

1986년 영국의 뉴사이언스 과학 잡지는 우주의 모든 별자리를 컴퓨터에 입력시키면 '사람 모양'을 하고 있다고 발표하였다. 즉 인간이란 음양의 정기가 합쳐져서 하늘과 땅의 이치를 담고 오행의 바탕으로 태어나는 것이다. 우주를 담고 있는 것이다.

우리 세상과 인간은 신+대우주+대생명+천지 대자연+지구의 축소 모사판이며 그들의 아들이고 표상이다. 따라서 인간과 인간세계를 고차원적으로 확대해 보면 곧 신+대우주+대생명+대의식+천지 대자연+지구가 되고 그들의 모양과 뜻을 알 수 있다. 그래서 신과 우주를 알려면 멀리 갈 필요 없이 역(逆)으로 인간을 잘 관찰하면 된다.

우주가 생성되고 순환하는 원리는?
그 목적은?

우주가 어떻게 생성되는가는 앞에서 이야기했고, 우주가 순환하는 원리와 그 목적은 무엇인가에 대해 알아보자.

우주가 순환하는 것은 음양이 있기 때문이다. 음양이라는 모순(矛盾)이 곧 신이고 우주를 순환시키는 원동력인 것이다. 모순이 없으면 세상이 돌아가지 않는다. 비고 부족하고 불완전하고 불균형이고 비대칭이어야 우주와 세상이 돌아갈 수 있고 돌아야 할 이유가 있다. 완전하면 곧 죽은 것이고 아무것도 일어날 수 없고 일어날 필요도 없다. 그래서 이 우주에 신 포함 그 어떤 것도 완전한 것은 없다. 완전함을 추구할 뿐이다. 완전함과 완성에 이른듯하면 또다시 불균형과 비대칭이 생겨서 다시 순환을 하고 더 큰 완전함과 완성을 위해 나아갈 뿐이다.

우주는 대칭 속에 약간의 비대칭이 있기에 돌아가는 것이다. 양쪽 무게가 똑같은 시소와 짝수는 움직이지 않는다. 홀수가 되어야 균형이 깨어져 움직이고 순환할 수 있다. 그래서 우주의 완전수인 3이 양쪽에 팽팽한 균형(3-3)을 이룬 가운데 추가로 1일 더해져 불균형이 발생(7)해야 우주가 순환하기에 7은 우주의 수다. 이 우주와 세상은 음과 양, 균형과 불균형, 대칭과 비대칭 모두 있어야 움직이고 존재가 가능하다. 또 완전-균형-대칭 속에 약간의 불완전-불균형-비대칭이 있어야 아름답다. 너무 완전한 미인도, 옥(玉)도 예쁘지 않다. 약간의 비대칭과 흠이 있어야 그 예쁨을 더욱 빛나게 하는 것이다.

공자는 주역 계사전에서 "한 번 음(陰)하고 한 번 양(陽)하는 것이 도(道)"라고 하였다. 즉 한 번은 음 운동을 하고 한 번은 양 운동을 하면서 생성→대립과 변화→균형과 조화→순환을 하는 것이 자연의 근본 이치와 질서라는 말이다.

우주는 서로 반대되는 음양이라는 두 기운이 대립하고 조화(주역-對待論理, 불교-中道)하면서 만물을 생성-변화-순환시켜 나가는 것이다. 음양이라는 모순이 모든 것을 만들어 내고 순환을 시킨다는 말이다. 그리고 음양이 구체적으로 펼쳐지고 변화하고 순환하는 모습이 오행(水木火土金)이다. 즉 음양오행의 원리로 우주가 생성되고 순환하는 것이다.

우주의 물질적 창조와 인간의 물질적 삶과 윤회의 근본 목적은 경험을 통해 배운 지혜(진리)를 우리의 영혼에게 제공하여 우리를 더욱 발전(미성숙→성숙)시키는 데 있다.

성경에서는 우주의 창조 목적에 대하여 "뜻이 하늘에서 이루어진 것 같이 땅에서도 이루어지이다(마태복음)"라고 했다. 즉 신은 무한한 가능성인 자신을 실현하기 위해 우주를 창조했다는 것이다. 통일교에서는 "하나님께서 인간을 창조한 뜻은 선(善)이고, 사랑과 행복이 넘치는 이상세계를 실현하는 것이었다"고 주장한다.

「증산도」에서는 "우주는 음양오행에 따른 생장염장(生長斂藏)의 이치로 생성되고 돌아가는데, 그 목적은 인간을 위해서이고 인간 완성을 위해서이다. 왜 우주에서 인간 농사를 짓는가? 대우주의 꿈과 이상을 우주의 열매인 인간을 통해서 이루기 위해서이다. 인간이 우주의 주인공이다"라고 하였다. 모든 것은 우리 인간과 인간 완성을 위해 있는 것이다.

천부경에서도 "인간에게는 하늘과 땅 등 우주가 들어 있고, 즉 우주의 자식이고, 우주의 자식인 인간을 잘 키워서 하늘과 땅 등 우주를 닮은 천지간에 가장 위대한 첫 번째 존재가 되도록 만들고 싶었기 때문이다"고 하였다.

이처럼 우리는 우주의 열매이고 자식으로 대우주의 꿈과 이상을 실현하기 위하여 만들어졌는데, 과연 서로 그렇게 대접하고 있는지? 그 뜻대로 살고 있는지? 자문해 보아야 할 것이다.

인간은 하늘과 땅, 동물과 신의 속성을 모두 갖고 있기에 잘못 쓰면 이도저도 아닌 주변인이 되고 양자의 단점으로 지옥을 경험하게 된다. 그러나 양자의 요소가 다 있기에 신보다 나을 수도 있다. 양자의 이로움만 누리고 취할 수도 있기 때문이다. 양자의 장점을 다 취할 수 있는 절묘한 황금 룰은 '성인의 말씀'이다. 양심과 지혜로 성인들의 말씀대로 살고 온고지신하고 타산지석 하면서 자리이타의 삶을 사는 것이다.

우주에 시간은 없고 공간은 끝이 없다

사람들은 시간과 공간에 대해 모두 다 궁금해한다. 시간은 과거-현재-미래를 뛰어넘을 수 없을까? 공간은 끝이 있을까? 없을까? 결론은 시간은 없고(현재만 있고) 공간은 끝이 없다.

기독교는 시간과 공간도 하나님이 창조한 것이고 그 시간과 공간은 시작이 있고 또 마지막이 있다고 주장한다. 그러나 주역, 불교 화엄경, 의상조사 법성게, 천부경 공히 시간은 없고 공간은 끝이 없다고 얘기를 해 놓았다. 특히 불교 화엄경과 의상조사 법성게에서는 다중 우주론인 거품 우주론, 막 우주론, 평행 우주론 모두를 얘기하고 있다.

금강경에서 '삼천대천세계'를, 의상조사 법성게에서 "하나에 모두 있고 많은데 하나 있어 하나가 곧 모두이고 모두가 곧 하나이니, 한 티클 작은 속에 세계를 머금었고 낱낱의 티끌마다 세계가 다 들었네"라고 했는데, 이것은 「프랙탈 이론」과 「거품 우주론」 및 수많은 세계와 차원(불교-삼천대천세계 및 3界 28天, 도교-36천, 플레이아데스의 사명-22차원, 통일장 이론-11차원)을 얘기해 놓은 것이다. 불교는 우주에 대하여 「3界 28天」이라고 얘기해 놓았는데, 이것은 「막 우주론」에 해당한다.

부처님이나 관세음보살은 천수천안으로 동시에 중생들을 보고 여러 곳에 동시에 몸을 나투시어 중생들을 제도와 구원해 주신다고 했고,

화엄경에 보면 "동서남북 상하 어디에도 저마다의 세계가 있어서 그 안에는 부처님의 나라가 있고 그 부처님을 중심으로 무수한 보살들이 결가부좌하고 있다"고 했고, 화엄경 「노사나품」 등에 보면 "부처님께서 치아 사이 등 몸으로 무수한 광명을 발하시고 그 하나하나의 광명으로부터 다시 무수한 광명이 퍼져 나와 수없이 많은 부처님의 나라를 비추었다. 수많은 보살들은 이 광명에 의해 비로자나 부처님의 연화장세계의 바다를 볼 수 있었다" 등의 표현을 해 놓고 있는데, 이는 「거품 우주론」과 「평행 우주론」을 동시에 말하고 있다.

천부경은 "하나가 태극(太極)으로 시작했건만 어디에서 시작한지를 모르고, 하나가 태극으로 마치지만 어디에서 마치는지 모른다"고 했다. 풀어보면 시간은 없고 공간은 끝이 없다는 얘기이다.

주역은 우주 만물이 있기 이전에 공허하고 혼돈했을 상태를 태극이라고 하고, 태극은 시간과 공간이 없기 때문에 무극(無極)이라고 한다.

불교는 제행무상·제법무아를 통하여 우주에는 시간과 공간적으로 영원한 것도 절대적인 것도 없다고 하였으며, 화엄경과 「의상조사 법성게」에서 이것을 다시 얘기해 놓고 있다. 공간이 끝이 없음에 대하여 "하나에 모두 있고 많은데 하나 있어, 하나 곧 모두이고 모두 곧 하나이니, 한 티끌 작은 속에 세계를 머금었고, 낱낱의 티끌마다 세계가 다 들었네"라고 하였고, 시간이 없음을 "한없는 긴 시간이 한 생각 찰나이고, 찰나의 한 생각이 무량한 긴 겁이니"라고 하고 있다.

시간에 대한 다른 생각으로 아인슈타인이 상대성 이론에서 얘기했듯이, 시간은 똑같은 데 그것에 가치(價値)를 부여하는 순간, 그 길이는 달라진다. 똑같은 한 시간이지만 좋아하는 미인과 같이 있는 시간은 너무나 짧고, 똑같은 1초이지만 치통 치료 순간은 몇 시간에 해당한다. 또한 평생의 긴 세월도 단 몇 분 내에 회상을 끝낼 수 있다.

다른 예로 영화 필름은 매 초마다 24컷이 움직여야 활동사진으로 보이게 되어 날아가는 총알을 보통 무비 카메라로 찍으면 볼 수가 없지만, 날아가는 총알도 초고속 카메라도 찍으면 카메라 성능에 따라 그 장면을 세밀하게 수없이 찍고 또 찍어서, 슬로우 비디오로 재연하면 찍었던 장면 수만큼 시간을 무한대로 늘릴 수 있다. 즉 시간을 잘게 쪼개면 무한에 이르고 통합하면 '영원의 현재'만이 있을 뿐이다. 이것은 물리학에서 증명된 것이다. 「제1장, 과거-현재-미래는 동시에 존재하므로 운명은 정해져 있다」 제하에서 이미 설명을 했다.

그리고 우주적 관점에서 보면 당신과 나의 시간은 절대적인 아닌 상대적인 개념이다. 빛은 공간을 타고 나가는데, 중력이 클수록(블랙홀 등) 그 부분과 주위의 공간이 휘어져 빛이 휘어진 공간을 통과해서 가기 때문에 일반 공간보다 시간이 더 늦게 간다. 또 관찰자와 관찰대상자의 상호간 속도와 관찰 방향에 따라서 시간은 상대적으로 느껴진다.

앞서 얘기했듯이 죽음 순간에 평생을 다 보여준다고 하는데, 나는 고교시절 교통사고로 2~3초간 공중위로 떴을 때 평생의 주요 장면이 파노라마처럼 다 보였고 그 2~3초가 무한대의 긴 시간으로 느껴졌었다.

자연과학적 시간은 과거-현재-미래로 이어지는 직선구조를 갖고 있고 또 그렇게 구분을 하는데, 불교에서는 「영원의 지금 그리고 여기」만이 존재할 뿐이다. 단지 현재의 시간을 과거-현재-미래로 임의 구분해 놓은 것이라는 것이다. 즉 눈금 없는 자에 눈금을 새겨 놓은 것과 같다고 본다. 따라서 인간이 바로 옆에서 보면 과거-현재-

미래가 있지만, 위에서 동시에 내려다보면 늘 현재밖에 없는 것이다. 시공으로 이뤄진 4차원을 넘어 5차원 이상에 가면 시간의 처음과 끝을 볼 수 있고, 과거와 미래를 마음대로 갈 수가 있다. 양자의 세계에서는 "시간이 과거와 미래의 양방향으로 흐른다"는 입장이다.

그다음 공간에 대해서, 공간의 끝이 있을까? 끝이 있다면 그다음은 뭐가 있으며, 또 끝이 없다면…, 끝이 없는 것이 말이 되는가? 나는 공간은 끝이 없다고 생각한다. 사람들이 끝이 있다고 생각하는 것은, 우리가 물질의 세계에 살고 지구라는 한정된 곳에 갇혀 살기 때문에, 물질-지구라는 한정되고 보이는 것 바탕 위에 모든 사고를 하기 때문이다.

그러나 나는 우주는 아무것도 없는 것이 기본이고, 없는 것 안에 일정 부분 에너지와 물질이 존재(대우주 반경은 200억 광년으로 추정)하는 것이 아닐까 생각한다('통일장 이론'은 11차원의 다중우주론과 이 說을 지지). 따라서 아무것도 없는 것은 끝이 없는 것이라 할 수 있다.

시공에 대하여 다시 설명을 하면, 서양에서는 아인슈타인의 「상대성 이론」 이전까지는 시공이 따로 존재(3차원)하며 절대적인 것으로 생각하였으나, 아인슈타인은 시간과 공간이 관찰자와 관찰대상에 따른 인식의 소산이라 분리할 수 없다(4차원)고 하여 우주에는 영원한 것도 절대적인 것도 없다(제행무상, 제법무아)는 불교의 주장을 증명하였다. 즉 시공은 고정된 절대적인 것이 아니라 서로 상대적인 관계의 인식 속에서 주어지는 것이다. 다시 말하면 우리가 공간에 놓여 있는 어떤 물체를 생각할 때 전후좌우가 큰 의미가 없듯이, 우리가 절대적으로 믿고 있는 과거-현재-미래의 개념도 학습된 고정 관념일 뿐이며 우주에서는 아무런 의미도 없는 상대적인 개념일 뿐이라는 것이다.

　그리고 우주는 계속 팽창하고 있는데, 그 팽창속도만큼이나 우주의
축소 모사판인 인류는 자유스러워지고 풍요로워져 왔고 발전해 왔다.
앞으로도 그럴 것이다. 지구에 있는 정신과 물질 모두 우주를 따라서
느슨해지고 팽창하고 발전하게 된다는 말이다. 우리는 그들의 축소
모사판이기 때문이다.

불교, 주역, 명리학은 물리학이다

　과학과 불교와 힌두교는 궁합이 아주 잘 맞아, 과학이 발달할수록
불교와 힌두교가 주장했던 내용·사상들이 착착 증명되고 있어,
유럽·미국 등의 서양 엘리트들과 상류사회에서는 불교와 힌두교가
날로 각광을 받고 있다. 사실 불교의 반야심경·화엄경, 주역, 명리학
등은 우주와 자연법칙과 질서를 얘기해 놓은 물리학이고 천체
물리학이다.

　그래서 미국 NASA에서 화엄경을, 아인슈타인·닐스 보어 등 서양의
유명한 과학자들이 힌두교·불교·주역을 연구한 것이다. 아인슈타인과
스티븐 호킹 박사가 이미 얘기했듯이, 동양에서 각종 종교와 사상 등을
통해 물리학과 천체 물리학을 먼저 얘기를 했고 그것을 서양 학자들이
다시 증명하고 세분화하고 기계를 만들어 실생활에 사용하고 있을

뿐이다.

서양 석학들이 다 알고 있는 이 내용을 스님들과 주역 전문가들도 전혀 알아듣지 못하고 신기해하거나 이상한 사람 취급을 했다. 내가 공부를 해 보니 물리학이라서 그 뒤에 물리학과 서양 석학들에 대해서 자세히 연구하고 살펴보니 그들은 벌써 이 사실을 다 알고 그것들을 연구해서 노벨상까지 받고 있었다. 그런데 그 근원과 원류인 동양에서는 이것을 전혀 모르고 있거나 더 나아가 미신으로 비하하고 있다. 왜 이런 현상이 벌어지는가?

영국·프랑스 등 서양이 산업혁명을 성공해서 인도·중국 등 동양을 식민지나 반식민지로 지배를 할 때에, 주역·불교·힌두교 등 동양의 각종 종교-철학-사상과 그 서적들을 자국으로 모두 가져가서 최고 석학과 교수들에게 연구를 시켜, 서양 학자나 지식 상류층들은 동양을 외면하고 서양 사대주의에 매몰되어 있는 우리보다 더 동양의 종교-철학-사상 등에 대해서 잘 알고 대단하게 생각하고 있다. 이것 참 아이러니 한 일이 아닌가?

이 결과로 칼 융의 의식·잠재의식·무의식이 불교 유식학에서 나오고, 컴퓨터 이진법이 주역에서 나왔듯이, 닐스 보어의 원자모델과 아인슈타인의 상대성 이론과 양자물리학도 주역·힌두교·반야심경·화엄경 등에서 나왔다. 실제로 아인슈타인은 불교·힌두교·주역을 평생 끼고 살았고, 불교의 과학성과 합리성에 감동하여 "불교가 우주 종교가 되어야 한다"고까지 했다.

정작 동양의 우리들은 동서고금의 학문-과학-종교-사상 등을 종합적으로 공부하고 이해하고 이것들을 능수능란하게 상호비교를 할 줄 알아야 하는데, 무지·독선·편견·좁은 지식과 식견으로 어느 한 부분만 공부했고 믿고 알고 있기 때문이다. 동양 종교와 고전을 아주 잘 아는 것처럼 말하는 노땅들은 서양·과학·현대 학문은 거의 무지하고 심지어 유불선과 동양 고전의 깊고 넓은 뜻도 잘 모르면서 기껏 '한자(漢字) 실력자랑'(말이나 글로서 중국 사람과 대화를 하거나 문장을 만들거나 긴 문장을 해석할 줄도 모르고, 단지 한자 '낱글자'나 '단어'·'사자성어' 정도만 안다)이나 하면서 마구 으스대고 있으며(젊은 사람들보다 나은 것이 이것밖에 없기 때문이다), 요즘 청년들은 인류 문명의 근원인 동양과 유불선과 동양 고전을 전혀 모르고 서양 사대주의와 열등감에만 푹 빠져 있고, 앵무새처럼 늘상 과학을 부르짖으면서 동양의 모든 것을 미신 취급하면서도 막상 과학에 대해 결코 잘 아는 것도 아니다.

그래서 나처럼 동서고금 수 만권의 독서량과 다 경험을 기본 바탕으로 하여, 유불선과 기독교 등 각종 종교와 주역을 필두로 명리학·풍수지리·관상 등 형이상학에 오롯한 경지를 이뤘거나 조예가 깊고, 서양과 과학에 대한 남다른 이해는 물론, 현대학문 여러 분야의 형이하학에 대해서도 박학다식한 사람이 참으로 귀하다. 이 정도는 되어야 공자처럼 "아는 것은 알고 모르는 것은 모른다"고 얘기할 수 있다.

불교, 주역, 명리학이 물리학이라는 것은 제2장(세계 석학들과 주역 등 동양사상, 천지창조는 누가 하였나?, 우주에 시간은 없고 공간은 끝이 없다)과 제4장(중도가 깨침치고 우주 기본 프로그램이다)에서 부분적으로 얘기했고, 나머지는 아래에 종합적으로 적시한다.

【불교】

힌두교 「베다」는 현대의 천문학·수학·기하학·건축학·음운학·문법학·어원학 등에 해당하는 많은 심오한 지식을 담고 있다. 또 신들끼리 하늘을 나는 전차를 타고 불을 쏘면서 전쟁을 했다는 기록과 함께 비행접시 설계도까지 그려져 있는 등 우리의 상상 이상이다. 힌두교를 더 발전시켜 꽃 피운 불교의 주장은 현대 물리학·화학·생물학·핵물리학·양자역학 등과 같은 자연과학이나 첨단과학과 잘 들어맞는다.

불교 초기 경전인 「디가니까야」에서 부처님은 "나는 과거를 알고 있나니 세상은 수축하고 팽창했다. 나는 미래도 알고 있나니 세상은 수축하고 팽창할 것이다"라고 했다. 이 같은 견해는 1927년 관측에 의해 처음 밝혀진 현대의 진동우주론(oscillating cosmology, 振動宇宙論, 미국의 물리학자인 조지 A.가모브 주장)과 같다.

유전자 과학에서는 유전자를 복제하여 개개의 유전자가 곧 개개의 생명체임을 증명했는데, 이것은 화엄경의 "일즉일체다즉일(一卽一切多卽一) 하나가 곧 일체이며 일체가 곧 하나다"와 "한 티끌도 곧 법계우주"라는 일진법계(一塵法界)를 설명해 주는 내용이다.

현대과학의 진화론은 제행무상(이 세상의 모든 존재는 고정불변하는 것은 하나도 없고, 끝없이 변화하고 있다)을 설명해 주고 있다.

■ 반야심경·화엄경과 특수 상대성이론, 양자물리학

양자물리학은 불교에서 말하는 "불생불멸, 색즉시공 공즉시색, 인다라망, 무아(無我), 일체유심조, 우주는 하나이고 자비이다, 삼신불, 관세음보살의 천수천안"이 그대로 증명되고 있다. 우주의 시작과 끝이 기록되어 있다는 '아카식 레코드'도 존재한다고 볼 수 있다.

반야심경의 색즉시공, 공즉시색→아인슈타인은 이것을 특수 상대성 이론에서 "$E=MC^2$"고 하여, 에너지가 질량이고, 질량이

에너지라고 하였다(에너지질량 등가의 법칙). 이 실험($E=MC^2$)을 처음에는 앤더슨(Carl, D, Ander Son)이 부분적으로 성공하였고, 뒤에 세그레(Emilio Segre)가 전체적으로 성공하여 둘 다 노벨물리학상을 받았다. 이 이론으로 원자·수소 폭탄을 만들었다. 소립자는 번쩍번쩍한다. 즉 '무와 유는 같다' '무에서 유가 나온다'는 말이다.

초기 불교에서는 연기론(緣起論)을 얘기했고 대승불교의 화엄경은 우주가 중중무진 '인다라망'으로 서로 연결되어 있다고 했는데, 현대의 양자물리학도 자연은 어떤 독립된 구성체가 아니라 상호 다양하게 작용하는 그물과도 같은 것으로 이들의 관계는 관찰자와 관찰되는 과정의 연속이며 이들의 상호작용으로 이뤄진다고 했다. 양자물리학의 입장에서 보면 물질의 내부는 텅 비어 있다(색즉시공). 따라서 겉으로 보기에 만물은 명확한 경계선을 가지고 분리되어 있는 것처럼 보이지만, 실상은 모두 하나의 에너지로 연결되어 출렁이고 있을 뿐이다(화엄경의 '중중무진 인다라망'). 만물의 경계는 소립자들을 결속시키는 구실을 하는 '에너지장'이라는 느슨한 울타리가 있을 뿐이고, 그 울타리는 막힘없이 사방으로 트여 있다.

이론 물리학에서는 '소립자도 자기의사(自己意思)가 있다'고 주장하는데, 이것은 화엄경에서 말하는 물심불이(物心不二) 즉 물질이 곧 정신이라는 것을 말해 주는 내용이다.

■ 탄허 스님

무한히 빠른 속도로 운동하는 물체의 자체 운동 속도가 제로에 가까워지는 것과, 빛의 입자성과 파동성의 2중성 등 아인슈타인 이론은 화엄사상(中道)과 일치한다.

■ 통일장 이론(끈 이론, 막 이론, 만물이론)

불교는 우주를 3계 28천으로 얘기했는데, 통일장이론에서는 우주는 강력·약력·중력·전자기력의 '끈과 막'으로 이뤄진 11차원의 다중우주라는 입장이다. 통일장 이론이란 이 4개의 힘을 하나의 방정식으로 통합해 우주의 삼라만상을 설명하려는 이론으로, 우주의 근원(기본입자)이 물질과 힘이 아닌 '끈(String)'의 진동이나 막(Membrane)'이라고 보는 것이다. 이는 곧 우주 삼라만상을 지배하는 물리학적 원리와 자연은 무엇으로 이루어져 있는가를 아는 것이 된다.

미국 프린스턴 고등연구소(IAS) 에드워드 위튼 교수는 "끈이라고 할 수 있는 진동에너지가 우주 이루고 있다. 끈이 진동하는 형태에 따라 입자가 다르게 보인다"는 기존의 '끈 이론'(5종류) 대신 이 모두를 통합하여, '끈'들을 풀어헤친 '막' 즉 우주의 기본요소를 끈에서 '막'으로 확장한 '막 이론'(M이론)을 등장시켰다. 우주는 강력·약력·중력·전자기력의 '끈과 막'으로 이뤄져 있다는 것이다.

이 '막 이론'을 우주에 적용시키기 위해서는 11차원의 다중 우주가 필요하고, 이 '11차원'을 설명하기 위해서는 '우주의 바깥' 즉 우주가 없는 곳이 필요하게 되었다. 지금까지 우리는 '우주가 무조건 있다'고 인식을 했는데, 이제 '우주가 없다'가 생각의 출발점이고 대전제가 되어야 한다. 즉 우주는 없는 곳이 기본이고 없는 곳 안에서 일정 부분에 물질과 에너지가 있는 것이 된다.

'막 이론'에 따르면 우리가 사는 세계는 물론 알지 못하는 세계들은 각각 '막'으로 이루어져 존재하고 있는 것이 된다. 5~11차원은 4차원 속에 숨겨져 있다. 더 나아가 '막 우주론'이란 미국의 물리학자인 리자 랜덜과 래먼 선드럼이 1998년 제안한 가장 최신 가설로, 11차원으로 이뤄진 우주 중간에 우리가 살고 있는 4차원의 세계(전후, 좌우, 위·아래, 시간)로 이뤄진 얇은 막이 형성돼 있고, 이 막에 우주 만물이 붙어 있다는 것이다. 막에 붙어 있는 만물은 사람 등 지구상의 동식물뿐 아니라 태양·은하계·달·별 등 우리가 볼 수 있는 모든 것을 포함한다.

■ 지구의 위치

불교에서는 우주가 눈(雪) 모양으로 생겼고 지구는 우주에서 '남섬부주'라는 이름으로 남쪽에 위치해 있다고 하였는데, NASA 에서 연구해 보니 실제로 지구가 우주의 남쪽이 있다고 한다.

■ **불교 원자설**

　법성게에서 "한 티끌 작은 속에 세계를 머금고 낱낱의 티끌마다 세계가 다 들었네"라고 했는데, 티끌처럼 작은 원자도 마치 태양과 지구처럼 '원자핵' 주위를 '전자'가 공전을 한다. 그리고 설일체유부의 극미설(極微說, 극미들이 상호접촉 없이 결합한다)은 불교 최초의 원자설인데, 현대 원자설과 일맥상통한다.

■ **물리학자 '데이비드 봄'**

　물질의 창조에 대해 불교의 「일체유심조」와 유사한 말을 하였다. 앞의 「제2장, 천지창조는 누가 하였나? 신은 있는가?」 부분에서 자세히 얘기하였으니 참고하기 바란다.

【주역】

　주역 괘(卦)는 '그림이며 부호'인데, 이것은 우주를 그대로 모사(模寫)한 것이라 만물의 모든 이치가 그 속(괘)에 다 들어 있다고 했다. 그리고 주역의 무극(无極)→태극(太極)→양의(兩儀)→사상(四象)→팔괘(八卦)로의 분화는 '빅뱅이론'과 맥을 같이하는 것이다.

　선천팔괘와 후천팔괘는 지구 자기장(磁氣場)의 흐름과 같다.

　아인슈타인은 우리의 우주상을 「4차원의 시공연속체」라고 말했는데, 주역의 우주상도 시간(乾)과 공간(坤)의 힘으로 끊임없이 「생생불식(生生不息)」으로 짜여 나가고 진화하는 시공연속체로 본다.

　사람 세포핵 속에 모두 23쌍의 염색체가 있고 이와 관련하여 64개의 염기가 있는데, 바로 64개의 염기는 주역의 64괘와 일치한다.

　삼라만상의 '유유상종(類類相從)'은 주역에서 처음 얘기했고, 의상조사 법성게에서도 같은 뜻이 나오는데, 미국고등과학원(IAS)의 물리학자 데얀 빈코비치 박사와 경제학자 앨런 커먼 박사팀은 셸링 교수의 '분리모델'은 결정(結晶)이 형성되는 물리학적 메커니즘과 비슷하다는 연구 결과를 2006.12.4. 미 국립과학원회보(PNAS)에 발표했다.

분리모델이란 미국 하버드대의 토머스 셸링 교수(2005년 노벨 경제학상 수상)가 1960년대 말 내놓은 이론으로 "어떤 집단에 독립적으로 의사 결정을 해 움직일 수 있는 개인이 여럿 있을 때 그 집단은 결국 몇 개의 그룹으로 완전히 분리된다"는 것이다. 예를 들면 처음에 한 마을에 흑·백인이 섞여 있어도 시간이 지나면 흑인구역과 백인 구역이 뚜렷하게 나뉘어진다.

데얀 빈코비치 박사 등이 '분리모델'을 연구해 보니, 물질도 결국 흑인·백인구역처럼 유사한 것끼리 모인다는 것이다. 즉 세상사 모든 것이 이해 따라, 성향 따라 이합집산을 한다는 말이다.

■ 주역 천지인(天地人) 삼재(三才) 사상

물질을 이루는 가장 작은 단위는 '소립자'(素粒子, 전자 등 300여 종)인데, 이것은 3개씩 이루어져야 비로소 작용한다. 이는 우주 만물은 모두 셋으로 구성되어야 가장 안정적이고 비로소 작용한다는 '삼재사상'과 같다.

【명리학】

명리학에서 연월일시 사주를 따지는 것은 출생 순간에 우리에게 가장 큰 영향을 미치는 태양-지구-달의 위치에 따른 기운(氣運)이 어떻게 인간에게 영향을 미쳤느냐를 알려고 하는 것이다.

년(年)은 태양의 대우주 공전 궤도 위치(좌표), 월(月)은 지구의 태양 공전 궤도 위치, 일(日)은 달의 지구 공전 궤도 위치, 시(時)는 지구의 자전 위치를 알려고 하는 것이다. 즉 태양-지구-달이 어느 위치(위치에 따라 태양 등이 더 큰 은하계와 별에서 받는 기운이 달라지고, 따라서 내뿜는 기운도 달라진다)에 있을 때 내가 그 기운을 받아서 만들어지고 태어나고 살아가느냐 하는 것이다.

위는 하늘 기운만 얘기한 것이고 천지 모두를 살펴보면, 세상의 변화는 음양오행의 범주에서 일어나는데, 팔자는 오행을 하늘 기운(태양과 달, 수성, 화성, 목성, 금성, 토성 등)은 열 가지(十干), 땅 기운을 열두 가지(十二支)로 나누어 인간에 적용시킨 것이다.

출생 시 아기의 심신은 완전히 백지상태이기 때문에, 단 한 번의 호흡으로 받아들인 대기 중의 우주 기운이 아기의 성격과 운명에 절대적 영향을 미치게 된다는 것이다(컴퓨터 포맷이고, MS windows 등 시스템 프로그램을 까는 것이다). 그래서 처음 받아들인 오행의 기운의 분석을 통해 아기의 전반적인 일생을 가늠해 보는 것이다.

좀 더 자세히 설명하면 명리학은 태양과 공기의 학문이다. 태양과 공기(氣)가 각 개개인과 어떻게 접촉되고 그 과정은 어떻게 전개되는가 하는 것이다. 공기는 항상 일정하고 똑같은 것이 아니라 태양에 따라 해마다 공기의 내용이 바뀐다. 그 바뀐 공기의 형태가 각자에게 불리한가 유리한가에 따라서 각자의 운명이 달라진다.

공기 속에는 오행의 기가 존재하고 그 기는 해마다 순환을 한다. 이렇게 변화된 氣가 각자의 사주 안에 들어 있는 氣와 부딪치며 더 좋은 작용을 하거나 더 나쁜 작용도 할 수가 있다. 즉 태어난 각자의 연월일시에 따라 태양과 공기의 움직임을 받아들이는 조건이 달라지고, 이 조건이 바로 우리 운명을 결정하는 것이다.

인생과 세상사는
주역처럼 네 박자다

　인생과 세상사는 네 박자다. 이것을 가지고 설교 달인 대전중부교회 장경동 목사는 늘 "인생은 네 박자"라고 설교하면서 자기가 이것을 발견했으니까 특허를 내야 한다고 얘기를 한다. 그러나 이전에 가수 송대관이 '네 박자'라는 노래를 만들어 유행시킨 바 있고, 5천 년 전에 주역에서 이미 세상이 사상(태양, 태음, 소양, 소음)임을 벌써 얘기해 놓았고, 조선시대 이제마는 「동의수세보원」에서 주역 사상(四象)에서 근거하여 사람 체질을 4가지로 분류한 '사상의학설'을 주장했다.

　이제 인생과 세상사가 왜 '네 박자(四象)'인지 알아보기로 하자. 우리가 흔히 똑똑하고 성실한 경우 무조건 잘되고, 아둔하고 게으른 경우 무조건 안 된다고 생각을 하는데 결코 그렇지 않다.

　우선 똑똑+성실한 경우를 보면, ① 창업 시나 전쟁에서 큰 공을 세웠거나, 사업에 성공하거나, 소위 士자 직업을 가져 부귀를 쥐는 경우이다. 이것은 모두가 인정하는 사필귀정이다. 그러나 이런 경우는 유목민족, 창업 등 개척 시, 산업화 사회, 전쟁 등 위급 시, 상무정신이 넘칠 때, 국가와 민족이 밖으로 뻗어 나갈 때, 능력 위주 사회, 열린 사회, 오너가 직접 경영할 때 나타난다. 가장 대표적인 것이 칭기즈칸이 몽골을 통일하고 세계를 정복할 때 나타났다. 부하를 능력과 성과에 따라 대우하고 포로 중 기술자는 죽이지 않았고, 노예·포로도 공을 세우면 왕까지 될 수 있었다.

② 똑똑하고 성실하고 능력이 있기 때문에 출세는커녕 사람들의 시기-질투-두려움을 유발해 한직으로 맴돌거나 귀양 가고 죽임을 당하는 경우이다. 아이러니하게도 이것이 동서고금 인간사에서 가장 흔한 경우로 나타난다. 복 없이 똑똑하고 성실한 자는 위기 시 이용만 당하고 시기·질투를 받아서 토사구팽 당하고 귀양을 가고 사약을 받는다. 그리스 '도편제'나 중세 유럽에서 저질러졌던 예쁜 여자에 대한 '마녀사냥'도 같은 맥락이다.

이순신 장군은 물론 김덕령 장군 등 임진왜란 중에 나라를 구한 수많은 의병장들이 무능하면서 의심만 많은 왕 선조의 질투를 받아 고문을 받고 삭탈관직 되거나 역적으로 몰려 죽었다. 얼마나 억울했겠는가? 상은커녕 죽이다니…, 그러나 옛말에 "주군(主君)을 떨게 한 자는 몸이 위험하고 공이 천하를 덮는 자는 상을 받지 못한다"고 하였다.

병자·정묘호란 때는 의병이 거의 없었는데, 그 이유는 여러 가지(단기간 내 일어난 국지전 성격, 인조반정 후 서인이 권력을 장악하고 임진왜란 시 의병의 중추 역할을 했던 '북인'을 축출하여 몰락시킴 등)가 있겠지만, 가장 중요한 이유는 선조가 임진왜란 중이나 후에 김덕령 등 의병장들을 대거 역적으로 몰아 처형한 데 그 원인이 있었다.

우리나라에서는 혁명·쿠데타 후에 우두머리가 그 공신들에게 보상을 한 경우가 대부분(고구려 연개소문, 고려 최충헌, 조선 이성계와 태종과 세조, 한국 박정희와 전두환 등)인데, 중국은 혁명 성공 후에 그 공신들과 관련 세력을 가차 없이 죽여 버리는 토사구팽을 단행하였다.

그 대표적인 예가 한나라 유방이 한신을 토사구팽(兎死狗烹) 한 경우이며, 유방은 한신 이외에도 창업 공신들을 무더기로 죽여 버렸고, 송나라 조광조도 창업 공신들을 모두 고향으로 쫓아 버렸다. 명나라 주원장은 창업 공신 수만 명을 죽이는 등 토사구팽에 가장 철저했다. 토사구팽은 넓은 국토와 수많은 인구와 사상을 가진 중국을 지배한 자가 정권을 지키고 물려주기 위해 필연적으로 거쳐야 할 과정이었다.

공자도 문무를 다 갖춘 인재였기에 시기·질투를 받아서 고향인 노나라에서 쫓겨났고, 벼슬을 얻어 자기 뜻을 펴기 위해 13~14년간 중국 내 70여 소국들을 돌아다녔으나, 공자와 그 제자들의 능력을 시기하고 두려워한 기존 토착 관료들의 방해로 결국 뜻을 이루지 못했다.

이러한 경우는 평화 시, 문민정치로 문약에 빠졌을 때, 밖으로 뻗어나가지 못하고 내치에만 전념할 때, 우둔하고 무능한 장이 지배할 때, 닫힌 사회, 혈연·계급·신분 사회, 오너가 없는 조직, 관료제 폐해가 극에 달할 때, 공무원·대기업 등 시스템으로 움직이는 조직, 전쟁 등 위급 상황에서 벗어났거나 전쟁 교착 시 등에서 필연적으로 나타난다.

이제 우리는 똑똑하고 성실한 경우 출세하고 잘될 수도 있지만, 그로 인해 사람들의 시기─질투─두려움을 유발해 잘되기는커녕 골짜기─하수구에 처박히고 심하면 죽임을 당할 수 있다는 것을 잘 알았을 것이다.

자기가 그런 경우 너무 낙담·한탄하지 말자. 인생이 그런 것이고, 내 팔자가 그런 것이다. 이럴 경우, 가족을 위해 "아! 내 팔자가 이것밖에 안 되는구나"라고 위안하면서 그에 맞게 살아가야 한다. 주역에서도 "인군(仁君)을 만나지 못하면 아무리 학덕이 높아도 쓰이지 못한다"고 했다. 이에 주역은 이럴 때는 안분지족(安分知足)·낙천지명(樂天知命:

하늘을 즐기고 명을 안다) 해야 한다고 하였다.

그다음 아둔+게으른 경우를 보면, ③ 아둔하고 게으르기 때문에 잘살 수 없고 출세할 수 없다. 이것도 우리가 흔히 생각하는 '사필귀정(事必歸正)'이라 할 수 있다(①에서와 마찬가지로 전쟁 등 위급하거나, 사업 초기, 능력 위주 사회, 열린 사회, 오너가 직접 경영할 때 나타난다).

④ 그러나 세상사는 그렇게 간단하지가 않다. 거의 모든 사람들은 자기보다 똑똑한 사람들을 결단코 좋아하지 않는다. 동물의 본능이라 나무랄 수도 없다. 똑똑한 사람을 좋아하기 위해서는 자기가 능력이 출중하고 배포가 커야 하는데 이것이 결코 쉽지가 않다.

태권도 4단은 9단에게는 귀엽고 부리기에 아주 좋은 사람이지만, 일반인들에게는 버겁고 겁난다. 그래서 위기 시에는 적절히 이용하고 위기가 사라지면 시기하고 질투하고 없애 버리려고 한다. 그리고 능력과 그릇이 크지 못한 오너도 진정 똑똑한 부하를 원하지 않는다. 순종적이고 군말 없이 지시사항을 이행할 충견(忠犬)을 원할 뿐이다.

그래서 거의 모든 사람들은 아둔+무능+약한 사람이 만만하고, 편하고, 조종하기 쉽고, 배신·반란 등의 경계심이 필요 없고, 동정심마저 유발하기에 자기 밑에 허수아비(아바타)나 충견으로 부리고 싶어 한다(평화시대 등 ②에서 제기한 문제가 극심할 때~).

영국 소설가 제롬 클랩카 제롬은 "본인보다 우매한 사람과 만나는 것은 매우 즐거운 일이다. 왜냐하면 우리들은 그런 사람을 만나는 즉시 호감이 생기기 때문이다"라고 인간의 비열함을 꼬집었다.

현대사에서 이런 경우를 보면 러시아 3~4대(2000~2008년) 대통령을 지냈던 푸틴이 대통령 3선 연임 금지에 걸리자, 2008년 자신은 총리(10대)를 하고 자신의 비서였던 '드미트리 메드베데프'를 러시아 5대 대통령으로 올려놓은 경우이다. 2012년 푸틴은 러시아 6대 대통령이 되고, '드미트리'는 러시아 11대 총리 공천을 줘서 당선시켰다.

우리나라의 경우는 박정희 대통령 시해 사건 후 모 당 대표, 모 대통령과 모 참모총장이 제대로 못해서 전두환 장군에게 대통령 자리를 뺏겼다고 얘기를 하는데, 그것은 한참을 모르고 하는 소리이다. 대통령은 똑똑하고 깡과 야심이 있는 자에게 절대로 행정권과 군권을 맡길 수가 없다. 이것은 자기 머리 뒤에 총과 칼을 겨누게 하는 것과 마찬가지이다. 한시도 편안할 수가 없다. 불안해서 잠도 못 잔다.

그래서 통치자는 아주 유순하고 무능하고 우유부단한 사람을 일부러 중요한 자리에 앉혀 놓는 것이다. 누가 통치자가 되어도 마찬가지이다. 일반적으로 위대한 사람들은 우둔한 사람을 좋아한다. 어떤 지도자도 아랫사람이 자신을 능가하거나 자신을 대신하는 것을 원치 않는다.

나는 아니라고 해도 일단 뭐든 잡으면 당신도 마찬가지이다. 설거지 주모나 노가다 십장만 되어도 가관이고, 군대에서 겨우 병장만 달아도 무슨 대단한 벼슬을 한양 '쌩 난리 브루스'를 쳐 놓고 무슨 장담인가? 제대 후에도 졸병 때 이야기나 실수나 처벌받은 것은 쏙 빼고 병장 때 얘기만 늘상 하면서….

역사적으로 보면, 조선시대 태종 이방원은 왕자의 난을 일으키고 나서 곧바로 왕에 오르지 않았다. 비난을 피하고 명분을 쌓기 위하여 자신은 왕세제를 하고 실질적인 맏형으로 우유부단하고 착한 정종을 허수아비로 2년간 앉혔다가 양위를 받는 형식으로 왕위에 올랐다.

고구려 시절 연개소문도 정변을 일으키고 나서 유약한 보장왕을 허수아비로 왕으로 앉히고 마음대로 하였으며, 고려 무신정권과 조선 후기 세도정치 시기에도 똑똑하고 대가 센 왕족들은 제거해 버리고 철종 같은 무능한 사람만 왕위에 앉혀 마음대로 세도를 부렸던 것이다.

그래서 흥선대원군이 죽지 않으려고 일부러 망나니짓을 하지 않았던가! 이제 아둔+무능+나약+게으르다고 무조건 잘못되지 않고 오히려 사람들의 경계심을 허물고 동정을 유발하여 아바타(허수아비)로서 출세할 수 있다는 것을 알았을 것이다. 이것이 가장 남는 장사이다.

인간의 근본 본성상 동서고금 어디서나 일반적으로 ④의 경우가 제일 많이 일어나고, 특히 우리나라는 ④의 경우가 고구려와 발해가 멸망 이후 중국 대륙에서 쫓겨나 대륙의 기상을 잃어버리고, 고려 삼별초 난 실패 이후 기마민족의 야성마저 완전히 잃어버리고 자주를 버리고 사대를 택하고, 이성계의 위화도 회군 후 정권유지를 위해 정신과 뼛속 깊이 중국과 유교 사대를 취한 후부터 계속해서 내려오는 전통 아닌 전통이 되고 있다. 그리고 "사촌이 논을 사면 배 아프다"는 속담이 있을 정도로 시기심이 강한 조선인들의 특징도 한몫을 단단히 하고 있다.

그런데 일반인들은 이것이 옳지 않고 정의롭지 않다고 한탄할 것이다. 그러나 우리 인간의 눈으로 잠깐 보면 잘못된 것 같지만 길게 보고 신의 입장과 사명에서 보면 위의 것들이 맞다.

우주와 세상은 창조-유지-파괴의 과정을 되풀이하는데, 이 중에 유지의 평화시기가 가장 길어야 한다. 그런데 똑똑하고 대가 센 놈(예 : 독일 히틀러, 일본 군부 등)이 정권을 잡으면 물론 발전도 하지만 서로 잘났다고 싸우고 앞으로 치고 나가려고 해서 세상이 한날한시도 조용할 날이 없이 싸움과 전쟁으로 지옥이 되고 만다. 이래서는 도저히 살 수가 없다. 그래서 창조-파괴의 시기만 똑똑하고 놈이 나와서 해결토록 하고, 유지의 시기에는 유순하고 우유부단한 놈에게 맡겨서 현상유지를 시키는 것이다. 그래야 중생들이 살 수가 있다. 건물을 짓고 재건축할 때만 센 놈이 나와서 해결을 하고, 건물을 다 짓고 나면 청소 등 관리를 잘하는 평범한 놈이 더 필요한 것과 같다.

그리고 지구는 멈추지 않고 균형과 조화를 이뤄서 계속 돌아가고 발전해야 하기 때문이다. 그러기 위해서는 극단이나 어느 하나에 치우치지 말고 균형을 잡고 골고루 섞어 놓아야 한다. 예를 들어 산에 침엽수-활엽수, 큰 나무-작은 나무 등 여러 종류의 나무가 골고루 섞여 있지 않고, 오직 한 종류·한 품종의 나무만 있다고 가정을 해 보자.

우선 보기도 좋지 않을 뿐만 아니라, 폭풍·가뭄 등 날씨 변화-병충해-산불 등의 큰 재앙이 오면 곧 멸종해 버리고 말 것이다. 그리고 적당한 경쟁이 없어 제대로 크지도 않고 수정(受精)도 잘되지 않는다. 이것을 방지하기 위해 다양한 종류와 크기의 나무들을 산에 골고루 섞어 놓은 것이다. 그래야 우선 보기도 좋고 큰 재앙이 와도 멸종해 버리지 않는다. 그리고 적당한 경쟁이 되어 성장을 유발하고 우성+열성, 순종+잡종이 섞여야 뛰어난 후손이 나온다.

조선 후기 대표적인 성군인 영조는 숙종과 무수리 母 사이에서 태어났다. 1대 혼혈아는 부모 우성(優性)만 물려받는 것을 잘 알 것이다. 이에 참외는 박 뿌리 위에 접을 붙이고, 사과나무도 부사 등 우성 가지를 생존력과 병충해에 강한 '山 사과' 뿌리 위에다 접을 붙인다. 그리고 가장 좋은 부사 사과밭에 다른 종류 사과나무나 심지어는 아주 열등한 산사과도 심어 놓는다. 우성+우성은 우선은 우성이 나오지만 몇 대를 가지 못한다. 우성+우성은 유전자 충돌이 일어나고 나중에는 오히려 모두 열성화되어 버리기 때문이다. 사람도 마찬가지이다.

목포 최고 천재라는 천정배 의원의 두 딸은 모두 외시·사시에 합격하였다. 천재 부모에 천재가 태어난 것이다. 그런데 유전자 충돌이 일어나는 경우가 있다. 서울대 출신 부부에게 장애아가 태어나는 경우이다.

그리고 유명 미남미녀 연예인이 결혼하면, 그 자식은 뛰어난 미남미녀가 나오리라 생각되는데, 사실 그런 경우가 드물다. 호랑이가 아무리 못해도 표범 정도는 낳아야 하는데, 대부분 고양이가 나온다. 반대로 아주 예쁜 연예인 부모들을 보면 평범하거나 오히려 못생긴 경우가 대다수이다. 세상은 알 수가 없다. 우리 몸속에 들어있는 수많은 조상 유전자 중에서 어느 것이 맞아 떨어져서 아이가 태어날지 모른다.

또 동물 사회도 사자·호랑이 등 강한 놈들만 있으면 세상이 돌아가겠는가? 초식동물이 대다수이고, 그 중간에 늑대·하이에나 등이 조금 있고, 먹이사슬 최고위에는 사자·호랑이 몇 마리만 있는 것이 옳다.

결론은 나는 누가 봐도 똑똑+열심인데 제대로 평가를 못 받고 못산다고 너무 자괴감을 갖지 말자는 것이다. 아! 인생이 이런 비밀들이 있구나 하면서 안분지족(安分知足)·낙천지명 할 줄도 알아야 한다. 이때는 가족을 위한다고 생각하고 참고 살아야 한다. 가족 부양은 남자로서 큰 영광이고 의무이고 불공이고 보람이고 성공이다.

그리고 부모님들의 경우도 내 자식이 아둔+무능+게으르다고 해서 좌절하고 비탄에 빠지거나 너무 일찍 포기하지 말라는 것이다. 더구나 그런 자식을 미워해 부모-자식 간에 원수가 되지 말라는 것이다.

아둔함이 오히려 성공의 자질이며 지름길일 수도 있기 때문이다. 그저 여유를 가지고 지원만 해 주라. 그리고 극단적인 경우 너무 똑똑하면 감옥 가고 죽을 수도 있지만, 무능하면 무시만 받을 뿐이다.

미래를 훤히 알 수 있다.
어떻게 알 수 있을까?

미래에 대한 불안과 궁금증은 동서고금의 남녀와 노소귀천(老少貴賤) 누구나 가지고 있는 풀 수 없는 한계요 숙명이라 할 수 있다. 미래 앞에서는 황제도 깡패도 다 두렵고 겸손할 수밖에 없다.

그래서 일이 잘 안 풀리거나 미래가 불안하거나 큰일을 하려고 할 경우에 용하다는 곳으로 점을 보러 가게 된다. 특히 여자들이 더 점을 좋아하는데, 그것은 신체적으로 약하고 여자의 용모와 인생이 자기의 노력보다도 운(어떤 아버지, 남편, 자식을 만나느냐?)에 의해 결정되는 것을 잘 알기 때문이다. 그리고 약하기에 미래를 보장받고 싶어 한다.

그러나 점이 과연 맞는가? 미신이 아닌가? 과학시대에 왜 이렇게 어리석은 짓을 하고 있는가? 등등 수없는 회의를 했을 거다. 결론적으로 말하면 미래를 아는 것은 그 이치와 과학적 근거가 있다.

첫째 : 무당이 점을 치는 방법이다. 무당은 그 영혼(무의식, 제8아뢰야식, 진여, 찰나, 핵, 성(性), 이데아, 아트만, 하드디스크,

블랙박스, 내비게이션 칩)이 귀신에 잠식되어, 자기가 없고 귀신에 의해 조종되고 있는 사람이다. 귀신이 인간 뇌(腦)로 들어와서 영혼을 장악하고 인간을 숙주(宿主)로 삼아 기생하면서 인간을 직접 또는 원격으로 통제하고 있는 것이다. 그래서 귀신 들렸다고 한다. 심지어 꿈속에서 귀신과 섹스도 한다. 질 속으로 뜨거운 불이 왔다 갔다 하는 등 그 쾌감이 극렬하다고 한다.

컴퓨터로 비유하면 정상적인 컴퓨터에 해커가 '바이러스'를 침투시켜 정상적인 프로그램이 깨어져 컴퓨터가 제 기능을 하지 못하고, 바이러스에 의해 지배되고 조종되고 있는 것이다. 또 전파로 무인비행기를 조종하듯이, 원격 조종과 제어로 컴퓨터를 수리·조종할 수 있듯이 한다. 인간의 뇌에 병균(귀신, 바이러스)이 침투한 것이다. 근데 바이러스를 백신으로 치료하고 방화벽을 치지 않으면 계속 바이러스에 지배되고 거기서 작업한 다른 파일-디스켓-USB에도 감염되듯이, 무당도 귀신을 떨쳐 내지 못하면 그 후손에게까지 대를 이어 유전이 된다.

무당들은 자기 몸에 삼국지 관우 장군이나 조선시대 임경업 장군 등이 들어왔다고 하는데, 그렇게 유명한 인물들이 멀쩡한 사람 영혼을 장악하고 통제하면서 고기·술 부스러기를 얻어먹고 있겠는가? 관우 장군을 사칭한 잡귀신이다.

인간을 괴롭히는 귀신은 사람이 죽은 후 3일 동안 영혼이 육체 주위를 떠돌다가 심판(보통 49일)을 받으러 가야 하는데, 이승에 맺힌 한과 미련이 많고 무지하여 심판을 받으러 가지 않고 무단이탈한 영혼으로 비유하면 무국적자들이고 탈영병이다. 무당들은 자신에게 붙은 귀신의 능력에 의해, 점을 보러 온 사람의 머릿속을 라디오와

TV 프로그램 채널을 맞춰서 듣고 보듯 하는 방식으로 알 수가 있다. 순식간에 상대방 머리를 해킹하고 스캔할 수 있다. 또 귀신이 무당에게 꿈이나 직접 귀에다 대고 얘기를 해 주기도 한다.

좀 더 고차원적으로 설명하면, 바이러스에 감염된 'A 컴퓨터(스마트폰)'가 다시 'B 컴퓨터(스마트폰)'에 바이러스를 보내어 해킹해서, 'B 컴퓨터'가 하는 일을 'A 컴퓨터'에서 다 볼 수 있는 것과 같다. 실제로 악질 해커들이나 해외 각국 정보기관들이 이것을 하고 있고, 일반인들도 스마트 폰이나 컴퓨터로 자타 PC나 홈오토메이션 등을 원격 조종·제어를 할 수 있다.

그런데 무당은 위와 같은 원리로 상대방 손님의 머릿속에 저장되어 있는 과거와 현재에 대해서 마치 스포츠 중계하듯이 다 말할 수 있다. 그래서 이것을 보고 손님들이 '전율을 하고 뻑 가고 용하다는 소리'를 연발하게 되는 것이다. 그러나 무당의 영적 수준이 너무 탁하고 낮아서 미래는 거의 알지 못한다. 과거와 현재는 손님인 내가 더 잘 아는데 무엇이 용한가? 나는 미래를 알고자 왔다는 것을 알아야 한다.

그리고 무당들은 물에 빠진 사람이 지푸라기라도 잡고 싶은 심정에서 찾아온 사람들에게 위안-희망-대책은커녕, 오히려 돈을 뜯어내기 위해 겁을 주고 협박을 해서 비책이나 굿을 하라고 하는 등 그 폐해가 너무 크기 때문에 가지 않는 것이 좋다. 물에 빠진 사람 보따리 뺏는 격이다. 잡귀신이 시키는 대로 하니까 그런 것이다. 자꾸 어려운 사람들을 구해 주지는 못할망정, 겁을 주고 협박해서 더 곤란하게 하니까, 무당들의 팔자가 더더욱 나빠지고 당연히 그 후손의 팔자도 좋지 않고 신병(神病)이 유전된다.

귀신에 잠식되지 않으려면 컴퓨터(스마트폰)에 방화벽을 철저히 치고 바이러스 백신으로 수시로 치료를 받아야 하듯이, 종교도 수천 년 세월을 통해 검증된 정법(正法)을 바르게 믿고 심신을 튼튼히 해야 한다.

둘째 : 우주의 법칙은 질서가 정확해서 1초도 어김이 없다. 우주의 법칙은 질서이고 질서의 이치가 수학이다. 최고의 수학이 주역이고 그 원리를 땅에서 찾아내는 것이 풍수이고 얼굴에서 찾는 것이 관상학이다. 그래서 풍수지리를 알면 땅과 그 땅을 음택·양택으로 사용하는 인간의 미래를 알 수 있다. 또 인명(人名)이나 지명(地名)을 알면 그 땅과 사람의 과거를 짐작해 볼 수 있고 미래를 예측·예견해 볼 수 있다.

관상학은 1천여 년 전에 만들어진 「마의상법」에 그 근원을 두고 있으며 얼굴을 통해 개인의 미래를 아는 방법이다. 관상학은 개인 전생 업보(팔자)와 심신의 종합적 표현이 얼굴이라고 보는 관점에서 출발한 것이다. 통계학이다. 의사가 얼굴을 보고 망진(望診)을 하는 것과 같다.

셋째 : 명리학으로 미래를 보는 방법이다. 명리학은 10세기 후반쯤 중국 도교 수련가 '서자평'에 의해서 이론체계가 정립되었다. 주역이 우주의 질서—법칙—비밀들을 빈틈없이 밝혀 놓았지만 너무 어려워서 주역에서 일부분을 뽑아 '인간 중심'으로 정리해 놓은 것이 명리학이다. 주역이 천하의 운수를 통달하는 것이라면, 명리는 인간 개개인의 운수를 살피는 일이고, 주역이 숲이라면 명리는 숲을 구성하는 나무라 할 수 있다. 주역이 만학의 제왕이고 명리학은 그 아들이다.

명리학은 통계이다. "어느 연월일시에 태어난 사람은 어느 별자리 기운과 음양오행 중 어떤 기운을 받아 어떤 용도와 급으로 만들어졌기 때문에, 그 용도에 맞은 일에 종사하면 좋고 대체로 이러한 삶을 살더라"는 것이다. 명리학을 모르면 X-ray나 CT 없이 병을 진단하고 지도와 내비게이션 없이 모르는 길을 가는 것과 같다. 명리학은 멀리서 망원경으로 본 것이라 전체적인 윤곽과 흐름은 맞으나 세부적으로는 잘 맞지 않는다. 특히 주역(점)과 달리 양자 선택의 갈래 길에서 진로를 결정하거나 무슨 일에 대한 승패 예측 기능이 없다. 그리고 세상사 모두를 그 대상으로 하는 주역과 달리, 명리학은 그 대상이 사람 팔자, 즉 인생행로에만 한정되어 있다(예 : 사업 성공 여부, 우주선 발사 성공 여부 등은 판단할 수 없다).

이에 따라 고수는 명리학의 이런 부족한 점을 보완·극복하기 위하여 '주역, 육임' 등 점술을 같이 배워서 하기도 하고, 기도를 하여 미래를 볼 수 있는 능력을 얻어서 한다. 또는 무당이 명리학을 배워 신점+명리학을 섞어 하기도 한다. 세상사는 물론 신마저도 완전한 것은 없기에 관상+명리학+점(주역 등) 모두를 알고 할 줄 알아야 한다.

넷째 : 기독교에서 하는 예언이다. 기독교에서는 아예 점을 보면 안되는 것으로 잘못 알고 있는데, 성경 자체가 예언서(수많은 선지자의 예언, 요한계시록, 신의 축복, 신의 예비하심, 예정조화설, 신의 쓰임, 달란트, 기름 부은 자 등)이고, 수많은 선지자가 나와 미래를 예언한 것을 간과한 것이고, 신도들을 목사에 집중시키기 위해서 세뇌한 것이다.

성경의 선지자들은 대단하고 무당 등 그 외 점술가들은 형편없고 미신이라고 생각하는 것은, 예를 들면 7·5·3성급 호텔〉모텔〉여관〉여인숙이 모두 숙식 기능은 똑같은데 그 시설 규모에 따라 대접을 달리하듯이, 선지자~무당도 그와 같다. 호텔(선지자) 한다고 하면 '우와~!' 라고 우러러보고, 여인숙(무당) 하면 '에이~?'라고 얕잡아 보는 것과 같다.

목사들이 기독교 신자들에게 점을 치지 말라고 하는 것은, 성경 내에 있는 선지자와 예수님의 말씀만 믿어야지 다른 예언을 믿지 말라(나 이외에 다른 신을 믿지 말라. 우상을 섬기지 말라)는 것이다. 기독교식 예언은 자기가 직접 미래를 보고 하는 것도 있지만 대체로 주님의 종으로서 주님의 뜻을 받아 심부름꾼 역할을 하는 것이다.

다섯째 : 불교에서는 수행을 아주 잘하면 신족통·천안통·천이통· 타심통·숙명통·누진통 등 6가지 신통을 얻을 수 있다고 해 놓았다. 천안통은 우주 전체를 볼 수 있는 눈이고, 타심통은 남의 마음을 읽을 수 있고, 숙명통은 모든 생명의 과거와 미래를 알 수 있는 능력이다.

금강경에서는 수행 단계별로 "육신의 눈→하늘의 눈→지혜의 눈→법의 눈→부처의 눈"이 있으며, 최고 경지인 '부처의 눈'을 얻으면 인간 등 삼라만상을 다 통할 수 있다고 하였다. 화엄경에서도 "보살은 중생들의 과거-현재-미래 등 모든 것을 다 안다"고 해 놓았다. 그 외 불경에서도 부처님께서 자신은 물론 신도 및 제자들의 전생을 얘기하고 미래를 예언하는 것이 수없이 나온다. 「천안통·숙명통, 부처의 눈, 어느 마음에도 걸리지 않아 … 과거·현재·미래와 삼라만상을 다 볼 수 있다」고 하는 것은, 결국 무의식인 제8식(아뢰야식, 참나)을 이용하는 것이다. 즉 에고(ego, 自我, 我相)가 녹아서 나와 우주가 합일된 관계가 되는 것이다. '나'라는 의식 속에 갇혀 있던 한계를 깨고 큰 우주와 하나라는 것을 자각하고 실제로 하나가 되는 것이다. 빅뱅이론과 프랙탈 이론에 따르면 나와 우주는 같은 것이다. 즉 같은 동체(同體)이니 서로 기운과 감정이 통해서 만사와 만물을 다 알 수 있는 것이다.

불교는 사람의 정신을 제5~8식(識)으로 나누고, 그중 제8식이 인간의 모든 사고·행위가 다 기록되며 죽지 않고 윤회의 주체가 된다고 하는데, 이것을 서양 심리학자 칼 융이 인도에 왔다가 서양으로 들고 가서 의식(5~6)-잠재의식(7식)-무의식(8식)으로 다시 분류했다. 제8식과 무의식은 컴퓨터로 치면 '하드 디스크'가 된다. 그곳에는 컴퓨터를 움직이는 여러 프로그램이 깔려 있고, 이제까지 윤회(제8식, 아뢰야식, 무의식)한 것과 이번 생에서 작업한 내용이 다 기록되어 보존되고 있다. 그래서 TV에서 보면 검찰이 압수 수색을 하면서 "하드 디스크를 가져다가, 지워진 내용을 다시 복원한다"고 하는 것이다.

그런데 무의식은 시·공간이 없어서 대우주는 물론 과거-현재-미래와 다 연결되어 있다. 시간이 없기에 아무리 오래되고 아무리 미래라도 모두 기억하고 알 수 있고, 공간이 없기에 아무리 멀리 떨어진 것도 즉각 알 수 있다. 즉 무의식은 삼생(과거-현재-미래, 三生)과 대우주·대생명·천지 대자연·대의식의 연결 통로를 통해 어디든 가서 보고 듣고 할 수가 있는 것이다. 소위 우주의 처음과 끝이 기록되어 있다는 「아카식 레코드」에도 접근할 수가 있다.

더 단순하고 쉬운 비유로는, 더러워진 '무의식(眞如, 佛性, 제8식, 아뢰야식, 참나)의 거울'을 깨끗이 닦으면 그 거울에 과거~미래는 물론 삼라만상이 다 비치고, 파도치고 더러운 '무의식의 물'을 명경지수(明鏡止水)로 만들면 거기에 모든 것이 다 비치게 되는 것과 같다.

그리고 도가 낮은 단계는 명상 중 또는 꿈을 통해 상징으로 보이다가 도가 높아지면, 미래가 흑백 사진처럼 보이고 더 높은 단계는 칼라 사진이나 칼라 영화처럼 보인다. 누구나 기도·명상 등을 열심히 하면 경험해 볼 수 있다. 어설픈 스님들은 이것을 마장(魔障)이라고 하면서 비하하고 배격을 하는데, 마장도 도의 일부이고 과정이라 이것을 통하지 않고는 깨달음으로 나아갈 수 없다. 세상사 음양이라 "도가 높으면 마장도 높다"고 했다. 부처·예수 공히 악마의 시험과 마장을 겪었다.

미래를 아는 방법을 다르게 설명을 하면, 불교에서는 과거-현재-미래 삼생(三生)을 얘기하지만, 정확히는 '현재만 있다'고 얘기를 한다. 삼생의 구분은 눈금 없는 자(현재)에 눈금을 새겨 놓은 것(현재를 과거-현재-미래로 세부적으로 구분)에 불과하다는 것이다. 그래서 밑이나 옆에서 보면 과거-현재-미래가 단절되어 보이지만, 신의 입장에서 위에서 내려다보면(통일장 이론에서는 '11차원', 불교는 '3界 28天', 도교는 '36天' 주장→4차원) 모두 현재이니 과거-현재-미래가 한 번에 다 보이는 것이다. 물리학에서도 과거-현재-미래가 동시에 존재하고 있다고 말한다. 4차원이 시·공간을 합친 차원이니 그 위 차원인 5차원 이상에서 내려다보면 시간의 처음과 끝을 볼 수가 있다.

다시 설명하면, 서울 거주자는 인천 앞바다와 강원도 동해가 보이지 않는다. 그러나 비행기를 타고 높이 올라가면 인천 앞바다-서울-강원도 동해가 한 번에 보이는 것과 같다. 또 한강의 시작-중간-끝 중 어느 한 부분밖에 볼 수 없지만, 비행기에서는 동시에 다 볼 수 있다. 비행기에서 고속도로를 내려다보면 차의 출발(과거)과 진행 과정(현재)과 목적지(미래)에 도착하는 것을 한눈에 다 볼 수 있다.

그리고 화장실이 3칸이 있는데, 내가 중간에 있다고 치자. 나를 중심으로 뒤쪽을 과거-앞쪽을 미래로 가정하자. 중간에 있는 나는 칸막이가 있어 앞뒤를 볼 수 없지만, 칸막이 위는 서로 터져 있어

뒤쪽(過去)-중간(내가 있는 곳, 現在)-앞쪽(未來)이 다 연결되어 있다. 칸막이 위로 올라가면 3개 공간이 동시에 다 내려다보이는 이치이다. 이것을 5차원 이상으로 다시 설명해보면, 우리의 일상적인 인식의 공간 세계는 3차원의 세계인데, 여기에 시간의 차원을 더하면 4차원이 된다. 4차원의 세계에서는 시간과 공간이 융합되어 있는 것이다. 그래서 4차원에서는 시간에 어쩔 수 없이 강제로 끌려갈 수밖에 없다. 하지만 5차원 이상에서 4차원을 내려다보면 시간의 제약에서 벗어나 있어 시간의 처음과 끝을 동시에 다 볼 수 있는 것이다.

불교에서는 천안통이 열린 부처님께서 우주 전체를 들여다보고, 금강경에서 삼천대천세계를, 화엄경에서 우주의 수많은 세계에 대해서 얘기해 놓았다. 그래서 NASA는 화엄경을 보고 우주를 연구하고 있다.

문선명 통일교 교주는 "마음의 눈을 뜨고 있으면 숨기는 것까지 다 알게 된다. 누가 주일에 교회에 나올지 교인들이 그동안 무슨 일을 했는지 다 알았다. 나의 신통력에 이끌려 교회에 나오는 이들도 많았다"고 하였는데, 실제로 그는 많은 기도와 수련을 통해 숙명통-타심통이 열린 인물이었다. 열린 숙명통으로 레이건 미국 대통령의 당선을 알아맞히는 등 미래를 봤을 뿐만 아니라 사람이나 사진만 보고도 그 사람의 과거와 미래를 다 알았다. 또한 통일교 신자들에 따르면, "자신이 통일교를 믿게 된 것은 꿈에 문 교주가 흰옷을 입고 나타나 자신을 따르라고 명령했기 때문이며, 열심히 기도를 하면 문선명이 신도의 꿈에 나타나 가르침이나 업무 지시를 하고, 국제결혼의 짝을 누구로 하면 좋을지 남녀 사진을 보고 다 알았다"고 증언하고 있다.

영국 캐논경은 「잠재력」 제하 보고서에서, "무의식에 들어가면 눈을 뜨거나 감거나, 눈이 있거나 없거나에 관계없이 무엇이든 다 볼 수 있다. 이것이 인간이 지닌 본래의 시력"이라고 주장을 하고, 수많은 사람들이 보는 가운데 두 눈에 철판을 대고 수건으로 겹겹이 둘러 싸매고 무엇이든 다 보고 말을 했다고 한다. 즉 '천안통'을 실현한 것이다. 또한 캐논경은 남의 마음도 마음대로 읽어 냈다고 한다. 불교의 '타심통'을 얻은 것이다. 그뿐만 아니라 미래의 일까지 훤히 내다봤다고 한다. '숙명통'을 얻은 것이다. 서양에서는 이런 것들을 하고 있는데, 정작 그것들의 원조인 동양에서는 미신으로 비웃고 있는 실정이다.

여섯째 : 주역으로 미래를 아는 방법에는 두 가지가 있다. 우선 격물치지와 조짐과 전조로 아는 방법이다. 주역에서는 천지창조 과정을 설명해 놓음은 물론 물질-비 물질-인간사가 어떤 과정을 거쳐서 어떤 순서로 일어나고 어떻게 변화하는지에 대해 얘기해 놓고 있다. 그래서 주역 점을 치지 않더라도 격물치지와 조짐과 전조를 봐서 미래를 예측해 볼 수가 있다.

그다음은 주역 점을 쳐서 미래를 아는 방법이다. 주역 점을 통한 미래 예측 원리는 불교와 같이 소우주인 인간(개인 PC, 스마트폰, 안테나)이 무의식을 통해 대우주(중앙 컴퓨터 '클라우드', 우주 대도서관인 '아카식 레코드')에 들어가 미래를 보는 것이다(대우주↔무의식→대나무→점쳐 나온 '괘·효사'를 해석). 무의식↔대우주·대생명·대자연·대의식은 서로 연결되어 상통한다. 무의식은 대우주 등의 일부이기 때문이다.

주역과 불교의 차이점은 불교는 깨친 스님 자체가 무의식↔대우주(아카식 레코드, 클라우드, 天命)와 연결하여 직접 미래를 볼 수 있지만, 주역은 점술사가 직접 미래를 볼 수는 없고 '대나무(안테나에 해당)

막대 50개를 통해서' 신(대우주)의 뜻을 알아낸 다음 그것을 주역 책에서 찾아내어 다시 해석해야 한다.

인간과 인생은 신+대우주+대생명+천지 대자연+지구의 축소 모사판이고 그들의 표상이고 대표선수이고 자식이다. 그래서 개인 스마트 폰에서 Daum, Naver의 '클라우드(대우주)'와 접속하여 온갖 자료를 다 보고 작업을 하고 자료를 주고받거나, 지점·지사에서 본사 대형 컴퓨터(대우주)에 들어가서 자료를 검색하거나 글을 남길 수 있는 것과 같다.

그런데 주역은 공자님께서 "주역 점은 최소한 열 중 일곱(70%)은 맞는다"고 했듯이 정확성은 아주 높으나, 배우기가 너무 어려운 것을 넘어서 고통스럽고, 인격 수양까지 같이 되어야 한다. 즉 명경지수를 만들 수 있어야 하고 무의식까지 개발해야 한다. 그래서 주역은 "3대 적선을 해야 배울 수 있다"·"주역 하면 미친다"는 말이 있을 정도로 만나기 어렵고, 주역 점까지 능숙하게 치려면 명석한 사람이 10년 정도 뼈를 깎는 각고의 노력을 해야 하기 때문에, 주역 점을 할 수 있는 숫자가 극히 희박하다. 그래서 주위에서 잘 만나 볼 수가 없다.

명리학−주역의 차이는, 명리학은 "너는 무슨 차로 만들어져서 어느 길을 달릴 것이다"라는 전체적이고 고정된 지기(地氣)를 보는 것이고, 주역은 "그 차가 어떤 특정 시점 및 어느 사건에서 어떻게 될 것이다"라는 구체적이고 움직이는 천기(天氣)를 보는 것이다. 또한 명리학은 통계학이라 같은 사주(대략 100명)는 유사하게 평가할 수밖에 없지만, 주역은 특정 개개인별로 따로 점을 치기 때문에 더 정확하다. 그리고 명리학이 '사람의 전체적 운명'에 대해서만 알아볼 수 있지만 주역은 '세상만사 모든 것'에 대한 미래 예측이 가능하다. 즉 관상은 의사가 환자의 얼굴만 보고 병을 판단하는 것이고, 명리학은 X-ray와 CT를 찍어 보는 것이며, 주역은 부분적으로 세밀하게 MRI와 MRA를 찍어 보는 것이다.

일곱째 : 빛보다 빠르면 시간여행을 할 수 있다. 1895년 영국 작가 허버트 조지 웰스는 '타임머신'이라는 소설을 통해 미래로 시간여행을 하는 것을 상상했다. 미국 할리우드에서 시간여행을 소재로 하는 「터미네이터」나 「백투더퓨처」 같은 영화를 만들어 폭발적인 인기를 끈 바 있다.

2011년 5월 스티븐 호킹 박사는 "수백만 년 뒤 광속에 가까운 속도로 나는 우주선이 개발되면, 가속 운동을 하는 물체 주변에선 시간이 느려지기 때문에, 그 속에서의 하루는 지구의 1년과 맞먹어, 인류가 미래로 시간여행을 가서 황폐해진 지구를 되살리는 게 가능하다"고 했다.

빛의 속도는 '공간 위의 시간 흐름'을 의미하는데, 빛보다 빠르면 과거와 미래를 마음대로 갈 수 있다는 것이다. 상대성 이론에서는 4차원의 운동량을 갖는 빛보다 빠른 입자인 「타키온」이 있다고 했다. 공상 소설과 영화에서 보던 '타임머신'이 실제로 된다는 것이다. 빛이 있다면 세상은 음양이라 빛보다 느린 것도 있어야 하고 빛보다 빠른 것도 있어야 이치에 맞고 순리이다. 「양자 얽힘 현상」에서도 빛보다 더 빠른 현상이 나타난다. 그리고 빛이 상상할 수 없을 정도로 더 빠른 것이 있는데, 그것은 우리들의 생각이다. 즉 무의식을 개발하여, 생각을 무의식↔대우주(아카식 레코드, 클라우드 등) 간 연결 통로로 보내어 얼마든지 과거-미래를 가서 볼 수 있는 것이다.

여덟째 : 최근 들어 보고된 의학연구서에 따르면 실제로 인간의

두뇌에는 송수신 장치가 완비돼 있다고 한다. 우리 두뇌의 표면에는 '수상돌기'라 불리는 수많은 안테나가 가득히 자리하고 있다. 뇌는 외부의 모든 정보를 '파동'의 형태로 수신하고 이것을 다시 파동(波動)의 형태로 발신하고 있다. 뇌파(腦波)는 뇌에 존재하는 '에너지의 출렁거림'이며 '뇌의 목소리'이다. 그래서 뇌의 안테나가 제대로 작동되기만 하면, 그 능력은 대단히 탁월할 것이 분명하다고 한다. 두뇌 안테나의 기능을 강화시키는 길이 바로 기도·참선·명상·위빠사나 등이다. 우리가 흔히 얘기하는 '텔레파시' 등과 같은 맥락에서 이해하면 되겠다.

아홉째 : 거시~미시적인 자연과 우주의 질서와 법칙(공전, 자전, 사계절, 물리학 주장 각종 학설 등), 인간 본성의 큰 줄기와 윤곽(식욕, 성욕, 수면욕 등), 동·식물별 DNA 및 특이한 행태, 일의 조짐과 전조(기미), 동서고금 역사를 잘 이해하면 미래도 충분히 예측할 수 있다. 주역에서 기미와 관련하여 "기미를 아는 것이 곧 신이다. 기미라는 것은 동함(움직임)의 미미함이니 길함이 먼저 나타나는 것이니 군자가 기미를 보고 일어나서 종일을 기다리지 않는다"고 하였다. 또 공자와 영국 처칠 수상은 "미래를 알고 싶거든 과거를 공부하라"고 했다. 사마천은 사기에서 "과거를 잊지 않는 자가 현재를 지배한다"고 했다.

제갈공명이 조조와의 적벽대전에서 "동짓날을 전후해 미꾸라지가 물 위로 부지런히 들락거리며 배를 보이면 남동풍이 불고 비가 내린다는 사실을 미리 알고 화공(火攻)으로 승리"를 하는 등 이것을 잘했다. 또 전략전술을 세울 때 과거 역사에서 온고지신(溫故知新)을 많이 했다.

미래를 알면 좋기만 할까?

모든 사람들이 미래를 알고 싶어 하지만, 과연 미래를 알면 좋기만 한가이다. 일단 좋다고 생각할 것이다. 사실 아는 것이 힘이라 미래를 알면 좋은 것은 더욱 좋게, 나쁜 것은 예방하거나 축소할 수 있기 때문이다. 큰 것은 아무리 악을 써도 안 되지만, 실제로 작은 것은 아예 안 하거나 없앨 수 있고, 중간 것 중 좋은 것은 30% 더 좋게-나쁜 것은 30% 정도를 줄일 수 있는 등 인생살이에 많은 이익을 볼 수가 있다. 그래서 부귀를 가진 상근기는 역학을 중요시하고 의지를 한다.

그러나 하근기 중생들은 미래를 알 수 있다는 것을 알지도 못하고 믿지도 않고 설사 미래를 알려줘도 행동으로 옮기지도 않는다. 그리고 금수저 외의 인생들은 좋은 일이 거의 없다. 흙수저는 고통과 한숨과 눈물뿐이다. 평생 희망고문을 자초하거나 당하다가 죽고 만다.

따라서 흙수저가 미래를 알면 안 좋은 경우가 대부분이라 낙담만 들고, 또 나쁜 것을 알더라도 근기가 낮아서 듣지도 않고 행동하지도 않기에 막을 방법도 없다. 성인급도 주역에서 "자연은 무슨 뜻과 의도가 없고 그저 행할 뿐이며(공전, 자전, 사계절 등), 성인은 그 이치를 알뿐 어찌해 볼 수가 없다"고 했듯이, 아주 큰일과 인연이 없는 것은 성인들도 어찌해 볼 수가 없다.

그래서 예를 들어 나의 미래를 모르면 막연하게 '잘 될 거야'라는 희망고문을 자초하면서 살면 되고, 내가 죽을 날을 몰랐다면 딱 한

번만 죽으면 되는데, 죽을 날을 미리 알면, 아는 순간부터 죽는 날까지 수십억 번 죽는다. 이것을 보통 사람들이 견디지 못한다. 그래서 인격수양이 되지 않고서는 미래를 알 수도 없지만, 알았다 하더라도 견디지를 못한다.

이에 일반인들은 천기와 미래를 모르게 해 놓았다. 중생들은 모르는 것이 맞다. 그리고 중생들이 천기와 미래를 다 안 다면 세상이 돌아가지 않는다. 한계를 미리 알면 시도를 하지 않기 때문이다. 미래를 모르기에 사고팔고 투자하고 사업하고 결혼하는 것이다. 아는 것이 힘이지만 때로는 모르는 것이 약이기도 하다. 일반 중생들은 희망 외에 모르는 것이 약이다.

만약 기쁨은 잠깐이고 눈물과 좌절밖에 없는 대다수 흙수저의 중생들이 미래(팔자)를 다 안 다면 살 수가 없다. 모르니까 혹시나 좋은 일이 있겠지 하고 속고 속으면서 기다림과 희망 고문을 자초하면서 겨우겨우 사는 것이다. 인생은 모르니까 살고 앞으로 나아가는 것이다.

주역 공부 초기에는 신이 나서 자꾸 미래를 점쳐 보는데, 시간이 갈수록 점을 치지 않게 된다. 중이 제 머리 못 깎듯이 자기 일은 사심(私心)이 들어가서 잘 맞지 않는데다 미래를 아는 것이 겁이 나기 때문이다. 알아봤자 어쩔 수 없는 미래이고 두려움만 생기고 마니까….

그렇지만, 미래는 그 어떤 과학적인 판단 기준과 자료가 거의 없고 있다고 해도 맞지도 않기 때문에 밝은 미래를 원하거나 상근기의 사람이 큰 사업이나 선거 출마 등 중요한 일을 결정할 때는 뛰어난 예언가를 찾아서 조언을 구하는 것도 좋을 듯하다. 혜안과 통찰력을 빌려 오는 것이다.

그리스의 유명한 철학자 소크라테스-플라톤-아리스토텔레스는 철학자이기 이전에 무당이었다. 소크라테스는 "세상을 인간과 신의 영역으로 구분하고 신의 영역은 신탁(점)을 해 보라"고 주장했다. 아리스토텔레스는 심지어 "자신이 철학자가 되는 것"까지도 점을 쳐서 결정했다. 그리스인들은 전쟁 등 대사(大事) 결정 시에 신께 기도를 해서 계시(신탁)를 받아 했다. 그 유명한 그리스-페르시아 전쟁(기원전 499~450년)에서도, 그리스에서 땅과 바다 모두에서 쳐들어오는 페르시아 군을, 육전과 해전 중 어느 쪽을 집중해 막을 것인가를 놓고 고민을 하다가, 결국 신의 계시를 받아 '해전'에 집중을 해서 이긴 바 있다.

현대에서는 5.18 쿠데타 세력들도 사전에 유명 역술인인 '도계 박재완 선생'을 납치해 성공 여부를 점쳤고, 이순자 여사는 주역 점의 달인인 '청수학인 홍몽선 선생'에게 새벽에 몰래 가서 전두환 장군이 쿠데타가 성공할 것인지에 대해 점을 쳐서, 성공한다는 확신을 듣고 갔다.

그리고 포항제철 박태준 회장이 정치적 기로에서 '제산 박제현 선생'에게 점을 보려고 헬기를 타고 갔다는 것은 신문에도 널리 보도된 바 있다. 김복동 장군도 군 재직 시절에 이미 부산 박제현 도사를 통해 자신의 매제인 노태우 장군이 대통령이 될 것을 알고 있었다고 한다.

다 알다시피 공자-세종대왕-이순신-이병철-전두환-박태준 등이 어리석은 사람들은 아니지 않는가? 한 시대의 주역이었고 역사 속에서 수천 년을 살고 있는 사람들이다. 여러분들이 이들보다 더 똑똑한가?

남자는 하늘(양, 불, 이성, 이상), 여자는 땅(음, 물, 감성, 현실)이다

주역에서는 남자는 하늘-불, 여자는 땅-물이라고 수차례 얘기했다. 남녀는 하늘(불)과 땅(물)의 속성을 본떠서 만들었기에 실제로 하늘과 땅의 특성을 고스란히 가지고 있다. 우리가 잘 모를 뿐이다.

하늘은 높고 크고 넓고 청명한 것(부귀 등 능력과 인품, 키와 체격)을 제일로 치고 뻔히 보이지만 천변만화가 일어나서 잘 알 수가 없고, 땅은 아름답고 비옥하고(얼굴과 몸매) 지하자원(장인의 부귀)이 많은 것을 최고로 치고 모양과 용도를 바꾸어 사용할 수 있으며 아주 복잡해 보이지만 몇 가지 범주로 묶을 수 있을 정도로 아주 간단하다.

불은 붙잡아 둘 수 없고 산불처럼 어디로 튈지 모른다. 그래서 술주정뱅이 아들은 그럴 경우와 그 반대일 경우로 나뉜다. 선생-목사 아들도 마찬가지이다. 모범적일 수도 개망나니가 될 수도 있다(속담 : 목사의 아들 불량자 아닌 놈 없고 전도사의 남편 난봉꾼 아닌 놈 없다). 즉, 이성의 불을 가진 남자는 자기 아버지를 그대로 따라갈 수도 있지만, 잘못된 것은 나쁘다고 생각해 오히려 그 반대로 하려고 한다. 또 모범생 아버지에 반항해서 반대로 튀려고도 한다. 그래서 남자는 아버지 대신, 한 단계 건너뛴 그 친구나 조부(祖父)를 보라고 하는 것이다.

하늘-이성-불인 남자는 마음 가는데 몸이 가지만 땅-감성-물인 여는 몸 가는데 마음이 간다. 남자는 마음과 이상을 좇아가고, 여자는 몸과 현실이 우선이라는 말이다. 하늘은 이상이고 땅은 현실이다. 물은 담는 그릇에 따라 그 모양이 변한다. 여자는 감성의 동물이고, 또 지방이 많아 물과 유사하다. 그래서 여자는 브래지어·거들 등 보정 속옷으로 몸매를 다듬을 수 있는 것이다. 실제로 자궁은 호수이고 생리는 물이 흐르는 것이다. 물인 여자는 소속 오너(엄마)와 남자(담는 그릇)에 따라 그 모양과 성격이 바뀐다. 그래서 어느 엄마 밑에서 크느냐 어느 남편을 만나느냐에 따라 달라진다. 서양 속담에 "아내의 현재는 내가 만든 것이다"라는 말이 있다.

여자는 감성의 동물이라 남자와 달리 차갑고 날카로운 이성의 기능이 적어서 엄마를 비판 없이 무조건 그대로 복사해 버린다. 또는 "엄마처럼 안 살겠다"고 입으로 욕을 하면서도 행동은 엄마를 그대로 복사해 버리고 마는 것이 여자이다. 남자는 경쟁의 문화라 성인(聖人)의 말이라도 이겨보려고 일단 안티를 걸고 보지만, 여자는 강하고 큰 것에 의지하고 싶어 하기에 'TV에서 나온 것은 상품선전'이라도 그대로 믿어 버린다. 남자의 이성과 불은 새로운 것을 추구하는데 반해 여자는 감성과 물이라 새로운 것보다 기존의 것과 현상유지를 더 좋아한다. 그래서 딸을 알고자 할 때는 그 엄마를 보라고 하는 것이다.

남자는 음양오행 상 불(火)이 많으면 성격이 화끈하고 추진력이 있는 등 남자답고 영웅이며, 여자는 물(水)이 많으면 여자답고 미인이다.

초기불교에서는 여자는 이성이 부족하고 감성의 동물이라 깨달음이 어렵다고 봤다. 이성의 날카로운 칼로 진리를 분석하고 진리 속을 뚫고 들어가서 하늘처럼 우뚝 서야 하는데 이것이 안 되기 때문이다. 전체적인 공간 지각 능력이 없고 부분과 글자에만 치중하기 때문이다.

대승불교의 화엄경에 와서야 여자도 성불(成佛)할 수 있다고 해 놓았지만, 사실상 비구니 스님이 깨달았다는 것은 없다고 해도 무방하다. 그래서 옛날 비구니 선방에는 "다음 생에는 헌헌장부로 태어나 대각(大覺)을 이룰 수 있도록 해 주십시오"라는 글귀가 적혀 있었다.

그리고 주역에서 물과 땅인 여자는 원래 극히 현실적이고 물질적이고 인색하고 약삭빠르다고 본다. 물과 땅은 물질이고 현실이고 곧 돈이다. 그래서 하늘인 남자는 손에 잡히지 않는 무슨 '이상-사상-주의'를 평생 추구하거나 그것들 때문에 전쟁도 일으키고 많이들 죽는데, 여자는 약고 교활하고 지극히 현실적·물질적이라 사랑 외에는 죽는 경우가 별로 없다. 이에 유명한 여자 철학자, 종교가, 역사가, 사상가 등은 없다.

여자는 남자에 대해
오해와 착각을 하고 있다

1. 남자는 하늘? 여자는 땅!

주역은 양(陽)인 남자는 하늘, 음(陰) 여자는 땅이라고 남자를 높여 놓았다. 그래서 보통 남자가 여자보다 힘과 머리 등 모든 면에서 3배 이상 뛰어나다고 하는데, 하늘 기운(7)을 받아 남자가 만들어지고 땅 기운(3)을 받아 여자가 만들어진 관계로 남자가 2.3배 더 뛰어나다고 보는 것이 맞다. 그래서 남녀평등보다 각자 타고난 특성과 역할에 따른 남녀 구별이 옳다. 아무리 우겨도 여자가 뛰어난 것은 임신과 육아뿐이다.

그러나 주역은 "시작은 하늘에서 하지만 땅에서 모든 것이 이뤄지고, 땅이 이로움을 주관하게 된다"고 딱 규정을 해 놓았다. 삼라만상을 낳는 근본은 음(陰)인 땅이고 물이고 어머니이다. 물과 땅과 어머니가 신이고 창조주이다. 물과 땅은 모든 만물을 낳고 담고 싣고 하나도 빼놓지 않고 보듬어 주고 먹여 살리는 위대하고 자비로운 어머니이다. 아무리 날고 뛰어 봤자 결국 모두 물과 땅 위에 있고 물과 땅 위에 두고 간다. 임금과 황제도 여자가 낳아서 기르고 온갖 동식물은 물론 아무리 멋진 건물도 땅에서 만들어지고 땅을 기반으로 하여 살아간다.

그래서 주역에서는 "지극하도다! 곤(坤, 땅)의 元이여! 만물이 바탕하여 생하나니 이에 순히 하늘을 이으니, 땅이 두터워 만물을 실음이 덕이 무강(광활하여 경계가 보이지 않음)한 데 합하며, 머금으며 키우며 빛나며 커서 품물이 다 형통하느니라"고 하였다. 즉 하늘은 땅을 위해서 존재하고 하늘은 시작만 하고 씨만 뿌릴 뿐 결국 땅에서 모든 일이 일어나고 결실이 맺어지고, 이익이 되고 돈 되는 것은 모두 땅(여자)이 차지한다. 진짜 소우주는 생명을 낳은 여자이기에 신은 여자편이며 생물학적으로도 수컷은 암컷을 위해 존재한다. 실제로도 돈은 버는 것은 남자이고 쓰는 것은 여자이다. 백화점·고급 음식점·해외 유명 관광지 등에 가보면 90~95%가 여자이다. 그런데도 뭐가 그리 억울하고 불만이고 또 요구사항은 넘쳐나는지…, 남자가 아무리 부귀가 넘쳐나도 결국은 여자와 그 여자가 낳은 자식에게 모든 것을 주고 갈 뿐이다. 남자는 그저 스쳐 지나가는 구름이요! 바람이요!

나그네일 뿐이다.

남자들이 딸 바보나 좋은 아빠를 자처하면서 자식들이 자기편이 될 수 있을 거라고 착각을 하고 싶어 하는데 '천만의 콩떡'이다. 땅(여자)이 곧 하늘이고 생명을 낳는 소우주라 어머니가 우리의 창조자이다. 결국 지구의 주인은 하늘이 아니라 땅이고, 세상과 가정의 진짜 주인은 여자이며, 진짜 부모는 엄마이다. 그래서 자식들은 전부 엄마 편이다. 실제로 TK지역에서는 아버지를 '껍데기'라고 하고 북한에서는 '나그네'라고 부른다. 유대인들도 엄마가 유대인이어야 진짜 유대인으로 인정하는데, 모계로만 '미토콘드리아(세포 내 에너지 발전소)'가 유전되어서 모계가 진짜 혈통이고, 민족 문화와 정체성 등 각종 교육은 엄마가 담당하기 때문이다.

그리고 부부 중 남자가 먼저 죽으면 "하늘이 노랗다"고 하고, 여자가 죽으면 "땅이 꺼지는 것 같다"고 한다. 물가에서 익사하면 남성은 땅을 보고 죽고 여성은 하늘을 보고 죽는다. 남자는 하늘을 닮아 몸이 곧고 성기(性器)도 마찬가지(비·햇볕 등은 직선으로 내려옴)이고, 여자는 땅을 닮아 몸이 복잡하면서 울룩불룩 굴곡이 져 있고 성기도 물을 담고 있는 호수를 닮아있다. 키스 시 남자는 하늘처럼 내쏘고 여자는 땅처럼 빨아들인다. 남자는 돈을 비와 바람처럼 퍼트리고 여자는 땅처럼 돈을 감춘다.

또한 하늘은 그 높이와 넓이가 끝도 없듯이 남자는 개개인간 그만큼 차이(성인~양아치)가 많이 나고, 계급을 만들어 상하로 줄을 세우기를 좋아한다. 그래서 남자는 나를 기준으로 "위로 9층 아래로 9층"이다. 학교성적을 봐도 여자는 대개 중간은 가는데(여자는 아이를 임신―출산―양육해야 하기 때문에 지능과 자질 모두 평균은 되도록

神이 배려한 것이다), 남자는 상위권도 있지만 하위권도 도맡아 놓고 있다.

반면 땅은 최고로 높아 봐야 에베레스트 산 정도이다. 그래서 여자는 유독 평등을 좋아하고 곧잘 유행을 따라 한다. 평평한 땅처럼 서로 같고자 하고 평등하고자 하는 마음이 강해서 그렇다. 즉 잘난 것은 질투로 끌어내리고, 못난 것은 사랑—동정으로 끌어올려 땅처럼 평평하기를 원한다. 땅이 평평하기에 여자는 아무리 고학력이라도 큰 차이가 없다. 여자는 학력보다 "누가 더 양심과 상식과 경우가 있느냐?"가 핵심이다.

남자는 하늘을 닮아 별로 꾸미지 않고 옷도 그 종류가 간단하고 양복 색깔도 검은색·곤색 정도밖에 없지만, 여자는 땅과 사계절을 닮아 꾸미기를 아주 좋아하고 옷 종류도 많고 색깔도 울긋불긋 복잡하고 화려하다.

남자 기준으로 볼 때 여자가 때로는 한심스럽게 보일 수도 있으나 자애로운 모성애를 발휘하고 자식과 남편의 지원 역할을 하는 낮은 땅인 여자가 지나치게 높거나 강하거나 날 선 이성을 가지는 것은 우주 법칙상 맞지 않다. 특히 아이들의 눈높이에서 아이들을 보호하고 키워야 하는 역할을 해야 하기 때문이다. 만약 낮은 땅인 여자가 높은 하늘이 되면(잘나고 뛰어나면~) 양(陽)인 남자와 싸우려고 들고 '빛 좋은 개살구'를 자초할 뿐 결국 힘만 들고 불행해지고 만다. 특히 여자가 군인·법조계 등으로 진출하는데 이것은 좋아 보이지만 남자에게도 결코 좋은 직업이 아니다. 험하고 거칠고 직업상 자의 반 타의 반 많은 험한 업(業)을 짓게 되기 때문이다. 그래서 주역에서는 "땅은 원(元)하고 형(亨)하고 이(利)하고 암말의 정(貞)함이니 군자가 갈

바를 두느니라. 먼저 하면 아득하고 뒤에 하면 이로움을 주관하리라. 먼저 하면 아득해서 도를 잃고 뒤에 하면 순해서 항상함을 얻으리라"고 하였다. 우리 속담처럼 "여자는 동네 장날도 모르는 것이 최고 팔자이다"가 옳다.

따라서 여성들은 생명의 창조주이며 가정과 지구의 진짜 주인으로서의 책임이 막중함을 명심하고, 여성 군림시대를 맞이하여 권리만 주장할 것이 아니라 책임·의무도 함께 져야 한다. '보슬아치'는 안 된다.

2. 남자는 강하다

남자가 강하다는 것은 '양'(남자)은 강하고 '음'(여자)은 약하다는 관점에서 출발한 것인데, 이는 주역에서 "양 속에 '음'이 들어 있고, 음 속에 '양'이 들어 있다(陰中陽 陽中陰)"고 말한 것을 간과한 것이다.

남자는 여자보다 태어날 때부터 유전적(혈우병 등은 남자만 유전)으로 취약하고, 전염병 등 각종 질병에 잘 걸려 유아 사망률이 높고, 평균 수명이 7~8년가량 짧아서 육체적으로 약하며, 자살률도 4배나 높고(여자는 사랑 외에는 거의 자살하지 않는다) 정신병도 여자보다 더 많이 걸린다는 것은 각종 실험과 통계가 너무나 잘 보여주고 있다.

옛말에 "굶기면 남자는 7일, 여자는 9일 간다"고 했다. 남자가 그렇게 강하다면 왜 병에 잘 걸리고 일찍 죽겠는가? 남자가 여자보다 강하다는 것은 '단순히 소처럼 힘만 센 것'을 전부가 다 강한 것으로 확대 추정—해석한 '일반화의 오류'에 불과하다. 짐승이라 힘만 세다.

잔혹한 전쟁이나 큰 충격적인 일을 겪을 시 정신병자가 되는 것도 여자에 비해 남자가 훨씬 많다. 과부는 끄떡도 없고 남편 있는 여자보다 더 오래 사는데, 상처한 홀아비는 몇 년을 견디지 못한다. 정신력도 여자가 더 강하다는 말이다. 그리고 끈기와 참을성도 여자가 더 강하다. 이처럼 남자는 덩치만 클 뿐 여자에 비해 모든 것이 허술하다. 여자는 아기를 임신하고 낳고 길러야 하기에 신은 여성에게 더 관대하고 모든 면에서 남자보다 훨씬 비싼 재료로 정교하고 월등하게 만들어져 있다.

따라서 여성들은 입으로는 남녀평등을 주장하면서 권리-혜택-양보만 쟁취하고 책임과 의무는 나 몰라라 하며 외면하거나 생까고, 모든 책임과 의무를 남자에게 다 지울 것이 아니라 남자가 노예나 무쇠가 아니라는 것을 알고 인생의 짐을 나누려고 해야 하며, 남자들의 건강을 잘 돌봐야 한다.

3. 남자는 단순하고 어리석다

여자들은 한결같이 "남자는 단순하고 어리석다"라고 한다. 이것 정말 잘못 알고 하는 말이다. 그런데 여자들이 이렇게 생각하는 이유는, 단견의 '현미경'인 여자들이 남자들의 크고 길고 넓고 깊은 '망원경식 전략전술'을 잘 모르기 때문에 발생하는 착각과 오해일 뿐이다. 남자들이 여자를 '여우'라고도 하지만 또 '닭대가리'라고 하는 것을 알고나 있는지? 하여튼 남녀 모두 서로 바보라고 착각을 하고 있다.

여자는 지금 당장 눈에 보이고 손에 잡히는 현실과 이익에 급급하지만(속담 : 깨 주우려다 수박 떨어뜨린다. / 쇼펜하우어 : 여자들은 꾀가 많지만, 항상 주관적이므로 천재가 나올 수 없다),

남자들은 큰 것을 얻기 위해 작은 것을 미끼로 던지고 미래를 위해 우선 양보하거나 모른 척 눈감아 주거나 속아 주는 척을 할 줄 한다. 즉 여자는 지금 당장 이익을 보고 절대로 손해를 봐서는 안 되지만, 남자는 지금 당장 손해를 봐도 다른 것에서 이익을 보거나 또 몇 달 뒤나 심지어 몇 년 뒤에 더 큰 이익을 보면 된다고 생각하고 양보하고 참고 투자를 한다.

또한 큰 대의명분을 위해 작은 실리를 과감히 던질 줄도 안다. 큰 실리를 위해 작은 명분을 던질 때도 있다. 바둑처럼 몇 수 앞을 보고 포석하고 행동한다. 그리고 여자가 여우 짓을 하고 무경우로 나오는 것을 다 알면서도 여자라서 모른 척하고 봐 주는 경우도 비일비재하다. 게다가 여자는 좁은 장소에서 낚시밖에 할 줄 모르지만, 남자는 멀리서 그물을 쳐 서서히 조여 오는 것을 할 줄 안다. 멀리서 그것도 물속에서 서서히 조여 오니 아무것도 없는 것 같다(등잔 밑이 어둡다).

이것을 여자들이 모르고 "남자는 단순하고 어리석다"고 비웃고, 적당한 애교와 잔꾀로 남자를 속이고 함부로 할 수 있다고 착각을 한다. 현미경으로 보고 생각을 하니 큰 것과 먼 것이 보이지 않기 때문이다.

또한 남자는 복잡한 것을 잔가지를 쳐 내고 핵심과 맥을 짚어 내어 아주 단순화시켜 이해하고 집중을 한다. 근데 여자들은 오히려 단순한 것을 아주 복잡하게 생각을 한다. 횟집에서 남자들은 '회'를 주로 골라 먹는데, 여자들은 '찌개 다시'에 더 관심이 많은 것과 같은 이치이다. 남자 입장에서는 회부터 먼저 먹고 찌개 다시는 나중에 먹거나 안 먹어도 그만이다.

여자들이 그렇게 똑똑했다면, 동서고금을 통해 대 전략가는 당나라 측천무후, 청나라 서태후, 이집트 클레오파트라 등 몇 사람밖에 없었겠는가? 왜 손자병법, 육도삼략, 36계 등 전략전술서 저자에 여자가 단 한 명도 없는가? 종교가·철학자 중 왜 유명한 여자는 없을까 (쇼펜하우어 : 여자란 머리카락은 길어도 사상은 짧은 동물이다)? 여자를 차별해서 등용을 안 했다구요? 전쟁과 정치 투쟁은 개인과 가족의 재산과 생명은 물론 국가의 흥망을 좌우하는 절체절명의 대사인데 "똑똑하지만 여자라서 쓰지 않았다니…" 말이 된다고 생각하는가?

그리고 여자는 아주 복잡한 것 같지만, 동서고금 및 인종, 노소(老少)를 모두 몇 개의 큰 테두리로 묶을 수 있을 정도로 아주 단순하다. 여자들이 공짜 좋아하고 신데렐라 콤플렉스에 빠져있고 연속극 보면 넋을 잃는 것은 전 세계적으로 똑같다. 즉 땅이 산, 못, 내, 강, 바다, 숲 등 아주 다양하고 복잡하며 숲만 봐도 도대체 저 속에 무엇이 있을까? 궁금하지만 비행기를 타고 이착륙할 때 땅을 한번 내려다봐라. 논두렁은 물론 토끼 한 마리 뛰어가는 것조차 다 보인다. 이게 여자이다.

반대로 하늘(남자)은 쳐다보면 다 보인다. 그저 뻔하다. 그러나 뻔한 속에서 소위 용의 '천변만화'가 일어난다. 언제 비 올지―맑을지―우박 올지―번개 칠지―바람 불지―비 오다 갤지―맑다가 비 올지 모른다. 고속도로 타고 장거리 한 번 가보라. 안개 끼었다, 비 왔다, 개었다, 우박 왔다, 바람 불었다 등등 난리를 친다. 이게 남자이다. 주역에서는 하늘은 변화무쌍하다고 하여 변화를 잘 부리는 용으로 비유하고 있다.

남자는 아주 단순한 것 같지만 용―날씨―불처럼 아주 복잡 미묘하고 어디로 튈지 알 수가 없다. 그래서 남자는 동서고금은 물론 노소(老少), 인종, 개개인이 모두 다르다. 같은 놈은 단 한 놈도 없다. 그만큼 복잡하고 또한 다루기도 골치 아프다. 왜 다루기 어려우냐

하면, 노인—여자—아이—개는 잘해 주면 그 마음을 고맙게 생각하고 자기도 잘해 준다. 상식과 경우가 있다. 그런데 남자는 잘해 주면, 보은하는 놈은 별로 없고, 의심하는 놈, 그걸 이용해 사기 치는 놈, 무시하는 놈 등 별별 행태를 다 취한다. 그 반대로 협박하고 때리면, 대드는 놈, 도망가는 놈, 앞에서 굽히고 뒤에서 욕하는 놈, 우선 숙이고 나중에 복수하는 놈, 오히려 더 존경하고 따르는 놈 등 별별 행태가 다 나타난다.

이것은 땅은 형체가 있어 보이고 손으로 잡을 수 있고 물(여자)은 흩어 놓으면 헤아릴 수 없이 많지만 모으면 결국 하나라 간단한데, 하늘은 형체가 없어 보이지도 않고 잡을 수도 없고 불(남자)은 모을 수 없고 수도 없이 쪼개지고 공중을 날아다니는 등 갈피를 잡을 수가 없기 때문이다. 즉 여자는 복잡 미묘한 것 같지만 아주 단순하고, 남자는 단순한 것 같으면서 극도로 복잡 미묘하다는 것을 알아야 한다. 이에 주역에서는 "형이상적인 하늘의 공기·바람은 손으로 잡을 수 없지만, 땅은 형이하적인 형태를 갖추고 있으므로 잡을 수 있다"고 하였다.

따라서 여성들은 남자를 모르고 어리석다고 무시하거나 방심하여 역(逆)으로 당하지 말아야 한다. 그리고 너무 잔꾀나 술수 등 여우 짓을 남발하지 말고 정정당당하게 실력으로 남자들을 대할 필요가 있다.

4. 남자는 용감하다

이것도 역시 양(남자)은 강하고 음(여자)은 약하다는 '일반화의 오류'에서 출발한 오해인데, "여자는 약하지만, 어머니는 강하다"는 말은 옛말이 되었고, 요즘에는 "대한민국의 아줌마는 제3의 성이며,

천하무적이다"라는 말이 보편화 되었다. 정말 무섭다! 아줌마들도 서로 무섭다고들 한다. 너무 함부로 하기 때문이다. 아줌마가 무서운 것은 대통령도 아니요, 검찰·경찰도 아니다. 단지 '자기 자식'과 '옆집에 더 힘센 아줌마'라고들 한다. 상식과 경우도 없이 그저 막무가내의 심청전 뺑덕어멈이나 동네 양아치 행태를 보인다.

청소년기의 남자는 수송아지처럼 함부로 날뛰고 사자처럼 용감하지만, 결혼해서 남편·아빠가 되면 처자식 부양 의무 때문에 한없이 약해지고 비겁해진다. 옛말에 남자는 처자식이 생기면 "침 맞은 지네요, 서리 맞은 구렁이고, 고삐 꿴 황송아지"라고 했다. 혹시 자기가 실수를 해서 밥줄 끊어져 그 피해가 처자식에게 갈까 봐 전전긍긍하며 살아간다. 부동산 투자도 겁이 나서 따지고 분석만 할 뿐 여자보다 더 못한다. 그래서 "혁명가는 결혼을 하지 않아야 한다"고 했다.

그리고 아줌마는 견제—천적(시어머니, 시누이 등)이 사라지고 부양의무 등 무서운 것이 없어 천하무적이 될 수 있지만, 남자는 상하와 전후좌우에 천적과 견제에 둘러싸여 있다. 심지어 대통령도 국회·국민들의 견제 속에 있지 않는가? 쫓겨나기도 한다. 요즘 천적이 없는 멧돼지는 도심까지 마구 내려와서 활개를 치고 사람을 죽이기까지 한다.

수사기관에서 범인을 잡을 때, 사랑하는 남녀를 따로 불러 놓고 상대방 있는 곳을 대라고 하면, 진짜로 여자는 아무리 겁주고 때려도 오히려 더 "죽여라! 죽여라!" 하면서 달려들고 끝까지 불지 않지만, 남자는 겁만 줘도 다 불고 몇 대만 때리면 없는 것까지 지어낸다.

6·25 전쟁과 월남전을 겪은 군인들의 말을 들어보면 전쟁 시에 포로가 되어서도 남자가 비겁하다고 한다. 포로가 되면 여자들은

의외로 침착하고 당당한 데 반해서, 남자들은 어쩔 줄 모르고 벌벌 떨면서 괜히 적에게 잘 보이려고 엄청 비굴한 표정과 언행을 한다고 한다. 그래서 여자들이 이런 한심한 남자들을 엄청 꾸짖기도 한다니 참으로 가관이다.

부모가 결혼을 반대하면, 여자는 함께 도망가서 살자고 하는데, 남자는 거의 도망을 못 간다. 남녀가 동반자살을 약속해 놓고 여자는 죽는 데 반해 남자는 도망치거나 살아남는 경우가 많다. 여자는 약하지만 모성애·사랑·복수에서는 엄청 강하다.

남녀관계도 남자가 용기가 있어서 먼저 대시를 할 것 같은데, 보통남자들은 여성에 대해 엄청난 열등감과 '거절 공포증'을 가지고 있어서 그렇게 못 한다. "나같이 못난 놈이 감히 어떻게? 저렇게 예쁜 여자가 나 같은 것을 상대나 해 주겠어? 남자가 엄청 많을 거야?" 라고 혼자 작사 작곡을 다 해 버리고 끙끙 앓다가 자포자기하고 만다. 특히 미인에 대해서는 핵 공포를 가지고 있다. 잘난 남자가 더 이런 생각을 한다. 많이 알고 경우가 있으니까 더 대시를 못 하는 것이다(그래서 주제 파악 못하는 깡패나 양아치들이 무조건 대시해서 미인을 얻는 것이다).

이것을 잘 안 여자가 고구려 평강공주(→ 바보 온달)였고, 미국 힐러리도 대학 시절 클린턴 전 대통령이 자기에게 관심이 많지만 감히 접근하지 못하고 혼자 끙끙 앓고 있는 것을 알고 먼저 클린턴에게 다가가 친구를 하자고 하였다. 여자들은 소극적이라 남자에게 먼저 프러포즈 하는 것이 자존심 상해서 싫고 또 쉬운 여자로 보일까 봐 두려워하는데, 대개의 남자들은 여자가 먼저 좋다고 해주면 쉬운 여자로 보는 것이 아니라 아주 고마워하고 매력적이고 당당한 여자로 본다.

따라서 여자들은 남자들이 가족 부양을 위해 얼마나 전전긍긍하며 살아가는지에 대한 고통과 노고를 생각해야 한다. 또한 세상의 진정한 주인으로서의 양심에 따라 교양·상식·경우 있는 처신을 할 때다. 그리고 잘나고 좋아하는 남자가 있으면 평강공주─힐러리처럼 하라.

5. 남자는 속이 넓다

일반적으로 하늘이 땅보다 높고 넓듯이, 남자가 여자보다 높고 넓다. 근데 높고 넓은 하늘이 될 만큼 성인─영웅급의 뛰어난 남자는 그 수가 극히 적고, 말만 하늘이지 실제로는 대부분 지극히 낮은 하늘에 불과한데다, 남자는 원래 투쟁─전쟁─수직─경쟁의 문화(↔여자=화합+평화+수평+대화의 문화)라 속이 넓은 것에 한계가 있다.

그래서 작은 것은 남자가 여자보다 속이 넓지만 중간 이상 것은 여자가 남자보다 속이 훨씬 더 넓다. 여자는 입으로는 "용서를 안 한다"고 하면서 실제로는 큰 것도 용서하고 감싸주는 데 반해, 남자는 작은 것은 이해하고 용서를 하지만 큰 것은 잘 용서하지 않는다. 이에 우리 속담에 "남편 마음은 두레박, 아내 마음은 항아리"라고 했다. 바람이 나면 여자는 대개 바가지를 긁는 것에 그치지만, 남자는 폭력에 죽이기까지 한다. 남자는 중간 것 이상은 잘 용서하지 않는다.

연애하는 처녀들 얘기를 들어보면, "우리 오빠는 내가 해 달라고 하는 것 다 들어주고, 내가 아무리 함부로 하고 땡깡을 부려도 화도 안 내고 다 받아주고 진짜 속이 넓다"고 자랑을 하는데, '천만에 콩떡'이다. 이거 정말 남자를 모르고 하는 소리이다. 남자들은 성욕에 미쳐서 물고기를 잡기 위해 전략전술상 꾹 참고 있다는 것을 알아야 한다.

결혼하고 나서 남자가 변했다고 하는데, 변한 것이 아니라 원래 그런 것이다. 가장 큰 목적인 성욕을 해결하기 위해 단지 물고기를 잡기 위해 위장·변장하고, 좋은 사람인 척, 속 넓은 척, 참고 있었던 것이다.

따라서 여자들은 연애 시 남자들의 감언이설과 환대를 맹목적으로 믿지 말아야 하고, 결혼 후에는 남편을 늘 남동생 대하듯, 아들 대하듯 너그럽게 사랑으로 이해하고 감쌀 필요가 있다.

6. 남자는 철이 없고, 철들면 죽는다

사실이다. 그러나 여자는 애를 낳아서 키워야 하기 때문에 타고날 때부터 철이 대부분 들어 있다. 철이 없으면 새 생명을 잉태하고 낳아서 양육할 수 없기 때문이다. 허나 여자는 철을 타고 나기에 그 성장에 한계가 있지만, 남자는 타고난 것은 별로 없고 대부분 고난과 노력을 통해 후천적으로 습득해야 되는 관계로 키도 군대 갔다 와도 크고 마음도 노력하는 만큼 평생 성장을 한다. 어른들 말로 "여자는 올되고 남자는 늦된다." 남자는 후천적으로 생존하기 위해, 또 직업과 사회생활을 통해서 계속 배우고 닦으니까 지식과 마음 모두 여자보다 크게 된다.

남자는 심신 모두 커서 담고 있는 것과 담을 게 많고 마음은 성장에 한계가 없지만 흙으로 만든 데다 왼쪽 갈비뼈가 하나 없어서 그런지 왠지 부실하고 완전하지 못하다. 반면 여자는 타고난 것이 많고 뼈로 만들어 단단하고 완전하기는 한데, 남자 갈비뼈 1개로 만들어서 그런지 몸과 마음이 모두 좀 작고 좁고 마음의 성장에 한계가 있다.

그리고 "남자는 철들면 죽는다"고 하는데, 이것도 사실이다. 철들면 겁쟁이가 되어 비실대고 그다음 시름시름 앓다가 정말 죽는다. "그동안 잘해 주지 못해서 미안 하데이~" 하면서 덜컥 죽어 버린다.

왜 철이 없냐 하면, 지구가 태양 주위를 일정하게 도는 것은 '원심력'과 '구심력'이라는 반대되는 힘이 서로 대결하면서도 합의(→中道)를 하기 때문이다. 남자는 이것 중 도망가려는 '원심력(이성, 불)'이라 새롭고 불확실하며 불가능한 것들에 모험과 도전을 한다. 그러나 여자는 '구심력(감성, 물)'이라 확실히 증명된 것만 하려고 하는 등 안정적인 것을 원한다. 그래서 남자는 늘 새 여자를 좋아하고, 여자는 남들이 다 인정하는 검증된 인기남이나 바람둥이를 좋아하는 것이다. 즉 원심력과 구심력이 있어 지구가 태양 주위를 공전하듯이, 역시 정반대의 남녀가 대결과 타협을 통해 인간사를 돌리고 있는 것이다. 그래서 여자가 보기에 전혀 가당치도 않은 것들을 남자들이 하는 것이다. 참 철이 없다. 그러나 역사는 그 가당치도 않은 철없는 도전과 모험과 실패와 우연 속에서 발견─발명─발전을 거듭해 왔다는 것을 알아야 한다.

남자의 이 철 없음이, 남자의 야성·동력·추진력이고 에너지이다. 근데 나이가 들어 호르몬과 체력이 떨어지고, 또 세상사를 많이 알면 야성과 투쟁력 등이 없어져서, 여성화되어 겁이 나서 아무것도 하지 않으려고 한다(속담 : 남자는 마음이 늙고 여자는 얼굴이 늙는다). 이것이 여자들 보기에 남자가 철든 것 같은데, 사실상 이미 겉만 남자이지 속은 남자가 아니다. 속이 비었으니 죽을 날이 머지않았다. 즉 자동차의 배터리와 기름이 다 되었다는 말이다. 그래서 철들면 죽는다.

색즉시공 공즉시색! 몸과 마음은 같은 것이어서 몸이 젊으면 마음이 젊듯이, 마음이 철이 들면 몸도 함께 늙어 버린다. 그래서 남자는 철이 들면 안 된다. 이것은 어려운 얘기인데 공부를 많이 하면 안다.

따라서 여자들은 남자들이 젊어서 에너지가 지나치게 넘칠 때는 방향과 브레이크를 잡아주고, 중년이 되면 위로와 새로운 용기를 줘야 한다. 그러면 결국 남자는 큰아들(?)에 불과한 것인가?

7. 남자는 자식보다 여자를 더 중요시한다

보통 여자가 남자를 의지하고 살아가는 줄 안다. 이건 신혼 등 전반전에는 일견 맞는 이야기이다. 그러나 남자가 40대 중반이 넘거나 어머니가 돌아가시면 아내를 '제2의 엄마'로 인식하여 치마 속으로 기어들어온다. 이때부터 정신적으로 여자를 의지하면서 살아간다는 말이다.

여자는 세상 이치상·법칙상으로도 남자에게 매여 있다. 도교에서는 "땅은 하늘에 매여 있고, 하늘은 법칙에 매여 있고, 법칙은 스스로 그러하다"고 했다. 이것을 풀어보면 작은 땅인 엄마의 부속물인 자식은 엄마에게, 작은 땅인 아내는 작은 하늘인 남편에게, 작은 하늘인 남편은 큰 하늘에 매여 믿고 의지하며 살아간다는 얘기이다. 그런데 한쪽으로만(땅→하늘) 끈이 매여 있으면 불안정하다. 그래서 반대로도(하늘→땅) 끈이 매여 있도록 해, 즉 두 개의 끈을 꼬아서 하늘과 땅 양쪽에 모두 묶어 놓았다. 이렇게 해 놓아도 갈등과 이혼은 다반사이다(음양인 남녀는 원래 섹스와 새끼 만들 때 말고는 잘 지낼 수 없는 관계이다). 즉 주역에서는 "하늘은 남자와 땅을 통해 자기의 뜻을 펴고 생명을 낳고, 남자는 땅과 여자에게 씨를 뿌려야 하기에, 하늘과 남자는 땅과 여자에게 머리를 숙이도록 해 놓았고, 여자는 모성애라는 의무와 속박으로 자식에게 매여서 꼼짝도 못하게 해 놓았다"고 했다.

하늘에서 비(돈)가 오면, 곧바로 동식물에게 가는 것이 아니라 먼저 땅으로 가고, 그다음 땅을 기반으로 살아가는 동식물들이 먹는다. 아빠가 돈을 벌어 오면 엄마를 거쳐서 애들에게 가는 것과 같다. 또한 땅(여자)은 모든 것을 낳기 때문에 엄마와 자식(만물)은 한몸이라 친밀할 수밖에 없다. 그래서 엄마+자식들끼리 똘똘 뭉쳐서 아빠를 왕따시키고 돈 버는 기계인 양 취급하는 것이 요즘의 세태이다. 뼈 빠지게 부양해도 나중에는 원망만 한다. 결국 자식은 여자의 것이다.

그래서 여자는 남편보다 자식을 더 소중히 여기지만, 남자는 자식보다 부인과 여자를 더 소중히 여긴다. 땅을 딛고 살아야 하고 씨를 뿌리는 것이 첫 번째 이기 때문이다. 속담에 "후처가 망처라", 남자는 전처가 죽고 새장가를 들면, 전처 자식보다 후처와 후처에게서 난 자식 편을 들게 되어 있다. 이에 동서고금의 많은 왕들이 본처가 낳은 세자가 있음에도 억지를 부려서 애첩이나 후처에게 난 자식에게 자기 자리를 물려주려고 했다(속담 : 어머니가 의붓어머니면 친아버지도 의붓아버지가 된다). 그래서 자신도 죽고 국가마저도 무너지는 경우가 비일비재하였다. 따라서 여자들은 어느 광고 문구대로 "남자는 여자 하기 나름이에요!" 라는 말이 진짜임을 기억하고 실천할 필요가 있다.

천하영웅과 절세미인은
왜 찰떡궁합일까?

이 우주와 세상은 항상성(恒常性) 유지를 위해 균형(中庸, 中道, 對待論理 등)을 맞추고자 하는 기본 시스템과 프로그램이 되어있다. 그래서 극과 극으로 내 달리는 것을 지양하고 균형과 조화를 취하고자 한다.

영웅 남자는 지극한 양(+, 태양)이고 불이고, 미인은 지극한 음(-, 소음)이고 물이다. 순도가 아주 높은 최상의 음과 양이다. 24K 황금이라고 보면 된다. 신과 우주가 만든 최고 고급제품이요 명품이라는 소리다.

그래서 균형을 맞추려니 순수 음(-)인 미인은 양이 절대적으로 부족하고, 순수 양(+)인 영웅은 음이 극히 부족하여, 자기도 모르게 부족한 부분을 서로 간절히 채우고 싶어지고, 강한 것을 반대의 것으로 중화(中和)시키고자 한다. 그래서 반대의 것이 아주 좋아 보이는 것이다. 초한지의 항우와 우희의 러브스토리가 대표적이라 할 수 있겠다. 삼라만상은 자기에게 없거나 부족한 것에 갈증과 애탐을 느끼고 그것을 추구하고 가지려고 한다. 이것이 중도이고 균형과 조화이다.

그래서 영웅(極陽, 火)과 미인(極陰, 水)은 서로 좋아한다. 운동선수는 여자에 극히 약하고, 미인도 운동선수를 좋아하여 서로 찰떡궁합이다.

권력자나 조폭 두목과 미인의 궁합도 빠질 수 없다. 그리고 영웅(火)은 호색이니 그 대척점에 있는 미인도 성욕이 강하다. 水가 많아야 미인이고 水는 성욕이다.

극진 가라테 창시자인 최배달은 수많은 여자들의 유혹을 받았다면서 "영웅호색이 아니라 미색호걸이라"고 했다. 강한 남자를 좋아하는 것은 여자의 기본 특성으로 미녀가 영웅을 더 좋아한다는 것이다. 사실상 뛰어난 부귀–재능–명예를 가진 남자나 운동선수, 종교인, 조폭 두목 등에게는 여자가 끊이지 않는다. 최배달은 "여자, 돈, 명예를 뒤쫓는 남자가 되지 말고, 그들이 따라오는 남자가 돼야 한다"고 했다.

남자는 누구나 미인을 원하지만, 자기가 강한 양(+)이 아니면 지극한 음(−)인 미인을 취하는 것은 화근(禍根)이 된다. 중국 소설 「금병매」의 반금련↔무대(武大) 꼴이 나 버린다. 이것은 운전 미숙자에게 대형 트럭을 맡기는 것과 같고, 검도 초보자가 명검(名劍)을 가지고 있는 것과 같다. 결국 교통사고가 나고 검의 기에 눌리다가 결국 희생되고 만다. 옛말에 "경국지색, 영웅도 미인을 못 당한다"고 했는데 하물며 보통사람들이야…, 미인처럼 지극히 좋고 강한 것에는 독이 들어 있다.

미인이든 뭐든 극상(極上)에 치우친 것은 불안하고 독과 무서움을 갖고 있기 마련이다(극하도 마찬가지이다. 중용·중도·알맞게는 그냥 나온 말이 아니다). 결국 다치고 패가망신하고 만다. 그릇대로 살아라. 뭐든 내가 감당할 수 없으면 좋은 것도 도리어 흉기가 되고 만다.

주역을 알면
여자를 잘 다룰 수 있다

여자를 상대하기는 매우 어렵다. 세계 4대 성인 중에 예수는 총각(아니라는 說도 있다)으로 죽었고, 소크라테스(악처)와 공자(강제 이혼 당함 : "여자와 소인은 다루기 어렵다. 가까이하면 불손해지고 멀리하면 원을 품는다")는 여자를 다루는 데 실패했다. 오로지 부처만 결혼 생활이나 출가 후에도 아내 등 여자들과 잘 지냈지만 여자에 대해 결코 좋은 평가를 하지는 않았다. 플라톤·쇼펜하우어 등 서양 유명 철학자들도 여자에 대해서 "천박하고 잔꾀가 많고 교활하다"고 진절머리를 내었고, 심지어 빅토르 위고는 "여자는 완성에 가까운 악마"라고 하였다.

그러나 이제 후천의 여성 군림시대가 도래해서 드라마든 장사든 정치든 뭐든 여자들을 잡지 못하면 성공할 수 없다. 미국 속담에 "여자와 도저히 같이 살 수 없다. 그러나 여자 없이도 살 수 없다"라고 괜히 그랬겠는가? 여자가 있으면 남자는 자연이 모여든다. 그래서 원하든 원치 않든 간에 여자를 잘 알고 잘 다룰 줄 알아야 한다.

주역에서는 남자는 하늘—불(이성)—태양, 여자는 땅—물(감성)— 달이라고 하며, 실제로 그 속성을 가지고 있다고 누차 얘기했다. 그래서 여자에 대해 잘 알고 잘 다루려면 땅—물—달의 속성을 잘 알면 된다.

우선 하늘은 땅에게 모든 것(햇볕·바람·비·氣 등)을 주지만, 땅은 결코 하늘에게 바라기만 하지 주지 않으려고 하며, 하늘이 모든 것을 줘도 늘 부족하다고 원망만 하지 하등 고맙다고 여기지 않는다(자식이 부모에게 하듯이…, 여자는 땅처럼 하늘인 남자가 높고 크기만 바라고 돈과 사랑 등 모든 것을 평생 주야장천 달라고만 하지 존경하지는 않는다)는 것을 알아야 한다.

그래서 주역에서 "땅은 인색하다"고 했다. 그리고 땅은 낮고 감추고 매우 이기적이고 현실적이다. 남자는 돈을 비와 바람처럼 퍼트리고 여자는 돈(비)을 땅처럼 품고 감춘다. 땅(여자)은 자기 주제(미모, 교양)는 생각지 않고 높고 큰 하늘(富貴 男)을 마치 자기 것인 양 넘나보고(신데렐라 병) 매년 풍년(많은 돈)을 들게 해 달라고 생떼를 쓰고 풍년이 들면 일절 고맙다 소리를 안 하고, 흉년(작은 돈)이 들면 하늘에 마구 욕을 해댄다.

노부부에게 "만약에 다시 태어난다면 지금 배우자와 결혼하겠느냐?"고 물으면, 남자는 대다수 "그러겠다"고 하는데, 여자는 거의 다 "절대로 그러지 않겠다"고 한다. 이것은 이상하게 주는 부모(하늘, 남편)는 항상 더 주려고 하지만 덜 준 것 같아 미안하고, 받는 자식(땅, 아내)은 받으려고만 하니 늘 부족하게 느끼고 원망만 남는 것이다. 그래서 남자는 죽을 때 꼭 "그동안 못 해줘서 미안하다~"고 하고는 죽는다. 그럼 이 상식과 경우 없이 막무가내인 여자들을 어떻게 잘 이해하고 잘 다룰 수 있을까?

첫째 : 여자에게 인기를 얻고 잘 다루려면 높고 청명한 하늘(天)이 되어라. 남자는 각고의 노력과 명명덕(明明德)을 통해 높고 청명한 하늘과 빛나는 태양이 되어야 한다. 부처님은 "부귀가 있으면 여자를 한방에 눌러 버릴 수 있다"고 하셨다. 여자는 부귀가 있는 남자에게는

고양이 앞에 쥐다. 최배달 말대로 '미색호걸(美色豪傑)'이다.

둘째 : 씨를 뿌리려면 여자에게 머리를 숙여야 한다. 주역에서는 "하늘도 씨를 뿌리고자 할 때는 땅에게 머리를 숙여야 한다"고 딱 써 놓았다. 하늘도 땅에 머리를 숙이기에 남자도 당연히 여자에게 머리를 숙여야 한다. 약자에게 숙이는 것은 배포이고 인격이요 전략전술이다. 그러나 요즘의 여자 군림시대에서 남자들의 '보오빨남' 짓과 여자들의 '면접관 증후군과 김치녀화'는 남녀 모두에게 좋지 않다.

셋째 : 여자를 유혹하려면 먼저 흔들어야 한다. 물(여자)은 흔들면 흔들린다. 바닷물도 흔들린다. 그래서 파도가 일어난다. 자꾸 쫓아다니면서 심신을 흔들어 여자의 마음속에 파도를 일으켜야 한다. 여자는 대개 자기를 좋아하는 남자에게 관심을 가진다. 그리고 물은 담는 그릇에 따라서 모양이 달라지듯이, 여자는 남자가 리드하고 가르치기 나름이다.

넷째 : 반대로 물이 얼지 않도록 하고 파도가 일어나지 않도록 해야 한다. 여자는 물이라 잘 흔들리고 쉽게 변하고 잔꾀가 많고 적응을 잘하고 지혜롭고, 한을 심으면 얼고 날카로운 얼음으로 둔갑하며, 화가 나면 파도를 일으켜 배를 뒤집고 홍수를 내서 댐을 터트리기도 한다. 따라서 여자가 잘 변하고 교활하고 요물이라는 것을 알아서 늘 전략전술과 유비무환으로 대처하고, 댐으로 물막이를 하듯이 여자를 잘 관리하고, 얼지 않도록 애정을 주고 한을 심지 않아야 한다.

다섯째 : 사랑해 주고 달콤하게 해 줘야 한다. 여자는 '달'이라 햇볕(남자의 사랑, 배터리)을 원한다. 햇볕이 없으면 춥고 어두워서 못 견딘다. 달은 그 자체로 빛나지 못하기에, 여자를 빛내줄 최고 액세서리는 잘난 남자이다. 이에 "여자는 남자에 따라 대우받고

사랑을 먹고 산다"는 말이 나왔다. 남자들은 여자들의 '사랑타령'을 하찮은 것으로 우습게 보는 경향이 있는데 잘못된 것이다. 남자가 부귀를 위해 목숨을 걸듯이 그들도 사랑을 위해서 목숨을 건다. 그래서 여자는 사랑이 없으면 인생이 재미가 없고 '예쁘다'를(사랑을) 안 해 주면 원망을 하게 된다. 사랑으로 속아주고 따뜻한 날씨처럼 따뜻하고 푸근하게 의지하고 기댈 수 있게 해 줘라. 유머는 살랑거리는 '산들바람'이다.

여섯째 : 여자는 땅이라 감추고 인색하고 약고 현실적이고, 물질 추구, 강자 추구, 신데렐라 콤플렉스(공짜와 복권 당첨의 우아한 표현이다)이다. 이 원리를 알아 여우 짓에 대항할 전략전술을 갖추고 늘 큰소리를 뻥뻥 쳐라. 약삭빠른 여자도 바보 같은 남자의 허세와 거짓말에 속는다. 남자는 허세와 뻥, 능력과 실력을 적절히 조화시킬 줄 알아야 한다.

여자들은 기존의 것, 확인된 것, 크고 거대한 것, 능수능란한 것을 믿고 의지하고 기대고 싶어 한다. 그래서 TV에 나왔다고 하면 그것이 광고라도 맹목적으로 믿고 따라 하는 것이다. 따라서 여자들을 속이기가 더 쉽고, 여자 대상 언론플레이나 흑색선전이 더 용이하다. 제비들이 아주 그럴듯한 직업(해외 유학, 재미교포 부자, 판·검사, 의사 등등)을 내세워 여자를 유혹하고 속이는 것은 위에서 말한 것 때문이다.

여자들은 강하고 뛰어난 것, 공인된 것, 노련한 것을 좋아하기에 심지어 겉으로 입으로만 바람둥이와 제비를 경멸하지만 실제로 속마음은 바람둥이와 제비에 대한 강한 환상과 호기심과 열정을 가지고 있다.

일곱째 : 경제적 풍요를 제공해라. 공짜를 먹게 해 줘라. 여자는 지극히 물질적이다. 남자는 여자의 몸을 훔치려 하고, 여자는 남자의 돈을 훔치려 한다(그래서 미국 속담에 "여자는 황금으로 시험하고 남자는 여자로 시험하라"고 했다). 미끼를 아깝게 생각하지 마라.

남자는 여자 덕을 보거나 신세를 져서는 안 된다. 그리고 아무리 어려워도 여자 뒤에 숨어서는 안 된다. 여자에게 의지한다는 것은 음양을 포기하는 것이고 남자 역할을 안 하겠다는 것이다. 이건 천리(天理)에도 맞지 않고 여자 덕 본 사람은 결국 잘 되지도 않고 좋아 보이지도 않는다. 이런 남자는 상대를 하지 않아야 한다. 남자는 돈이 없으면서 여자를 탐해서는 안 되며, 게다가 바람까지 피우는 것은 죄악이다.

하늘이 내리는 '비'가 바로 돈이고 물질이다. 땅이 하늘을 물주로 보듯이 여자도 남자를 물주나 호구로 본다. 풍수에서는 물을 곧 돈으로 본다. 물은 생명의 근원이고, 왜 세계 4대 문명이 강 옆에서 발달했고, 지금도 대도시는 왜 강과 바다를 끼고 있는지를 보면 된다.

여덟째 : 여자들이 옛날 농업·산업화 사회의 가부장제와 마초 같은 남자에 질려서, 말 잘 듣고 착한 남자를 원했다. 그래서 많은 착한 남자들이 양산되었다. 그래서 여자들이 만족하고 행복해할 줄 알았다.

그런데 막상 여자들은 이같이 착한 남자는 능력도 없고 답답하고 재미와 매력이 없고 카리스마가 없어 시시하다면서 콜라처럼 탁 쏘는 남자! 고량주처럼 찡한 나쁜 남자! 고추처럼 화끈하고 매운 남자! 더 나아가 '차도남'을 원한다고 한다. 착한 남자와 사는 여자들은 복에 겨워 하나같이 이런 소리를 한다. "우리 남편은 다 좋은데 기와 카리스마가 없어 뭔가 2% 부족하다…", 한마디로 "남자답지 못해서

성에 안 찬다"는 것이다(자기는 잘난 것 하나도 없으면서…). 잘못하면 호구가 되고 만다. 남자가 여우를 좋아하듯이, 여자는 기본적으로 착실하면서 때로는 야성적이고 과감하게 행동하는 남자에게 끌린다. 그래서 모범생 보다 나쁜 남자(=예쁘고 여우같이 매력 있는 여자 / 키 작은 남자=뚱뚱한 여자)가 인기가 있는 것이다.

이것을 주역으로 풀이하면 하늘이 사랑(햇볕), 유머(바람), 돈(비)을 제때 줘도, 이건 진정한 하늘이 아니라는 것이다. 하늘이 가져야 할 '천둥과 번개, 태풍(카리스마)'이 빠져 있어 뭔가 허전하고 시시하다는 것이다. 탁 쏘고 찡하고 시원 알싸한 야성이 없다는 것이다. 여자도 여우성·섹시미 없이 맹하고 착하기만 하면 매력이 없는 것과 같다.

남자들이여 여자에게 잘해 주되 30% 정도는 남자의 '카리스마'를 보여 줘라. 야성과 카리스마가 없으면 여자가 정신적으로 만족하거나 행복할 수 없고 잘못하면 바람이 난다. 찡한 콜라와 고량주 맛이 있어야 한다. 고추가 맵지 않으면 쓸 곳이 없고 풋고추는 결국 버림받는다. 소금 안 들어간 음식, 매운 고추 안 들어간 김치와 짬뽕을 생각해 보라!

세상 이치가 뭔가 부족해도 밖으로 구하려 나서지만, 힘이 넘쳐도 남는 기운이 밖으로 뻗치기 마련이다. 민족이동과 이민족 간 전쟁도 대개가 이렇다. 그래서 여자는 너무 못 해주고 부족해도 바람이 나지만, 너무 잘해주고 넘쳐도 바람이 난다. 이해가 안 되는가? 공부를 더 해라.

여자는 남자가 자기보다 못하면 손해 본 것에 억울해하고 분노하고 개 무시를 하고, 자기와 같거나 카리스마가 없으면 호구 취급하려고 들고, 신데렐라가 되어 자기보다 더 잘난 남자를 만나면 처음에는 좋아하다가 나중에는 자기 맘대로 되지 않는다고 또 징징거린다.

아홉째 : 여자를 직접 움직이기 힘들면 그 자식이나 엄마를 통해 조종하면 된다. 약고 인색한 여자도 자식에게는 꼼짝을 못한다. 자식은 내가 만들어 내가 키운 내 것이기 때문이다. 여자는 내 것에 철저하다. 하늘을 덮을 맹목적이고 숭고한 모성애도 '내 것'이라는 것에서 나온다. 여자가 아무리 약고 현실적·물질적이라도 결국 자식에게 다 털리게 되어 있다. 또 여자는 자기 엄마를 복사하기에 엄마를 움직이면 된다.

열째 : 남자는 양(陽)이라 음(陰)인 산(주역에서 산(山)은 우뚝 솟아 있으니 양으로도 보지만, 늘 가만히 있어서 음으로 본다)에 가야 기분이 좋아지고 지갑을 연다. 그래서 자연인은 99% 남자이다. 여자는 음(陰)이라 양(陽)인 물(물은 낮은 곳에 임하고 부드럽고 차갑기에 陰으로도 보지만, 흘러가고 파도가 치기에 양으로 본다) 근처에 데리고 가야 기분이 더 좋아진다. 그래서 연속극·영화에서 연애할 때 여자를 한강·해변 등 물 근처에 데리고 가는 것이다.

또 여자는 음(陰, 물)이라 몸이 차고 소극적이고 마음이 뭉쳐있고 마음속에 열쇠가 있기에 이것을 단번에 반대로 하려면 양(陽, 불)인 술이 제격이다. 그래서 제비나 남자들이 여자에게 술을 먹이려고 하는 것이고, 술 잘 먹는 여성은 반드시 자의 반 타의 반 사고(?)를 치게 되어 있다.

후천은
과연 어떤 세상이 펼쳐질까?

기독교가 예수의 재림을 기다리고 있고 불교가 미륵불의 출현(부처님 열반 후 56억 7천만 년 후)을 기다리고 있는 데 반해, 주역·정역은 물론 동학·증산교 등 한국의 모든 신흥종교들은 후천(後天)이 이미 시작되었다고 하면서 후천에는 지상천국이 도래할 것이라고 예언하고 있다.

정역(正易)에서는 "선천운수(先天運數)는 1년의 운회(運回)가 365일에 1/4의 윤(潤)이 있지만, 후천운수는 360일 정각이 되어 윤(潤)이 없는 운회(運回)가 된다. 따라서 후천에서는 사계절·낮과 밤·추위와 더위의 구별이 없게 되고, 인간사회도 빈부·귀천·수명의 장단의 구별이 없게 된다. 이때에는 사람의 형상도 달라져 8백세까지 장수할 수 있고, 사람은 신명(神明)과 동화되어 조화를 마음대로 할 수 있게 된다. 지상에는 고통이 없는 지상천국이 건설된다"고 하였다.

증산교의 교주인 강일순은 후천선경(後天仙境)을 열기 위해 「천지공사(天地公事)」를 하였는데, 천지공사란 천지인(天地人) 삼계(三界)를 주재하는 절대 신인 강일순이 이 세상에 내려와 자신의 권능으로 지금까지 쌓여온 인간과 신명의 모든 원한들을 해원(解冤)시키고 우주의 운행질서를 뜯어고침으로써 후천선경의 토대를 마련한 것을 말한다.

그러나 정역과 증산교 모두 선천과 후천이 교역되는 시기에 삼재팔난(三災八亂)이 있게 되고 인간 선악에 대한 심판이 따른다고 하였다.

　　그리고 통일교·원불교를 비롯한 여타 한국의 신흥종교들은 지상천국이란 인간의 존엄성과 함께 물질적인 풍요도 이루어지는 곳이라고 설명하면서 적극적으로 경제활동에 나서고 있는데, 이중 통일교가 전 세계적으로 엄청난 기업과 부동산을 소유하고 있는 등 가장 성공적이다.

　　특히 통일교는 "현실을 떠난 미래는 있을 수 없으므로, 진정한 육신의 행복이 없이는 심령적(心靈的)인 기쁨도 없다. 이 세계가 하나님이 창조한 본래의 세계로 복귀하기 위해서는 지금까지 인간의 정신세계를 담당했던 종교와 육적·물질적 세계를 담당했던 과학이 균형 있게 통일되어야 한다"면서 4가지 권력(사상·과학·언론·경제)을 쥘 것을 강조하고 있으며, 이들은 "지상천국이란 인간이 과학을 발전시켜 자연계를 정복한 곳이라"고 말하고 있다. 즉 통일교가 추구하는 이상세계는 정신이 주체가 되어 물질의 영역까지 포용하는 사회이다. 그러면서 이들은 신본주의(神本主義)와 인본주의(人本主義), 그리고 물질의 생산과 관리를 하나님의 뜻에 맞도록 해야 한다는 물본주의(物本主義) 간의 융화를 강조하고 있다. 참으로 현실적이고 합리적이고 멋진 일이다.

　　대개의 종교가 공리공론에 그치고 육체·물질·현실을 무시·외면하거나 내세의 구원에 초점을 맞추고 있는 데 반해, 통일교·원불교 등의 교리가 정신은 물론 육체·물질·현실 모두를 중요시하고 있어 매우 현실적·합리적이고 인간의 실질적인 삶에 도움이 되는 것이라고 볼 수 있다.

 일제시대 및 해방 후 주역의 대가인 야산 이달 선생(1889~1958년, 김천 출생)은 6·25 전쟁, 서양 중심의 물질 만능시대 도래, 과학의 발달로 자연파괴와 환경오염 발생, 각종 유전자 조작 남발, 인체 복제와 허령(虛靈, 가짜 영혼과 기억)을 머리에 심는 등 인간생명의 경시와 인간의 물질화·도구화, 의약 발달로 노인 장수, 물 부족 현상 발생, 태평양 국가들이 세계 중심으로 발달, 후진국 언어 소멸 강대국 언어 위주로 통일, 인공위성 발사와 달 탐사, 먼 별 탐사와 외계생명체 접촉, 통신 발달로 수천 리 떨어진 곳 시청-통화-개인 사생활 침범, 여성 군림시대 도래, 1자녀, 부모 봉양·제사 소멸 등 많은 예언들을 해 놓았다.

 1958년에 타계한 야산(也山) 이달 선생이 예언해 놓은 것이 인간복제와 외계 생명체 발견 말고는 거의 다 이뤄졌거나 이루어지고 있다. 인간복제는 아직 금지하고 있어서 이뤄지지 않고 있지만, 미국 영화 「아일랜드」(2005년) 등에 보면 인간복제는 물론 가짜 정신(虛靈)까지도 인간에 머리에 심는 것이 나오고, 유럽에서는 이미 인간의 뇌 기억을 컴퓨터에 다운로드하는 것을 연구하고 있다.

 어떻게 이렇게 보지도 않은 미래를 예언할 수 있을까? 그것은 천안(天眼)이 열리고 격물치지와 세상 이치를 따지는데 능하기 때문이다.

 후천에서는 종교-전설-소설-영화에서 언급한 모든 것이 이뤄지고 만들어질 것이다. 왜냐하면 일체유심조라 물질은 생각의 산물이기 때문이다. 이미 인간이 생각하고 상상한 것은 모두 만들어졌고 수학적으로 계산해 놓은 예상 시기보다도 더 빨리 만들어지고 있다.

사람을 능가하는 로봇, 유전자 조작을 통한 슈퍼맨 출현, 공장에서 인간 생산, 영생(永生), 사람의 머리에서 자료를 맘대로 심고 추출하고, 즉 고시에 합격한 사람 머리에서 공부한 그 부분만 찾아내어 복사해서 컴퓨터에 내려받고 그것을 다시 다른 사람의 머리에 복사하면 그대로 고시에 합격할 수 있다는 말이다. 또 컴퓨터 자료를 인간의 머리에 그대로 복사해서 넣을 수 있다.

외계인은 물론 영계와의 접촉, 타임머신 이용 차원과 시간 이동, 공간 순간 이동, 무한 에너지 등 우리가 필요로 하고 생각하는 것은 모두 만들어진다. 그러나 이 진행과정에 서로 핵전쟁을 일으킨다면 다시 원시시대로 되돌아갈 것이다. 나는 우리 인류는 핵전쟁 등으로 이 과정을 벌써 몇 번씩 겪었다고 보고 있다.

선천이 하늘·불·남자의 시대라면
미래는 땅·물·여자의 시대이다

선천(先天)이 하늘-불-남자-동양 등 양(陽)의 시대라면 후천(後天)은 땅(인간)-물-여자-서양 등 음(陰)의 시대이고 음의 핵심이 여자라 여자의 시대이다. 음인 땅-물-여자가 삼라만상과 인간을 낳고 기르는 모든 것의 근본이라 가장 소중하기에 여자를 잘 떠받들어야 한다. 실제로도 이제 장사든 정치든 드라마든 그 무엇이든 여성들을 잡지 못하면 성공할 수 없다.

후천은 물의 세계이다(또 물은 곧 여자이므로 여성시대이다). 도덕경에서는 물을 이미 '상선약수(上善若水)'라 하였고, 흔히들 알고 있듯이 '지자요수(知者樂水)'라 제국주의 시대는 물론 현대에도 물을 잘 이용하고 해운이 발달한 나라가 세계를 지배하고 있으며, 세계 유명 도시는 강이나 바다 옆에 있다. 생수가 석유보다 더 비싼 시대가 벌써 도래했으며, 물에서 생명과 음식은 물론 전기·수소·수소폭탄이 나온다.

또한 음양오행으로도 木(채집사회)→金(철기·농경사회)→火(석탄·석유 이용 산업사회)→水(물을 이용하는 사회)→土(민중 사회, 도덕·정신사회)로, 지금 火의 시대 다음은 水의 시대가 예견되어 있다. 불(火)로 이뤄지고 발전하는 산업사회의 열(火)을 적절히 식혀주고 물(水)과 불(火)의 묘용(妙用)이 일어나기 위해서는 물이 절대적으로 필요하다.

전쟁도 마찬가지이다. 원시시대에는 맨주먹으로 싸우다가 나무로 창을 만들어 주먹을 이기고(木克土), 쇠로 창을 만들어 나무창을 이기고(金克木), 불총(대포, 원자탄)을 만들어 쇠창을 이기고(火克金), 수소폭탄이 나와서 불을 이겼는데(水克火), 수소폭탄을 이기는 것은 다시 토이다(土克水). 토(土)는 맨주먹(민중, 여론, 종교, 도덕, 군자)이다.

벌써부터 배가 뜰 수 있는 바다를 끼지 않는 도시는 대구처럼 쇠퇴 일로에 있다. 그리고 식수와 산업용수를 충분히 확보하지 못거나 물을 과학적으로 이용(전기, 수소, 수소·전기 자동차 등)하지 못하면 후진국으로 떨어지게 될 것이다. 바다 속에 묻힌 수소 에너지에 인류의 미래가 있다. 해양시대는 곧 우주시대이기도 하다.

그리고 온난화 현상과 삶의 질 향상으로 호수—못—강—바다를 바라보는 수변 조망권의 가치가 날로 높아지고 있다. 특히 한강 조망권은 그 가치가 수천만 원~5억 원을 호가하고 있고, 호주(시드니)·미국(뉴욕) 등 선진국으로 갈수록 고급 주택은 모두 수변 조망권을 끼고 있다. 왜냐하면 물은 교통·생명·돈·기쁨을 주기 때문이다. 우리는 물만 보면 기쁘다. 우리 몸의 70%가 물이고 물에서 생명이 나왔으며 우리가 물속에서 태어나서 진화하여 육지로 나왔기 때문이다. 이에 주역에서는 "만물을 기쁘게 하는 것은 못(池)보다 기쁘게 하는 것이 없다"고 했다.

주역 64괘의 배열은 우주의 생성과정을 하나로 축약한 것이다. 하늘과 땅이 열린 후 만물이 태어나기 위해서는 물이 필요하므로, 하늘과 땅을 상징하는 건곤(乾坤)괘 다음에 1·6水의 물괘(둔·몽·수·송·사·비) 여섯 개를 연달아 놓아 생명의 근원과 인류 발전 과정을 밝히면서, "초목과 미물 모두 물이 아니면 나오지 못한다"고 하였다.

물은 오행 중 처음으로 불교도 물을 '생명의 근원'이라고 했고, 성경 창세기에도 천지창조 이전에 물이 있었던 것으로 나오며, 그리스 철학자 탈레스도 물이 '만물의 근원'이라고 하였다. 즉 천지만물은 물에서 비롯되었으며, 물이 모든 것의 시작이고 근본이다. 그래서 물인 여자는 꼭 필요하고 물이라 더 오래 산다. 지구와 인간도 70%가 물이다. 따라서 좋은 물의 섭취와 물을 경제적·사회적·환경적으로 이용하는 노력은 극히 중요하다 하겠다. 좋은 물이라는 것은 깊이 알고 보면 물에 섞여 있는 미네랄보다 물 자체의 '분자 구조 질'이 더 중요하다.

좋은 분자 구조를 가진 물이 좋은 물이다. 주역에서 상(象)의 형태에 따라 나오는 기(氣, 에너지)와 그 작용이 다르다고 했듯이, 구조와 그 질의 형태에 따라 나오는 에너지와 그 작용이 틀리기 때문이다. 형태와 구조에서 에너지(氣)가 나오고 형태(구조)에 따라 에너지 흐름이 다르다고 보는 주역과 「공간에너지」관점에서 다시 설명하면 "좋은 물이란 좋은 구조(構造)를 가진 물이다"라고 할 수 있다. 흔히들 물의 미네랄 등 화학적 구성에 대해 매우 관심을 가지고 있지만 물의 구조에 비하면 물의 화학적 구성은 크게 중요하지 않다.

　물 분자(H_2O)는 두 개의 수소 원자와, 하나의 산소 원자가 공유결합(결합 길이 0.096nm)을 한 H-O-H의 굽은 형의 물질이다. 물 분자는 수소원자와 산소 원자가 각각 전자를 내놓아 전자쌍을 만들고, 이 전자쌍을 함께 나누어 가짐(공유)으로써 결합되어 있다. 즉 물은 산소와 수소의 미세한 전자기적 작용에 따라 결합이 이루어지는데, 이때 미세한 전자기적 흐름을 원활하게 하느냐 그렇지 못하느냐에 따라 물의 '분자 구조 질'이 달라진다. 활성산소가 지나치면 정상세포까지 마구 공격해 각종 질병과 노화의 주범이 되듯이, 미세한 전자기적 흐름이 원활한 좋은 분자구조의 물은 신체 세포를 활성화시킨다.

　사람은 물 기운으로 나왔는데, 처음 물 기운으로 나왔을 때에는 살찌고 정신이 맑다. 그러나 늙으면 물기가 마르고 불기운만 남아서 정신이 앙칼지고 건망증이 생기고 정신이 혼미해진다. 그래서 나이가 들수록 산책을 통해 아래에 있는 물은 위로 올라오고 위에 있는 불은 밑으로 내려오는 수승화강(水昇火降)을 시켜야 건강하다.

　물은 생명 창조와 유지의 절대적 요소로서 부드러움, 감성, 평등, 지혜, 낮은데 임함, 상처 치유, 깨끗함, 협동, 모자람 채움, 유통, 정보, 개방 등의 특성으로 여성과 평화, 자유와 민주주의, 경제발전, 정보와 감성사회, 복지의 코드와도 잘 맞아떨어진다. 물은 부처와 예수의 성질도 가지고 있다. 물의 성질은 법신(法身, 성부)이고, 우리가 흔히 말하는 물인 액체는 보신(報身, 성령)이며, 강—바다 등에 있는 각각의 물·얼음·기체·눈 등은 화신(化身, 성자)이다. 또한 물은 주역적으로 보면 부드러움과 강함이 모두 들어 있는데(☵), 겉은 부드럽지만 홍수는 무섭고 댐의 압력은 상상을 초월한다. 그리고 물속에는 전기·수소(폭탄) 등의 에너지가 들어 있다. 그래서 미래를 잘 대처하기 위해서는 물과 여성의 특성을 잘 이해하고 활용해야 한다. 미래 직업도 그 속에 있다.

지구가 물(70%, 감정·감성)과 땅(30%, 이성)으로 이뤄져 있듯이 인간(물 70%)은 이성보다 감성의 동물이며, 이에 물을 흙으로 막듯이 감정을 이성으로 잘 제어하고 통제해야 한다.

후천은
여성이 실질적인 주인이 되는 세상이다

후천은 음(陰)의 시대이니 음인 여자가 상위이고, 동양은 양이요 서양은 음이니 동양이 서양을 따라가고, 정신은 양이요 물질은 음이니 물질의 발달로 물질 만능시대가 오게 된다. 벌써 그러고 있다.

이미 생물학자들은 "수컷은 소모품이며, 모든 생물은 오로지 암컷을 위해 존재한다"고 말하고 있다. 이미 소비와 가정의 주체는 여자이고 여자가 모든 실속과 권한을 다 쥐고 있다. 사실 남자가 부귀를 쥐려고 하는 것은 예쁘고 좋은 여자를 얻고 여자에게 잘 보이고 여자에게 모두 주기 위한 것이다. 동서고금 역사를 보면 실제로 남자는 노역이나 전쟁터에서 사용하는 돌보다 못한 소모품이었다. 현재 우리는 '신 모계사회'와 '여성 군림시대'에 살고 있다. 남성 역차별 시정을 위해 분투하던 성재기 남성연대 대표는 한강에 투신자살(2013.7.26.)을 하였다. 남자는 이제 머슴이고 종놈이다. 남자 역차별을 얘기했다가는 쪼잔한 놈으로 당장 매도되고 만다. 남자들은 허수아비, 은행 ATM, 머슴, 종놈, 껍데기, 마차의 말 등으로 여자에게 조종·희생·이용당하다가 죽고 만다.

TV도 남자를 여자를 떠받들고 봉사하고 희생하는 머슴이나 덜떨어지고 철없고 성욕에 가득 찬 예비 성범죄자나 일반 범죄자로 묘사하는 연속극과 토크쇼(수다)로 도배를 하고 있다. 이제 웬만한 경제력 없이는 한국 여자에게 장가가기도 힘들다. 박근혜 여자 대통령도 탄생했다. 세계적으로도 여성 대통령과 수상이 넘쳐난다.

'후천이 여성시대'라는 것은 김일부 선생이 지은 정역(正易)에서 나왔다. 정역의 핵심적 사상은 "지금은 우주의 시곗바늘이 정오(正午)를 지나 오후 3시쯤 가리키는 후천의 시대이며, 후천 시대에는 여성 에너지가 세상을 주도한다는 것이다. 그리고 향후 지축이 바로 서는데 이때 정의사회가 되며, 북극의 빙하가 녹으면 일본이 망한다"고 하였다.

여자 군림시대는 핵가족 제도로 도끼 가진 놈이 바늘 가진 년을 못 당하는데다 자식이라는 강력한 부하와 우군을 가진 여왕을 넘을 수 없다. 그리고 이제 힘든 일은 기계가 대신하고 정보와 감성이 중요시되는 정보화 및 감성의 시대라 여성 주도 사회는 피할 수 없다. 원래 밀림에 길을 내는 것(시스템 구성)은 남자가, 다니는 것(시스템 사용)은 여자가 한다. 이미 힘들고 위험하고 복잡한 것은 기계나 컴퓨터가 하는 시스템이 갖춰 줬으니 여자가 남자에 비해 못할 것이 없다. 거기다 모든 법·제도·문화도 여자 편과 이익이 되는 쪽으로 맞춰져 가고 있다.

더 나아가 이세돌이 알파고(AlphaGo, 구글 딥마인드가 개발한 인공지능)에게 바둑 대결에서 패배(2016.3, 1승 4패)한 것에서도 알 수 있듯이, 미래 인공지능 시대가 본격 도래 하면, 데이터 축적과 분석에 장점이 있는 이성(理性)은 인공지능 기계에 뒤져서 필요가 없어지고, 기계가 할 수 없는 순간적으로 크고 넓게 뭉뚱그려 끊어치는 느낌의 여성 감성(感性)이 절대적 우위를 차지할 것이다.

그리고 우리의 미래인 선진국을 보라. 남자는 자기 차를 사는 것 외에 권리는 없고 의무·책임만 가득 있는 가족을 떠받드는 머슴이고 그저 돈 버는 기계일 뿐이다. 더 심하게는 성욕만 가득하고 철없고 덜떨어진 짐승이나 예비 범죄자로 비하될 뿐이다(호주·뉴질랜드 : 여자→어린이→노인→동물→남자 순). 우리도 벌써 그러고 있다.

세상 모든 현상은 전조(前兆)가 있고, 그 전조는 상(象)에서 제일 먼저 나타난다. 생긴 것과 그 용도와 내용물은 거의 같다. 여자세상이 왔음을 여자가 더 뛰어남을 남녀 용모에서도 잘 알 수가 있다. 옛날 연인이나 부부를 보면 남자가 학력은 물론 키와 용모 면에서 월등히 나아서 "남자가 아깝다"는 소리를 많이도 했다. 연예인들도 옛날에는 신성일·남궁원 등 멋있는 남자들이 더 많았다.

그런데 요즈음 젊은 연인이나 부부 사이를 보면 여자가 용모

면에서 훨씬 더 뛰어나서, "저 남자는 전생에 나라를 구했나?" 하는 의심이 드는 경우가 비일비재하다. 여자는 8등신에 S라인에 쭉쭉·빵빵·탱탱인데, 남자는 키만 멀대처럼 크거나 뚱보나 찌질인 경우가 대다수이다. 연예인들도 마찬가지이다. 여자는 정말 얼굴과 몸매 다 예쁜데, 남자 연예인은 키만 컸지 옛날처럼 신성일·남궁원 등 남자다운 멋있는 미남은 없고 계집애 같거나 생기다가 말았거나 찌질이와 뚱뚱이와 불량씨들 천지이다. 그런 것들이 나와서 여자들을 흉내 내고 여자들 비위 맞추는 무슨 토크쇼(수다)를 한다고 난리이다. 완전히 남녀 간 역전(逆轉)이 되었다. 요즘은 물론 선진국으로 갈수록 여자가 공부도 더 잘하고 학력도 더 좋은 경우가 일반적인 현상이다.

요즘 신입사원들도 보면 옛날에는 여자들이 나이가 들면 여우가 되어서 배째라 그러면서 뺀질뺀질 일을 하지 않았는데, 요즈음은 여자 신입사원들이 더 예쁘고 똑똑하고 일도 잘하고 의리마저 있다. 남자들은 용모도 못하고 비리비리하고 의리도 없는 것을 볼 수 있다.

대산(大山) 김석진 선생은 후천은 1948년 민주공화정부가 들어선 때부터 이미 시작되었으며(원불교 박중빈 : 1924년 주장), 사계절 중 가을 초입이라 봄−여름의 성장에서 벗어나 수렴하는 시대이며, 그래서 여성 상위시대가 갈수록 더하는데, 눈에 보이는 징후로 여자들의 노출이 심하고, 숨어 있던 지하자원들이 모두 개발되는 것을 들고 있다.

이제 남성시대에서 여성 군림시대와 여왕시대로 유턴해서 액셀러레이터를 세게 밟고 있는 단계이다. 이것은 우주의 큰 흐름이라 누구도 막을 수 없다. 정치든 장사든 뭐든 여성들을 잡지 못하면 성공할 수 없다. 여성이 있으면 남성은 자연스럽게 모여든다. 주역으로 보면 극즉반(極則反)의 원리로 음양이 끊임없이 순환하듯 결국 세상은 돌고 도는 것이며, 불교식으로는 그동안 남성들이 저질러 온 남존여비의 업보를 받는 것이다. 도교도 남성이 결국 여성을 이길 수 없다고 하고 있다.

남성들이여! 여성들을 잘 연구하고 잘 모셔라. 거기에 밥도 있고 살길이 숨어 있다. 역사적으로 봐도 모계사회가 먼저였으며, 특히 우리나라는 전통적으로 여자가 강하고 드셌다. 신라에서는 남모·준정 등 여성이 화랑의 원조였고 현대에서도 힘든 여왕을 3명이나 배출하였으며, 고구려에는 여성 전사들이 있어 싸움터에도 출전하였다.

고려시대에는 여성들의 자유-개방성-권리(재산상속 등)는 대단하였다. '남녀상열지사'로 대표되는 고려가요가 그것을 잘 말해 주고 있다. 발해에도 아줌마들이 여럿이 몰려다니며 바람피우는 남정네를 몰래 미행하다가 증거를 잡으면 아주 요절을 내는 것이 유행이었다.

조선시대의 남존여비와 칠거지악 등은 고려 여성의 지나친 개방성과 드셈과 강한 권리에 대한 반동으로 나온 것이다. 불교에 대한 반동으로 불교를 탄압하고 유교를 장려했듯이 무엇이든 너무 심하면 그 반동이 일어나 정화하고 균형을 맞추려고 하는 것이 세상 이치이다. 조선의 남자들이 여성들이 두려워 인해전술과 각종 사상과 제도는 물론 교육과 심리전 등으로 억지로 눌러 놓은 것이다. 지금의 여성군림은 조선 5백 년 동안 강제로 눌렸던 것이 다시 회복되고 있는 것에 불과하다.

그리고 우리나라 여자가 일본 여자와 달리 드세고 억센 것은 역사적으로 외침에서 여자를 보호해 주지 못한 우리 남정네들의 책임이 크다. 그래도 중국 여자들보다는 나으니 천만다행으로 생각할 일이다.

중국 여자들이 깡패인 것은 대륙에는 늘 여자가 부족해서 전통적으로 귀하게 대접받을 수밖에 없었고, 거기다 중국 공산당이 여자들의 노동력 징발을 위해 남녀평등을 강조하여 여성들의 기를 엄청나게 키워 놓았기 때문이다. 거기다 서양 풍조까지 들어가 목불인견이 되었다.

일본 여자들이 상냥한 것은 조선 양반은 붓을 들고 있고 부인에게 존대를 했으나, 일본 양반인 '사무라이'는 긴 칼을 두 자루나 차고 여차하면 할복을 할 정도로 무섭기에 감히 대들 수가 없었고, 태풍과 지진 등 천재지변이 많아서 남자의 역할이 절대적이었기 때문이다. 또 사무라이는 평민에 대한 즉결 처분권(죽임)과 여자를 강간할 특권이 있었다.

후천은 여성(땅, 물)의 시대라, 주역에서 '땅은 인색하다'고 했고 물의 특성이 잘 변한다. 그래서 후천의 병폐로 사회가 너무 빠르게 변하고 갈수록 인색하고 삭막하고 각박해지는 것도 피할 수 없다. 그러나 남자들은 너무 걱정할 필요는 없다. 음양이 교대로 강해지고 커졌다가 또 약해지고 작아졌다를 반복하는 것이 우주의 법칙이고, 태극에서 음양이 동시에 나오면서도 양(陽)이 약간 먼저 나왔고 음양이 같으면서도 양이 좀 더 크고 강하고 활발한 것처럼, 땅인 여자는 너무 좁고 낮고 약삭빨라서 여성시대가 와도 여자(음)라는 그 절대적인 한계가 분명히 있어서 결코 크고 높은 하늘인 남자처럼 커지거나 남자 위에서 군림할 수가 없기 때문이다. 땅이 결코 하늘이 될 수 없듯이….

여자 군림시대를 대비해서, 이미 주역 「중지곤괘」에서는 "여자가 강해지면 반드시 남자를 이기고 싸우려고 든다. 그러나 땅이 하늘을 우러르고 따라야 하늘의 복을 받아서 번성하고 태평성대 하듯이, 여자도 괜히 앞서봐야 어찌할 바를 모르고 골치만 아프고 실속은 없으니 하늘인 남자를 잘 따르고 남자의 복을 받아야 행복하다"고 해 놓았다.

네 박자의 헬 조선 기관장,
찌질한 잡초와 아바타가 대부분이다

우리나라 사람들은 기관장을 너무나 좋아한다. 기관장이라면 무조건 능력이 출중하고 인품이 훌륭해서 올라갔다고 우러러본다. 그러나 기관장이 복과 운이 좋은 사람은 분명하나 꼭 능력과 인품을 갖춘 것은 절대로 아니다. 가격과 가치는 다를 수 있고 실제로 그런 경우가 많다. 화분에 심겨 있다고 모두 꽃이 아니며 반짝인다고 모두 금은 아니다. 나는 기관장을 접할 기회가 많았었는데, 여기도 주역의 네 박자였다.

첫째 : 출신 성분은 좋지 못한데, 칭기즈칸처럼 정말 능력+성실+인격+깡+전략전술을 두루 갖춘 '자수성가형 사람'이다. 실로 개천에서 용이 난 격이다. 참으로 인정할 만하고 부러웠다. 바람직한 경우가 아닌가 싶다. 아이디어와 추진력이 좋고 사람을 능력에 따라 대우한다. 그런데 이런 경우는 극소수이다. 우리가 선진국이 되려면, 실력 위주와 합리적 사회가 되려면, 이런 기관장이 주류를 이뤄야 한다.

둘째 : 집안·학교·고향 등 출신성분이 좋아서 기관장을 하고

있는 사람들이다. 소위 '금수저'들이다. 부모·친구·선배를 잘 만난 경우이다. 대부분 우쭐하면서 귀족의식에만 빠져 있지 할 줄 아는 것이 없다. 이런 부류는 늘 폼만 재고 맛있고 좋은 것만 즐기고 자기 위의 '다이아몬드 수저'들을 받드는 것만 하며, 출신성분에 따라 사람을 대한다. 금수저 이상만 사람으로 본다.

셋째 : 참으로 답답하고 우유부단하고 색시 같고 찌질하고 무능하고 또라이성 좁쌀영감인데 기관장을 하고 있는 경우이다. 이는 찌질하고 무능하기 때문에 1인자나 강자들이 '아바타'로 부릴 목적으로 앉혀 놓은 것이다. 조선에서는 똑똑하고 대가 세면 견제를 받아서 출세를 할 수가 없다. 또 관료제의 병폐가 '무결점주의'를 최고로 치는데, 무결점 인간이라는 것은 얌전하고 무능하고 아무것도 할 줄 모르고 아무것도 안 했다는 것이다(조선에서는 적극적으로 움직이고 일 많이 하고 잘하면 대다수 민원과 감사 제일 많이 받고 주위의 견제만 당한다). 이런 사람들 사주를 보면 나쁜 것이 없고 아주 순탄하게 되어 있다. 즉 극도로 무능하지만 사주가 좋아서 출세를 한 것이다. "온실 속에 화초이고, 분에 심어 놓으면 못된 풀(잡초)도 화초라 한다"의 유형인데 자신은 이것도 모르고 능력이 좋아서 올라간 줄 알고 기고만장하고, 그 자리를 감당치 못해서 이상한 짓만 골라서 한다. 그래서 조직인들의 집단 비웃음을 사는데 본인만 최고라고 착각을 한다.

그리고 겁도 많고 능력·창의성이 부족해서 오직 오너와 보스가 시키는 것밖에 할 줄 모르고, 오로지 오너에 눈치를 보고 혹 자기 자리가 잘못될까 봐 전전긍긍한다. 그것이 그 사람이 하는 일의 전부이다. 또한 평상시는 시스템과 유능한 참모 덕에 그럭저럭 끌고 가지만, 조금만 위급하거나 돌발적인 상황이 발생하면 어찌할 줄을 모르다가 이상한 방향을 정하고 결정을 내려서 조직을 곤혹스럽게 하거나 파괴하고 만다.

본질과 핵심과 큰 줄기는 외면하고, 곁가지와 형식과 보여 주기에 매달린다. 무능한 온실 속의 꽃이 어찌 폭풍우를 견디며 어찌 거목이 되겠는가? 게다가 일을 하기보다 사고를 안 치는 것에 중점을 두어 조직원들을 안전 제일주의로 사무실 안이나 쇠창살에 꼼짝도 못하게 얽어매고 가두어 둔다. 모든 것을 자리 유지하기에 초점을 맞추고 행한다.

주제 파악을 하고 부끄러운 줄 알고 자타에 피해를 끼치지 말고 빨리 그 자리에서 내려와야 한다. 제일 나쁜 경우이다. 자기 분수를 훨씬 넘은 것이다. 분수를 넘으면 자타는 물론 사회–국가–민족을 망친다. 문제는 조선에는 이런 기관장이 제일 많다는 데 있다. 「제2장, 인생과 세상사는~네 박자다」에서 말했듯이, 우리가 고구려·발해 멸망으로 중국에서 쫓겨나 대륙의 기상과 기마민족의 야성을 잃어버리고 삼별초 난 실패와 위화도 회군을 계기로 자주를 버리고 사대를 택하면서 발생한 현상이다.

공자는 주역 계사전에서 "소인이 군자 위에 서고 군자의 자리에 있으면 안 된다" "덕(德)은 엷은데 지위는 높으며, 지혜는 작은데 꾀하는 것은 크며, 힘은 작은데 책임이 무거우면 반드시 화가 미친다"고 했다. 이에 주역 택화혁 괘에서는 "지도자가 잘못하면 혁명을 해서 바로 잡으라"고 하였고, 택천쾌 괘에서도 "실력과 덕망이 없는 자가 고위직에 있는 것은 사회 정의상 옳지 않고, 세상을 그르치고 민초를 고통의 늪에 허덕이게 하는 바탕이니 과감히 척결해야 한다"고 하였다.

넷째 : 출신성분도 좋지 않고 모든 것이 평범하기 그지없는데

기관장을 하고 있는 경우이다. 남에게 원성을 사지 않고 여론을 따르고 사람 좋다는 소리를 듣는 것 외에 실력 등 모든 게 그냥 그저 보통이다. 기관장을 오래 하면서 소위 '행정의 달인'이라는 소리를 듣는 사람들이다.

이런 부류는 소위 되는 것도 없고 안 되는 것도 없고, 적도 없고 아군도 없다. 물도 아니고 술도 아니다. 일도 각종 위원회를 만들어 책임을 떠넘긴다. 강하고 큰 곳에서 손을 들라면 들고 내리라면 내리고, 오라면 오고 가라면 가고 그저 대세를 따라갈 뿐이다. 참으로 기관장이 된 원인을 파악하기 어려웠다.

그런데 옛말에 "후손이 잘되려면 조부 이상 3대가 적선을 해야 한다"고 하더니, 이런 사람의 경우 조부 이상을 살펴보면 큰 적선을 한 사람이 반드시 있었다. 그 조상의 음덕(陰德)으로 기관장이 된 것이다. 음덕을 많이 쌓으면 당대나 늦어도 손자 대에서는 크게 발복(發福)을 한다. 세상에 공짜는 없다. 은행에만 돈을 저축할 것이 아니라, 하늘과 땅에도 적선·봉사·기부·보시를 저축해 놓자!

세상 만사와 만물은
결국 유유상종이다

유유상종이란 뜻은 주역 계사전(方以類聚 物以群分 吉凶 生矣)에서 제일 먼저 나왔으며, 의상 조사 「법성게」에서도 나온다(가없는 넓은 세계 엉킨 듯 한 덩이요. 그러나 따로따로 뚜렷한 만상일세). 과학도 이것을 인정하고 있다. 삼라만상은 성향 따라 이해 따라 서로 비슷한 것끼리 끌리고 모여 있게 된다. 즉 유유상종은 우주의 근본원리이고 법칙이다. 선비는 선비끼리, 양아치와 깡패는 그들끼리 모아 놓아야 재미가 있고 오래 유지할 수 있다. 선남선녀와 탕남탕녀도 마찬가지이다. 삼라만상은 의도적으로 억지로 붙여 놓아 봤자 오래가지 못한다. 땅속 지하자원도, 하늘의 새도, 산에 나무도 같은 것끼리 모여 있다. 그리고 죽은 뒤에도 자기와 비슷한 성향의 영혼들끼리 모여 산다고 한다. 결국은 유유상종이다. 왜냐하면 좋고 유리하고 편하기 때문이다.

친구-직장 내 동료-남녀-친인척-동네 등 모든 것이 팔자·성격·인연이 비슷한 것끼리 모여 있게 된다. 내 주위를 둘러보면 신기하게도 나와 비슷하고 연관성 있는 사주팔자가 거의 대부분이다. 그래서 부자끼리, 고관대작끼리, 연예인끼리, 고수끼리 어울려서 살아가는 것을 질투하거나 나쁘게 생각할 필요가 없다. 상대와 내가 너무 차이가 나서 수준이 안 맞으면 서로 말도 통하지 않고 공통 관심사와 먹거리(돈,

출세, 일거리 등)도 얻을 수 없다. 서로 오해하고 답답만 할 뿐이다.

우주(통일장 이론 : 11차원 주장, 불교 : 3계 28천)나 아파트나 사람은 자기 위층은 보이지도 않고 이해할 수도 없기에 당연히 그처럼 행동할 수도 없다. 수준이 같아야 서로 보고 이해하고 통한다. 나보다 아래 단계는 보이나 위 단계는 모른다. 그래서 하수는 고수의 경지를 결코 알 수 없다. 그러나 아파트처럼 나보다 위층은 분명히 존재한다.

우리나라 엄마들은 한결같이 "내 자식을 착한데 친구를 잘못 만나서 나쁘게 물들었다"고 그러는데, 억지로 어울리는 것은 2~3회를 넘지 못한다. 그 이상은 돈 주고 같이 어울리라고 해도 힘든 일이다. 서로 똑같으니까 서로 좋아서 같이 어울려서 다니는 것이다.

주역에서는 "두 사람의 마음이 같으니 그 날카로움이 쇠를 끊도다. 같은 마음의 말은 그 향기가 난초와 같다"고 했다. 또한 "동성(同性)은 비슷하고 같아야 편하고 친근함을 느껴서 이웃과 친구가 되고, 이성(異性)은 달라야 매력을 느끼고 합쳐져서 생명을 탄생시킨다"고 하였다.

결국 우주는 유유상종-이심전심-동기감응-자석원리-끌어당김의 법칙-심기혈정의 원리가 작용한다. 밥 먹기 위해서는 자기와 다른 것과 사람들에 대해 참을 필요가 있지만, 그 외에는 상식과 마음 가는 대로 하면 된다. 날아가는 벼락을 따라가서 맞을 필요는 없는 것이다. 정신과에 가면 스트레스를 주는 사람을 만나지도 생각도 하지 말라고 한다.

나와 너무 다르거나 모든 면에서 수준 차이가 나는 사람이나 만사만물과는 가까이하거나 어울리지 않아야 한다. 사람 차별이 아니라 이것은 자연과 우주법칙에도 맞지 않고 결국에는 이런저런 이유로 사고가 나고 다치고 만다. 서로 이해 안 되고 서로 괴롭고 결국에는 시기와 질투만 유발해 해코지를 당하고 싸움만 난다. 자기보다 다르거나 낮은 레벨과 어울리면 인간성 좋은 사람, 성인군자가 되는 것이 아니라 결국 자기 에너지−레벨−영혼 중량−팔자도 덩달아 낮아지고 그들에 의해 다치고 피해를 입고 만다. 쌀과 보리를 섞으면 보리밥이 되고 맑은 물과 흙탕물(똥물)이 섞이면 흙탕물(똥물)이 되는 것처럼, 좋은 것과 나쁜 것이 섞이고 부딪치면 나쁜 것이 되고 만다. 꼭 어울리고 상대를 해야 할 경우에는 잠깐 쇼만 하거나 중간에 '마름'을 넣어서 간접 상대해야 한다.

대화도 아무하고 아무 때나 하는 것이 아니라, 이익과 필요가 있을 때나 수준이 맞는 사람하고 하는 것이다. 그렇지 않은 대화는 오히려 우이독경(牛耳讀經)에 오해와 싸움만 날 뿐이다. 교수가 중학생하고, 군자가 장사꾼이나 양아치하고 대화를 해 봐야 뭐가 나오겠는가?

천주교계의 설교 달인 황창연 신부님도 "성경에 서로 사랑하라고 그랬지 모두 사랑하라고 한 것은 아니라면서, 모난 사람 옆에 있지 말고 모난 사람은 별난 사람에게 붙여 주고 피해 버리라"고 하였다.

답답하고 답이 없고
괘씸하고 불쌍한 그 이름, 하근기

근기 문제는 불교 장에서 다뤄야 하지만 바로 위에 유유상종이 있고 결국 근기 문제는 유유상종과 직결되는 것이기에 주역 장에 다룬다. 근기란 말은 불교에서 나온 얘기이고 기독교의 '달란트'와 비슷한 말이다. 단순한 뜻은 영어의 '레벨(level)', 우리의 '수준'이라 보면 된다. 대중-우중-어린양-중생-소인배 등과 하근기는 사실상 같은 말이다.

불교는 중생을 상근기(上根機)-중근기(中根機)-하근기(下根機)로 나누고 또다시 이것을 각각 3단계로 세분화하여 총 9단계로 나눴다. 우리 옛말에는 "나를 기준으로 위로 9층, 아래로 9층이 있다"고 하였다.

누구는 복만 있고 재주는 없고, 누구는 복에 재주까지 있고, 누구는 복도 없고 재주도 없고, 누구는 재주는 있는데 복이 없고, 누구는 자신이 아무것도 없는 것조차도 모르고, 누구는 아무것도 없고 심한 마이너스(-)이면서도 재주가 있는 양 착각과 오만에 빠져 있다.

주역에서는 "천지가 생길 때 혼돈 뒤에 무겁고 탁한 것은 밑으로 가라앉아 음(陰)이 되고, 가벼운 맑은 것은 위로 올라가 양(陽)이 되었다"고 해 놓았다. 물도 장시간 두면 위는 맑은 물이고 아래는 구정물과 흙이다. 즉 사람 포함 세상만사와 만물은 밑으로 갈수록 탁하고 어렵고 위로 갈수록 맑고 쉽고 좋다는 것이다. 머리 위의 하늘은 선(善)의 종교의 도(道)가 지배하지만 발아래 땅은 철저히 약육강식이고 적자생존이다.

그러나 흔히들 인생의 깊이가 없고 현실을 잘 모르면서, 못나고 없고 못 배운 사람들이 착하고 욕심이 없고 순수하다고 얘기를 하는데, 한마디로 소가 웃을 일이다. 이것은 단편적으로만 보거나 인생 경험이 아주 적거나 분별력과 통찰력이 없거나 도가 낮거나 인기 등 어떤 목적을 가진 위선이다. 대개 사람은 밑으로 갈수록 못 갖췄고 위로 갈수록 더 갖췄다. 잘난 놈이 이것도 갖추고 저것도 갖췄고 예쁜 여자가 교양도 있고 착하고 격도 있다. 철저하게 빈익빈 부익부이다.

또 우리는 국회의원들을 마구 욕하지만 그들은 한국에서 학력·경력·재산 등 모든 면에서 최고의 스펙을 갖추고 팔자마저 최상인 상근기이다. 우리들의 최고 수준 – 최선 – 최대한이 국회의원들이다. 그들의 스펙이 낮았으면 우리들이 비웃고 조롱했지 그들을 뽑아 줬을까? 상대 스펙이 낮으면 스펙이 낮은 사람들이 더 그 꼴을 못 본다. 그들을 욕하는 우리들은 과연 무엇 하나 제대로 갖추거나 하고 있는지 되돌아봐야 한다. 우리 수준이 높아지면 정치인들의 수준은 당연히 높아진다.

우리들의 막연한 상상과 달리 못 배우고 팔자가 나쁘고 가난하고 못날수록 하근기일수록 그에 비례해서 갖가지 나쁜 문제를 가지고 있다. 거의 대다수가 인격적으로도 정직하거나 착하지도 않고 크게 어리석으면서 더 약삭빠르고 교활하고 비열하게 행동한다. 강자에게 한없이 비굴하고 자기보다 약자에 더 무자비하고 업신여기고 사람을 함부로 부리고 대한다(속담 : 종이 종을 부리면 식칼로 刑問 친다). 그러나 당장 가난해도 인격을 갖추고 깨어 있으면서 발전을 위해 노력하는 자는 당대 또는 후손기에 반드시 인격을 갖춘 만큼의 부귀를 가지게 된다. 반대로 부귀를 물려받았지만 내공이 없고 인격이 낮을 경우에 그 부귀를 오래 유지하지 못한다. 역시 당대나 자식 대에서 그 부귀를 스스로 망치고 만다. 사필귀정이고 심신과 부귀는 같기 때문이다.

우리는 대개 하근기이다. 이미 여러 번 얘기했고 앞으로도 얘기할 것이지만 하근기는 그릇이 작고 똑똑하지 못하고 졸렬하며 착하지도 않고 문제투성이다. 못나면 자기가 못난 줄도 모르고 배울 줄도 모르고, 더 나아가 하찮은 서푼어치 지식을 들고 그것이 모두인 양하면서 자신이 똑똑한 줄 착각마저 한다(속담 : 바늘구멍으로 하늘 보기). 자기보다 나은 선생이나 심지어 성인에게도 배울 생각은 하지 않고 시기와 질투에 미쳐서 헐뜯고 모욕하고 죽이기까지 한다(속담 : 세상모르고 약은 것은 세상이 넓은 줄 아는 못난이만 못하다). 영원히 구제불능이다. 모든 진리는 무지를 자각하는 사람에게만 파악된다. 왜냐하면 자신의 무지를 자각한 사람만이 지혜를 열렬히 사랑하게 되기 때문이다. 역설적이게도 자기가 못날수록 더 잘난 줄 알고, 무식할수록 빈 수레처럼 더 시끄럽고 고집·아집이 말도 못한다. 천지를 모르는 것이다.

탄허 스님은 상근기를 대인군자 즉 우주와 자신을 함께 잊고(物我兩忘) 예(禮)로서 사는 성인의 경지, 중근기를 물아양망(物我兩忘) 경지에는 이르지 못했지만 세속 법규에 조금도 어긋나지 않게 사는 사람, 하근기를 예도 법도 모르고 오직 정에만 이끌려 사는 '천치' 같은 사람이라고 했다.

우리는 깜깜한 밤중과 짙은 안개 속을 탐·진·치와 오욕칠정(五慾七情)에 이끌려 온갖 죄업을 지으면서 헤매다가 죽고 만다. 보이고 들리는 것이 모두라고 생각하고, 더 나아가 보이는 것도 다 보지 못하고 들리는 것도 다 듣지 못하고 가는 삶이 대부분이다. 그러면서도 자기는 선하고 착하고 정의롭고 똑똑하고 하근기와 다르다고 생각한다.

위의 유유상종을 받아서 얘기하면 사람은 높고 밝은 쪽으로 자꾸자꾸 나아가야 한다. 일신우일신(日新又日新)과 명명덕(明明德) 해서 상근기로 가야 한다. 낮고 어두운 쪽으로 가면 안 된다. 밝은 것과 진리를 사랑해야 한다. 그래서 고생도 큰 부귀를 물려받은 자나 큰 꿈과 소명이 있는 자가 의도적으로 하는 것 외에는 하면 안 된다. 고생을 심하게 하면 어둡고 비천해지고 만다. 그래서 팔자 길들이기 나름이라는 말이 나왔다. 직업에 귀천이 없다고? 막상 천한 일을 해봐라. 높은 사람들이 아니라 천한 일을 같이 하는 당신 동료들이 제일 먼저 당신을 개·돼지 취급할 것이다.

그래서 일상 삶에서나 퇴직 후에나 망했다고 자기의 과거 신분·직업과 놀던 물·위치에서 너무 차이 나게 낮은 곳에 임하거나 그런 사람들을 사귀면 안 된다(속담 : 어린애를 귀여워하면 코 묻은 밥 얻어먹는다). 자기보다 너무 높은 곳을 추구해서 가랑이가 째져서도 안 되지만, 너무 낮은 곳에 임해서는 더더욱 안 된다는 것이다. 천한 일, 천한 곳에서 오래 있으면 몸은 물론 인격마저 비천해진다. 말도 얼굴도 천하게 바뀐다. 팔자도 있지만 또 팔자 길들이기대로 간다. 천한일, 천한 곳, 천한 사람들과 같이하지 마라. 옷도 함부로 입지 마라. 중생들이 보이는 것을 따르고 강자와 이익을 추구해서 그래야 하는 것도 있지만, 자기 스스로를 잘 대우하고 심신과 팔자를 잘 가꿔야 하기 때문이다.

더 나아가 천한 일을 하거나 곤경에 처해 있거나 하근기 사람들에게 그자가 나에게 간절히 정성을 다해서 청하지도 않았는데, 선-정의-보시-사랑과 자비를 행한다고 함부로 좋은 말을 하거나 도와주려고 해서도 안 된다. 옛말에 "소귀에 경 읽기", "비기자 부전(非器者 不傳, 그릇이 아닌 사람에게는 전하지 않는다)이라"고 했고, 부처님은 "인연 없는 중생은 제도하지 못한다. 말 안 되는 사람과 말하지 말라"고 했으며, 공자는 "먼저 찾아와서 간절히 묻지 않으면 대답해 주지 말라"고 했다. 성경·불경·주역 모두 왜 "귀 있는 자 들으리라"고 했겠는가?

내 자식도 2~3번 이상 얘기해 보고 안 되면 그만둬야 한다. 하근기는 도대체 듣는 귀와 머리가 없는데, 거기다 먼저 간절히 원하지도 않은 말을 해봐야 결코 받아들이지도 않을 뿐더러 오히려 비난과 조롱과 원망만 하기 때문이다. 결국 자기 팔자대로 하고 가고 만다. 남의 인생 역사에 함부로 끼어드는 것이 아니다. 자식이라도 어쩔 수 없다. 화엄경과 의상조사 법성게에 보면 "세상에는 모든 것이 다 갖춰져 있는데, 자기 그릇과 복과 인연만큼 보고 알아듣고 사용한다"고 했다.

인도에서는 힌두교의 업과 윤회에 따른 카스트 제도로 인해서 천한 일을 하고 낮은 계급 사람들에 대하여 동정을 하거나 도와주기를 꺼린다고 한다. 전생에 나쁜 업보로 인해 현생에 그렇게 태어나 그런 일을 하고 있고 그 업보를 현생에서 갚아야 한다는 생각에서이다. 이것을 위반하면 「업의 법칙」을 의심하고 위반하는 아주 나쁜 이단으로 간주된다. 낮은 계급 사람들도 현실 타개보다는 이번 생에서 고생으로 전생의 나쁜 업보를 치러야 다음 생에서 더 좋은 계급으로 태어난다고 믿는다.

내가 이런 말을 하면 사람 차별하는 나쁜 사람, 좁고 단편적이고 소아적인 사람이라고 할 것이나, 깊이 공부하고 직접 겪어 보면 안다. 그러나 겪고 나서 알면 늦다. 심각한 타격과 폐해를 입기 십상이다. 그 타격과 폐해는 평생에 치명적일 수가 있다. 진리는 꼭 우아한 말에만 있는 것이 아니다.

3장

세상 이치와
근본 원리

희망은 인간이 만들어 낸
가장 위대한 발명품이다

세상에서 제일 좋은 것은 복이다. 복은 부귀와 행복 등 온갖 좋은 것의 근본이다. 손오공의 여의봉이고 청룡의 여의주이며 도깨비 방망이다. 그리고 가장 중요한 것은 희망이다. 희망이 없으면 아무것도 일어날 수 없고 재벌도 황제도 견디지 못한다. 기실 모든 종교도 죽음과 삶에 대한 응답이고 위로와 희망을 주기 위해서 만들어진 것이다.

사람들은 예전에는 맹목적으로 '희망'을 추구하다가 요즘에는 '희망 고문'으로 희망을 비하하는 경우도 있지만, 그래도 희망이 없는 것보다는 희망 고문을 당하는 것이 백번 옳고 낫다. 중생들의 유일한 보배와 양식은 희망이기 때문이다. 인류를 먹여 살리는 것은 희망이다.

사람은 육체는 음식을 먹고 살지만 마음은 희망을 먹고 희망에 기대며 살아간다. 이것 없이는 그 누구도 살아갈 수 없고 발전할 수 없다. 희망이 없으면 죽은 것이나 마찬가지이고 세상은 멈추고 만다. 희망은 우주의 골수(骨髓)로 삼라만상의 생명이며 개인과 역사 발전의 원동력이다.

사람은 근육의 힘으로 움직이지 않는다. 근육은 30분을 가지 못한다. 근육보다 '기(氣)'요, 기보다 의지요 '희망'이다. 결국 희망으로 움직인다. 그래서 판도라의 상자에 마지막으로 희망을 남겨 뒀을 것이다.

희망이 뭔지 제대로 알고 가장 크고 넓고 깊게 얘기하면서 발전시킨 것이 종교이다. 윤회, 영생, 천국, 말세사상, 종말론, 지상천국건설, 구세주 신앙, 메시아 강림, 예수 재강림, 미륵불 출세(出世), 최제우 갱생(更生), 부활론 등이 모두 희망을 얘기하고 있는 것이다.

혹자는 말세사상이나 종말론은 무슨 희망과 관계가 있는가? 라고 할 것이다. 현실에서 아무리 노력하여도 자신의 실존상황이 개선되지 않을 때에는 기존의 질서와 체제의 전복이라는 혁명적 방법을 모색하게 되지만, 그러한 방법을 현실세계에서 찾지 못하게 될 때, 종교적으로 변형되어 나타나는 것이 말세사상과 종말론이다. 신의 힘을 빌어 부조리를 깨부수고 자신의 꿈을 이루고자 하는 역설적인 희망이다.

희망이 마약이고 돈이고 성공이고 발전이고 위안이고 어머니이고 의사이고 예수이고 부처이고 천국이고 극락이며 샛별이고 등대이고 나침반이다. 희망은 인간이 만들어낸 가장 위대한 발명품이다. 비관보다 희망이 옳다. 그래서 나의 희망도 남의 희망도 꺾지 말아야 한다.

포기하면 안 된다. 원래 새벽이 오기 전에 가장 어두운 법이고 포기하고 싶을 때가 성공 목전이다. 밤이 아무리 깊어도 해는 뜬다. 공자 말씀처럼 사는 것 자체는 누구든 힘들다. 살아 있는 한 성인조차도 고통은 피할 수 없다. 삶과 인생은 희망으로 견디어 내는 것이다.

희망은 우주의 질서와 법칙과도 그 맥을 같이한다. 우주는 빅뱅 이후 계속 커지고 느슨해지고 있기에 그 부속물인 우리도 미래는 오늘보다 분명히 낫고 발전되고 자유스럽고 풍부하게 되어 있고 또 그래 왔다. 그래서 비관론자보다는 낙관론자가 옳고 장기적으로 늘 이기게 되어 있는 것이다. 우주 빅뱅이론과 인간의 본성과 희망을 가장 잘 반영한 체제가 자본주의이다. 미래 희망과 발전을 위해 또 그 발전을 미리 확 앞당겨오기 위해 빚과 인플레를 의도적으로 조장하고 이것으로 굴러가고 그것이 곧 더 큰 자산증가와 경제발전으로 이어지게 하는 것이다. 그래서 우주의 법칙과 인간의 본성에 반하는 공산주의에 이겼다.

또 과거와 현재보다 미래가 분명히 낫게 되어 있는 것은, 인류는 그동안 수많은 세월 동안 경제력과 기술·문화 등 물질과 비 물질을 축적하고 발전시켜 왔고 시행착오를 거쳐서 문제점을 개선시켜 왔기 때문이다. 그래서 미래는 물질과 비 물질이 더욱 쌓이고 완벽해질 수밖에 없다.

옛날이 좋았다는 것은 실제로는 과거가 지금보다 더 어렵고 고통스러웠지만 과거의 고통을 잊고 자기를 생존시키기 위한 뇌의 의도적인 착각과 기억의 재구성일 뿐이고, 역사는 장기적으로 보면 과거보다 늘 나았고 발전되어 왔다.

그러나 희망이 지나쳐 헛된 욕심이나 과욕(過慾)이 되면 자타(自他)와 국가와 사회를 해치게 된다. 뭐든 적당해야 하는 것이다. 중용(中庸)-중도(中道)는 어디든 적용되는 원리이다.

나부터
제대로 구제하고 사랑하고 지켜야 한다

나도 불쌍하고 어리석은 중생이다. 나부터 제대로 깨고 구제하고 그다음 가족, 그 뒤에 친인척과 이웃을 구제해 나가야 한다. 부처 포함 모든 성인들도 그렇게 했다. 나도 못 깨고 구제하지 못하면서 수신(修身)과 제가(齊家)도 못하면서 '치국평천하'를 꿈꿔서는 안 된다.

나도 한 치 앞도 모르는 어리석고 불쌍한 중생이기에 나를 돕고 구제하는 것이 가장 급선무이며 그다음 나와 가장 인연과 업보가 큰 가족 중생부터 돕고 구제해야 한다. 이것을 다한 후에 이웃이고 해외이다. 내가 나를 사랑하고 돕고 인정해야 남에게도 그렇게 할 수 있다. 안에서 새는 바가지 밖에서도 새고, 나한테 할 줄 모르고 안 하는 것은 남한테도 못한다. 또 내가 나를 사랑하고 돕고 인정하지 못하고 함부로 대하면, 남도 나를 사랑하지 않고 함부로 대하고 도와주지도 않는다. 스스로를 즐겁고 행복하게 해 줘야 하고, 그다음 가장 가까운 가족에게 그렇게 해 주고 난 다음, 남은 힘이 있으면 세상으로 나가야 한다.

처자식 인생은커녕 생계도 책임지지 않고 출가하거나 가족에게 밥도 안 챙겨주고 봉사하러 가는 등 가족을 외면하고 이웃이나 해외 사람들을 도우려고 해서도 안 된다. 이것은 "친손자는 걸리고 외손자는 업고 간다"는 속담처럼 앞뒤가 바뀐 어리석은 행동이고 근본과 혈육에 대한 배신이다. 즉 나는 남보다 우선 나와 가족에게 좋은 사람이 되어야 한다. 이것이 먼저이다. 나를 사랑할 줄 알아야 사랑이 무엇인지 알며 남을 사랑할 수도 있다. 자기가 자신을 사랑하고 아끼는 것이 남에게 사랑받을 수 있는 출발점이자 남을 사랑할 수 있는 시작점이다. 처자식 생계와 인생을 외면하고 출가를 하면서 "작은 중생(少義)을 버리고 큰 중생(大義)을 구하련다"고 미친 헛소리를 하는데, 작은 것과 가족한테도 못하면서 누구에게 그 무엇을 한다는 소린가? 자전거도 못 만들고 만든 자전거도 팽개친 놈이 우주선 만들려고 덤비는 꼴이다. 부처님처럼 할 수 있으면 '큰 중생~어쩌고저쩌고'가 맞다. 그러나 내 처지와 근기가 부처님과 같지 않기에 맹목적으로 따라 해서는 안 된다.

나도 부처이다. 내 부처 잘 닦고 잘 섬겨야 가족 부처, 이웃부처, 절 부처도 잘 섬길 수 있다. 우선 나 부처! 가족 부처! 잘 닦고 잘 섬기는 것이 올바른 불공이고 바른 도이고 진정한 깨달음이다.

그리고 우리가 종교를 믿으면 겉과 속–상하–전후좌우 모든 면을 종합적으로 보고 이해하고 실천을 해야 하는데, 한쪽 면만 보고 듣고 잘못 이해를 해서, 종교를 제대로 믿고 행하려면 세상사에서 무조건 자기를 희생하고 양보하고 져 줘야 하는 줄 잘못 알고 있다. 그것은 이런 구절 때문이 아닌가 한다. 금강경에 부처가 성불하기 전 전생 얘기가 나오는데, "가리왕이라는 자가 부처의 몸을 칼로 갈기갈기 찢어도, 전생 부처님은 조금도 원망하는 맘을 내지 않았다"고 했다. 예수님도 "오른뺨을 때리면 왼뺨을 내어 주라"·"너희 원수를 사랑하며 너희를 핍박하는 자를 위해 기도하라"고 하셨다.

그러나 위에 얘기는 상징적인 얘기일 뿐이다. 성인도 못할 일을 어리석은 중생인 우리가 이런 흉내를 냈다가는 약육강식과 적자생존의 사회에서 도저히 살아갈 수가 없다. 시궁창에 처박히거나 살육을 당한다. 무지막지한 중생들에게 오른뺨을 내어 줬다가는 미안함 유발과 감복은커녕 노예 됨을 강요하고 나중에는 목숨마저 취하려고 할 것이다. 그러면 무지해서 착한 선이라고 한 것이 오히려 더 큰 악을 조장하는 결과가 되어 버린다. 결국 자리이타는커녕 나도 남도 해치는 자해타해(自害他害)가 되고 만다.

양보와 보시도 무조건 하는 것이 아니라 양심과 지혜에 따라 자리이타(自利利他)가 되어야 하고 상대를 봐 가면서 할 만할 조건과 상황과 때에 따라 시의 적절하게 해야 하고, 양보와 보시를 한다고 내가 감당치 못하거나 부당한 피해를 입거나 해서는 안 된다. 식견과 지혜가 없는 맹목적인 양보와 보시는 나와 남을 해치고 만다.

선(善)의 종교는 하늘의 도이고, 땅의 도는 엄연히 약육강식과 적자생존이기 때문이다. 하늘과 땅 사이에 살면서 어느 한쪽만 맹목적으로 추구할 수는 없다. 또한 뱁새(중생)가 황새(성인, 이상, 상징) 따라가려다가 가랑이 찢어진다. 이것의 중도(中道)와 중용(中庸)을 취해야 한다.

양보하고 보시하기 이전에, 조물주와 신은 나에게 나 자신을 사랑하고 지킬 의무와 책임을 먼저 부여했다. 그래서 자살을 나쁘다고 하는 것이다. 나를 파괴하는 것을 용납하는 것은 자살과 마찬가지이다. 종교에서 살생이나 살인하지 말라고 하는 것은, 다른 생명을 죽이지 말라는 뜻 이전에 자기 자신을 미워하지 말고 포기하지 말고 죽이지도 말라는 자기애(自己愛)와 생명존귀에 대한 본질적인 가르침인 것이다.

역시 내가 행복해야 남을 행복하게 해 줄 수 있다. 나를 사랑하고 내가 행복한 것이 우선이다. 그다음 남은 여력이 있고 할 만하면 차차로 양보하고 보시를 행하는 것이다. 불교의 최고 경지는 무조건적인 양보나 희생이 아니라 자리이타(自利利他)이고 상구보리 하화중생(上求菩提 下化衆生) 이다. 나를 먼저 지극히 사랑하고 지켜라!

운동을 해야
정신이 강해지고 좋은 생각을 할 수 있다

도교는 몸을 강철같이 단련시켜 신선이 되어 불로장생하고 결국 우화등선(羽化登仙)하는 것을 목표로 삼는다. 즉 건강관리를 중시하여 주술, 호흡 조절, 단약 복용, 남녀 방사(房事)의 조화 등을 하였다.

흔히 운동은 육체를 단련시키는 것으로만 알고 있다. 의사나 체육학 박사에게 물어보면, "운동을 하면 뇌에서 감정조절 행복 호르몬인 엔돌핀·도파민·세로토닌이 나온다"고 한 단계 더 얘기를 한다. 즉 운동을 해야 몸과 정신을 연결해 주는 '호르몬'이 잘 배출된다.

그러나 운동의 효과는 거기에서 그치지 않는다. 특히 아주 천천히 걷는 것은 육체를 부드럽게 단련시키는 것은 기본이고, 더 나아가 정신을 편안히 이완시키고 단련시켜 호연지기를 키우고, 좋은 생각을 할 수 있게 해 주고, 막힌 기와 혈을 뚫어 줘 육체와 영혼 모두 깨끗하고 강하게 만들어 준다. 특히 운수가 나쁠 때 기(氣)와 혈(血)이 다 막히는데 걷는 운동을 통해 이것을 뚫어 줘야 팔자가 조금이라도 개선이 된다.

그리고 나쁜 운이 붙어있지 못하도록 이리저리 흔들어야 한다.

운동을 하면 정신이 맑고 강해져서, 겁이 없어지고 용기가 생기고 적극적이 되고 자신감과 여유가 생기며, 열등감·패배주의·짜증·우울증 등 나쁜 것들이 다 날아가 버린다. 상무정신(尚武情神)이 생긴다. 따라서 왕따 당하는 어린이, 소심한 사람, 멀미 등 병약한 사람, 열등감·패배주의·짜증·화병·우울증·피해망상증에 걸린 사람들은 반드시 운동을 통해 극복하고 밝음을 되찾아야 한다. 그리고 병중에 있을 때는 마음이 약해져서 나도 모르게 나약하고 비관적인 생각과 말과 행동을 하게 되니, 자기 마음이라도 믿어서는 안 된다.

군대 있을 때 무엇이든 다 할 수 있는 자신감이 왜 있는 줄 아는가? 그것은 젊음도 있지만, 늘 운동을 시켰기 때문이다. 그러다 제대하고 3~5개월만 지나면 자신감이 사라지고 마는데, 그것은 운동을 계속하지 않았기 때문이다. 몸을 흔들어 정신을 깨워야 한다. 동서고금을 통해 무(武)를 숭상한 민족과 나라들은 세계의 주인이 되었으며, 적극적·진취적·민주적·유연적·개방적·능력 위주의 사회였다. 그 대표적인 예가 바이킹, 로마, 유목민들과 칭기즈칸이다. 그러나 문(文)을 숭상한 나라는 머리로만 생각을 해 보면 굉장히 평등하고 유연하고 개방적일 것 같지만 사실은 공리공론과 선전·선동 치중, 비현실 정책 남발, 교묘한 잡수 구사, 폐쇄와 독재, 지도층 타락과 무능과 부패로 백성을 괴롭히고, 수없는 외침을 유발했다. 이론·상상과 현실은 정반대로 나타났다.

죽으려고 하는 사람도 등산 3달만 시키면 그런 생각은 온데간데없고 열심히 살려고 한다. 공자도 문무에 능했고, 특히 부처는 전국 무술대회 챔피언이었으며, 출가 후 늘 걸어 다녔다. 중국에 선(禪)을 전한 달마대사는 심신이 서로 같다는 것을 알고 소림사 권법을 만들었다.

현대인들은 머리를 많이 쓰고 정신적 스트레스가 많기 때문에 주화입마(走火入魔)에 걸리고 정신-육체 간 불균형이 심화되어 있어, 운동을 통해서 이 불균형을 개선시켜 주고 수승화강(水昇火降)과 정신-육체 간에 연결이 잘 되도록 해야 한다. 참선도 마찬가지이다.

그리고 행동은 동기의 결과일 뿐만 아니라 거꾸로 동기를 불러일으키는 원인이기도 하다. 가만히 있지 말고 운동을 하고 집안을 청소하는 등 뭐라도 해라. 그러면 좋은 생각이나 답을 얻을 수 있을 것이다.

그럼 어떤 원리와 이치로 운동이 정신을 강하게 하는지에 대해 살펴보자. 화엄경에서 '일체유심조'라 했듯이, 성인급은 무의식(제8식, 아뢰야식, 진여 등)을 닦아 정신-육체 모두를 마음대로 통제할 수 있다.

그러나 무의식을 개발하지 못한 일반 중생은 근기가 낮아 육체는커녕 정신은 더욱 통제하기가 어렵다. 일체유심조는 사실상 성인급에 적용되는 얘기이다. 우리에 해당되는 얘기가 아니라는 것이다.

비유를 들어, 정신을 컵에 담긴 '물'로 가정하고, 육체를 물을 담고 있는 '컵'이라고 했을 때, 텔레파시로 "물과 컵아 움직여라" 하거나 심지어 빨대로 물을 저어도 여간해서는 컵을 움직일 수 없다. 그러나 컵을 약간만 흔들면 그 안의 물은 아주 쉽게 흔들린다. 흔들린 물은 다시 컵을 움직이는 상승효과를 낸다. 강한 정신을 만들려면, 낮은 근기의 우리 중생들은 이와 같이 육체적 운동을 통해서 정신을 움직여야 한다. 즉 몸이 움직이면 마음이 따라 움직이는 것이다. 그리고 그릇이 부실하거나 깨어지면 그 내용물도 온전할 수가 없다.

배우 신성일 씨는 70대까지만 해도 몸이 20대보다 더 나았으며, "전

옥살이 할 때도 제 몸을 철저히 관리했습니다. 지치면 망합니다. 체력이 있어야 정신이 살게 됩니다(중앙일보, 2011.11)." 라고 했다. 그리고 "남녀 모두 죽을 때까지 이성에게 매력이 있어야 하며, 그러기 위해서 늘 자신을 단련하고 가꿔야 한다"고도 했다. 이 얼마나 멋진 말인가!

그리고 마음은 보이지도 않고 도통 잡을 수도 없다. 호랑이보다 세균이 더 무서운 것은 보이지 않기 때문이다. 그래서 통제가 어렵다. 그러나 육체는 보이고 잡힌다. 그래서 보이고 잡히는 육체를 통제하면 보이지 않고 잡히지 않는 마음이라도 간접적으로 통제해 낼 수가 있다. 분명 마음은 육체 밖이 아니라 육체 내에 존재하기 때문이다.

그럼 무슨 운동을 해야 하는가? 운동을 하라고 하면 무슨 대단한 것을 해야 되고, 특별한 종목-장비-옷-시간-장소가 있어야 한다고 생각을 하는데, 이것은 무지한 촌놈들이 하는 소리이다. 그냥 걷거나 맨손체조나 스트레칭을 하면 된다. 이들 모두 시간·돈·장소 등에 구애됨이 없을 뿐만 아니라 부작용이 전혀 없는 보물 중의 보물이다.

그리고 '거름지고 장에 따라가는 식'으로 골프를 흉내 내지 말고 대신 산책해라. 흔히들 의사·TV의 영향으로 '파워워킹'을 해야지 산책은 운동이 전혀 되지 않는다고 잘못 알고(그 근거를 다 쓸려니 너무 양이 많아 생략한다) 있으나 산책은 동서양 귀족들은 물론 종교인-철학자-과학자들이 한 최고급의 심신과 영혼 운동이다. '위빠사나'의 하나이다. 산책 속에서 심신 건강과 장수는 물론 수많은 깨달음과 발명품과 새로운 사상들이 탄생하였다. 산책은 가장 뇌를 활성화시키기 때문이다. 그래서 그리스에는 아리스토텔레스의 '소요학파'가 있을 정도였다. 머리로만 생각지 말고 몸으로 생각을 하라는 것이다. 옛 선인들은 "탁월한 생각은 머리로 하는 것이 아니라 단전(배꼽 근처)과

용천(발바닥에 있는 혈점)에 기운을 모은 연후에 샘솟는 것이다"라고 하였다. 빨리 걷는 것이 잘하는 것이 아니라 최대한 여유롭게 천천히 걷는 것이 곧 심신 건강이고 고수이고 도이고 종교이고 깨달음이다. 걷고 걷고 또 걸어라! 좋고 밝은 것을 느끼고 보고 들리고 행할 수 있을 것이다.

관절이 튼튼하고 더 힘이 남아도는 사람은 뒷동산에서 등산을 하면 된다. 운동을 해야 몸은 물론 정신이 강해지고 건강 테크도 할 수 있고 밝은 미래도 기약할 수 있다. 건강이 곧 돈 벌고 행복할 수 있는 길이다. 몸이 허약하면 반드시 모든 병(病)이 허점을 노리고 침범한다. 동의보감에서도 약보다는 식보(食補)요, 식보보다는 행보(行補)라고 했다.

더 나아가 몸과 기(氣)를 다스리고 깨달음에 이르려면 호흡법(제4장, "호흡과 도, 깨달음의 관계" 참조)을 할 줄 알아야 한다. 즉 호흡을 우주의 기운과 일치시킬 수 있어야 한다.

1%가 세상을 움직이고
나머지는 들러리일 뿐이다

우리가 민주주의 가장 근본인 '다수결의 원칙'과 그에 따른 선거의 영향으로, 다수가 세상을 움직이고 국민이 주인인 것으로 착각을 한다. 그런데 다수가 세상을 움직이는 것은 극한 상황에 내몰렸을 때 혁명 등으로 극히 드물게 나타나고, 평상시나 대부분의 경우 소수의 1%가 세상을 움직이고, 다수의 대중은 그냥 선전선동 대상, 들러리와 시다바리, 병풍 역할만 할 뿐이다. 혁명의 불씨도 어차피 소수 1%가 붙인다.

그러나 단지 공부만 잘한다고 1%가 아니다. 올바른 분별력·통찰력·결단력이 있고, 양심·신의·정의와 불의에 대한 분노가 있어야 한다. 때로는 대세와 안정을 거스르고 그 반대의 길로 갈 수 있어야 한다. 그리고 시대와 중생을 위해 자리이타(自利利他)와 상구보리 하화중생(上求菩提 下化衆生)하고 신과 대우주와 뜻을 함께 할 수 있는 사람이다.

이 1%가 여왕벌·여왕개미로서 독창적인 생각과 행동을 할 수 있고, 대중과 반대로 갈 수 있다. 멍청하면서 사악하고 교활한 대중과 반대로 가야 부귀가 있다. 미국 경영학의 전파론에도 5%만 창조적 인간으로 본다. 혁명 이론에 따르면 "소수의 핵심 엘리트 1%가 주위의 9% 동조자(주로 하류층)를 만들어 10%만 규합을 하면 혁명이 성공한다"고 했다.

박정희 장군도 "혁명은 의지다. 숫자가 아니다. 중심부 서울만 장악하면 나머지는 다 따라온다"면서 60만 대군중 해병대 등 겨우 3,600여 명(0.6%)을 데리고 5·16 쿠데타를 감행하여 성공하였다.

양반과 귀족은 그냥 된 것이 아니라 새로운 국가가 건설될 때 그 작위를 차지하기 위해서 문무를 통해 자신의 목숨이나 가문 전체의 생사와 재산을 다 걸고 싸워서 얻은 것이다. 안전하게 땅만 파는 농사꾼과는 그 씨가 천지 차이로 다르다.

탄허 스님도 "인류 상하 각각 10%가 극선 질 또는 극악 질이며 80%가 보통 평민인데, 성인(聖人)이 정권을 잡으면 위 10%의 극선 질이 등용되기 때문에 아래의 10%의 극악 질이 힘을 쓰지 못하고, 소인(小人)이 정권을 잡으면 아래의 악당 10%가 등용되기 때문에 위의 선인(善人) 10%가 숨고 만다. 나머지 80% 보통 평민은 어느 시대건 그저 따라갈 뿐이다"라고 하셨다.

같은 사람이라 내가 생각하는 것을 남들도 다 알고 생각할 수 있지만, 또 반대로 5천만이 모르는 것을 나 혼자만 생각하고 알 수도 있다. 이런 창조적인 사람이 역사를 읽고 바꾸고 만들어 간다.

그런데 이런 사람들은 성과를 내기 이전이나 중생(우중)들이 그것을 이해하기 전에는, 이단아-또라이-반항자로 취급을 받는다. 쇼펜하우어는 "모든 진리는 세 단계를 거친다고 했다. ①조롱당하고, ②심한 반대에 부딪치고, ③자명한 것으로 인정받는다." 그래서 부처님 예수님 공히 그토록 "귀 있는 자 들으리라"고 강조하셨다. 그래서 대중은 항상 틀리고 헤매고 성공은 대중과 다른 길에 있는 것이다.

성경에 우리를 뛰쳐나간 양(羊) 이야기가 나오는데, 사실상 이 양 1마리가 빛과 소금의 역할을 한다. 바다도 단지 3.5%의 소금이 있어서 바다를 섞지 않게 하고 바닷물로서 존재하게 한다. 우리 속의 99마리 양은 겁이 나서 우리 속을 벗어나지도 못한다. 플랑크톤처럼 이리저리 파도와 불빛(분위기, 선전선동, 이해관계)에 휩쓸려 다니고 순종만 할 뿐이다. 정주영 王 회장처럼 소를 훔쳐서 우리 속을 과감히 뛰쳐나온 한 사람이 세상을 크게 바꾸는 것이다. 따라서 꼭 숫자가 중요한 것이 아니다.

자질과 의지가 더 중요한 것이다. 중고교에서 깡패 학생 1명만 있으면 교실 전체가 꼼짝도 못한다. 열차에서도 옛날에는 해병 2명만 타면 일반 군인들은 이들 2명에게 꼼짝 못하는 경우가 많았다.

이래서 명심보감에서 "주식(酒食)의 친구는 천명도 넘지만, 위급할 때 친구는 한 명도 드물다"고 하였고, 평생 진정한 친구 한 명만 있어도 성공한 인생이라고 한다. 살아보니 참으로 맞는 말이다.

사실 인생에서 어중이떠중이 천 명~만 명보다 소수 정예와 고수와 귀인 1명이 더 낫다(속담 : 천 마리 참새가 한 마리 봉황만 못하다). 인생은 노력도 쪽수도 아니고 운명이고 귀인을 만나야 한다. 지금 재벌들도 팔자가 좋아서 대부분 귀인(貴人)을 만나서 이뤄진 것이다.

인간도 지배층, 중간층, 피지배층이 있듯이, 우선 동물의 세계에서도 최고 포식자인 호랑이-사자, 중간에 여우-늑대-하이에나, 맨 밑에 토끼-사슴 등 초식동물이 있다. 근데 토끼가 숫자가 아무리 많아 본들 호랑이 한 마리의 포효에 혼비백산한다.

바다 속을 보자. 가장 밑의 플랑크톤은 자기 스스로 헤엄칠 능력도 없다. 그저 바닷물에 밀려서 왔다 갔다 할 뿐이다. 그리고 밤인데도 불빛을 비추면 낮인가 싶고, 낮인데도 천막으로 가리면 밤인가 생각한다.

우리 중생과 대중들도 플랑크톤보다 하등 나을 게 없다(민심이 천심이고, 바다가 배를 뒤집는 것은 거의 드문 경우이고…). 플랑크톤처럼 통치자들의 정치 술수나 선전선동에 막무가내로 놀아나고 만다. 그러면서도 자기는 남과 다르고 똑똑하다고 생각을 한다.

영화 「내부자들」에 보면 "어차피 대중들은 개·돼지입니다. 적당히 짖다가 알아서 조용해집니다"라는 대사가 나온다. 대중은 치졸하고 사악하고 변덕이 심하고 교활하면서도 극히 어리석다. 왜 이토록 대중을 비하하는지는 인생을 살아보고 공부를 해 보면 절실히 느낀다.

그다음 좀 나은 단계인 꽁치-갈치 등은 스스로 헤엄칠 수는 있으나 집단으로 몰려다녀야 안심을 하고 오직 돈과 먹이만 찾아다닌다. 깡패나 조직사회 구성원이나 정치인들이다. 최고 나은 돌고래는 활동성과 지능도 높지만 그 숫자는 전체 고기 숫자에 비해 미미하다.

큰일을 하려는 사람은 우선 내가 1%가 되고 주위의 1%를 찾아내어 그에 맞게 대우를 해 줘야 한다. 아이러니한 것은 그 귀한 1%도 99%의 시다바리와 들러리가 있어야 나온다는 사실이다. 진흙 속에서 아름다운 연꽃이 피고, 볼품없는 닭 속에 봉황이 있고, 징그러운 뱀 속에 용이 있고, 어리석고 사악한 중생 속에 성인이 있는 것이다.

흙수저 논란은
이미 계급사회 초입에 들어섰다는 것이다

요즘은 개천에서 용이 나지 않는다. 헬 조선·흙수저 논란까지 나오고 있다. 지금은 등급제 사회와 계층·계급사회가 혼재하고 있다(등급→계층→계급사회). 각종 등급이 대학 진학·취업·결혼을 결정하고 있고, 서민이 넘볼 수 없는 강남 계층도 생겨났다.

사회학자들은 사회 대변혁이 있고 50년이 지나면 어쩔 수 없이 계층과 계급이 생긴다고 한다(혼란으로 생겼던 흙탕물을 가만히 놓아두면 위는 맑은 물, 아래로는 흙과 흙탕물이 가라앉는 것과 같은 이치이다). 6·25가 끝난 지 벌써 60년이 넘었다. 이제 '士'자 직업도 옛날 같지 않다. 사실상 태어날 때 아버지의 복을 받지 못하면 평생 가난을 면치 못한다.

미국에도 무슨 '드림'이 있는 것 같지만 사실상 '유리천장'만 존재할 뿐이다. 믿지 않겠지만 선진국이 될수록 고물가–성장한계–세금과다–부의 소수 집중으로 대중들의 삶은 오히려 더 팍팍해진다. 영국 등 유럽에는 신분 귀족이 있고 현실적으로도 거의 신분이 정해져 있다.

옛날에는 가난한 집 아이들이 더 예의 바르고 공부도 더 잘했다. 그런데 요즘은 가난한 집 아이들은 대개 개차반이고, 부잣집 아이들이 꿈도 있고 예의 바르고 공부도 더 잘하고 인물도 훨씬 좋다. 벌써 몇 세대를 통해 좋은 것–나쁜 것이 각각 누적되어 쌓였기 때문이다.

돈만 부익부 빈익빈이 아니라, 사람과 집안도 그렇게 된 것이다. 가진 사람이 더 가지고 다 가졌다. 미인들이 성격도 좋고 예의도 바르고 공부도 잘한다. 금상첨화(錦上添花)가 된 것이다. 주역 뇌천대장→ 화지진 괘에서는 힘이 쌓이고 쌓이다 보면 밖으로 터져 나온다고 했다.

반대고 못 살고 못난 사람은 이것도 없고 저것도 없으면서 자기가 갖추지 못하고 없는 것조차도 모른다. 머리와 능력도 없으면서 불평만 늘어놓고 배만 아파할 뿐 배울 생각도 없고 노력도 하지 않는다. 그러면서 부모 탓! 사회 탓! 국가 탓! 만 하면서 세월을 보내고 있다.

더 나아가 이미 부귀를 가진 기득권들은 산업화 시대와 달리 이제 단지 머리 하나만 좋은 '개천의 용'을 가족으로 스카우트하거나 고위직으로 등용하길 원치 않는다. 개천과 하수구 용은 한(恨)으로 뭉쳐 있는 등 모나고 어느 한 부분만 뛰어날 뿐 종합적이지 못하기 때문이다.

오염된 개천에서 자란 용은 거의 다 마음의 병에 걸려 있다. 최근 실험에서도 가난한 집 자식이 두뇌가 제대로 성장하지 못하고 비관적이고 스트레스에 취약한 것으로 나타났다. 거기다 조상의 심신 모두 유전자에 저장되었다가 후손에게 유전된다. 다 갖춘 용(龍)도 한강에 널렸는데 굳이 개천이나 하수구 용을 스카우트할 필요가 없는 것이다.

지금의 등급제나 계층사회는 더 굳어져서 한참을 갈 것이다. 더 나아가 사실상 신분사회가 될 것이다. 그것이 다시 열리고 가능성이 있는 사회가 되려면 관성에 법칙에 의해서 한참을 계급과 신분사회로 더 가서 그 극(極)에 다 달아야 다시 반대로 돌아올 수 있다(物極必反).

역사적으로 보면 반대로 돌아올 때는 반드시 대량의 피를 보았다.

전쟁 등 세상에 존재하는 것은
다 필요해서 있는 것이다

태풍은 큰 피해를 남기지만, 태풍이 와야 아랫물과 윗물이 뒤집어져 산소와 영양분이 섞여져서 고기가 잘 살 수 있다고 한다. 태풍이 없으면 늘 윗물은 윗물이고 아랫물은 아랫물일 것이다. 그리고 태풍은 육지에 비와 바람을 뿌려 생명을 주고 청소해 주고 순환시켜 준다.

악인 듯한 태풍이 지구를 더욱 생기 있고 활기차게 만들어 주는 것이다. 앞으로 밑지고 뒤로 남는다. 사실 지구상에서 바다에서 멀리 떨어져 있거나, 태풍이 없거나 통과하지 않는 곳은 사막이 되고 만다.

따라서 주역은 "우물도 주기적으로 대청소를 해 줘야 하듯이(水風井 괘) 인간사회에서도 혁명은 반드시 필요하다(澤火革 괘)"고 하였다. 그럼 인간사회는 누가 태풍의 역할을 할 것인가? 요즘에는 태풍을 대신한 교통-통신-무역이 워낙 발달해 자연스럽게 서로 소통과 왕래가 되지만, 그렇지 못했던 옛날에는 이 역할을 무엇이 했을까?

인간사회도 바다처럼 주기적으로 섞어 주지 않으면 민족·문화는 단절되어 고립되고, 고립은 퇴보와 멸망을 초래할 것이다. 그래서 인간사회의 태풍인 혁명·전쟁이 없으면 고인 우물이 썩듯이 인간사회도 썩는다.

혁명과 전쟁을 잘했던 유럽과 그 후손들이 결국 앞서고 현재 세계를 지배하고 있다. 전쟁도 결코 있어서는 안 되지만, 옛날에 인간사회에서 태풍의 역할을 했던 것은 아닐까? 그리고 따뜻한 남쪽나라와 신천지를 찾는 민족 대이동(훈족, 게르만족, 바이킹족 등)도 마찬가지이고…, 인류는 전쟁의 역사이다. 알렉산더 대왕이 서양에서 동양으로 쳐들어 왔으며, 훈족(투르크족 계통, 흉노족 등)이 동양에서 서양으로 거대한 물결을 쳤고, 칭기즈칸이 동양에서 서양으로 거대한 피바람을 일으키며 쳐들어가 인종·민족·문화를 교류시키고 뒤섞어 놓았다.

그 뒤에 산업혁명에 성공한 서양이 다시 철선-대포-과학기술을 동원하여 동양을 휩쓸고 식민지로 만들어 버렸다. 그리고 1·2차 대전을 통해 독일이 유럽을, 일본은 대동아공영권을 구실로 아시아를 뒤집어 놓았다. 미국이 뒤집힌 것을 다시 바로 잡아 놓았다.

또한 사상적으로도 소련이 동유럽·중국 등 일부 아시아에 빨강 물감을 들였고, 미국은 서유럽·북유럽·일부 아시아 등에 파란 물감을 들였다. 러시아 등 빨강색 나라도 대부분이 다시 파란색이 되었다.

그리고 대화와 협상은 한계가 있고, 결국은 전쟁을 통해 과거와 반대파·적국을 부수고 죽여서 완전히 제거하지 않으면(주역 澤天夬 괘) 걸림돌과 장애물이 많아서 새 뜻을 펴거나 새로운 세상을 활짝 열 수가 없는 것이다. 세상과 사람을 완전히 바꿀 수 있는 것은 종교와 전쟁이다. 그리 보면 악 중에 악인 듯한 전쟁도 자연의 질서와 순환의 일부일지도 모른다.

박정희 시대의 단기간 내 압축 산업성장도 6·25 전쟁의 영향이 크다. 역설적으로 6·25 전쟁이 그 원인과 토대를 제공해 주었던 것이다. 즉 6·25 전쟁을 통해 기존에 우리가 매몰되어 있었던 유교의 허례허식과 공리공론 치중 등 나쁘고 뒤떨어진 잘못된 구습과 악습과 전통을 단번에 부수지 않았다면, 미국 등 선진열강의 新 문물·사상·제도를 받아들이지 못했을 것이다.

죽은 나무와 풀–잡초–가시덤불을 완전히 제거해야 새 풀과 곡식이 자라고 좋은 나무를 심을 수 있듯이 말이다. 인류는 전쟁을 통해 많은 상처도 입었지만 비약적인 정신적–문화적–물질적–제도적 진보를 이룩해 왔다. 서로 다른 인종과 문화가 부딪치면서 서로 가지고 있는 것을 교류하여 새로운 세상을 열었고, 또 전쟁은 생사존망의 문제가 걸려 있기에 잠재되어 있던 인간 능력을 한계치까지 끌어올리기 때문이다.

동서고금 역사를 보면 지금처럼 인구가 넘쳐나고 경제가 침체되고 취업이 막히고 군 등 조직에 진급이 정체되는 시기에, 이것을 한방에 해결하기 위해 전쟁이 나거나 새로운 사상이 태동되거나 획기적인 기술 진보가 있어 왔다. 과연 무엇이 나타날 것인가?

나는 처음에는 전쟁을 극도로 나쁘게 생각했으나 이제는 전쟁은 인간사회에 필요악이고, 세상에 기존에 존재하고 있던 모든 것은 다 나름대로 필요해서 있다는 생각이 든다. 세상은 참으로 알 수가 없다.

현재에만 너무 집착하지 마라.
미래도 있다

우리는 살면서 현재를 가장 중시해야 한다. 그리고 중생들은 황금빛 미래보다 당장 발등의 불끄기에서 벗어나기가 힘들다. 또한 지나간 과거에 얽매이거나 아직 오지 않은 미래를 걱정하고 있으면(물론 준비와 대비는 해야겠지만), 인생이 너무 불안하고 여유가 없어진다. 그래서 모든 종교에서 지금 현재를 소중히 하라고 가르치는 것이다.

그러나 현재에 좋은 것이 별로 없는 중생들이 너무 현재에만 집착하면, 이것도 불안하고 불행해진다. 특히 억울하거나 화가 났을 경우 곧 살인이라고 저지를 듯이 참기 어려운 경우가 많다. 또한 심한 실패와 절망에 빠졌을 경우 다 포기하고 자살이라도 하고 싶은 심정이 든다.

이때는 너무 현재에만 집착하고 매몰되기보다는, 과거-현재-미래의 전체 틀 속에서 현재를 냉정하고 거시적으로 봤으면 좋겠다. 인간이 밑이나 옆에서 보기 때문에 과거-현재-미래가 나눠져 있는 것 같지만, 신이 위에도 내려다보면 과거-현재-미래 전체를 하나로 볼 수 있다. 논어에 "사람이 멀리 생각함이 없으면 큰일을 이루기가 어렵고, 반드시 가까운 근심이 있다"고 하였다. 전체에서 보면 지금 좋은 일이 미래에 나쁜 일이 될 수 있어 오만하지 않고 불의의 사태에 대비할 수 있다. 반대로 지금 나쁜 일도 곧 해소되거나 좋은 일이 될 수가 있어 안심과 희망을 가질 수 있다. 인생은 '새옹지마'(塞翁之馬)가 아니던가!

과거와 역사도 잘 알아야 한다. 온고지신(溫故知新)이라 과거와 역사에서 현재를 극복할 수 있는 지혜를 찾을 수 있다. 답은 대개 과거와 역사에 있다. 인간 역사와 개인 팔자는 되풀이되기 때문이다. 솔로몬은 "이 세상에 새로운 것은 없다"고 했고, 처칠과 공자는 "미래를 알고 싶거든 과거를 공부하라"고 했다. 제갈공명이 이것을 잘했다.

우리도 담배나 술 한잔 하면서, 산에 올라가서 시내를 유유자적 내려다보면서, 현재에서 벗어나 과거−현재−미래를 동시에 보는 연습을 해 보자. 이것을 불교에서는 공(空)이나 제행무상−제법무아−열반적정이라 하고, 서양에서는 '모든 것은 다 지나가리니…' 라고 한다.

우리 아이는
머리는 좋은데 노력을 안 해요!

엄마들은 한결같이 자기 자식이 공부를 못하는 것에 대하여 "우리 아이는 머리는 좋은데 노력을 안 해요~!"라고 우기고 강조한다. 이거 순전히 쌩 거짓말이고 자기 합리화이고 자기 위안이다. 그런 경우는 절대로 없다. 머리가 나빠서 공부를 안 하고 못하는 것이다. 공부 머리를 타고나면 시키지 않아도 알아서 공부하고 공부를 잘한다.

어른들도 술자리나 사석에서 100명에 98명이 "나는 머리는 좋은데…

공부에 관심과 취미가 없었다. 내가 공부를 안 해서 그렇지…, 공부를 하기만 했으면 정말로 잘했을 것이다"라고 입을 모은다. 이것도 자기애와 자기 위안과 자기 합리화와 내면 속에 숨어있는 강한 열등감에서 나온 쌩 구라이다. 그런 경우는 없다. 머리가 나쁜 것이다.

공부 잘하는 사람은 처음부터 타고난다. 고가 스마트폰을 구입하고 고가(高價) 요금제를 사용하는 것이고, 컴퓨터를 살 때 이미 성능이 아주 좋은 장비에다 각종 비싼 프로그램이 잔뜩 깔려 있는 것과 같다. 전생 업에 따라 현생에 가지고 오는 것이다. 머리가 나쁜 사람들은 기본 컴퓨터 구동 프로그램 외에 아무런 프로그램이 깔려 있지 않아서 어떻게 해 볼 수가 없는 것이다. 세상 쉬운 놈한테는 참 쉽고 어려운 놈한테는 참 어렵다. 즉 타고난 것은 아주 쉽고 타고나지 않는 것은 어렵고 노력해도 되지도 않는다. 공부 머리를 타고나는 사람은 1~2%밖에 없다. 나머지는 모두 몸으로 먹고 살아야 할 씨이고 팔자들이다.

세상에 어려운 것이 많지만 굳이 순서를 따지자면 돈 버는 것이 제일 어렵고 공부하는 것도 참 어렵다. 머리가 지끈지끈 아프고 부서질 것만 같고 미칠 것 같다. 한마디로 징~하게 싫고 괴롭다. 이런 정신적인 고문과 상 노동이 따로 없다. 몸으로 먹고 살아야 할 아이들을 머리로 먹고 살라고 하니 죽을 지경인 것이다. 학대도 이런 학대가 따로 없다. 자식 공부 안 한다고 닦달하는 부모들이나 '학창시절 공부를 안 해서 그렇지, 했으면 정말 잘했을 것'이라고 얘기하는 사람들한테 과거로 돌려보낼 필요도 없이, 바로 지금 당장 공부를 시켜봐라, 과연 잘할 수 있는지…, 마음이 답답하고 괴롭고 머리가 터질 것 같아서 3일을 못 갈 것이다. 3일 이상을 가더라도 단연코 좋은 성적은 안 나온다. 공부를 아주 잘한 부모들이 의외로 공부한다고 고생을 죽도록 해서 오히려 자식에게 공부하라는 소리를 잘 안 한다. 믿지 않겠지만 사실이다.

공부 못하는 자식은 부모가 하루빨리 인정을 하고 공부 대신 다른 적성을 찾아서 사주팔자 상 타고난 길로 가도록 해 줘야 한다. 즉 본인이 좋아하면서 적성(재능)에 맞은 것이 가장 좋고, 그것이 안 된다면 차선으로 잘하는 것을 시켜야 한다(사주팔자를 보고 아버지가 보고 본인한테 물어보고 적성검사를 해서 종합하면 금방 답이 나온다). 그런데 이것이 어렵다. 공부 못하는 사람은 다른 것도 역시 못하기 때문이다. 그리고 공부를 잘하려면 공부 머리가 타고나야 한다는 것도 알고, 공부 머리가 없으면 빨리 다른 길을 찾아봐야 한다는 것도 잘 안다. 그런데 이것을 남한테는 이성적으로 잘도 적용을 하는데, 내 자식에게는 이것이 용납이 안 된다. 내 자식이 머리가 나쁘다는 것을 인정하기도 싫고 괴롭고 설령 인정을 하더라도 부모 자존심, 자식이 무조건 잘됐으면 하는 마음, 자식에 대한 맹목적인 사랑과 헛된 희망, 주위 체면이나 사회적인 분위기 때문에 내 자식에게는 적용을 못하는 것이다.

그래서 부모 자식 모두 체면과 어설픈 기대와 희망에 매몰되어서 괴롭고 돈 들고 엉뚱한 길에서 죽도록 헤맨다. 부모는 되지도 않을 '돌머리'를 데리고 '자기 자식'이라는 미명하에, 남들이 하니까 거름지고 장에 가는 식으로, 자식은 부모한테 "공부하기 정말 싫으니 내 맘대로 내 갈 길을 가겠다"는 말을 차마 하기 어려워서, 서로 쉬쉬하면서 억지춘향이 격으로 어릴 때부터 각종 학원을 보내고 돌리고 재수를 시키고 해외연수에다 해외유학까지 보낸다. 자식 교육을 위해 부부생활도 팽개치고 기러기 아빠를 하고 노후도 생각지 않고 재산을 다 처넣는다. 결국 남는 것은 서로 심신과 물질적으로 골병만 들고 가정은 파괴되고(한국의 기러기 아빠는 은행 ATM화, 병들거나 고독사 / 미국 현지 엄마는 외롭다면서 과소비와 바람) 시간만 낭비하는 것이다.

유학생들 대부분이 당초 공부 잘해서 간 사람이 극히 드물고 거름지고 장에 따라간 덕에 서양의 저질스럽고 이상한 문화에 물들고 마약 등 약물 중독에 사생활 문란에 헛바람만 들고 소비성향만 높아지고 국내 사정이나 예의범절을 전혀 모르는 반편이나 주변인으로 전락하고 만다. 한국과 미국 모두 잘 알 것 같지만 사실은 이도 저도 모르는 것이다. 그래서 대기업에서 옛날에는 해외 유학생에 대하여 인재사냥을 한다면서 국내 동급생들보다 2직급을 더 주고 모셔 왔으나 이런 문제점과 실상을 잘 알기에 이제는 서류전형이나 면접에서 일부러 유학생들을 떨어뜨려 버린다. 영어도 국내 실력 있는 토종들이 더 잘하기 때문이다. 결국 부모 자식 간에 서로 실망하고 원망하는 마음만 평생토록 남게 된다. 자식을 사랑하고 잘되고 잘되자고 한 짓이 서로를 망치는 것이다.

이런 말을 여러분 대신해주는 것이 속이 시원한가? 아니면 내가 너무 잔인하고 세상을 모르고 단정적인가? 잔인하고 단정적으로 들리겠지~, 그럴 수도 있겠다. 부모의 자식에 대한 사랑과 기대가 얼마나 크고 맹목적이냐 말이다! 본능인데 본능을 거스르라고 하니 말이다. 그러나 진리는 몸에 좋은 약처럼 입에는 쓰지만 몸에는 좋다. 진리를 인정하고 받아들이는 것이 처음에는 괴롭고 힘들겠지만 결국은 나를 자유롭고 행복하고 발전적으로 이끌 수 있는 나침반과 보약이 된다.

이런 얘기를 하니깐, 내가 공부를 못하거나 싫어하거나 공부 잘하는 것까지 모두 타고난 운명론에만 매몰되어 있는 것 같은데…, 절대로 그렇지 않다. 그래서 당초에 이 책에 포함시키려고 「공부의 신들이 말하는 공부 잘하고 각종 시험에 합격하는 방법」 제하로 공부 잘하는 방법 8가지를 6페이지에 걸쳐서 수년 동안 다듬고 또 다듬었으나, 내가 직접 겪고 주위와 동서고금을 둘러보고 아무리 생각을 해 봐도 도저히 이건 아닌 것 같아서 없애 버리고, 대신 정반대의 이 글로 대체를 했다.

공부 타고나지 않으면 안 된다. 1~2% 말고는 돈과 노력 낭비에 헛수고를 하고 거름지고 장에 가는 것이고 고통 속에서 하염없이 헤매는 것이다. 1톤 트럭 보고 5톤을 실어라 그리고, 트럭 보고 왜 승용차가 못되는가? 라고 닦달을 하고, 티코 보고 밴츠 만큼 달리라 그리고, 자전거·오토바이 보고 고속도로에 올라가서 달리라고 하면 되겠는가? 부모-자식 모두 빨리 이것을 자각하고 인정하고 행동해야 한다. 어차피 지금 대학을 나와 봐야 'A4 용지' 한 장 가치밖에 없지 않은가? 이런 시기이니 생각과 행동을 바뀌기도 쉬운 시절 인연이 도래했다. 우리가 엄청난 교육투자로 이만큼 발전을 했지만 이제 교육에 대한 투자는 '한계효용체감의 법칙'을 넘어 오히려 발전의 독과 장애물이 되고 있다. 비료를 너무 많이 줘서 곡식과 과일나무가 썩고 있다. 천한 일할 사람은 없고 어설픈 반편이와 우중(愚衆)만 대거 생산하고 있을 뿐이다. 머리가 너무 많아서 배가 산으로 갈 판이 아니라 가고 있다.

원래 대학은 북한처럼 10%(독일 25%)만 가는 것이 정석이다. 그런데 그 반대로 80~90%가 가고 있으니 나라가 망할 판이다. 지금 대졸자가 취직이 안 되는 것은 경제 사정보다는 근본적으로 대졸자 숫자가 너무 많은 것이다. 개나 소나 다 대졸자이니 어떻게 감당을 하겠는가? 전

국민이 대졸자가 될 판이다. 국민들의 무조건 평등의식, 사농공상, 학력·임금 차별, 체면, 거름지고 장에 가기 문화, 정치권의 대학 늘리기 포퓰리즘이 합해서 개나 소나 다 대졸자를 만들어 낸 것이다.

취업과 면접 비법,
그리고 입사 후 처신은?

취업시즌이 되면 대기업 인사부장들이 나와서 하나같이 입을 모아 자기 회사가 바라는 인재상에 대해 "우리 회사는 21세기에 걸맞는 젊고 진취적, 도전적이며 국제적 마인드를 가진 사람을 원한다"라고 한다.

과연 사실일까? 정말일까? 사실이라고 믿는다면 순진하고 어리석은 사람들이다. 이건 대외 발표용이고 홍보용일 뿐이다. 뻥이다!

결론부터 말하면 사실 기업에서 원하는 것은 말 잘 듣는 순종적인 사람을 원한다. 즉 오너와 간부 몇 사람이 결정해 놓은 일을 세부화·현실화시키고 군말 없이 해 줄 머슴을 원하는 것이다. 추가적으로 금융 사고를 안 치고 노조를 안 해야 하고…, 그래서 성장과정과 부모 재산과 직업을 묻고 주위 유력 친척이 있는가 적으라고 하는 것이다.

면접 때 관상가를 배석시켰다면 사고를 치지 않을까? 반기를 들거나 배신하지 않을 상인지 여부를 판별해 달라는 것이다. 부수적으로 재운(財運)이 있는가를 알려고 하는 것이다. 회사에 돈을 벌어다 주기 때문이다.

이것도 모르고 순진한 대학생들은 대면 면접 시나 집단토론 시 대답을 똑 부러지게 잘해야 하는 줄 알고, 무슨 면접 대비 모임까지 만들어 실전 연습을 하는 등 난리 부르스를 친다. 근본을 못 보는 웃기는 일이다. 어떤 학생은 남자가 인상을 좋게 보인다고 무슨 성형까지 한다고 난리다. 여자와 달리 남자가 너무 잘 생기면 실력이 없다고 생각하거나 질투와 경계심을 유발해서 오히려 감점 요인이 된다.

그럼 취업과 면접 시 어떻게 해야 하는가? 일단은 서류전형과 필기시험을 무조건 통과할 수 있는 기본 실력과 자질은 갖추고 있어야 한다. 이제 대학 졸업장은 'A4용지 한 장'의 가치밖에 없다.

그다음 필기시험 합격 후, 유력 실력자를 동원해서 입사원서를 낸 기업을 대상으로 '로비'를 하라는 것이다. 면접시험이 무슨 똑 부러지는 객관적 기준이 있는 것도 아니지 않는가?

또 어리석은 독자들이 "기업에서 유력자를 동원해서 '줄대기' 하면 오히려 나쁜 점수를 준다고 하던데요?"라고 할 수가 있다. 이렇게 나오면 정말 답답해진다. '그건 대외용이다'라고 몇 번을 말해야 하는가!

기업에서는 유력자에게서 취업·면접 청탁 전화가 오면 겉으로는 매우 곤란한 척하면서~, 내숭을 까지만 속으로는 '웬 떡이냐?' 하면서 반긴다. 왜 그런 줄 아는가? 또 모르겠다고 하지 말라. 관생재(官生財)이기에 기업에서는 유력인에게 줄을 대어 이용하기 위해서 평소 줄기차게 각종 로비와 접대를 하고 장학생을 키우고 매수를 하는 등 안달인데 유력자가 먼저 부탁을 해 왔으니까, 이건 횡재이다. 기업에서 유력자의 부탁을 들어주면 그 유력자는 기업에 인간적으로 빚을 지게 된다. 그리고 그 빚은 언젠가 갚아야 되고… 인간사 공짜는 없다. 서로 남는 장사고 서로 좋은 관계를 맺을 수 있는 절호의 기회이다.

그래서 일반 회사는 물론 심지어 공기업·은행 등에서조차도 필기시험 성적마저 마구잡이로 조작해서 청탁이 들어온 금수저들을 부정 입사시켜서 대거 검찰 조사를 받고 처벌을 받는 것을 보지도 못했는가?

기업에서는 필기시험에 통과했으니 기본 자질은 갖췄고 그다음에는 누가 되든 상관없다. 그저 말 잘 듣고 사고 안 칠 얌전한 인물이면 되는데, 영양가 있는 유력자한테 전화까지 왔으니 그저 남는 장사다. 그리고 유력자가 신입사원 지원자를 간접 보증하는 것이니 얼마나 좋은가!

필기시험을 조작해 달라는 것은 파렴치한 짓이지만 필기시험을 통과했는데 수치화된 객관성이 없는 면접에서 잘 봐 달라고 부탁하는 것은 나쁜 것이 아니다. 그러나 유력자가 아닌 사람을 통해 로비를 했다가는 골치 아프다고 감점당한다. 귀찮고 영양가가 없기 때문이다.

그럼 면접은 어떻게 해야 됩니까? 라고 물으면 할 말이 없다. 답은 위에서 수차례 얘기를 했다. 웃어라. 소리 내 웃지 말고 미소를 머금는 정도다. 그리고 똑 부러지게 답하거나 소신을 보이거나 흑백논리를 표출하거나 반론을 제기하거나 하지 마라. 그냥 두루뭉술하게 답해라. 착하고 부드럽고 만만하고 말 잘 듣게 보여라.

그저 만만하고 얌전하고 말 잘 듣는 사람으로 보이라는 것이다. 기업에서 원하는 것은 시키면 시키는 대로 말 잘 듣게 보이는 만만한 사람이라는 것을 명심해라. 순진하고 양순하게 보여라. 대답은 내가 하고 싶은 말을 하지 말고 면접관이 원하는 답을 해라. 거짓말도 괜찮다. 그 대신 거짓말을 더 진짜같이 열과 성의를 다하여 진실 되게 해라. 그 좁은 공간과 짧은 시간 내에 확인을 못 한다. 그리고 나이가 들수록 "나는 사람을 척 보면 안다"고 까부는데, 미국의 실험 결과는 "나이가 들수록 사람 분별을 더 못 한다"로 나왔다. 여자는 용모가 제일 중요하고 예의 바르면서 싹싹하고 생기발랄하게 보이는 것이 좋다.

그럼 결론을 맺는다. 우선 필기시험은 통과할 실력과 스펙을 갖추고 그다음 면접 때는 유력자를 동원하고 순진하고 얌전하고 말 잘 듣게 보여라(절대 똑똑하고 소신 있게 보이지 말고). 그럼 당신은 합격이다.

아! 참! 하나 빠졌다. 재산이 얼마냐고 묻는다면 재산이 많다고 적어라. 기업에서 확인 못 한다. 설사 확인한다고 해도 상관없다. 재산 여부를 왜 묻는 줄 아는가? 우선은 기업·금융권 회사들은 어릴 적 가난하게 성장한 친구들이 인성이 나쁘거나 돈에 쪼들려 돈 욕심이 많을 것이라고 본다. 다시 말하면 돈 갖고 도망치는 사고를 저지를 것으로 예상하고 그것을 확인하는 것이다. 또 하나는 본인과 주위 친척들이 재산이 있어야 영업을 잘할 수 있다고 본다. 실제로도 주위가 빵빵해서 영업을 잘하고…, 부모 학력도 높다고 적어라. 그래야 뼈대가 있고 가정교육도 잘 받았다고 평가해 준다.

입사 후에도 고분고분 복종하고 아부에 목숨을 걸어라. 이것만이 조선에서 인정받고 진급할 수 있는 유일한 길이다. 일만 하다가는 반드시 골병만 들고 천대받고 팽 당한다. 아부는 동서고금 불변의 성공 키워드이고, 백이나 줄보다 더 효과적이고 파괴적이다. 서양 속담에도 "1천키로의 성실보다는 1온스의 아부가 값진 가치를 가진다"고 하였다.

가소롭고 역겹고 추악한
대중의 이중성

흔히들 대중은 착하고 순수하다고들 생각한다. 특히나 약자와 못 배우고 못 나고 가난한 자는 더 그렇다고들 오해나 착각을 한다. 그러나 못 배우고 팔자가 나쁘고 가난하고 못날수록 대다수가 더 무례하고 무자비하고 교활하고 사악하고 자기보다 못한 사람을 더 업신여기고 사람을 함부로 부리고 대한다. 설상가상이다. 부익부 빈익빈이 재산에만 국한된 것이 결코 아니다. 그래서 하근기(下根機)라고 한다.

강자도 선악으로 구분되듯이, 약자도 착한 약자와 사악한 약자가 있다는 것을 알아야 한다. 그런데 대부분 못 배우고 없으면 양심-철-지혜-도덕-교양-상식과 경우도 없다. 단적으로 교도소에 누가 많이 가며, 후진국은 선진국에 비해 물질문명에서뿐만 아니라 도덕·문화 등 정신적인 것과 함께 자유·민주·복지 등의 각종 제도에서도 훨씬 뒤처진다. 죽음의 땅 아프리카는 정신·물질·제도 등 모든 것이 문제투성이다. 그리고 장기적으로 보면 정신만큼 물질이 생기고 물질만큼 정신이 성장한다.

못나면 자신이 못난 줄도 모른다. 유치원생·초딩은 선생님을 속이려 하고, 개도 스스로 개(犬)인 줄 모르고 스스로 똑똑하다고 생각하고 주인을 기만하려고 한다. 물고기는 자기가 물고기인 줄 모르고, 개는 개인 줄, 중생은 중생인 줄 모른다. 대중은 어리석고 탐욕스러울 뿐이다.

옛날과 달리 요즈음 예쁜 여자들이 공부도 잘하고 친절하고 교양도 있다. 금상첨화가 된 것이다. 갖춘 사람은 이것저것 다 갖췄고, 없는 사람은 이것도 없고 저것도 없다. 심지어 못 가지고 못나고 없는 것조차도 모르고 오히려 잘난 줄 안다. 심각한 부익부 빈익빈이다.

많이 배우고 공부한 사람의 대개 목소리는 맑고 정화되어 있고 최대한 예의를 지킨다. 그래서 상근기(上根機)라고 하는 것이다. 장사꾼이나 못 배운 사람들의 목소리는 거칠고 탁하고 예의와 경우를 모른다. 그리고 대중은 항상 틀리는데다 잘 속으면서도 자칭 아주 똑똑하다고 생각한다. 교활하고 사악하면서 순수하다고 생각한다. 늘 자기가 하는 것은 '사랑'이고 남이 하면 '불륜'이다. 대부분의 경우와 동서고금 역사에서 대중은 겉으로 정의(正義)-선(善)을 외치면서도 실제로는 늘 강자와 유리한 쪽에 붙어 왔고 약자와 이익 안 되는 것에 무자비했다.

순수하고 착해서 중생이 아니라 어리석고 더럽고 비열하고 못 갖춰서 중생이다. "살이 살을 먹고 쇠가 쇠를 먹는다." '대중의 이중성과 질투'란 더럽고 치졸하고 역겹고 가소롭고 무섭다. 영화 「내부자들」의 "국민들은 어차피 개돼지입니다"라는 대사가 그냥 나온 것일까?

교육부 OOO 정책기획관(2급)은 2016.7.7일 경향신문 기자들과의 만찬에서 "민중은 개·돼지로 취급하면 된다. 먹고 살게만 해 주면 된다. 민중이란 99%를 말하며 자신은 1%가 되도록 노력하고 있다. 신분제를 공고화시켜야 한다" 등의 말을 했다. 맞는 말이다. 우리는 한없이 어리석고 끝없는 욕망에 시달리는 중생(중생→즘생→짐승)이고 털 없는 원숭이이다.

진실은 개·돼지보다 더 못하다. 솔직히 우리가 그들보다 더 나을 것이 무엇이 있나? 이들은 배만 부르면 그만이지 동료 간 잡수를 구사하거나 살육을 하지도 않는다. 영화 「내부자들」을 보면서 다 같이 공감을 했기에 관람객수가 6백만 명에 달하는 등 영화가 히트를 쳤는데, 일개 공무원이 술자리에서 얘기한 것은 왜 분노하면서 악을 쓰는지…, OOO씨가 아주 잘했다는 것이 아니라 그런 소리를 듣는 우리 자신들을 한번 뒤돌아보고 앞으로는 그런 소리를 듣지 않도록 해야 한다는 것이다. 무식한 사람이 무식한 줄 알아야 유식한 길로 나아갈 수 있듯이, 우리가 개·돼지 못한 중생인 줄 알아야 거기서 탈출할 수 있는 길이 열린다. 또 우리가 진짜 개·돼지 급이 아니라면 웃고 말지 열 받을 일도 없다.

부귀 상류층은 물론 지식 상류층이나 깨친 자들은 속으로 중생들을 개·돼지처럼 생각을 한다. 다만 솔직히 표현을 할 수가 없으니까 내색을 하지 않고 살짝 돌려서 플라톤 우민(愚民), 부처 중생(衆生), 예수 어린양, 공자 소인배 등으로 같은 뜻의 다른 말을 하였다. 변소를 화장실로 우아하게 치장하여 돌려 말하는 것과 같은 이치이다.

성인들은 중생들의 교활함–사악함–무능함–더럽고 비열함 등 악과 잡초의 씨앗이 가득한 속성을 너무도 잘 알았으면서도, 있는 그대로 쓰지 않고 '중생이나 어린양'이라고 빙 둘러서 말하고 더 나아가 착하고 순수하고 불쌍하고 도와야 하는 사람들로 왜곡해 놓았다(심지어 부처와 예수의 씨앗이 들어있고 소우주라고 무한한 가능성까지 열어 놓았다. 그래서 성인들이다). 우리는 중생들이 진짜로 착하고 순수한 존재인 줄로만 믿고 속아서 그들로부터 당하지 말아야 한다. 이 말의 여러 가지 깊고 넓은 뜻을 다양하게 새기고 사용할 줄 알아야 한다.

사마천의 사기 '화식열전'에 보면 "일반 백성은 자기보다 돈이 10배 많은 사람은 무시하고 헐뜯지만 100배가 많으면 오히려 두려워한다. 1천 배가 많으면 그를 위해 기꺼이 심부름하고, 1만 배가 더 많으면 그를 위해 하인 노릇을 하니 이것이 세상 만물의 이치다"라고 한 것을 알고는 있는가? 안다면 이 말을 깊이 생각해 본 적이 있는가?

여자들이 예쁜 여자를 대하는 태도도 위와 같다. 보통 예쁘면 질투해서 씹고 잡아당겨서 끌어내리고 해코지를 하려 덤비지만, 연예인이나 미스 코리아 급으로 아주 뛰어나게 예쁘면 기(氣)가 팍 죽어서 꼼짝도 못하고 오히려 특급 미녀와 가까이 지내보려 애쓴다.

한비자는 인간이 움직이고 있는 동기는 오직 이익이라고 했다. 장사꾼과 같이 매사에 모든 것을 이익의 자로 재어 본다. 무엇을 더 기대하겠는가? 충효가 없고 선(善)이 없고 의리가 없으니 애써 강조할 뿐이다. 종교의 말씀이나 시중의 윤리와 도덕 중에 하나라도 제대로 실천하는 인간들이 과연 몇 명이나 되는가? 그리고도 개·돼지가 아닌가?

그리고 어리석고 교활한 대중(중생)들은 자기보다 나은 사람들에게 배워서 발전할 줄도 모른다. 그저 의심하고 시기·질투하고 분개나 한다. 사람들은 자기보다 나은 자를 인정하고 배워서, 더 나아지기를 바라기보다는, 시기하고 질투하고 외면한다. 더 나아가 이기려 하고 엿 먹이려고 한다. 세계 4대 성인마저도 안티를 피할 수 없었다. 또한 동서고금 수많은 전쟁 등으로 같은 인간들을 강간하고 살육하고 노예로 부린 것은 어찌하고, 개·돼지가 아니란 말인가?

심지어 우리들은 공자도 외면하고 조롱하였고, 부처도 모함하고 여러 번 죽이려고 하였으며, 예수와 소크라테스는 모함하여 기어코 죽였다.

예수는 십자가에 매달려 죽어가면서 "아버지, 저들을 용서하여 주소서! 그들은 자기가 하는 일을 모르고 있습니다~"라고 절규하였다.

이것이 중생과 대중들의 한계이다. 그러고도 어찌 개·돼지라는 말에 분노하는가? 물론 나도 개·돼지이다. 사실은 그것보다 못한데 그렇게 불러주는 것만 해도 고맙게 생각하는 사람이다. 멍멍~! 꿀꿀~!

주역에서는 "소인은 어질지 않음을 부끄러워하지 아니하며, 의롭지 아니함을 두려워하지 않느니라. 이(利)를 보지 아니하면 권하지 아니하며, 위엄으로 대하지 아니하면 징계로 여기지 아니하나니, 조금 징계해서 크게 경계시키는 것이 소인의 복이라"고 하였다. 또 "소인이 조금 착한 것으로써 유익함이 없다 하여 하지 아니하며, 조금 악한 것으로써 상함이 없다 하여 버리지 아니함이라. 그러므로 악한 것이 쌓여서 가리지 못하며 죄가 커져서 풀지 못한다"며 소인을 맹비난하고 있다.

또한 옛말에 "도(道)를 잃으면 덕(德)이라도 갖추어야 하고, 덕(德)을 잃으면 인(仁)이라도 베풀 줄 알아야 하며, 인(仁)을 잃으면 의(義)라도 지킬 줄 알아야 하고, 만일 의(義)를 잃으면 예(禮)라도 지킬 줄 알아야 한다"는 얘기가 있는데, 우리가 이 중 어느 하나라도 갖추거나 지키고 있는가? 법률이 아니면 사회가 유지되지 않을 지경이고 법률마저도 유명무실화하려고 시도하는 것이 우리들 중생이고 대중들이다.

그래서 소인과 대중과 하근기를 이해하고 돕는다는 것이 잘못하면 이솝 우화처럼, '겨울에 얼어 죽어가는 독사를 내 품속에 넣어 녹여서 살려주는 것'과 같을 수도 있기에 매우 신중해야 한다.

중생들의 인생이란 것이 안개 낀 깜깜한 밤중을 탐·진·치에 미쳐서 동서남북을 모르고 헤매면서 온갖 죄업을 짓고, 인생 파도에 이리저리 휩쓸리면서 밥 먹고 똥 싸다가 가고 만다. 어리석고 답답하기 그지없으면서 똑똑하다고 착각을 하고 어설픈 교활함으로 자기 마음대로 살다가 잡초처럼 스러지고 말뿐이다.

　그러나 대중은 박근혜를 압도적으로 당선시켰지만 또 탄핵시키고 감옥에 보내는 등 배를 띄우기도 하지만 배를 엎어 버리기도 하며, 민심이 천심이듯 지렁이면서도 용이기도 하다. 그리고 파도와 바다가 하나이듯 중생과 부처도 하나다. 범인과 성인이 같이 살고, 용과 뱀과 지렁이가 뒤섞여 사는 것이 사바세계이니, 부처님 유언처럼 자등명 법등명(自燈明 法燈明) 할 뿐이다.

그러나 대중은
대중다워야 세상이 돌아간다

　동학에서는 기존의 천지인(天地人) 위계관계를 부정하고 사람이 곧 하늘이라는 '인내천 사상'을 주장했고, 증산도는 더 나아가 "인간이 하늘보다 더 높고 고귀한 존재"라고 하였다. 하지만 다른 면으로 대중의 이중성-교활함-사악함-어리석음에 대하여 동서고금 각종 종교(불교 : 중생, 기독교 : 어린양, 유교 : 소인)와 플라톤(愚衆) 등 철학자들이 이를 불쌍히 여기면서도 맹비난하고 있다. 절대적으로 동감한다.

　그러나 어리석고 나약한 중생들이 약육강식과 적자생존의 사바세계에서 살아남고 살아가기 위해서는 「가소롭고 역겹고 추악한 대중의 이중성」 제하에서 얘기한대로 할 수밖에 없다. 대중의 어리석음과 사악함에 대해서 욕도 해야 하지만 또 이해도 해야 하는 것이 인생이다.

그리고 대중이 대중다워야 세상이 돌아가고 유지가 된다. 모두가 다 지혜롭고 선하고 합리적인 등 완벽하다면, 그것은 인간이 이룩할 수 있는 경지도 아닐뿐더러(신 포함 이 우주에 완전한 것은 없다. 완전을 위해 나아갈 뿐이다. 만약 완전하다면 아무것도 일어나지 않고 일어날 필요도 없다. 완전은 곧 종말이다), 만약 그렇다 하면 그 어떠한 틈이나 여유나 허점이 없는 꽉 차고 막힌 사회라서 아무도 움직일 수도 없고 아무것도 일어날 수가 없다. 기계의 베어링이나 톱니도 틈이 있어야 돌아간다. 가장 완벽한 것은 가장 불완전한 것이 되고 만다. 모두가 일등인 사회는 다 꼴찌인 사회나 마찬가지이다. 완성은 곧 멸망이다.

대중들이 다 자신을 알아서 주제 파악을 해 버리면 비관하거나 죽을 사람 천지일 거다. 자기 주제를 모르니 지 잘난 줄 알고 사는 것이다. 또한 누구나 다 지혜롭고 합리적 사고를 한다면, 즉 일의 성패를 정확히 예측한다면, 세상은 마치 고장 난 수레처럼 덜커덩거리며 몇 바퀴 돌다가 멈추어 버릴 것이다. 못난 줄 모르니 살고 일의 성패와 미래를 모르니 시도하고, 그래서 성공도 하고 실패도 하면서 세상이 돌아간다. 그 과정에서 희로애락을 느껴야 배움이 있고 영적 발전이 있다.

모두가 영웅-선생-오너-선장-보스를 할 만큼 지혜롭고 강하다면 오히려 일이 되지 않고 세상이 더 어지러워진다. 배가 산으로 갈 뿐이다. 한용운 스님도 "차라리 벼룩 서 말은 몰고 가도 중들 셋 합의 시키는 것은 못할 노릇이다"고 한탄하였다. 즉 스님들끼리 무슨 일을 놓고 의견 대립이 생기면 다수결로 결정을 하자고 사전에 철석같이 약속해 놓고도, 자기 뜻과 다른 결과가 나오면 기존에 반대하였던 스님 몇 사람이 그 자리를 뛰쳐나가며 "야 이 자슥들! 내가 울 오매(엄마) 울 아배(아버지) 말도 안 듣고 중질(스님)하러 나왔는데 너거 말 듣겠나?" 한다는 것이다.

그래서 대중은 개·돼지다워야지, 복 없이 깨고 아는 것만 많으면 더 힘들고 머리만 아플 뿐이다. 인생살이가 더 고통스럽고 힘들어진다. 대중은 그저 풀만 열심히 뜯는 '토끼'나 바람과 물결과 불빛에 따라 이리저리 흔들리는 '플랑크톤'이 제격이다. 대중은 개·돼지일 때가 더 행복할지도 모른다. 성인과 현명한 철인이 있듯이 탐·진·치에 미쳐 날뛰고 우매하면서도 사악하고 교활한 대중과 개·돼지도 있어야 한다. 그래서 중생은 적당히 악하고, 우열이 있고, 어리석고 미래도 모르고 주제도 파악을 못해야 한다. 알면 재미가 없고 세상도 돌아가지 않는다.

어느 인생 나그네가 어느 날 꿈속에서 신선을 만나서 물었다.

인생 나그네 : 남자들은 성인도 있지만 거의 다 평생 먹고 살기 위해서 치고받고 뼈 빠지게 번 그 귀한 돈으로 철없이 술이나 처먹고 노름이나 하고 여자 궁둥이만 쫓아다니는 것밖에 할 줄 모르니 참으로 역겹고 안타깝습니다.

신선 : 남자가 술 싫고 여자 궁둥이 따라 다니기 싫으면, 남자 인생이 무슨 재미가 있고 무슨 미래와 희망이 있어? 그게(사냥하고 씨 뿌리고) 남자에게 프로그램(본능)된 가장 큰 존재 이유이고 삶일진데…, 남자가 철들면 성인군자가 되는 것이 아니라 남자 인생 끝난 것이야! 깨달음과 성인군자에 인생 정답이 있는 것이 아니라 우리가 그토록 비하하고 경멸했던 개·돼지 중생들의 추악한 개·돼지 짓에 진리와 정답이 있어! 그래서 중생이 곧 부처이고 번뇌가 깨달음이고 사바세계가 그대로

곧 진리이고 극락이라고 한 거야. 컴퓨터가 프로그램(본능, 존재 이유와 목적)대로 움직이지 않고 제멋대로 작동을 하고, 돼지(중생)가 "돼지우리(사바세계)를 더럽다" 그리고 더 나아가 돼지가 사람(신, 성인군자, 깨달은 자)이 되고 싶다고 울고 사람 흉내를 낸다면 이것도 웃기는 일이 아닐까? 돼지는 똥밭에서 열심히 뒹굴고 서로 먼저 밥 먹으려고 싸우고 똥 잘 싸고 암돼지 궁둥이만 열심히 쫓아다녀야 건강한 돼지요 바람직한 돼지가 아닐까? 같이 먹고 똥 싸는 암돼지가 예쁘다고 미쳐 날뛰어야 정상이고 건강한 수돼지인데…, "암돼지도 똥 싸서 싫고 돼지우리는 너무 더러워서 싫다" 이렇게 생각하면 이것이 깨달음이고 성인군자의 삶인가? 아니면 병들고 미친 돼지인가? 돼지는 돼지 짓을 해야 정상이 아닐까? 진리와 성스러움과 자연다움은 과연 어디에 있는가! 부처 예수에 있는가? 개·돼지보다 못한 중생들의 어리석고 추악하게 보이는 삶들에 있는가? 사바세계 개·돼지 중생들도 답도 아니고 그렇다고 부처 예수도 답이 아니야. 정답은 이들의 중도(中道)에 있어. 어찌 도가 부처 예수에게만 있으리요? 삼라만상이 곧 신이고 도야. 양심에 따라 지혜롭게 살면 다 도인 게야! 그냥 살어!

밀당은
세상만사와 만물에 다 필요하다

소위 '밀당'은 남녀 간에만 하는 줄 안다. 그러나 부모 자식 간은 물론 삼라만상에 대해서 모두 밀당이 필요하다. 동성 간-친인척-취미-운동-종교-직장도 같다. 국가도 정책을 통해 국민들과 밀당을 하고, 국민들은 선거-투표-데모를 통하여 정부 권력과 밀당을 한다.

삼라만상은 너무 외면하고 싫어해도 문제이지만, 너무 좋아하고 가까이해도 인정-사랑-성과-보은을 받기는커녕 업신여김-천대-무시-악용-역차별─부상과 사고-배신이 돌아온다. 선의와 봉사가 계속되면 의무와 노예가 되고 만다. TK지역의 보수정당 몰표와 역차별이 그 좋은 예이다. 속담에 "자식도 많으면 천하다"고 했듯이 뭐든 부족하고 비싸야 귀히 여기고 대접을 받는 법이다.

그리고 남녀 간에 밀당을 힘들어하는 경우가 많은데, 연애는 사실상 밀당하는 재미로 하는 것이다. 밀당이 끝나면 애타고 속 타고 달콤새콤 짜릿한 연애도 끝난다. 지나놓고 보면 밀당할 때가 제일 좋았다 싶다. 지구가 구심력(男)-원심력(女)의 대결 속에서 돌아가듯이 세상만사와 만물이 모두 밀당이 있고 밀당이 필요하다. 삼라만상은 음과 양이 밀당을 하면서 굴러가고 발전을 하고 있다.

약도 음식도 과식하거나 편식하면 반드시 탈이 난다. 아무리 좋은 음식과 보약도 '이었다 끊었다'를 반복해야 약효가 흡수되고 부작용도 일어나지 않는다. 여자는 물론 키우는 개도 너무 '예쁘다'를 해 주면 김치녀가 되고 주인을 우습게 보고 나중에는 주인을 할퀴고 물어 버린다. 속담에 "종놈 자식 귀애하면 생원님 나룻에 꼬꼬마를 단다"고 했다.

손자병법에서도 "장수가 병졸들과 아직 친해지지도 않았는데 그들에게 법과 벌을 가하면 복종하지 않게 된다. 복종하지 않으면 다루기가 어렵다. 병졸들과 이미 친해졌다고 해서 법과 벌을 시행하지 않으면 다룰 수 없게 된다"고 하였다. 불가근불가원(不可近不可遠) 해야 한다.

권한-책임-의무의 적절한 분담, 견제와 균형, 음양, 우군과 천적이 없으면 세상만사와 만물은 타락하고 부패하고 멸망하게 마련이다. 즉 뭐든 적당해야 한다. 좋은 것도 싫은 것도 적당히 하고 불가근불가원 해야 한다. 중도-중용-균형-알맞게 해야 한다. 그래야 좋은 관계를 유지하고 합당한 성과를 내고 대접을 받을 수 있다. 뭐든 음양이 균형과 조화를 이루고 중도가 취할 줄 알아야 완성도가 높다.

최선을 다해야 할 줄도 알아야 하지만, 계영배(戒盈杯)처럼 약간 모자라게 할 줄도 알아야 한다. 이렇게 보면 또 불교의 중도(中道), 주역의 네 박자와 대대논리(對待論理)가 또 필요하게 되는 것이다. 이것을 아는 것이 도사이고 깨달음이다.

강하고 잘난 것은 단명하고,
약하고 못난 것이 강하고 오래간다

하늘에는 종교의 선(善)의 도가 지배하고, 땅에는 약육강식과 적자생존의 도가 지배하며, 이 둘의 상충—상합을 통해 세상이 굴러간다. 그런데 땅도 언뜻 보면 약육강식 같은데 자세히 보고 크고 길게 보면 꼭 그렇지만도 않다. 땅의 악과 약육강식이 아무리 맹위를 떨쳐도 그래도 하늘과 종교의 도가 약간 상위이고 우선이다. 거시적으로 하늘의 도를 약간 우위에 두지 않으면 세상은 악이 창궐해 결국 멸망하고 말기 때문이다.

도교는 "강한 것은 죽음의 도요, 부드러운 것이 생명의 도이다. 강한 것은 밑으로 가고 약한 것이 위로 올라간다"고 했고, 공자도 "세상에 임하는 데는 부드러운 것이 좋고, 강하고 굳센 것은 화(禍)의 근본이다"라고 했는데 모두 맞는 말이다. 너무 강한 기운은 사람을 밀어낸다. 언뜻 보면 우주와 신(神)은 강자와 성공의 편인 것 같은데, 길고 크고 자세히 보면 낮고 부족하고 유한 데 있고 약자의 편이고 여자의 편이다. 그리고 신은 성공의 순간 보다 노력하는 과정 속에 있다.

강하고 잘난 것은 오래가지 못한다. 강하기 때문에 심신을 함부로 쓰고 그러다 보면 자연히 위험에 직면하며, 경쟁자와 적들에 둘러싸여 힘과 생명을 단축시키기 때문이다. 또한 단 샘물이 먼저 마르고 훌륭한 재목이 먼저 베이며 날카로운 송곳이 빨리 무뎌지고 만다. 반면에 못난 소나무가 선산을 지키고, 토종-잡종이 병충해·재해에 강하다.

태풍에 강한 나무는 부러지지만 풀은 부러지지 않는다. 골골 팔십이라고 하지 않던가! 입속에서 가장 오래 남는 것은 강한 이빨이 아니라 부드러운 혀이다. 그리고 강한 남자와 뛰어난 영웅보다 부드러운 여자와 외유내강형 잡초 같은 인물들이 결국은 이기고 번성한다.

도교에서 말하는 것처럼 실질적으로 크고 단단한 물건은 아래에 받침대로 놓이고 작고 부드러운 물건은 그 위에 놓인다. 문신이 힘센 무신을 부리고, 남자들도 강한 자들은 전쟁 등 위급한 경우를 제외하고 평화 시대에는 배제되어 아첨꾼이나 간신들에게 부림을 당한다.

남녀 간의 관계도 그렇다. 우선 힘·두뇌·노력이 뛰어난 남자가 이기는 것 같지만, "도끼 든 놈이 바늘 든 여자를 이길 수 없으며, 베갯머리 송사에 배겨 날 남자도 없다", 도교에서 말했듯이 여자의 부드러움이 결국 남자의 강함을 이기고 만다. 동서고금의 대다수 종교·철학·문화는 물론 현대 과학은 '수컷은 암컷을 위해 존재하는 소모품이라'는 입장이다. 이제 여성들이 세상의 주인이고 진정한 지배자이며, 남자는 그저 돈 버는 기계에 머슴-은행 CD기-껍데기-호구-나그네-소모품일 뿐이다. 그리고 자식 이기는 부모 없고, 국민 이기는 권력도 없다.

강하고 큰 동물들은 견제를 받고 변화하는 환경에 적응하지 못해 거의 멸종 지경에 있다. 강자는 모이면 서로 싸우기에 바쁘다. 그래서 공룡이 사라진 지 오래되었고 호랑이는 4천 마리도 남지 않았다. 약한 것들은 부귀는 못 누려도 강자처럼 교도소를 가거나 죽거나 하지 않고 밥은 먹고 산다.

호랑이 등 크거나 무서운 것들은 이제 보호동물로 지정되어 그 숫자를 유지하기 위해 안간힘을 쓰고 있다. 그러나 늘 숨고 쫓겨 다니는 토끼 등 초식 동물은 그 숫자가 감당이 안 된다. 의학적으로도 가장 정복이 안 되고 무서운 것이 보이지도 않는 미생물과 세균이다.

호랑이형 인간보다 토끼형 인간이
훨씬 살아가기 쉽다

우리는 모두 TV에서 나오는 「동물의 왕국」을 좋아한다. 그 이유는 우리 인간세계의 축소 모사판이기 때문이다. 우선 간단한 동물의 세계를 봐서 이해를 한 다음 그것을 통해 복잡한 인간세계를 응용해서 알고 싶기 때문이다. 동물의 세계를 좀 더 고차원적으로 확대하면 곧 인간의 세계인 것이다. 그리고 인간도 특별한 존재가 아니라 털 없는 원숭이로 동물이다.

동물은 크게 가축과 야생동물이 있고, 야생동물의 경우 먹이사슬의 최고 정점에 고기 먹는 호랑이−사자가 있으며, 그 중간에 여우−늑대−하이에나가 있고, 제일 밑에 토끼−사슴 등 풀 뜯는 초식동물이 있다.

우리 인간사회에도 마찬가지이다. 위에는 통치계급·대기업이 있고 그 밑에 심부름꾼인 관료−마름 등이 있으며, 제일 밑에 지배를 당하는 대중·노동자·소비자들(이론상 하늘이고 王이라고 하는데, 실질적으로 그 대접을 받은 적도 없고, 하늘처럼 행동하지도 않는다)이 있다. 세부적으로 사람들의 능력-성격-자질도 위 동물의 경우와 비슷하다.

그런데 우리는 호랑이형(야생형, 강자, 영웅, 지배계급, 미인)은 쉽고 토끼 등 초식동물(가축형, 약자, 피지배계급)은 어렵다고 생각을 한다. 호랑이는 동물의 왕이라 아주 멋있고 살기가 편할 것 같다. 사실은 그런 경우도 있지만 그렇지 않고 정반대인 경우가 더 많다.

하층민은 처자식과 눈앞의 것만 걱정하지만, 재벌은 몇십 년 앞을 내다봐야 하고 만 가지 일을 해야 하고 만 가지 걱정을 다 해야 한다. 만 가지 일과 걱정이 무서워 재벌이 싫다고 할 사람은 없지만, 자질이 안 되면 물려주거나 맡겨 줘도 유지도 못하고 오히려 다치고 만다.

사실 호랑이는 누구나 보면 피하거나 노려보고 사냥꾼은 죽이려고 한다. 사냥도 힘들다. 토끼 한 마리를 잡으려면 4km를, 멧돼지는 32km를 죽어라 뛰어야 하며, 사냥 도중 큰 부상을 당할 수도 있다. 부상을 당하면 굶어 죽거나 평소 상대도 안 되는 늑대한테 물려 죽는다. 그리고 자기들끼리 만나도 서로 도움은커녕 목숨을 건 싸움을 해야 한다. 심지어 암수가 만나 교미를 하는 와중에 암컷이 심하게 앙탈을 부리면, 수컷이 암컷을 그 자리에서 물어 죽이는 경우마저 허다하다. 그래서 번식도 힘들다.

옛날 귀족이나 양반들도 서로 연합도 하지만 재산은 물론 전 가족의 목숨까지 다 걸고 전쟁이나 정치 투쟁을 하여야 했다. 그래서 3~9족이 목숨을 잃거나 처자식이 노비로 떨어지곤 했던 것이다. 지금은 자본주의와 민주주의 시대라 돈과 선거를 놓고 한판 승부를 벌인다.

좀 낮고 작게 보면 호랑이형 사람들은 우리 속(조직)이나 평화 시에 제대로 적응하지 못하고, 조직이나 서민들도 중요하거나 위급한 일을 처리할 경우에만 이들을 이용해 먹고, 위기에서 벗어나면 호랑이들을 결코 가만두지 않고 구석으로 처박거나 제거해 버린다. 토끼들이 연합하거나 시스템과 법-제도-규정 등으로 호랑이형 인간들을 가만히 두지 않는 것이다. 여러 포수가 연합해서 사냥하듯 사냥해 버린다. 동서고금의 역사에서 그리스 도편제-중세 마녀사냥-중국 토사구팽은 법칙처럼 존재해 왔다.

이에 견디다 못해 맹수가 토끼 흉내를 내보지만 모양만 사납고 제대로 되지도 않는다. 그래서 호랑이형 인간은 창업 등 개척을 하거나 전쟁·IMF 등 큰 위기가 오지 않으면 인정을 받거나 기용되지 못하고 평생 천덕꾸러기 신세로 살다가 술과 함께 한탄의 생을 마감하고 만다.

왜 이런가? 우주 기본원칙은 평화에 있기 때문이다. 우주의 생주이멸(生住異滅), 성주괴공(性住壞空), 창조-유지-파괴의 과정 중에 창조와 파괴의 짧은 기간에만 호랑이가 필요하다. 가장 긴 유지(평화)의 시간을 위해서는 호랑이를 제거해 버리거나 힘을 못 쓰도록 해야 하는 것이다. 하늘과 땅은 언뜻 보면 잘나고 강한 것을 좋아하는 것 같지만 거시적으로 보면 못나고 부드럽고 약한 것을 좋아하고 그들의 편인 것이다.

토끼 등 초식동물은 불쌍해 보이고 한심한 것 같다. 그러나 사실은 그렇지 않다. 아무도 경계심을 갖지 않으며 무서워하지도 않고 오히려 불쌍히 여겨 도와주려고 한다. 먹을 것도 도처에 널려 있다. 이런 사람들은 야생보다 조직 내와 시스템이 오히려 더 좋다. 위험을 감수할 필요 없이 머리만 숙이고 시키는 것만 하면 되고 본인도 그것이 더 좋기 때문이다. 우리 밖을 겁이 나서 나오지도 못하지만 설령 나왔다 하더라도 아무것도 할 줄 모르고 덜덜 떨거나 헤매기만 할 뿐이다.

결국 호랑이와 육식동물은 야생(개인사업, 기술습득)으로, 초식동물과 가축은 우리 속(조직 생활)으로 가는 등 타고난 자질과 특성대로 살아야 성공하고 서로 편하다. 각자 놀 곳과 일할 곳이 따로 있다.

우리가 아직 선진국이 못 되는 이유와 선진국이 되는 방법

우리나라는 아직도 선진국이 못 되고 있다. 왜냐? 그것은 사회가 정신적으로 성숙되지 않았기 때문이다. 물질과 정신은 같이 가는데, 물질만 조금 앞섰을 뿐이다. 정신은 저 뒤에서 아직 정신 못 차리고 있다.

부귀를 가진 지도층들이 노블레스 오블리주(Noblesse oblige)가 없고, 자기보다 못한 백성들에게 봉사나 혜택을 주는 대신에 선전선동에 속이고 착취하고 등이나 처먹는 짓을 끊임없이 하고 있다. 그리고 우리는 압축 산업화와 성장을 하는 관계로, "목적만 좋으면 수단은 상관없고, 모로 가도 서울만 가면 되고, 과정은 무시하고 결과만 중시"하는 사회가 되었다. 하여튼 이기면 되고 돈만 많으면 된다.

또한 프로정신과 장인정신이 없고 뭐든 대충대충 하는 것에 익숙해 있다. 프로 정신은커녕 자기 업무를 제대로 숙지하고 있는 사람이 극히 드물다. 그리고는 프로정신이 있는 사람을 지나치게 따진다거나 머리카락에 홈파는 사람으로 매도나 비하하는 문화마저 만연해 있다. 이것들이 일정 이상 성장하는 데는 아주 큰 도움이 되었는데, 높이뛰기에서 '선진국'이라는 바'를 넘기 위해서는 걸림돌이 되는 것이다.

선진국이 되기 위해서는 장인정신에 실력대로, 경우대로, 합리적으로, 원칙대로 해야 하고, 수단도 중시하고 서울 가는 방법도 중시하며 그 과정도 중시해야 한다. 선진국은 정신과 물질 모두를 갖춰야 한다.

설계도대로 하지 않고 대충대충 하고 자재 몇 개 빼먹고 실력 대신 친소 관계로 사람을 뽑고 진급시키면 자전거–자동차 정도는 만들 수 있다. 그러나 장인정신도 없고 원칙대로 하지 않고 실력대로 하지 않으면, 한강 다리와 삼풍백화점이 무너지고 우주선은 결코 만들 수 없다.

일본과 독일이 기술과 경제대국이 된 것은 장인정신이 뿌리 깊고, 이 '원칙대로 하는 것'을 잘하기 때문이다. 우리도 이제 원칙을 다시 찾아서 귀하게 대접해야 한다. 선진국과 이 원칙에서 차이가 난다.

우리는 원칙을 내세우면 꽉 막힌 놈이나 상종 못할 놈으로 취급받는다. 우리나라 기업체 관계자들이 일본 유수 기업을 견학하고 나서 일본 유학 출신 한국 가이드에게 묻는다고 한다. "일본이 한국보다 나은 것이 무엇입니까?" 그래서 가이드가 "원칙대로 하는 것입니다"라고 대답을 하면, "다 알고 있는 거네, 뭐 별것도 없네"라면서 콧방귀를 낀다고 한다.

그리고 장인정신과 원칙대로가 없고 대충 만들면 자동차도 평지는 잘 가지만 아직도 출발할 때 늦고, 오르막에 힘 빠지고, 커브 돌 때 휘청하고, 장거리를 가면 온몸이 불편하고, 사고 나면 죽거나 중상이다.

내가 대학 다닐 때 옆의 정치외교학과 교수가 이런 말을 한 적이 있다. "어린아이가 송아지를 키웠다. 몇 년이 지나자 송아지는 크고 힘센 황소가 되었는데, 어린애는 아직도 어린애이다." 정신은 저 뒤에 있고 몸집만 커지고 물질만 발달되었다는 것이다. 정신과 물질은 다르면서 같다. 선진국과 비교해 봐도 우리가 하드웨어는 선진국에 못지않거나 오히려 더 낫다. 정신과 소프트웨어가 아직 불합리하고 후진스럽다.

　흔히 동양은 정신이 앞서고 서양은 물질이 앞섰다고 하는데, 공부를 해보고 직접 겪어 보니 산업혁명 이후 서양이 물질은 물론 정신마저 동양에 훨씬 앞서 있었다. 일체유심조라 물질도 높은 정신에서 나오기 때문이다. 그래서 높은 정신의 서양에서 좋은 기계와 사상, 제도 등이 꽃피고 있는 것이다.

　정신과 물질의 관계와 발전 단계를 알아보자. ①처음에는 정신-물질이 같이 있다. 속담에 "가난하면 철도 없다" 했다. ②그다음 정신이 먼저 깨면 물질이 따라 올라온다. 예를 들면 새마을 운동의 경우이다. ③그리고 물질이 일정 이상 올라오면 정신도 성숙이 된다. 이 힘으로 88올림픽을 치르고 한류(韓流)를 만들었다. 맹자가 "항산(恒産)이라야 항심(恒心)이다"라고 했고, 문화도 경제력 바탕 위에 꽃피고, 어느 시대이건 상류층이 문화를 한다. ④정신이 성숙되면 창의와 의욕이 일어나 물질을 더욱 풍요롭게 한다. 우리가 민주화의 결과로 인해 다양성과 창의가 살아나 세계 1등 제품이 마구 쏟아져 나와서 무역 흑자를 기록하고, 우리의 영화-연속극-노래 등이 한류를 일으키고 있는 것과 같다. ⑤그런데 문제는 여기서 다시 물질을 한 단계 더 업그레이드하려면, 새마을 운동처럼 또다시 정신이 한발 훌쩍 앞서 나가서, 다시 물질을 위로 확 끌어올려야 하는데, 지금 이것이 되지 않고 있는 것이다.

이제 장인정신을 존중하고 정신적 새마을 운동, 즉 '새마음 운동'이 일어날 때이다. 선진국은 물질만 앞선 사회가 아니다. 물질-정신이 다 앞선 사회이다. 우리는 수레 중 정신이라는 바퀴 하나가 작고 부족하다. 그래서 덜커덩거리고 있다. 선진국이 되고 싶다면, 실력대로 하자, 원칙·상식·경우대로 하자. 프로정신을 가지고 매사에 임하고 국가를 위해 희생한 사람이나 인재를 소중히 여기고 대우하고 키워 주자. 그러나 우리는 단결이 잘 안 되고 역사 건망증이 치매 수준이고 국가를 위해 희생한 사람을 절대로 대우하지 않는다. 오히려 옛날에 상이군경을 병신이라고 놀렸던 나라와 국민이 우리들이다. 이것이 말이 되는가?

그리고 "사촌이 논을 사면 배 아프다"고 하듯이 잘난 사람 꼴도 못 본다. 세상사 근본과 만사가 사람인데 한국은 인재를 소중히 여기지 않는다. 왜냐하면 금수강산이고 기(氣)가 결집된 곳이라 인재가 너무 많기 때문이다. 사병이 장교보다 훨씬 똑똑한 나라는 우리밖에 없다. 인재의 수가 많은 관계로 기업만 좋다. 넘치는 인재들을 입맛대로 뽑고 임시직으로 부리고 명퇴 등을 통해 내다 버릴 수 있기 때문이다. 속담처럼 자식이든 뭐든 많으면 대접을 받지 못하고 천대받는다.

우리의 인재 배척 문화는 중국과 직접 대결 시에는 고구려처럼 평민도 무술대회를 통해 등용을 했지만, 고구려와 발해가 망해서 중국에서 쫓겨나 대륙의 기상과 기마민족의 야성을 잃어버리고, 고려 삼별초의 난 실패와 조선 위화도 회군 이후 사대주의를 택하고부터는 국내의 똑똑하고 지혜롭고 힘센 자들은 오히려 권력 유지와 통치에

'장애물'이 되었기 때문이다.

그래서 양반이 바르고 똑똑하면 모함하여 귀양을 보내거나 사약을 먹이고 그 가족을 노비나 첩으로 만들어 서로 나누어 차지하고, 평민 중 힘센 자가 태어나면 어깨를 파거나 아킬레스건을 끊어 병신을 만들어 버렸다. 우리는 입으로는 인재를 소중히 여긴다고 하지만, 사실은 똑똑하고 기백 있는 사람들을 그냥 두지 못하는 유전자를 가지고 있다. 이런 유전자는 지금도 아주 잘 발휘(?)되고 있다.

평민 출신인 김구의 작은 아버지는 너무나 힘이 세어 관(官)으로부터의 모함(역적)과 연좌제 처벌(역적은 3족을 멸함)을 우려한 자기 친족들에 의해 아킬레스건이 끊어졌고, 김구 선생도 키도 크고 힘이 너무 세어 이를 두려워한 친족들에 의해 광 속에 갇혔다가(아킬레스건을 끊을 목적으로 가둠) 간신히 탈출한 바 있다. 그때 아킬레스건이 끊어졌다면 어떻게 됐겠는가?

다시 말하지만 한국은 남녀와 상하 모두 입으로만 인재(人材)를 소중히 한다고 하면서, 속과 내면에는 결코 인재를 가만히 두지 않는 나라이다. 나보다 나은 것에 대해서는 배우고 존경하기보다, 그저 "사촌이 논을 사면 배가 아프다." 그저 씹고 모함하고 깔아뭉개기 바쁘다.

조직 출신 퇴직자들이
사회에 적응하지 못하는 이유?

베이비붐 세대들이 대거 퇴직을 하고 있다. 근데 평생 고생해서 모은 퇴직금을 지키는 경우가 드물다. 퇴직을 하고 나면 1가지 생각과 3종류의 손님이 반드시 찾아온다. 1~3년 내에 꼭 온다.

뭐라도 해야 한다는 생각(장사나 투자), 사기꾼-꽃뱀-돈 빌려 달라는 사람이다. 나한테는 안 온다고, 만약 와도 바보나 당하지 나는 안 당한다고 장담하지 마라. 조직에서 잘 나가던 사람, 스스로 똑똑하다고 생각하는 사람, 이런 가능성이 전혀 없다고 생각하는 사람이 더 크게 당한다.

특히 장사는 열심히 하고 잘하면 되는 줄 알지만 장사할 복과 그릇은 따로 있다. 그리고 퇴직은 곧 운(運)이 다했다는 것을 의미한다. 장사할 그릇도 아니고 복과 운도 다했는데 장사를 하면 되겠는가? 실패가 불을 보듯이 뻔한 일이다. 작은 돈 벌려다가 큰돈만 날린다. 이에 명리학 대가 도계 박재완 선생은 "어리석은 나비가 제 시절 다 간 줄 모르고, 가을 산 붉은 낙엽은 봄꽃처럼 노닌다"고 했다.

사업 실패는 세부적으로는 조직의 룰-생존 방법과, 사회의 룰-생존 방법은 전혀 다른데 그것을 모르고 간과하기 때문이다. 그리고 조직인과 장사꾼의 씨와 유전자도 서로 틀리다. 조직인이 초식동물이라면, 사회인들은 육식동물이다. 사업을 하다 보면 원하든 원치 않든 전과 3~5개는 기본이다. 그런데 차량 10부제도 위반 못하고 검·경조사 한번 안 받아보고 재판 한번 안 해 본 공무원이 감히 상대가 될 것 같은가?

20~40년간 우리 안의 초식동물로 살아온 자들이 야생의 육식동물을 이길 수 없다. 조직에서 잘나간 사람일수록 더하다. 조직에서 잘 나갔으니 영원히 잘나갈 줄 알고 무엇이든 저지른다. 아무리 좋은 조언을 해 줘도("내가 한자리했던 사람인데…, 너 같은 사람 말을 들어…" 하면서) 절대로 듣지도 않는다. 사회인들이 자기를 사기의 대상으로 여기고 언젠가 그 잘난 콧대를 망신을 줘서 꺾어 버리겠다는 악심을 품고 있는데도, 퇴직 후에도 여전히 사회인들을 옛날에 자기에게 찾아와서 굽신대고 알랑거리고 술과 밥을 사고 촌지를 주던 '졸(卒)'로 여긴다. 한때의 운과 조직의 힘과 지위를 자기의 진짜 역량과 인격으로 착각하기 때문이다. 과거에 사회인들이 자기 뒤에 있는 의자에게 굽신대고 이용하기 위해 사줬던 것을 자기가 잘나서 그런 줄 착각하기 때문이다.

운이 좋을 때는 뭐든 잘 되는데다 조직 내에서는 오너 운과 다수에 섞여 묻어갈 수도 있고, 남의 공을 뺏을 수도 있고, 관료조직의 병폐상 가만히 있고 무능한 것이 오히려 더 돋보일 수도 있고, 맹목적으로 순종하는 '아바타' 역할과 아부와 줄로 부족한 능력을 만회할 수도 있지만, 사업은 그것이 안 된다. 오직 자기 실력과 운의 싸움이다.

퇴직 후 사기도 잘 당한다. 조직에서 한때 잘나갔다는 자만심에만 빠져 있고 사회를 전혀 모르는데다, 나이 든 사람 대다수가 "나는 사람을 척 보면 안다"고 큰소리를 뻥뻥 치는데, 참으로 개가 웃을 일이다. 나이가 들수록 심신이 더 어두워지고 단 소리에 더 취약하다.

대개 55~65세에 사기를 가장 많이 당한다. 나도 나 자신을 잘 모르겠는데, 소우주와 작은 신(神)인 인간을 어찌 "척 보면 다 안다"는 말인가? 기가 찬다.

미국 UCLA 셸리 테일러 박사 연구팀은 "나이가 들수록 우리 뇌에서 '혐오감'과 '경계심', '참과 거짓'을 판단하는 뇌 부위(앞쪽 뇌섬엽, anterior insula)가 퇴화해, 사기 범죄에 취약해진다"고 발표하였다. 또 다른 미국 연구결과에 따르면 사기를 잘 당하는 유형은 "과욕, 과신, 조급함, 새로운 것과 신기한 것을 좋아하거나 추구하는 사람"이라고 한다. 사기는 내 속에 '사기성'이 있기 때문에 당하는 것이다.

나이가 들수록 우둔해지지 않으려면, 잘 늙어가려면 늘 밝게 깨어 있으면서 마음을 닦고 노력을 해야 한다. 그냥 나이만 먹어 가면 세파에 찌들어서 더 탁해지고 교활해지고 어두워지고 만다. 영국 극작가 제임스 보즈웰 말대로 "사람의 현명함은 경험에 비례하는 것이 아니라 그 경험을 수용할 수 있는 능력에 비례해서 현명해지기 때문이다."

여자를 가까이하면 반드시 꽃뱀에게 당한다. 늙었다고 자제 능력이 있다고 생각하지 마라. 늙을수록 더 단 것 좋아하고 더 단 소리와 애교에 취약하고 '오빠' 소리에 녹아난다(속담 : 앞에서 꼬리 치는 개가 후에 발뒤꿈치 문다). 꽃뱀은 얼굴에 쓰여 있지도 않고 특별하지도 않다. 어디에든 널려 있다. 괜히 멋있는 척! 돈 있는 척! 하지 마라.

사기 안 당하고 돈 안 빌려주면 된다고 생각하지 마라. 꼭 안 빌려주면 안 되는 사람(정말 가까운 친구나 친인척이나, 옛날에 내가 죽을 운명에 처했을 때 몸을 던져서 구해 주는 등 나에게 큰 은혜를 베풀었던 사람)이 찾아와서 돈 빌려 달라고 한다. 그것도 철저한 사전

계획 하에 접근하기 때문에 대다수가 안 당할 방법이 없다.

그리고 돈 관리를 잘해야 한다. 현직에 있을 때 지갑에 기껏해야 10~30만 원 넣어서 다니다가 퇴직금으로 갑자기 수억 원이 생기면 그것을 감당을 못해서 정신이 핑~~하고 돈다. 정신이 멍멍하고 공중에 붕 뜨고 어찌할 줄을 모른다. 비행기를 처음 탄 것과 같고 작은 소주잔에 1천cc 맥주를 부어준 것과 같다. 순간적으로 미쳐 버리고 몸이 근질근질해서 가만히 있지를 못한다. 그래서 이것저것 저지르고 여기저기 퍼 주는 등 생쇼를 다한다. 그 쇼는 얼마 가지 못하고 하수구에 처박힌다.

삼라만상은 이합집산(離合集散)의 속성이 있다. 흩어지면 모이고 싶고 모이면 흩어지고 싶다. 제일 먼저 경제관념이 없는 마누라가 몇 푼 안 되는 퇴직금이 평생 써야 할 돈인지도 모르고, "이제는 돈을 좀 쓰면서 살자"고 하면서 가전제품을 새로 바꾸고 좋은 옷도 입고 친정도 도와주자고 한다. 이것을 거부하면 바가지에 잔소리에 삐지고 울고불고 생난리를 친다. 그래서 흩어지려는 속성을 막으려면 강하게 붙들고 있어야 한다. 부자들이 피도 눈물도 없이 온갖 짓을 다하면서 돈을 붙들고 있는 것을 대중들은 비난을 하나, 그것은 모르고 하는 소리이다. 죽을 둥 살 둥 붙들고 있어야 흩어지는 것을 간신히 막을 수 있다.

돈을 날리는 가장 취약한 원인으로 대부분 못난 자식 유학자금이나 사업자금을 빌려주다가 발생한다. 장사와 사기와 여자에 아무리 조심해도, 마누라의 "이제 좀 쓰고 살자"는 미친 소리를 넘어도 마지막 관문인 자식을 당할 수는 없다. 자식이 제일 무섭다. 황제도 재벌도 자식을 못 이긴다. "가족이 원수고 자식이 원수다"라는 속담이 괜히 나왔겠는가?

남자들은 아무리 자기 자식이라도 냉철한 이성(理性)으로 대개 자식을 정확히 평가하고 있어 유학과 사업에 실패할 것이 뻔해 돈을 주고 싶지 않지만, 마누라 성화에다가 부자간의 천륜이 있어 한 번은 '자의 반 타의 반'으로 준다. 여기까지는 퇴직금을 다 날리지 않는다.

그런데 문제는 자식이 실패(97~98%가 실패)하여 또다시 아버지에게 손을 벌릴 경우인데, 이때 아버지는 절대 돈을 대어 주지 않는다. 자식이 또 실패할 것을 불을 보듯 잘 알기 때문이다. 그러나 이 개자식이 아버지에게 직접 하다가 안 되니, 전술을 바꾸어 다시 자기 어머니(내 아내)에게 가서 징징거린다. 소위 당구의 '쓰리쿠션'을 쓰는 것이다. 그러면 아내는 남편에게 와서 시도 때도 없이 들들 볶는다. 그래도 남자는 못 준다고 호통을 치며 단호하다.

그렇지만 결국 남자는 좁은 집안에서 시도 때도 일어나는 자식-아내의 연합작전 신경전과 아내의 베갯머리 송사(달래다가 울다가 악도 쓰고 무시도 하다가 약을 올리는 등 별별 지랄을 다한다)를 견딜 수 없어, 아들에게 인생 포기하는 심정으로 남은 퇴직금을 사업자금으로 다 주고 만다. 그 결과는 뻔하다. 부모 자식 모두 '알거지'가 된다.

그래도 마누라는 반성하지 않고, "겨우 몇 푼 주고 생색내지 마라! 당신이 평소에 애 기를 너무 죽여서 그렇다! 돈을 좀 더 일찍 주지 않아서 그렇다! 지원 금액이 너무 적어서 그렇다!"고 남편만 타박한다. 자기들끼리 즉 모자(母子)는 영원히 한 편이고, 남편은 다른 편이고 그저 돈 버는 물주이기 때문이다. 그래서 남자가 돈을 못 벌거나 이용가치가 없으면 구박하기 시작한다. 수사자의 노년은 쓸쓸하고 비참하다.

퇴직 후
실패하지 않고 성공하는 비법

정년 퇴직자는 가만히 있는 것이 최선이다. 퇴직 후 뭘 하려고 한다면, 일단 3~5년 동안 아무것도 하지 말고, 이리도 다녀보고 저리도 다녀보고, 이것도 보고 저것도 보고, 이것도 해보고 저것도 잠깐 장난하듯이 경험해봐야 한다. 세상 물정을 알아야 한다. 이 과정을 거치지 않으면 기존 하이에나와 사기꾼 같은 사회인과 장사꾼들에게 하루아침 해장거리이다.

공무원·대기업 등 조직 출신들이 똑똑하지 못해서 사기 등을 당하는 것이 아니라, 늘 법과 규정 내에서 정확하고 안전하게 움직이다가 장사꾼과 일반인들의 무양심, 무경우, 무염치, 약속위반, 거짓말, 변덕, 잡수, 꼼수, 무식, 무능력, 낮은 지능, 사기, 억지, 말 바꿈 등에 속수무책으로 당하기 때문이다.

어려운 시험과 면접을 봐서 조직에 들어가고 거기서 법과 규정에 따라 수십 년 움직인 조직 생활자와 사회의 장사꾼－일반인들의 지능적·도덕적인 차이는 하늘과 땅 만큼이나 크다는 것을 알아야 한다. 즉 시험을 쳐서 한번 거른 사람들과 그렇지 않은 사람들의 차이는 천지 차이이다. 사람 차별과 무시한다고 생각하지 마라. 네가 당하는 것을 막고자 욕을 얻어먹어 가면서 쓰는 것이다. 이 맘을 모르고 욕하면 안 된다.

일반인과 장사꾼들은 합법~탈법·위법 사이를 자유롭게 오가는 것에 익숙해서 거짓말·약속위반·사기·억지 등을 별 대수롭지 않게 생각하는 데 반해(조직 생활자는 양이고 상근기이고, 사회인은 음이고 하근기이다. 사회인들은 머리-환경-팔자도 나쁘니 그렇게 해서라도 살아가야 한다), 직장인들은 퇴직 후도 법과 규정, 과거 조직의 룰과 동료들의 수준에 모든 잣대와 기준을 두고 있기에, 일반인들의 낮은 수준-무경우-거짓말-사기-억지-잡수-변칙 공격에 속수무책으로 당하고 만다.

즉 놀고 일할 곳이 기존의 울타리 내 안전한 평야와 잔잔한 민물에서 정글-뻘밭-똥통-태풍이 휘몰아치는 바다로 바뀌었는데도, 생각과 행동은 여전히 안전하고 익숙한 조직 내처럼 하다가 한방에 당하는 것이다. 위에서 말한 이유 때문에 무술 10단 98%가 싸움 1단에게 무참히 깨지듯이, 조직 100단의 98%도 결코 사회 1단을 당하지 못한다.

그래서 퇴직 후 당하지 않기 위해서 사회를 알고 중생들을 알아야 한다. 조직인들이 우습게 봤던 사회와 대중들이 천하고 어리석으면서도 얼마나 사악하고 교활하고 무서운지 잘 알아야 한다. 중생들을 잘 알려면 최고 낮은 직업이나 계층들과 어울려 보고 같이 일을 해 보면 짧은 시간 내에 속성으로 뼛골까지 사무치는 교훈을 얻을 수 있다. 사실상 위의 것을 아무리 설명해도 못 알아들을 것이고 직접 한번 당해보면 단박에 터득된다. 그러나 그때는 가족이 울고 만신창이가 된 상태이다.

이렇게 3~5년 사회 공부와 적응 후에 자기가 장사할 그릇인지? 아직 복은 남아 있는지? 어느 분야를 해야 좋은지? 에 대해 천명(반드시 먼저 마나님의 허락→명리학→점)을 물어봐라. 그래서 사업할 그릇이며 아직 복이 남아 있고 어떤 분야를 해야 할지를 알면, 그 분야에 대해 직접 경험하고 배워라. 자신이 생기면 가진 돈을 3등분하여, 1/3만 투자를 해서 사업을 해야 한다. 이렇게 실패를 경험삼아 3번만 하면 반드시 성공하게 되어 있다. 운이 크게 남아 있으면 첫 번에도 성공할 수 있다.

그리고 퇴직 후 자신이 좋아하는 것을 하라고 하지만, 대개 좋아하는 것은 돈이 안 되고, 또한 사기를 당하기 쉽다. 따라서 좋아하는 것은 취미로 하고, 잘하고 있는 것을 해야 돈도 벌고 사기도 당하지 않는다. 돈을 버는 것은 세상에서 가장 어려운 일이기 때문이다.

이것도 저것도 안 된다면, 그냥 놀고먹는 것을 두려워하지 마라. 이 세상에서 가장 좋은 팔자는 놀고먹는 것이다. 국회의원과 상류층 귀부인도 다 놀고먹는 사람들이다. 괜히 좀이 쑤셔 뭘 하려다가 그 좋은 팔자 졸지에 망치고 만다. 일단 망치면 그 좋은 팔자를 결코 되돌릴 수 없다. 그러나 가만히 있는 것이 움직이는 것보다 더 힘들 수도 있다는 것을 알아야 한다(뙤약볕이 내리쬐는 한 여름날 땀을 뻘뻘 흘리면서 말벌이 얼굴 주위를 맴도는 가운데 운동장에 부동자세로 서 있는 것과 같다). 가만히 있고 지키는 것도 내공이고 실력이고 복이고 성공이다. 이것을 못해서 동서고금의 수많은 개인과 왕조와 권력이 무너졌다. 복이 없고 내공이 없으면 결코 가만히 있지도 못한다.

누가 인생을 한바탕 꿈이라고 했던가?
과거는 꿈이 없다

　개뿔도 없고 모르면서 세상사에 초탈한 듯 그럴듯하게 보이려고 하거나, 염세주의자들은 "인생을 공수래공수거, 일장춘몽"이라고 얘기한다. 웃기는 얘기이다. 인생은 현실이다. 그리고 사바세계 현실은 지독히 냉정하고 무섭다. 이것은 어설픈 도사와 반편이들의 개소리이거나 패배주의자들과 실패한 자들의 자기 합리화요 신포도 얘기일 뿐이다.

　과거를 회상해 보면 대개 미화되고 자기 합리화하고 모두 꿈같고 세월이 화살 같지만, 부러진 팔다리의 상처는 그대로 남아 있고, 과거의 결정과 성패는 지금도 그 영향을 세부적이고 철저하게 미치고 있다.

　과거-현재-미래는 따로인 듯하지만, 결코 따로인 것이 아니다. 현재는 과거의 결과요, 미래는 현재의 결과이다. 또한 현재는 과거의 꽃이요, 현재는 미래의 씨앗이다. 모두 같은 것을 임의로 나눠 놓았을 뿐이다.

　차라리 꿈이면 좋겠다. 좋은 것만 가지고, 과거 나쁜 것은 모두 꿈으로 만들어 버리면 되지 않는가? 나쁜 학점을 지워 버리듯 하면 되니까 말이다. 그러나 우리가 하는 모든 것들은 제8식, 진여(眞如), 서양말로 무의식(하드 디스크)에 기록되고 남아 있다가 인연이 되면 어김없이 깨어난다. 설령 인생이 꿈이라 하더라도, 속된 말로 강남 룸살롱에서 텐프로 미인과 밸런타인 30년산 먹고 취했다 7성급 호텔에서 깬 것하고, 냉골에서 혼자 소주와 새우깡을 울면서 먹고 자다 깬 것하고는 엄연히 다르다.

"인간사가 큰 꿈이다"라는 말을 이해한다. 그러나 그것은 거시적이고 근원적으로 봐서 그런 것이고, 진여(본성)가 에고(ego)를 통해서 만들어 낸 꿈(허상)이 현실이고 진여와 에고는 다르면서 같은 것이기에 또 꿈이면서 현실이다. 설사 꿈일지라도 꿈은 언제나 깨어난 자에게만 꿈일 뿐이다. 미국 SF 영화 「매트릭스」의 주인공처럼 그것은 누구도 부인할 수 없는 생생한 현실이다.

공수래공수거~일장춘몽이란 염세주의자들의 자기 합리화요, 시골 서당 훈장이 곶감과 꿀을 다락에 감춰 놓고 혼자 야금야금 먹으면서 "아이들은 곶감 먹으면 죽고, 꿀은 쓰다"고 했듯이, 강자와 기득권자들이 자신의 부귀와 기득권을 넘보지 못하게 하려는 고급 술수이다.

다시 말하지만 인생은 결코 꿈이 아니다. 현실이다. 현실은 냉정하고 무섭다. 가장 잘 사는 삶은 과거-현재-미래의 종합적 판단과 계획하에 미래를 준비하면서 지금 현재를 잘사는 것이다. 꿈이 아니고 엄연한 현실이기에 순간순간 충실해야 하고, 또 현실이지만 지나고 보면 다 꿈으로 느껴질 수도 있기에 현실에 너무 매몰되지 않아야 한다.

그리고 인생은 공수래공수거도 아니다. 올 때는 부모와 조상에게서 업보와 심신은 물론 재능과 재산을 함께 타고 나왔다. 자신의 전생 업보도 함께 들고 왔다. 갈 때도 육체 등 물질적인 것은 두고 가지만 내가 한 업(功過)을 세상에 남기고 가고 그 업보(공덕, 선악, 지식, 깨달은 영성 등)를 다음 생으로 들고 간다. 또한 돈이 없으면 장례도 제대로 치를 수가 없고 묻힐 곳도 없는 것이 처절한 현실이다. 나의 분신인 자식들과 후손들도 남아 있다. 과거는 꿈이 없고 인생은 현실이다.

때를 기다리고 인내하자

인생은 '기다림과 인내'에 있는 것 같다. 그래서 모든 종교는 공히 인내(忍耐)를 강조하고 있다. 특히 공자는 "모는 행동의 근본은 참는 것이 그 으뜸이 된다"고 하시면서, "천자가 참으면 나라에 해가 없고, 제후가 참으면 큰 나라를 이루고, 관료가 참으면 그 지위가 올라가고, 형제가 참으면 집안이 부귀하고, 부부가 참으면 일생을 해로하고, 친구끼리 참으면 이름이 깎이지 않고, 자신이 참으면 재앙이 없을 것이다"라고 하셨다. 그러나 참지 않으면 모두 그 반대가 된다고 하셨다.

못 참으면 지는 거다. 주저앉으면 지는 것이다. 조급하면 나와 적과 세상에 지고 팔자에 굴복하는 것이 된다(속담 : 천재라도 참지 못하면 참을 줄 아는 범재에게 진다). 삼국지를 보면 사마중달과 제갈공명은 때(時)와 주인을 기다리기 위해 의도적으로 숨어 있었고, 또 사마중달이 제갈공명에게, 오나라 육손이 촉나라 황제 유비에게 수비와 버티기와 기다리기로 결국 이겼다. 일본 전국시대 도쿠가와 이에야스 역시 인내와 버티기로 풍신수길에 이어 결국 일본의 패권을 차지했다.

농산물도 부동산도 주식도 열매를 맺기까지 가꾸고 끈기 있게 기다려야 한다. 그래서 재테크에서 돈보다 중요한 것이 인내와 시간이라고 한다. 부동산 재벌로 미국 45대 대통령으로 당선(2016.11.9.)된 도널드 트럼프는 "성공 투자는 전략만으로는 안 통하고 인내가 반이며 나는 20년을 기다린 적도 있다"고 했다.

육체적 고통을 제외한 인내 중 최고의 정신적 인내는 '미래의 불확실성에 대한 인내'가 아닐까 한다. 기다림은 고통인데, 미래의 이뤄질지 전혀 알 수 없는 나만의 목표와 꿈을 향해 참고 또 참는 것이다.

강태공도 낚시를 하며 72세까지 기다렸고, 박근혜도 18년 동안 두문불출(杜門不出) 방안에서 요가를 하면서 와신상담(臥薪嘗膽) 기다렸고, 대 가수 나훈아도 8년 동안 은둔생활을 했고, 등소평은 문화대혁명과 강청 등 4인방의 농간으로 10여 년을 공장 노동자로 지내거나 가택연금을 당했다가, 결국 화려하게 복귀해서 오늘의 중국을 설계했다. 등소평이 없었다면 한국과 중국과의 차이를 한참 벌릴 수 있었는데…, 위대한 한 개인의 힘이 이토록 크고 무섭다. 참으로 아깝게 되었다.

등소평이 10여 년 동안 그냥 있었겠는가? 알 수 없는 미래에도 불구하고, 자신을 갈고닦으며 중국을 위한 설계도를 그리고 또 그렸을 것이다. 때론 억울하고 막연함과 비참함에 좌절하고 울면서 참았을 것이다. 술을 먹고 담배를 피면서 견뎠을 것이다. 매미도 1개월을 노래하기 위해 땅 속에서 7년을 기다린다.

무조건 세상으로 돌진하고 시도하는 것이 능사가 아니다. 신과 인생

연극의 감독이 나를 캐스팅해 줄 때까지 묵묵히 인내하여 기다려야 한다. 신과 감독의 캐스팅 없이 자의로 나서서는 낭패만 볼 뿐이다. 모든 아름다운 것은 고통스러운 과정을 거쳐야 얻을 수 있다. 여름 없이 결실의 가을이 어찌 오랴? 세상만사에는 뜸 들이고 발효하는 시간이 필요하다.

그리고 포기하지 마라. 원래 새벽이 오기 전에 가장 어두운 법이고, 포기하고 싶을 때가 성공 목전이다. 밤이 아무리 깊어도 해는 뜬다. 세상사 전략전술도 그놈의 인내가 반이다. 집착하고 빠져서는 지혜가 드러나지 않는다. 한 걸음 옆으로 비키고 뒤로 물러나야 하늘이 보이기 시작한다.

우리가 바닷가에 있어 보면 파도가 끊임없이 밀려오듯, 살아 있는 한 '인생의 파도'는 끝도 밀려올 수밖에 없다. 파도가 온다는 것은 살아 있다는 것이고 기회도 함께 온다는 것이다. 파도 속에 고난과 생명과 기회가 함께 들어 있기 때문이다.

세상 모든 일은 때가 있다. 때를 만나야 한다. 봄에 피어야 할 꽃이 겨울에 필 수 있을까? 하수는 바둥거리고 고수는 때를 기다린다. 그러나 무작정 기다려서는 안 된다. 꿈을 위해 필요한 것을 준비하면서 그 길목에서 기회를 기다려야 한다. 이 세상은 공부도, 사업도, 운동도 질긴 놈이 이긴다. 반드시 성공하는 큰 찬스는 하늘이 직접 내리고 귀인이 우연히 가지고 오는데, 그 운과 재수는 찬스를 노리는 사람에게 들어온다.

기다릴 때는 실력 배양-운동-독서-호흡법-기도 등 능력 배가와 심신 연마를 꼭 해야 한다. 봄에 꽃이 피고 잎이 나는 것은 겨울 추위 속에 떨면서도 부지런히 봄을 준비했기 때문이다. 그냥 추위에 떨면서 겨울을 원망만 하고 있었다면 봄이 와도 꽃을 피울 수 없었을 것이다.

사람이 큰일을 하려면 숨은 적공(積功)이 있어야 한다. 즉 도력-법력-능력을 얻으려면 한동안 은인자중 숨어서 속 깊은 내공을 쌓아야 한다. 급하게 마음먹는 사람은 먼 길을 가지 못하는 법이다. 대부분의 경우 최대의 행복은 최대의 불행을 넘어서 온다는 것을 알아야 한다.

또 주역 수천수 괘에서는 "위험이 앞에 놓여 있을 때는 무모한 행동을 삼가고 조용히 물러나서 자신을 지키며 때를 기다려야 한다"고 했다. 또 "기다릴 때는 술과 음식을 먹어가며 여유 있게 기다리라"고 하였다. 군자와 도사는 나아갈 때와 기다릴 때를 아는 자이다!

배는 스스로 만들 수 있어도 밀물은 내 맘대로 오게 할 수 없다. 배를 만들었거든 주역에서 말한 것처럼 술 먹고 노래하면서 기다려라! 언제 갑자기 밀물이 들어오고 신이 나에게 멋진 배역을 줄지 모른다. 그날을 위해 늘 공부하고 기도하고 운동하자! 평생 공부는 자신과 인생에 대한 기본 예의이다.

4장

불교와 業, 道(깨달음), 사후세계

불교,
어떻게 이해하고 믿고 실천할 것인가?

1. 종교 발생 원인 및 목적

　종교는 삶과 죽음에 대한 응답이다. 또 상대적이고 유한한 생멸(生滅)의 세계에서 절대적이고 무한한 해탈(解脫)의 세계로 들어가 고난과 고통 없이 영원한 행복을 얻고자 하는 것이며, 속(俗)에서 성(聖)의 세계로 초월하려는 것이고, 현실을 Chaos(혼돈)로 보고 Cosmos(질서, 조화) 세계로 나아가기 위한 것이다.

　즉 유한하고 무능한 인간이 무한하고 영원한 세계로 초월하고 싶은 것이다. 자신이 전능한 신이 되고 싶은 것이다. 구체적으로 개인은 죽음 등 두려움과 고통 해소, 욕망 성취, 행복추구, 자아실현 등이며, 사회·국가는 국민 결집과 통합, 자유–민주–복지국가 건설 등이다.

　불교는 인생을 괴로움으로 파악하고 그 원인은 욕망이며, 고뇌의 불길인 욕망을 끄는 것을 수행의 이상으로 삼고 그 궁극적인 경지를 열반이라고 부른다. 모든 고(苦)를 제거하여 열반(涅槃)에 드는 것이다.

2. 불교 이해 및 실천방법

▶불교 특징 : 인본주의(인생=苦 : 생로병사→고집멸도, 苦集滅道), 대각교(大覺敎 : 깨달음의 종교), 구원교(대승사상 : 관세음보살, 아미타불, 지장보살 등), 대 평등 자비주의, 종교이면서 철학이다.

▶불교 대의(大義) : 많은 사람들의 고통을 치유해 주고, 많은 사람들에게 이익과 행복을 주는 것이다.

①믿고(信) : 인과응보, 윤회, 연기, 내가 원래 부처라는 것!

②이해(解) : 사성제 : 苦(고통)集(무명)滅(열반)道(8정도) / 삼법인 : 제행무상(시간)→일체개고→제법무아(공간)→열반적정 / 공→연기→중도→팔정도 / 12연기 / 유식학(5~8식) / 진여(우주 만물의 실체, 참나, 法我, 열반) / ego(에고, 自我, 참나의 분신, 我相, 7식) / 4종 법계설 : 사법계→이법계→이사무애법계→사사무애법계

▶제행무상 : 시간적으로 찰나생찰나멸, 성주괴공(成住壞空) 하기 때문에 영원한 것은 없다 ⇒ 제법무아 : 따라서 공간적으로 고정된 실체는 없다 ☞ 즉, 이 세상의 존재(法)는 모두가 인연으로 말미암아 모였다가 인연이 다하면 흩어지는 것이어서 나(我)라고 내세울 만한 고정된 실체는 아무것도 없다 ⇒ 열반적정 : 위의 것들을 알고 깨달음을 추구하여, 번뇌와 윤회의 속박에서 벗어나 해탈하라.

▶연기(緣起) : "모든 존재는 이것이 생(生)하면 저것이 생(生)하고, 이것이 멸(滅)하면 저것이 멸(滅)한다"로 만물의 인과관계와 상호 의존성을 강조했다. 따라서 상생해라. 불교의 모든 교리는 연기의 원리를 바탕으로 해서 만들어진 응용이론이다.

▶공(空) : 진공묘유(眞空妙有), 가능성, 변하지 않은 것은 없다. 그러니 너무 순간이나 특정 사건에 매이거나 집착하지 마라.

▶열반(涅槃) : 탐·진·치 라는 번뇌의 불을 꺼서 깨우침의 지혜를 완성하고 완전한 정신의 평안함에 놓여진 상태를 뜻하는데, 불교의 수행과 실천의 궁극적인 목적이다. 그 길은 8정도에 있다.

▶8정도 : 깨달음과 열반으로 이끄는 수행의 올바른 여덟 가지 길 (正見, 正語, 正業, 正命, 正念, 正定, 正思惟, 正精進), 양심·경우대로 생각하고 행동하고, 그래도 남는 힘이 있으면 道를 닦아라.

▶중도 : 극단적인 것이 아닌 조화를 유지할 수 있는 적당한 상태, 가야금 줄 비유(초기불교), 쌍차쌍조-원융무애(대승불교), 너무 한쪽으로 치우쳐 사고하거나 행동하지 마라. 다른 것을 포용하고 융합해라.(동등 개념 : 주역-대대논리 / 부분·하위 개념 : 유교-중용, 기독교-균형, 우리말-조화·알맞게) 불교의 가장 핵심이다.

▶12연기설 : 무명(無明)→행(行)→식(識)→명색(名色)→육입(六入)→촉(觸)→수(受)→애(愛)→취(取)→유(有)→생(生)→노사(老死)

▶유식학(심리학) : 제5識(전오식), 6식(의식), 7식(말나식), 8식(알라야식) / 칼 융 : 5~6식(의식)→7식(잠재의식)→8식(무의식)

▶여래장 사상 : 모든 중생은 본래부터 여래(부처)가 될 수 있는 가능성(진여, 불성)을 가지고 있다.

▶진여 : 실체, 법계, 참나, 불성, 자성, 법성, 제8식(아뢰야식), 무의식, 하드디스크, 블랙박스, 性, 순수이성, 태극, 明德, 이데아 / 진여의 일부가 양심이다. 하위개념은 상식, 경우, 도리, 윤리 등이고

▶실체(實體) : 불변의 동일성을 유지하면서 존재의 조건으로 다른 것에 의존하지 않고 스스로 존재하는 것

▶법계(法界) : 법-진리, 법계-진리의 세계, 세계·우주 전체와 진리 그 자체인 진여를 의미한다.

▶대승불교 4대 기둥(진여, 법계, 중도, 연기)의 관계 : 진여(실체, 법계), 공-중도·8정도(내용)-연기(운동),

③ 실천(行) : 번뇌(탐·진·치, 오욕칠정 등) 근절과 지혜 성취, 자리이타(自利利他)의 삶→ 8정도(=중도) 수행, 오계 실천, 6바라밀 실천, 화엄경 십지 수행, 사무량심-사섭법 실천

▶번뇌 근절 : 번뇌는→업을 짓고→과보를 받고→윤회하기 때문

▶오계(五戒) : 불살생(不殺生), 불투도(不偸盜), 불사음(不邪淫), 불망어(不妄語), 불음주(不飮酒)

▶6바라밀 : 보시, 지계, 인욕, 정진, 선정, 지혜

▶십지(十地) : 환희지→이구지→발광지→염혜지→난승지→현전지→원행지→부동지→선혜지→법운지

▶사무량심(四無量心) : 육바라밀을 성취한 보살이 중생을 구제하기 위해 갖추고 있는 마음 : 자(慈)·비(悲)·희(喜)·사(捨) 무량심

▶사섭법(四攝法) : 보살이 중생을 이익케 하는 네 가지 방편 : 보시섭(布施攝)-애어섭(愛語攝)-이행섭(利行攝)-동사섭(同事攝)
▶수행 순서 : 절→염불과 기도(나무아미타불, 관세음보살, 지장보살, 광명진언, 신묘장구대다라니)→호흡법(수식관), 참선
▶참선 : 불교+도교가 결합된 수행방법의 하나이나 최고 상근기가 해야 하며, 그렇지 못할 경우 깨달음은커녕 대다수 병에 걸리거나 허송세월만 하다가 만다.→부처님 호흡법(수식관)이 무난하다.
④ 증득(證) : 깨달음, 성불(인격완성), 열반→회향(상구보리 하화중생, 사회정화, 구국제민, 불국정토 건설)
▶ 불교 발전단계 : 원시불교→부파불교(소승불교)→대승불교(초기 : 반야 공사상→중기 : 유식과 여래장 사장→후기 : 밀교)→원불교
▶ 불경 공부순서 : 아함경→천수경→반야심경→아미타경, 관음경, 지장경 등→열반경→금강경→대승기신론→법화경→법성게, 화엄경→밀린다 팡하→조선불교유신론, 원불교 교전→다시 불교 교리

불교가 세계 종교·과학·철학 중에서 최고·최대·최상인 것은 아인슈타인과 간디를 비롯한 동서고금의 종교가와 과학자·석학들 모두가 입을 모아 찬탄을 하고 있으나, 창시된 지 너무 오랜 세월이 흐르고 여러 발전 단계를 거치면서 너무 양이 많아지고 어렵고 복잡해지고, 이론과 이상 위주 경사로 현실 외면과 생활과의 괴리-정신 치중-총론 위주로 구체적 실천방안 별무-동(動) 외면 정(靜) 치중, 현 시대상 및 중생들의 근기에도 맞지 않게 되어, 부처님 법이 어디에 있으며 무엇이 불법인지 어떻게 불법을 닦아야 하는지도 모르게 되고 말았다. 즉 찬란한 불법의 불꽃이 꺼져 가고 길마저 잃어버렸다.

이에 일제 시절 한용운 스님이 「조선불교유신론」(1913년)을 지어 불교의 문제점을 지적하고 개선방안을 제시하였으나 불교계가 이를

전혀 반영하지 않아, 불교가 더욱 타락·쇠락하고 스님은 물론 사부대중 거의 대다수가 갈 길을 몰라 방황하는 처지가 되고 말았다.

그러나 이러한 말법시대에 부처님의 가피가 있어, 1916년 소태산(少太山) 박중빈이 일원상(○)의 진리와 함께 현실과 이상, 이판사판, 동정(動靜), 이론과 실천 모두를 중시하고 현재 시대상과 중생들의 근기를 잘 반영하고 이끄는「원불교」를 창시하여 불교의 생활화-대중화-시대화를 추구한 결과, 한용운 스님의 고언(苦言)을 모두 해결하고 거기서 훌쩍 더 나아가 불교를 수백 년 앞으로 발전시켜 놓았다.

즉 그간 후학들의 어리석음과 타락으로 인해서 한계에 걸리고 불꽃이 꺼져가고 갈 길을 잃어버린 대승불교를 박차고 일어나 불교의 새로운 도약과 발전 이정표를 세운 것이 원불교이다. 이로써 불교가 21세기에도 진리의 빛을 잃지 않고 대중들과 함께 후천시대를 선도해 나가는 새롭고 참다운 불교 광명시대를 열게 되었다.

3. 우리들의 자세

불교 공부를 하다 보면 양이 너무 많고 너무 어렵고 넓고 깊은 관계로 이해는 고사하고, 불교의 광활한 바다에 빠져서 동서남북을 모르고 헤매고 허덕대는 경우가 거의 다이고, 심지어 불교 바다에 빠져 죽고 말며, 오로지 기복(祈福)에만 매달리거나 잘못 믿어서 염세주의·은둔주의·운명주의에 빠지기 쉽다.

스님들도 뜻을 세운 출가를 했다가 대다수가 길을 잃고 헤매는 가출로 전락하고 만다. 이것은 잘못된 것이다. 불교 공부는 현실을 떠나

신비로운 세계를 추구하고 현실에서 도피하는 것이 아니라, 지금 바로 여기에서 원래 부처인 나(眞如)를 되찾으려 해야 한다. 또한 현실을 떠난 무슨 초월의 세계가 있는 것이 아니라, 상대적이고 유한한 현실 세계가 그대로 곧 절대의 세계이며 진리의 세계라는 것을 알아야 한다.

우주 안에 있는 존재와 현상의 하나하나는 다른 일체의 것들과 중중무진으로 연관·연기되어 있는 만큼 상생과 조화를 하려고 해야 한다.

그리고 깨달음이란 신비하거나 거창하거나 경천동지할 큰 사건이 아니라 연기법과 중도를 아는 것이며 본 양심을 찾고 그릇된 생각에서 벗어나 지혜를 성취하는 것이다. 양심과 지혜를 바탕으로 현명하고 경우 바르게 살고 고(苦)에서 벗어나 열반(涅槃)에 드는 것이다.

이를 위해 세상사 모두 변하지 않고 영원한 것은 없으니 한순간·특정 사건에 집착하거나 일희일비(一喜一悲)하지 말고 담담하고 여여(如如)하게 처신해야 한다. 중도(中道)의 삶을 살아야 한다.

또한 인과(因果)의 이치를 알아 악업의 씨앗인 탐·진·치를 줄여나가고 범사·만물에 무릇 함부로 하지 말며, 양심과 상식과 경우대로 바르게 살고 열심히 지혜를 닦아 자리이타의 삶을 사는 것이다.

불교의 근본은 자기개발에 있다. 오직 자기 자신이 부처이고 절대자임을 알아야 한다. 곧 자기 자신이 영원한 생명과 무한한 능력을 가진 사람임을 알아야 한다. 부처님이 이 세상에 오신 것은 중생을 제도하기 위해서가 아니라 중생이 본디 부처임을 가르쳐 주기 위해서이다. 각자가 본래 지닌 부처로 되돌아가자고 하신 것이다.

그리고 원불교 교리처럼 불공은 반드시 절에 가야만 되는 것이 아니고, 또한 깨달음과 道는 꼭 산에 있거나 출가를 해야 얻을 수 있는 것이 아니다(진묵대사 : 진승(眞僧)은 하산하고 가승(假僧)은 입산한다). 현실에서 양심과 지혜로 자기 직업(합리적이고 정당하게 열심히)과 직분(아버지, 엄마 등)에 충실한 것이 곧 불공이고 도이다.

불교의 중심은 부처에 대한 개인숭배가 아니라 진리(法)다. 우리가 궁극적으로 의지해야 할 것은 법(眞理)이지 부처라는 사람이 아니라는 것이다. 부처님도 "너 자신을 귀의처로 삼고, 법을 귀의처로 삼으라"고 하셨다.

그리고 세상에서 가장 중요한 것은 희망과 자비이고, 가장 귀하고 좋은 것은 복과 지혜이며, 세상사 처신은 양심과 중도이고, 궁극적 목표는 열반(涅槃)과 행복에 있다는 것을 알아야 한다.

불교와 기독교 중
어느 것을 믿어야 할까?

불교와 기독교 중 어느 것이 좋고 믿어야 하는지를 따지기 전에 우선 불교가 왜 그토록 양이 많고 어려운가에 대해서 알아보자.

불교는 지금까지 나온 종교–철학–과학 중 최고이다. 세계적 석학들이 입을 모아 찬탄을 금치 못하고 있다. 아인슈타인은 "세계에서 제일 합리적인 종교가 불교이며 우주 종교가 되어야 한다. 허공을 본 사람(깨달음)은 부처님밖에 없다"고까지 했다. 불교의 합리성과 과학성으로 인해 미국 등 서양 상류층들에게 날로 각광을 받고 있다. 기독교는 절대 하나님의 위치까지 갈 수 없지만, 불교와 유교는 진리의 경지에 도달하면 완전무결하게 될 수 있다는 전제를 깔고 있다. 그러나 문제는 너무 어렵고 양이 많아서 그것을 제대로 이해하는 사람이 거의 없다는 데 있다. 말법시대도 한참 지난 지금 이해는 10만 명 중에 1명, 그 실천은 100만 명 중에 1명도 어렵지 않나 싶다. 흔히들 불교 공부하러 갔다가 미아가 되고 불교 바다에 빠져 죽고 만다는 얘기를 한다.

왜 이렇게 어려운가? 불교가 어렵고 복잡한 힌두교를 뚫고 나와 꽃피고 열매를 맺은 것이고, 부처님은 인도 카필라 왕국 태자로 어릴 때부터 '오명학(철학, 수학, 음악, 의학, 논리학 등)'을 당대 최고의 선생들로부터 특별 교육을 받았는데다 무술도 전국 1등으로 문무를 겸비한 사람이며, 깨달음을 위해 차기 왕도 싫다고 뛰쳐나간 사람이다.

그래서 그 말씀들이 어렵고 복잡하다. 일상의 먹고 살고 생활하는 문제가 아니라 뭔지도 모르고 손에 잡히지도 않는 고차원적인 '깨달음'을 얻고자 했던 사람이다. 즉 신의 반열에 오르고 싶어 했던 것이다. 이에 그 제자들도 주로 왕족, 귀족, 대상인, 이교도 수장, 천재급 지식인들이었고, 이들이 원시불교에서 부파불교(소승불교) 시대를 거치면서 쉬운 얘기를 어렵게 하고, 간단한 것을 아주 복잡하게 나누고 배배 꼬아서 해 놓고, 가까운 것을 빙 둘러서 얘기해 놓았다.

대승불교에 와서는 이러한 현상들이 가히 핵폭발을 일으켰다고 해도 과언이 아니다. 이들은 중생들과 동떨어진 이론적·관념적·엘리트적인 부파불교를 맹비난하면서도 거기에 더 추가하여 불교의 양(더 이론적·관념적인~)을 더 엄청나게 늘려 놓았고, 더 어렵게 해 놓았다. 더 빙 둘러서 얘기해 놓았다. 우리가 공부하는 반야심경·화엄경 등 불경은 거의 다 이 시기에 만들어졌다. 그리고 대승불교는 힌두교 사상을 많이 차용하였고 밀교에서는 순수불교의 이단이라 할 정도로 힌두교 사상에 물들어 있으며, 중국 선불교는 노자·장자 사상이 불교를 지배해 버렸다고 해도 과언이 아닐 정도로 혼탁하고 복잡다단하게 변해 버렸다.

결론은 불교 교리가 전생–현생–내생 등 삼생(三生)을 모두 다 망라하고 있고 과학적이고 그 뜻과 이상이 드넓고 심오하여 너무 좋지만, 우선 일반인들이 이해할 수 없고 그 목적이 당장 직면한 현실문제 해결이 아니라 깨달음 등 근기 낮은 중생들과 동떨어진 것이 대부분이다.

성직자도 이해를 못하고 실천하지 못하는 것을 누가 이해하고 실천을 한단 말인가? 근기(根機)가 뛰어난 10만 명 중 1명 정도가 하는 것이 옳다. 아니면 원효대사가 시킨 대로 '나무아미타불'만 외우던지…, 즉 불교의 교리란 것이, 당장 발등에 불 끄기 바쁘고 밥 먹고 살기에 허덕이는 경제적–정신적으로 수준이 낮은 중생들이 이해나 실천할 수 없는 것들이다. 서민들과 사실상 관계가 없다는 것이다. 특히 깨달음을 추구하려면 굉장히 높은 식견과 통상적인 물질생활에서 자유로울 수 있어야 하는데, 이것이 보통사람들에게 가당키나 한 일인가?

불교 발상지인 인도에서 불교가 거의 없어져 버린 것(신도 1%)을 겉으로는 힌두교와 이슬람교의 불교 말살공작과 탄압 등을 들고 있다. 특히 신흥 불교에 밀려 존폐 기로에 선 힌두교가 자신들의 위치를 되찾기 위해서 부처님을 힌두교 '비슈누 신(유지와 평화의 신)'의 아바타(化身) 중 하나로 만들어 힌두교에 교묘하게 흡수해버린 데 있다. 그러나 가장 근본적 원인은 소승불교가 일반 중생들과 현실을 외면한 채 골방에 들여 박혀, 자기들만의 엘리트 불교를 추구한 결과이다. 즉 중생들과 유리되어 버린 것이다. 이에 대한 반발로 일반 중생들은 불교를 외면해 버렸고 재가 엘리트 신도들은 대승불교를 만들어 내었다.

소승불교 적폐 개혁을 위해 나섰던 대승불교는 부파불교보다 한술 더 떠서 훨씬 난해하고 복잡하고 구름 잡는 교리를 개발하였다. 그래서 한때 대승불교가 번성했던 인도네시아 등 동남아시아나 중앙아시아 지역은 이슬람교에 잠식되어 버려 그 지역에서 아예 없어지고 말았다.

그리고 아까도 얘기했듯이 불교란 교주인 부처님이 차기 왕권, 미인 아내, 자식도 버리고 오직 깨달음을 얻기 위해 출가를 한 관계로 즉 세상의 복락을 다 갖춘 분이, 마지막 남은 신의 반열에 오르고 싶어 했던 것이라 발등에 불 끄기 바쁘고 목구멍이 포도청인 무지한 일반 중생과는 사실상 전혀 관계가 없는 것이다.

그래서 불교는 의식주 문제가 완전히 해결되고 지식과 영적 수준이 극히 높은 상류층에 속하는 사람들에게 알맞고 관심을 가질 만한 종교이다. 이제 왜 포교 과정에서 주로 왕족, 귀족, 대상인, 지식인들에게 인기가 있고 이들을 불교를 더욱 발전시켰는지를 알 것이다. 즉 불교는 먹고 사는 문제를 완전히 떠난 상류층들이 '깨달음이라는 이상향을 추구'하는 데 적합한 종교라는 것이다. 그 외 물질적 상류층은 아니더라도 정신이나 지식적 최고 상류층에게 적합한 것이다.

일본과 서양 학자들은 불교가 인도에서 쇠퇴한 가장 근본적이고 가장 중요한 이유로 이것을 들고 있다. 당장 먹을 것도 없는데 무슨 깨달음~? 즉 부처님 당시에 인도는 세계 4대 문명 발상지 중 하나로 경제적-문화적으로 요즘 미국과 같은 위치를 누리고 있었기에 불교가 융성할 수 있었으나, 그 뒤로 인도가 경제적으로 극도로 쇠약해져서 일반 중생들이 불교에 관심을 가질 수 없게 되었다는 것이다.

다시 말하면 서양 학자들은 불교가 인도에서 없어진 가장 중요한 이유로 인도의 경제적-문화적 쇠퇴를 들고 있다. 맹자 말처럼 '항상(恒産)이라 항심(恒心)' 할 수 있고, 기본적인 의식주가 채워져야 그다음 지적인 것을 추구할 수 있는데, 지적인 것을 넘어 하물며 깨달음이야…

불교는 최상류층과 최고 문화국에서 꽃필 수 있는 것이지 하류층하고는 관계가 없다는 것이다. 지금도 미국-유럽 등 선진국의 엘리트와 상류층 들이 불교를 좋아하고 심취하는 것도 이런 이유에서이다.

그래서 신라 원효 스님은 글자(한문)도 모르는 일반 백성이 무슨 수로 그 어렵고 복잡한 불교를 이해할까 싶어서, 그냥 "나무아미타불"만 해도 깨치고 복을 받고 극락을 간다고 했던 것이다.

반면 기독교는 쉽고 간단하다. 예수가 목수이고 그 제자들도 어부 등 대개가 하층민이었고, 신약 성경 집필자 중 지식인은 '바울'과 의사인 '누가' 정도였으며, 이스라엘 포함 서양의 종교·철학의 수준이 인도·중국보다 극히 낮아 사유의 폭과 깊이가 작고 쉬울 수밖에 없다. 그래서 기독교는 이해하기 쉽고 믿기 쉽고 실천하기 쉽고 은혜받기 쉽다. 여러 사람이 함께 하니 돕고 의지하기도 좋다. 불교 등 자연종교가 농경민족의 종교라 기존에 축적된 지혜와 앞선 지혜를 가진 선배에 의지하고 거기서 한 걸음 더 나아가 스스로 깨쳐야 하는 것과 달리, 기독교는 척박한 환경의 유목민들 종교이고 계시종교라 인간은 하나님에 의해서 창조된 피조물로서 그저 하나님을 믿고 따르기만 하면 된다.

그리고 지금은 서양-물질-과학-미국이 세상의 대세이고 중심이라 그것에서 나오고 그것을 만들어 낸 기독교가 시절 인연에 더 맞다. 기독교는 불교에서 어렵고 복잡하고 배배 꼬아 놓고 빙 둘러 얘기한 것을 아주 쉽고 간단하고 직설적으로 해 놓았다. 그 결과물들이 산업혁명 이후 세계를 지배하고 있는 문화-사상-제도-기술-기계들이다.

예를 들면 불교의 인과·윤회를 설명하려면 어렵고 복잡하고 양이 방대한 데 반해, 기독교는 "뿌린대로 거두리라"고 단 한마디로 끝내 버린다. 불성 회복도 "마태복음에서 어린아이와 같이 되지 않고는…, 마음이 가난한 자 복이 있나니 천국이 그들의 것이요, 산상수훈 편에서 마음을 비우는 자가 복을 받는다"라고 했다. 그리고 불교의 진여(眞如)를 '에덴동산'으로, 업(業)과 무명(無明)도 '아담과 이브의 선악과 원죄'로 표현했다. 탐·진·치를 버리고 불성을 회복하는 것의 어려움을, "마태복음 등에서 낙타가 바늘귀를 통과하는 것이 부자가 하늘나라(깨달음, 불성 회복)에 들어가는 것보다 쉽다"고 해 놓았다. 용어만 틀리지 있을 건 거의 다 있다. 인도·티베트에서 불교를 배워간 예수가 이스라엘 민족들의 낮은 근기에 맞게 간단하고 단순하게 표현을 했다고 한다.

탄허 스님(각 종교 이해와 통달에 대하여, "기독교 : 수재 3개월, 둔재 3년 / 유교 : 10년 / 도교 : 20년 / 불교 : 수재 30년, 둔재 300년이 걸린다"라고 했다)을 비롯한 불교계, 일부 학자나 지식인들은 기독교 교리가 천박하다고 하나 그렇지 않다. 더 깊고 넓게 공부를 해라.

그래서 근기가 뛰어난 사람은 불교를, 달란트가 약한 사람은 기독교가 맞다. 음식도 운동도 기술도 공부도 다 자기의 건강과 발전을 위한 것이지만 근기와 인연과 처지에 따라 자기에 맞는 것을 선택하는 것과 같다. 골프가 좋고 멋있어 보이고 상류층들이 한다고 경제적-사회적 형편도 되지 않으면서 빚을 내서 개나 소나 다 따라 한다면 "거름지고 장에 가는 꼴"이다. 일반인들은 걷는 것으로 충분하고 고급스럽다. 실전 가라데의 창시자인 최배달은 한국 아들 2명이 "무슨 무술을 하는 것이 좋겠냐?"고 묻자, "집에서 제일 가까운 도장에 다니라"고 대답했다.

그러나 간단하고 쉬운 것이 다 좋은 것은 아니다. 간단한 장치와 기술로는 자전거와 자동차는 만들 수 있지만 전투기나 우주선은 만들 수 없기 때문이다. 자동차만 타고 큰 불편은 없으나 상류층은 비행기도 타고 우주여행도 해 보고 싶을 것이다. 그러면 불교를 해야 한다.

그리고 고등학교만 나와도 살아가는 데는 지장이 없지만 심오한 학문은커녕 일반 학문도 제대로 공부했다고 할 수 없다. 전공 학문을 이해하기 위해서는 최소한 대학을 나와야 한다. 더 나아가 대학교수와 총장도 되고 신까지도 되고 싶다면 불교를 해야 한다. 불교는 내가 가지고 있는 불성(佛性)을 깨치기만 하면 신까지도 될 수 있는 종교이다.

오늘날 미국과 유럽 상류층에서 힌두교와 불교가 급속도로 인기를 끌고 있는 것은 힌두교 경전인 「베다」에 신들에 대한 찬양은 물론 오늘날의 천문학, 수학, 기하학, 건축학, 음운학, 문법학, 어원학 등에 속하는 많은 지식을 담고 있기 때문이다. 그래서 기독교가 과학이 발달할수록 성서 내용들이 과학과 배치되는 데 반해, 힌두교와 힌두교를 더 발전시킨 불교의 주장이 현대 물리학, 화학, 생물학, 핵물리학, 양자역학 등과 같은 자연과학이나 첨단과학과 잘 들어맞기 때문이다.

이와 관련 부처님께서는 "어떤 사람이 삼을 한 짐 지고 백 리를 가다가 황금을 만났다. 그때 백 리나 지고 온 삼을 버리지 못하겠다면서 금을 취하지 않는다면 과연 그를 어리석다고 하겠는가? 현명하다고 하겠는가?"라고 했다. 하나의 종교나 낮은 종교나 잘못된 종교에 매몰될 필요가 전혀 없는 것이다.

불교와 기독교에 대하여 중국 사상가 양계초는 "기독교는 오직 미신을 주로 하여 그 천리(天理)가 천박해서 중국 지식층의 욕구를 만족시키지 못한 데 반해, 불교 교리는 본래 종교이면서 철학인 양면을 갖추고 있으니, 그 중도(中道)로 구경(究竟)을 깨닫는 데 있고, 도에 들어가는 법문은 지혜에 있고, 수도(修道)하여 힘을 얻음은 자력에 있으니 불교를 예사 종교와 동일시해서는 안 된다. 완전한 학문인 불교가 중국에 들어오고 나서부터 중국 철학의 획기적인 발전이 있었다"고 극찬하였다. 심지어 불교를 적대시하는 힌두교의 신도였던 인도 간디도 "기독교의 진리가 접시물과 같다면 불교의 진리는 바다와 같다"고 하였다.

그리고 불교가 극과 극 등 반대되는 것까지도 융합하고 뛰어넘는 중도(中道)까지 얘기해 놓았지만, 기독교는 선과 악이라는 극단적인 이분법(二分法)의 교리라서 심오한 사상을 펼치기에는 태생적으로 한계를 가지고 있다.

종교보다 한 단계 아래인 철학, 즉 서양 철학의 역사와 내용을 살펴봐도 동양에 비해 어른과 어린아이 차이로 현저히 낮고 하찮고 부분적이다. 그럼에도 지금 서양이 세계를 지배하고 앞선 것은 동양처럼 허례허식과 공리공론에 그치지 않고 조그마한 것도 실천하고 실생활에 도움이 되려는 실사구시·이용후생에 있다.

　결론은 달란트가 보통인 사람은 기독교를 믿는 것이 효과적이고, 근기가 아주 높은 사람은 불교를 믿는 것이 더 맞다는 것이다. 기독교를 믿다가 근기가 높아지면 그때 불교를 해도 늦지 않다. 미국·유럽 선진국의 상류층들처럼 기독교와 불교를 동시에 믿어도 상관없다. 건강하고 행복하게 살자는데 이 운동하면 어떻고 저 운동하면 어떤가? 또 독초나 상한 음식이 아니라면 이 음식 먹으면 어떻고? 저 음식을 먹으면 어떻나? 종교는 정신적인 운동이고 정신적인 음식이다.

　그러나 지금 우리 세계는 사실상 모든 것이 돈으로 환산되어 평가받고 인간의 매력은 돈에 비례하는 등「돈 신(Mammon, 황금의 신)」이 부처·예수를 넘어 최고의 신으로 숭배받고 있으며, 황금의 신 도움 없이는 부처나 예수도 만날 수 없고 만나봐야 천대를 받기 십상이다.

　부처님은 어느 종교를 믿어야 극락과 지옥에 가는가에 대하여, "악업(惡業)을 지으면 무거운 돌멩이와 같아서 지옥의 불구덩이로 떨어지고 바른 생각을 하면서 착하게 살았다면 날아서 구름처럼 극락에 태어날 것이다. 누가 어떤 종교를 믿느냐 하는 것이 중요한 것이 아니라 어떻게 바르게 생각하고 바르게 살아가느냐 하는 것만이 중요한 것이다. 이것이 우주의 진리이다"라고 말씀하셨다.

돈과 소주와 담배가
실질적인 부처이고 예수이다

불교든 기독교든 소수 엘리트들을 제외하고 그 누가 이해하기 어렵고 실천하기는 더더욱 곤란한 것을 할 수 있단 말인가? 해 봐야 대다수가 겉핥기에 그치거나 헤매거나 거름지고 장에 따라가는 꼴이다.

우리 중생들에게 부처이든 예수이든 간에 너무 멀리 있고 어렵고 손에 잡히지도 않는다. 당장 옆에 붙어서 시시콜콜 해결책과 위로와 힘을 주지도 않는다. 이 세상에서 지상천국과 불국정토는 도달할 수 없는 이상향에 불과할 뿐이다. 죽어서도 극락과 천국은 쉽지 않다.

희로애락에 휘둘리고 부귀를 놓고 치고받는 사바세계에서 종교의 그 우아하고 아름다운 말들이 과연 적용되는지 의문이다. 거의 무용지물이라 종교가 어리석은 중생들의 삶에 무슨 도움이 되는가 싶다. 아무리 세계적이고 우주적이라고 한들 구체적인 장소나 사안에서 적용되지 않고 도움이 되지 않는다면 무슨 소용이란 말인가?

나는 종교를 잘 알고 깊고 넓게 믿고 있지만 솔직히 정확하게 따져 보면, 무슨 종교-사상-주의-문화 등은 반은 진실이고 반은 사기이다. 구름 잡는 공리공론에 요설(饒舌)과 사기적인 측면이 훨씬 더 강하다. 그런데도 왜 통하고 거기에 목숨을 걸고 그것 때문에 전쟁도 하고 그토록 융성할까?

그것은 사바세계의 끊임없는 고통 탈출과 새로운 이상향을 바라는 중생들에게 그런 것이 진짜로 있는 것처럼 워낙 희망적이고 신비스럽고 웅대하고 체계적·논리적으로 그럴듯하게 얘기하고 끊임없이 믿으라고 세뇌 교육을 하고 억압을 하고 안 믿으면 나쁘거나 어리석고 지옥 간다고 하니까 통하는 것이다. 중생들도 종교 등 위의 사기적인 것들을 이미 간절히 원하고 바라고 있었고 사기를 치는 것처럼 그렇게 되고 싶기 때문에 받아들이는 것이다. 결국 양손이 마주쳐서 소리가 나는 것이고, 늑대(남자)-여우(여자) 중 어느 누가 나쁘고 좋고가 없다.

종교와 사상 등의 탄생과 유지는 선의 또는 악의를 가진 역사상 천재급들이 중생들의 그런 속성과 원하는 것을 반영하여 체계화하고 논리화하여 만들어 낸 것이거나, 또 중생들이 원하지 않았는데도 현실에서 도저히 구현될 수 없고 중생들에게 이익이 되지도 않는 것들을 오직 자기 뜻과 사익을 관철하기 위해서 만들어서 무지한 중생들에게 계속하여 사기 치고 강요하고 세뇌시켜서 중생들을 끌고 가는 것이다.

이렇게 만들어진 무슨 종교-사상 등이 동서고금의 역사에서 일부 긍정적인 역할을 한 것도 부인할 수 없지만, 차별-핍박-살육-전쟁 등을 일으켜 그보다 더 큰 피해를 인류에게 준 것이 더 진실이고 현실이다.

돈이 곧 팔자이고 성불이고 부처이고 예수이다(「제1장, 부자는 누가 되는가?, 돈이 곧 신이다」에서 자세히 설명했으니 다시 참조하기 바란다)! 돈이면 안 되는 것이 있던가? 인생의 고(苦)나 장애(障碍)를 제거하고 원하는 것의 98%를 얻고 할 수 있다. 그리고 현실에서, 사바세계에서, 물질세계에서는 정신적 에너지보다 물질적 에너지가 훨씬 더 강하다. 98%를 불완전하다고 할 수도 있겠으나 그리스·로마

신화처럼 신도 결코 완전하지 않은 존재이다. 이 우주에 신 포함 그 어떤 것도 완전한 것은 없다. 완전과 완성을 위해서 나아갈 뿐이다.

또 어설픈 종교인-도사-중생들은 돈이 나쁘다고, 돈은 탐하면 안된다고, 도(道)와 돈은 관계가 없다고 씨부릴 것이다. 제발 아가리를 닥치고 가만히 있어라. 모르면 가만히 있거나 머리를 숙이고 배워야 한다.

차후 '화엄경과 사사무애 법계'에 대해서 자세히 얘기하겠지만, 돈과 道가 틀리고 돈을 멀리해야 한다고 생각하는 '반편이'는 인생에 대한 경험과 성찰이 극히 일천하여 공중에 붕 떠 있고 화엄경과 사사무애 법계(事事無碍 法界)를 제대로 이해하지 못해서 그런 것이다.

신흥종교 중에 통일교와 원불교가 대성공을 거둔 것은 교리가 논리적·체계적이기도 하지만, 그와 더불어 동(動)과 정(靜), 현실과 이상, 정신과 물질(경제), 현실생활과 종교를 모두 소중히 했기 때문이다. 종교와 도는 어느 한쪽을 외면하거나 어느 한쪽에 편벽된 것이 아니다.

화엄경은 세상만사·만물이 부처님의 화현(化現)이고 지금 여기 현실과 물질이 도이며 극락이라고 한다. 정신·물질이 둘이 아니고, 물질 그대로가 진리이고 道라는 것이다. 물질의 최고·최대 공약수 즉 대표 선수는 돈이다. 정신과 물질이 같기에 도통하면 돈은 저절로 날라 온다.

또한 근기와 달란트가 낮은 중생들에게 실질적인 부처와 예수는 소주와 담배이다. 지옥 같은 사바세계의 끝없는 고통과 오욕칠정과 희로애락을 감당하라고 눈에 안 보이고 멀리 있는 신과 종교를 만들고 그것으로 부족하여 눈에 보이고 손에 잡히고 당장 효과를 발휘하는 술·담배를 만들어 낸 것이다. 소주와 담배는 서민들의 가슴속 한(恨)을 녹여내는 신경안정제이고 위안과 위로이고 여유이고 힘이다. 그 순간 그 몇 시간만이라도 깨달음이고 해탈이고 천국이고 극락이다. 중생들이 성불하고 극락을 보고 부귀를 쥐고 꿈을 잡고 하늘을 나는 유일한 방법이다.

일반인들이 참선 등을 통하여 해탈과 열반에 도달하는 것은 불가능하다. 프로도 안 되는 것을 어찌 중생들이 하랴? 중생들이 잠시라도 해탈과 열반을 할 수 있는 길은 술과 담배뿐이다. 소주 한잔과 담배 한 모금이 그 위대한 팔만대장경과 성경보다 최소 백배는 더 낫다(인생을 살아 보면, 엄마와 개만큼 한결같이 반겨 주는 부처가 없고, 담배처럼 늘 곁에 있어주는 친구가 없고, 술만큼 위로해 주는 예수가 없다).

그래서 일반 중생들은 맥주-통닭과 소주-삼겹살로 제를 올리고 담배로 향을 피우면서 트로트 뽕짝을 찬송가·찬불가 삼는 법회와 기도회를 많이 해야 한다. 꼭 절과 교회에 가서 알아듣지 못하고 실천하지 못하는 어려운 얘기나 하고 기도해야만 법회와 기도회가 아니다.

화엄경에서는 삼라만상을 모두 부처의 화현(化現)으로 보기 때문에 틀린 말도 아니다. 기독교와 범신론도 마찬가지이다. 부처와 예수가 꼭 사람 모습으로만 존재하는 것도 아니고 사람 모습으로만 여러분 앞에 나타나는 것도 아니라는 얘기이다. 그리고 부처와 예수가 꼭 선(善)의 모습으로만 나타나는 것도 아니고 악(惡, 결국은 善과 발전을 구현하기 위해 잠시 악으로 보이는)의 모습으로도 나타난다. 여러 부처나 예수 중 우리 주위에 가장 가까이 있고 도움이 되고 현실적인 부처와 예수는 돈과 소주와 담배 부처와 예수님이다. 삼겹살도…, 추가요~ 당장 속 터져 죽나! 소주와 담배 부처·예수에 의지하다 죽나 서민 입장에서는 피장파장이다. 다 꼭 필요하니 있는 것이고 유지되는 것이다. 예수님도 "먹보요 술보요"라고 했듯이 먹고 마시는 것을 즐겼다. 술 먹은 뒤에 노래는 안 했을까? 체면상 성경에 기록을 안 했을 것이다.

불교 최고봉
화엄경의 올바른 이해와 실천방법

대승불교의 최고 경전인 「화엄경」을 처음 보면 도대체 짜증이 난다. 너무 크고 넓고 허황되고 중언부언하여 무슨 말인지 도통 알 수가 없다. 부처님에 대한 과장과 아부도 심해도 너~무 심하다. 그래서 각종 화엄경 해설서를 보고 스님들의 법문을 들어도 '소경이 코끼리 더듬고 소경이 소경을 안내하는 식'으로 변죽만 요란하게 울릴 뿐 한 손에 꽉 틀어쥐지 못하고 중언부언해서 도대체 무슨 소리인지도 모른다. 아무것도 모르고 기존 책을 베껴서 해설서를 쓰고 법문을 하니 알아들을 리가 없다.

중국 놈들 뻥은 뻥도 아니다. 화엄경이 이렇게 보이는 것은 인도인들의 사고방식이 워낙 넓고 크고 우주-시공-생사가 따로 없는데다, 전 우주와 부처의 깨달은 심오한 세계를 말해 놓은 것이기 때문이다. 또 그러한 부처에 대한 최고의 공경심을 표현해 놓은 것이기 때문이다.

그래서 근기(根機)가 낮은 중생들이 보면 마치 땅밖에 모르는 2차원의 하찮은 개미가 전투기를 몰고 하늘을 나는 인간을 보고 이해하려고 시도하는 것과 같다. 도대체 이해도 상상조차도 할 수가 없다. 차라리 화엄경을 요약해 놓은 「의상조사 법성게」를 보면 전체 윤곽이 한 손에 잡힌다. 불교의 특징 중 하나가 요약하면 이해가 다소 쉬운데 풀어 놓으면 오히려 더 난해하고 어렵다. 한문의 특징이기도 하다.

의상조사 법성게를 먼저 보고 화엄경을 보면 이해가 더 쉽다. 그런데 법성게를 이해하려면 물리학과 주역을 먼저 공부해야 한다. 물리학과 주역을 완전히 이해하지 못하면 화엄경은 당연히 이해가 안 된다. 그래서 탄허 스님이 주역과 화엄경을 모두 공부하고 강의 시 양자를 모두 섞어서 하셨다. 그리고 주역과 화엄경은 모두 물리학이다. 천체 물리학이다.

의상조사 법성게에는 공, 진여, 태극, 시·공간, 다중(거품·막·평행) 우주론, 프랙탈 이론, 발심 중요성, 업보의 무서움과 정진 독려, 연기, 중중무진 인다라망, 삼라만상이 부처의 법이고 화현이다. 수행 공덕, 유유상종, 득도와 열반(중도), 상구보리 하화중생, 불국토 건설 등이 총 망라되어 있다.

화엄경을 요약하면 깨달음은 얻고 보니, 부처와 중생이-극락과 이상세계가 따로 있는 것이 아니라, 삼라만상이 부처님의 화현(化現)이고 지금 여기 현실과 물질이 道이며 극락이라는 것이다. 우주만유 그대로가 진리라는 것이다. 정신·물질이 둘이 아니고, 물질 그대로가 진리이고 道라는 것이다.

따라서 위의 사실을 올바로 명확히 알고, 대안(代案, 부처님 法)을 가지고 다시 중생들의 현실 세계로 와서, 중생을 제도하고 완전한 지상극락으로 만들어 천상극락으로 연결해야 한다는 것이다. 즉, 이상세계나 파랑새가 멀리나 따로 있는 것이 아니니 지금 여기에서 현실을 직시하고 부처님의 법(진리)을 통해 현실에 지혜롭게 충실하라는 것이다. 늘 배움을 통해 능수능란한 전인적 인간이 되어 자리이타의 삶을 살아야 한다는 것이다.

부수적으로 삼라만상은 부처님의 화현으로 꽃처럼 소중하며, 이들은 서로 따로인 듯 보이지만 하나에서 나왔고 모두 다 연결되고 상호작용을 하고 있으니, 서로 돕고 상생하며 살아야 한다는 것이다. 아름다운 언행으로 부처님 세계를 이룩해야 한다는 것이다.

독일 철학자
셸링의 「동일철학」과 화엄경 등의 이해

칸트와 피히테를 계승하고 헤겔로 이어주는 독일 관념론의 대표자 중 한 사람인 '셸링'의 「동일철학」을 여기에 소개하는 것은, 同一哲學을 알아야 범신론, 화엄경, 법계, 공, 중도, 연기, 일체유심조, 삼신불, 세상이 어떻게 만들어졌는지와 그 목적, 진화, 윤회, 정신과 물질(자연)의 관계, 인간과 세상은 신+대우주+대생명+천지 대자연+지구의 축소 모사판 등이라는 사실을 더욱 잘 이해할 수 있고, 서양 철학자들의 우주와 세상에 대한 시각과 수준을 가늠해 볼 수 있기 때문이다.

동일 철학이란 정신과 물질, 자연과 정신, 주관과 객관은 서로 독립적으로 대립하고 있으나, 그 근본이 동일한 하나의 절대적 실체가 다른 현상으로 나타나는 것이라는 학설이다. 즉 신과 삼라만상, 체(体)와 용(用), 이(理)와 사(事), 공과 색, 절대계와 현상계는 같고 하나라는 소리이다. 동일철학이란 자연을 살아 있는 유기체로 보고 정신과 자연은 본질적으로 하나라는 입장이다. 신은 가만히 있을 때는 하나이지만, 현상으로 나타날 때에는 정신과 자연으로 나눠진다는 말이다. 신이 밖으로 드러난 것이 삼라만상이다. 삼라만상 속에 신이 깃들어 있고, 신의 속성 가운데 이미 삼라만상과 세계의 모습이 들어 있다는 말이다.

공(空)은 아무것도 없다는 뜻인가?

인간은 물론 삼라만상은 공(空)에서 나와서 공으로 돌아간다. 공(空)은 진여(眞如)-법계(法界)-중도(中道)-연기(緣起)와 같이 대승불교의 가장 중심되는 이론이며 사상이다. 공은 초기 불교의 제행무상-제법무아, 연기에서 나온 것으로 대승불교에서 발전시켜 대승불교의 대표적인 사상이 되었다. 공에 대한 대표적인 경전이 「반야심경」, 「금강경」이다. 불교를 알려면 空에 대해서 분명히 알고 시작해야 한다.

제2의 부처님으로 일컬어지는 용수보살은 「중론(中論)」에서 "연기(緣起)하는 것은 공이며, 사물이란 상호의존적이기 때문에 무자성(無自性)이며, 고정불변의 자성(自性)이란 존재하지 않는다고 하여 연기(緣起)=공(空)=무자성(無自性)이라고 하였다. 즉 모든 존재는 상의상관(相依相關)의 관계(緣起)에 있으므로, '이것이다'라는 스스로의 성품을 갖지 못하며(無自性), 空이란 이같이 고정된 자성(自性)을 갖지 못하는 것이다. 이때 모든 존재의 실재(實在)는 다만 연(緣)에 의한 잠깐의 이름(假名)에 불과하다. 그러므로 세상의 어떤 존재가 있게 되고 없어지는 것은 이름뿐이지 그 '있고', '없음' 자체가 自性이 될 수는 없다. 결국 일체의 존재는 '있고', '없고'의 존재를 떠난 것(中道)이다"라고 하였다. 연기=공=무자성=중도라고 하였다. 또 연기인 공(空)을 "소멸하지도 않고 생겨나지도 않고 단멸하지도 않고 영원하지도 않고 하나도 아니고 둘도 아니다. 오지도 않고 가지도 않는다"라고 하였다. 이처럼 용수보살은 「중론」에서 「반야심경」에서 말한 공사상을 부처가 말한 연기론과 같은 위치에 놓고 해명함으로써 대승사상을 확고히 성립했다. 진여(眞如 : 실체, 법계), 공→무자성·중도·팔정도(내용)→연기(운동) 이다.

반야심경과 용수보살이 말한 공(空)을 일반인들이 알기 쉽게 설명해 보면 다음과 같다.

첫째 : 일반인들과 다른 종교인들이 보통 알고 있는 뜻으로, 도교에서 번역한 무(無)다(이것은 완전히 없다는 뜻이 아니며 각종 에너지로 가득 차 있다는 '진공묘유(眞空妙有)'의 개념이다. '가능성'이라고 해도 되겠다). 비었다·비 물질의 개념도 있다. 즉 공이란 크되 큼이 없고 작되 낱이 없으며, 있고 있고 없고 없으며, 있으면 없고 없으면 있어서, 생멸이 없고 인과가 분명한 만법의 조종(朝宗)이 되는 것이며 자리다. 진공묘유는 텅 비어 있으나 그 가운데 묘한 이치가 나타남을 말한다.

진공묘유의 개념은 과학에서는 우주가 에너지로 가득 차 있다고 하였고(우주에는 물질에너지는 4%밖에 되지 않는다. 나머지 96%는 완벽히 정체가 밝혀지지 않은 상태다. 이중 암흑 에너지가 72%, 암흑물질이 24%를 차지한다), 주역에서도 "모든 것이 신의 조화인데, 우주만물의 어느 방소 할 것 없이 모두 신(神)이 꽉 차 있다"고 하였다.

둘째 : 제행무상(諸行無常, 시간)→제법무아(諸法無我, 공간)에서 발전된 것으로 세상사 변하지 않고 영원한 것은 아무것도 없다는 것이다. 즉 모든 것은 시간적으로는 찰나생 찰나멸(물체를 쪼개면 분자→원자→전자→소립자, 소립자는 공즉시색·색즉시공=주역의 陰中

陽 陽中陰)하고, 성주괴공(成住壞空) 하기 때문에 영원한 것은 없다.

따라서 공간적으로 고정된 실체(實體)는 없다는 것이다. 즉 그 강한 강철도 단단한 도자기도 다 변해 간다. 같은 듯 보여도 조금 전과 후가 다르다는 것이다. 또 여름에 꽃이 있었는데 겨울에는 없다. 이 자리에 꽃이 있었는가? 없었는가? 있었던 것도 맞고 지금 없는 것도 맞다.

인간의 몸도 예전의 세포가 없어지고 새로운 세포가 생겨나서 몇 년 내에 몸이 전부 새로운 세포로 바뀐다. 우리의 피부는 4주마다 완전히 새로운 피부로 바뀌어 한평생 갈아입는 피부의 무게는 48kg 정도로 1천 번 정도 새로 갈아입는다. 세포 중에 심장 근육 세포와 뇌세포가 가장 오래가는데 그래도 일반적으로 평균 7년 정도 만에 '완전 탈바꿈'이 일어난다. 그래서 나도 마음이나 육체적으로 그전의 내가 아니다.

셋째 : 연기(緣起)의 뜻이 있다. 가야금 소리는 오동나무, 명주실, 사람 손에 있는 것이 아니다. 그렇다고 그것을 떠나서 있는 것도 아니다. 즉 가야금 소리는 오동나무+명주실+사람 손의 인연 조합으로 이뤄진 것이라는 것이다. 또 인연이 다하면 흩어지는 것이고… 따라서 세상사 모두 변하지 않고 영원한 것은 없으니, 기본적으로 최선의 노력은 하되 어느 사건 또는 순간에 너무 일희일비하지 말고, 집착하지 말고(모든 것은 다 지나가리니…) 여여하게 살아가야 한다.

중도(中道)가 깨침이고
우주 기본 프로그램이다

불교에서 중도는 공-연기와 같이 중요한 개념이다. 중도와 비슷한 개념으로 주역의 대대논리(對待論理)가 있고, 그 하위 및 부분개념으로 유교의 중용, 기독교의 균형과 조화, 우리말의 알맞게 라는 말이 있다. 시간을 전제로 하여 역사발전 과정을 설명하는 헤겔의 3단계 변증법(辨證法) 사상(正→反→合)도 중도의 하위 및 부분개념이라 하겠다.

중도의 간단한 개념은 부처님 직설(直說)인 원시불교에서 극단적인 것이 아닌 조화를 유지할 수 있는 적당한 상태, 또는 악기 줄 비유나 팔정도(八正道)를 말하는 것이고, 대승불교에서 발전시킨 가장 큰 넓고 깊은 중도의 개념은 '모순이 융합된 세계'를 말한다. 즉 중도의 세계란 유무(有無)의 상대를 버리는 동시에 그 상대가 융합하는 세계를 말하는 것이다. 중도는 양변을 버리는 동시에 양변을 융합하는 즉 모순이 융합되는 것을 말한다(쌍차쌍조, 원융무애).

성철 스님은 중도가 불교의 가장 중요한 근본사상이라면서 "철학적으로 보면 유무(有無)가 가장 큰 대립이다. 중도는 있음도 아니고 없음도 아니다. 이것을 비유비무(非有非無)라고 하며, 곧 유와 무를 모두 떠난 것이다. 그리고 거기서 다시 유와 무가 살아난다(亦有亦無). 다시 말하면, 곧 3차원의 상대적인 유무(有無)는 완전히 없어지고 4차원에 가서 서로 통하는 유무가 새로이 생기는 것이다. 그리하여 유무가 서로 합해진다. 유무가 합하는 까닭에 중도라 한다. 잡아함경에서는 중도가 바로 진여(眞如)라고 했다. 물리학에서는 물질의 근본 질량인 '소립자'는 늘 스핀운동을 하고 있으며, '자유의사'가 있다고 한다. 즉 마음이 있고 정신활동을 하고 있다. 동식물의 각 세포마다 그 속의 세포핵에 핵산(DNA)이 있어서 정신활동을 하고 있듯이, 광물 등 무생물도 그것을 이루고 있는 각 입자 안에서는 스핀운동을 하고 있으며 자유의사를 가지고 있다는 말이다. 결국 동물-식물-광물이든 그 모든 것은 물질이라고도 할 수 없고 정신이라고도 할 수 없으며, 그와 동시에 그것을 또 물질이라고도 할 수 있고 정신이라고도 할 수 있다. 이러한 사실들은 바로 양변(兩邊)을 떠나고 또 양변을 포함하는 불교의 중도 공식과 상통하는 것이다" 라고 하였다.

그리고 이 중도는 지구 공전(公轉)에서 나온 개념이다. 왜냐하면 삐삐나 폴더폰이 스마트폰의 축소 모사판이고, 동물(畜生) 세계가 인간 세계의 축소 모사판이듯, 이 세상과 인간은 신+대우주+대생명+천지 대자연+지구의 축소 모사판이고 그들의 표상이며 자식이기 때문이다. 지구는 태양으로부터 달아나려는 원심력과, 태양이 지구를 끌어당기는 구심력이라는 상호 반대 힘의 상호작용에 의해, 태양으로부터 적당한 거리에서 균형을 이루며 자전과 공전을 계속하고 있는 것이다.

우주를 지배하고 있는 4개의 힘인 강력(S)-약력(W)-중력(G)-전자기력(EM) 가운데, 양자 물리학의 미시 세계에서도 전기와 자기가 서로 끌어당기거나 밀어내는 것이 전자기력이며, 원자핵 안에서 양성자와 중성자를 묶어주는 강력과 방사능 붕괴를 일으키는 약력이 있다. 우주에도 블랙홀(+)과 화이트홀(−)이 있다.

대립이 있어야 운동과 발전·창조가 일어나고 균형이 생긴다. 즉 반대되는 음양이 상호 견제-반발-상충-충돌을 통해 운동을 일으키고, 운동이 일어나야 발전과 창조가 생기고, 또한 균형이 이뤄지며, 균형이 있어야 항상성(恒常性)이 유지 된다. 중도가 무슨 뜻인지 잘 생각해 보면 왜 지구의 공전에서 나온 개념이라는 것인지 잘 알 것이다.

지구가 둥글어야 돌 수 있고 돌다 보면 둥글어지듯이, 이 우주에 중도라는 것이 기본으로 강력히 '프로그램'되어 있지 않으면 인간과 우주 포함 그 어떤 것도 장기간 존재(恒常性)할 수 없으며, 운동-시너지 효과, 발전, 창조, 균형, 유지도 일어날 수 없다.

중도를 지구 공전 예보다 더 쉽게 설명하면, 전혀 다른 극과 극인 男(원심력, 새로운 일 추구, 모험)과 女(구심력, 기존체제 유지, 안정)가 외면하고 다투기도 하지만 서로 만나 통해서 심신이 하나가 되고 자식을 만들고 길러 내는데, 이 과정과 그 자식이 중도라 할 수 있다.

균형이라는 개념으로 중도를 좀 더 쉽게 설명하면, 우리 유전자에 '균형-중도라는 프로그램'이 강력히 되어 있지 않으면 '항상성(恒常性)'이 유지될 수 없어 인간 세상은 계속 굴러갈 수 없다. 우주 만물의 이치는 균형과 조화가 으뜸이다. 균형과 조화는 복과 번영을 가져온다. 즉 키 큰 남자+키 큰 여자, 키 작은 여자+키 작은 남자가 서로 좋아해서 결혼했을 경우, 3대만 그렇게 가면 전혀 다른 인간이 되어 버린다. 남녀는 어느 한쪽으로 치우치는 극단적인 것을 방지하고 모자라는 것을 보완하기 위해 자신과 반대되는 것에 끌리게 해 놓았다.

깨침 차원에서 중도를 다시 설명하면, 중도를 알고 중도의 삶을 사는 것이 깨침이다. 본성(참나, 眞如)도 알고 본성에서 나온 허상(ego,

관념의 세계, 몸, 현실세계, 꿈, 홀로그램)도 알아야 한다. 본성에만 집착하여 현실이 아무것도 아니라는 잘못된 생각에 빠지면 허무주의로 인생을 망치고, 본성을 무시한 채 현실만이 진짜라면서 본성이 만들어낸 허상에만 집착하면 탐·진·치에 매몰되어서 온갖 나쁜 업을 짓게 된다.

즉 나는 물론 우리가 사는 세계가 본성에서 나온 허상이기에 가짜이지만 그 허상(虛像)은 또 본성(本性)에서 나왔고 본성의 묘용으로 만들어졌기 때문에 진짜인 것이다. 그래서 이 세상은 진짜이면서 가짜이고 가짜이면서도 진짜이다. 가짜인 것만 알면 허무주의에 빠져서 인생을 망치고, 진짜라는 관념에만 빠지면 탐·진·치에 매몰되어 온갖 악업을 짓고 만다.

일체유심조,
과연 마음먹은 대로 다 된다는 말인가?

화엄경의 일체유심조(一切唯心造)는 "일체의 모든 것은 오로지 마음이 지어내는 것이다. 우주의 주체는 곧 우리의 한 생각이다. 우리 한 생각이 우주만유의 핵심이다"라는 뜻인데, 이것을 근거로 스님들이나 일반인들이 "모든 세상사 마음먹기에 달려 있다"라고 확대해석한다.

그리고 누가 무슨 일에 대해 고민하거나 매여 있으면 "세상사 일체유심조인데, 왜 그렇게 고민하는가? 한 생각만 내거나 바꾸면 되는데…"라고 하면서 마구 으스대고 윽박지른다. 또한 이 구절을 액자로 만들어 곳곳에 걸어 놓고 세상사에 '만병통치약'인 양 사용하고 있다. 더 나아가 불교 천체를 '유심론(唯心論)'으로 해석하는 잘못을 범하고 있다. 나는 이런 스님이나 사람들에 대해 바늘로 한 번 '콕' 찔러 보고 싶다. 만약 '아~야!' 하거나 욕하지 않고 묵묵히 '일체유심조!' 하면, 세상사가 일체유심조임을 믿어 주겠다.

일체유심조가 틀렸다는 말이 아니다. 수준이 아주 높은 도사나 성인급에서는 일체유심조가 맞다. 시작과 끝, 그 이전, 그리고 모든 것이 사실상 일체유심조이다. 그러나 기지도 못하면서 날려고 해서는 안 된다. 사바세계는 우주 진화 단계상 정신보다 물질이 더 강한 세계이고, 우리는 성인급이 아니라 미혹(迷惑)한 중생이기 때문이다. 따라서 상기의 생각들은 일체유심조를 일부분만 보거나 잘못 이해한 데서 비롯된 것이며, 일체유심조는 어느 한쪽으로 치우친 유심론이나 유물론이 아니라 이것의 중도에 있다. 즉 정신과 물질을 부정하면서 동시에 양쪽이 융합해서 통하는 '중도적인 유심'을 말하는 것이다. 중도는 양변을 버리는 동시에 양변을 융합하는 즉 모순이 융합되는 것을 말한다.

일체유심조는 화엄경 사구게 「약인욕요지 삼세일체불 응관 법계성 일체유심조」에서 나온 것으로, "만약 어떤 사람이 과거 현재 미래의 부처님을 알고자 한다면 「법계(法界)의 본성(本性) 일체가 오직 마음(心)으로 지어졌음」을 관찰하라"는 뜻이다. 여기서 이 '마음'이란 것은, 우주가 있기 이전의 상태를 말한 것이고, 이 우주의 근원과 근본을 얘기한 것이다. 불교의 참나(진여)-에고 중 참나를, 체용(体用)

중 체(体)를, 유교의 이사(理事) 중 이(理)를 말한 것이다. 간단한 비유를 들어 설명하면 이(理)와 체(体)는 포항제철 또는 철이고, 사(事)와 용(用)은 자동차 등 철로 만든 모든 것을 말한다.

'마음'은 비 물질이고 무(無)이니, 결국 이 우주의 근원과 근본은 무(無)라는 말이고, 이 우주가 무(眞空妙有)에서 생겨났다는 것은 과학은 물론 불교뿐만 아니라 주역─도교 모두에서 말하고 있다. 그리고 양자물리학(모든 물질이 '입자(粒子)'와 '파동(波動)'의 성질을 동시에 지니고 있다)에서나 선가의 "심기혈정(心氣血精)의 원리"에서도 마음이 창조주가 되는 것이 맞다고 한다. 즉 마음이 에너지(氣)를 생성하고 이것이 발전하여 물질(血)과 정(精)을 창조하니, 마음 하나만 잘 부리면 세상 모든 것을 만들거나 원하는 대로 끌어당길 수 있다는 것이다. 이렇게 보면, "일체의 모든 것은 오로지 마음이 지어내는 것이다"가 맞고, 따라서 마음이 모든 것의 근본이니 이것을 확대해석한 "모든 세상사 마음먹기에 달려 있다"는 것이 맞다.

그런데 문제는 뭔가 하면, 이 우주가 생겨나기 이전과 우리가 죽어 육체를 벗어 저세상으로 간 상태, 또는 현생에서 부처와 같은 깨달음을 얻거나 경천동지할 초능력이 있다면 앞의 말이 맞지만, 우리는 지금 마음 즉 空·無(眞空妙有)에서 만들어진 '유의 세계─욕계(欲界)─물질(物質)의 세계에 살고 있고, 육체를 갖고 있고, 근기(根機)─업보(業報)가 있고, 깨달음의 단계가 낮기 때문에', 마음을 제대로 통제하지도 못하고 마음만으로는 결코 모든 것을 좌지우지할 수가 없다.

왜냐하면 이 세상은 중도의 세계라 물질과 비물질(에너지)로 이뤄져 있듯이, 우리는 정신과 육체로 이뤄져 있고, 이들의 지배를 동시에 받고 있으며, 이들의 상호작용을 통해 살아가고 있기 때문이다. 심지어 물질이 더 크게 마음을 창조하고 변화시키기도 한다. 정신만 있는 것은 귀신이고, 몸만 있는 것은 시체에 불과해 사람이 아니다.

여러분! 소프트웨어만 가지고 컴퓨터가 작동되는가? 절대 안 된다. 소프트웨어와 하드웨어가 동시에 있어야 컴퓨터가 되고 작동이 된다. 정신과 육체(물질)는 이와 같다.

만병의 근원은 '스트레스'라고 하듯이 정신이 아프면 몸이 아프고 암과 같은 큰 병은 스트레스에 기인하는 경우가 많다. 그리고 정신이 병들면 마약-술 등으로 몸을 망쳐 버린다. 몸이 병들면 정신도 역시 고통스럽고 나약해진다. 특히 머리를 다치면 정신이상이 오거나 식물인간이 되기도 한다. 또한 눈과 귀를 떼어 놓고 보는 정신, 듣는 정신이 발휘될 수 없다. 물질을 통하지 않고서는 볼 수도 들을 수도 없다는 것이다. 오감이 완전하지 못하면 정신과 생각도 완전하지 못하다.

그러면 왜 화엄경에 '일체유심조'라는 말을 해 놓았는가 하면, 물질(육체)과 현실을 무시·외면하라는 것이 아니라, 어리석은 중생들이 눈에 보이고 들리고 느껴지는 육체 및 물질의 세계, 오감(五感)의 세계, 현실의 세계에만 너무 집착하니까, 부처님께서 "지금 너희들이 보는 세계와 현실이 모두가 아니다, 그것 이전의 세계와 그것이 끊어진 세계가 있다. 너희들이 현실로 보는 이것이 곧 모양이 끊어진 정신 속에서 나온 것이다. 그러니 너무 육체·물질·현실에 집착하거나 얽매이지 말라"고 근본과 근원을 일깨워 주신 것이다.

왜 화엄경에서 '일체유심조'를 말해 놓았는지 다시 한 번 비유를 들어 설명해 보겠다.

지금 우리가 사는 지상(우주가 있기 이전의 상태, 영혼의 세계)은 산소마스크(물질, 육체, 현실 등)가 필요 없다. 그러나 물속(물질세계, 인간세계 등)에 들어가 오래 있으려면 꼭 잠수복에 산소마스크를 끼고 있어야 살 수 있다. 인간이 우주로 나갈 때는 우주복을 입어야 하듯이 말이다. 즉 영혼의 세계에서 지구로 올 때는 육체를 가져야 한다.

근데 어리석은 잠수부가 물속에 있다가 보니, 지상의 잠수복 등이 필요 없는 세상을 까맣게 잊어버리고, 너무나 '산소마스크'와 물속 세계에만 집착하고 이것을 전부인 양 알면서 도대체 물 밖으로 나오려고 하지를 않으니까, 베테랑 잠수부이면서 선장이 일러 주는 것이다.

"여기 물속에서는 잠수복과 산소마스크가 꼭 필요하지만, 네가 오기 전 세상과 네가 돌아갈 세상에는 그것이 필요 없으니까, 이것들에 너무 집착하지 말고, 그것이 필요 없는 지상의 세상에 대해서도 한번 생각해 보고 행동하고 돌아갈 준비를 해라. 너무 한쪽으로만 치우치면 '반편이와 사팔뜨기'가 되니까 양쪽을 다 보고 다 생각해야 된다."

그런데 물속(물질세계, 인간세계 등)에서 잠수복과 산소마스크를 죽자고 붙들고 있는 사람보다 더 어리석은 사람은, "물속에 있으면서 산소마스크가 필요 없다"고 외면하거나 억지를 부리는 사람들이다. 일체유심조의 근본 뜻을 잘 모르고 부분만 알아 '마음'만을 강조하고 주위에 강요하는 사람들이다. 우주는 물질과 에너지의 중도로 구성되어 있고 중도로 움직인다. 그리고 우리는 욕계 수준으로 욕계(欲界)에 살고 있기에 정신적 에너지보다 물질적 에너지가 더 강하다. 이런 사람들은 육체, 물질, 돈, 현실 등을 우습게 생각하여 필요 없다고 외면하거나 숨거나 도망가 버리고, 심지어 해괴망측한 짓을 한다. 그리고 외골수라 꽉 막혀서 한쪽밖에 볼 줄 모른다. 이렇게 하면 자신은 자업자득이니 그렇다 치고 가족이나 주위 사람들이 죽어난다.

　또한 대다수 스님들도 일체유심조를 잘못 이해해서 "마음만 닦으면 되지, 왜 사회적 참여와 실천이 필요한가? 심청(心淸)이면 국토청정(國土淸淨)인데"라고 하면서 사회 참여와 실천을 외면하고 방에 앉아서 참선만 하고 아무것도 안 하려고 하는 사람들이 있다. 관념과 현실이 따로 가 아닌데, 관념에만 그치면 그것은 귀신-공상가-위선자에 불과하고, 실천하지 않고 현실화되지 않는 관념은 무의미하다. 그런데 사람이 없는 산골짜기 그것도 골방에 앉아 자기 혼자 마음 닦아서 깨달음을 얻으면 무엇을 한다는 말인가? 그것은 '상구보리 하화중생(上求菩提 下化衆生)'이라는 대승불교 취지에 어긋나는 것이다. 부처님께서도 "많은 사람들의 이익-선(善)-행복을 위하여 전도를 떠나고 민중들의 고통의 현장으로 달려가라"고 했지 누가 방구석에 처박혀 헛소리만 하라고 했던가? 세계 소크라테스 등 4대 성인 모두 지식과 지혜는 다만 지식·지혜를 위한 지식·지혜가 아니라 아는 만큼 반드시 행하고 자타(自他)에 도움이 되는 지식과 지혜를 강조했다.

　우리 동양이 옛날 엄청난 종교·사상·무형문화를 만들어 냈고 심지어 과학기술도 서양에 훨씬 앞섰지만 점차 관념론에 빠져들어 현실과 물질을 무시한 결과, 동양의 관념론 한 자락을 붙들고 늘어져 산업혁명으로 대포·함선 등 여러 기계와 제도를 만들어 현실화한 미개한 서양인에게 역으로 식민지화되고 아직도 그들의 발밑에 있지 않은가! 지금은 영토적 식민지는 벗어났지만, 서양의 정치-경제-정신과 문화-종교-제도-기술-기계 등 모든 것의 식민지로 살아가고 있다. "구슬이 서 말이라도 꿰어야 보물이 되고, 부뚜막의 소금도 집어넣어야 짜다."

어느 한쪽에만 치우쳐 잘못을 범하지 말고, 정신과 육체, 정신과 물질, 현실과 이상, 체(体)와 용(用), 이(理)와 사(事), 근본과 현상을 모두 알고 행할 수 있는 그런 사람이 되어야 하겠다. 이것이 中道의 삶이다.

정신과 물질(육체)의 관계

불교에서는 일체유심조라 했으나 서양 철학 발달사에서 정신과 물질의 관계를 살펴보면, ①데카르트는 정신과 물체는 서로 독립적으로 존재한다고 봤다. ②스피노자는 인간 역시 육체와 정신이라는 두 개의 실체로 구성된 것이 아니라, 이 두 가지는 동일한 하나의 존재가 지닌 두 개의 측면에 불과하다고 했다. ③피히테는 정신과 영혼, 그리고 그것에 의한 인식과 관념 외에는 아무것도 존재하지 않는다고 하였다. ④셸링은 정신과 물질 등은 서로 독립적으로 대립하고 있으나, 그 근본이 동일한 하나의 절대적 실체가 다른 현상으로 나타나는 것이라는 '동일철학(同一哲學)'을 주장했다. ⑤그 뒤 포이어바흐·마르크스 등은 이 세계의 궁극적인 근본요소를 '물질'로 보고, 인간의 의식과 사고 역시 높은 수준에서 조직된 물질의 기능에 불과하며, 우리의 육체를 떠난 정신이란 따로 존재하지 않는다고 했다. ⑥그러나 아인슈타인의 '상대성 이론', 하이젠베르크의 '불확정성 원리' 등 현대 과학은 유물론보다 동일철학 쪽을 더 지지하고 있다. 또 양자 역학은 「소립자」에 마음(自由意思)이 있다고 하고 있다. 즉 모든 물질은 '입자'와 '파동'의 성질을 동시에 가지고 있다는 것이다. 이것은 화엄경에서 말하는 물심불이(物心不二) 즉 물질이 곧 정신이라는 것을 말해 주는 내용이다.

불교에서 마음(心)이란 성(性)과 정(情)을 합한 명사이다. 性이란 것은 나의 한 생각이 일어나기 전, 즉 우주가 미분(未分)되기 전을 말한다. 성(性)이 마음의 본체라면 정(情)은 같은 마음에서 일어나는 작용을 말한다. 마음의 작용은 끝이 없지만 그 대표적인 것으로 오욕칠정 등을 말한다. 性의 자리에 앉아 있는 것이 성인이고, 오욕칠정으로써 살아가는 것이 범부요 중생이다. 성(性)의 자리에서 보면 정(情)에서 일어나는 모든 분별, 득실, 시비가 다 끊어지고 만다. 그러니 성인이다.

동학에서는 물질과 정신은 이원적 존재가 아니라 일원적 존재라고 주장한다. 만물의 근원인 지기(至氣)는 유심(唯心)과 유물(唯物)을 총괄하는 대우주의 실체이며, 이것이 개체로 표현될 때 심적 현상과 물적 현상이 나타나게 된다고 설명하고 있다. 셸링의 '동일철학'과 유사하다.

영혼(지성)의 힘은 점차 아이디어를 응축하고 집중시켜 미세물질 에너지로 화하게 되고 그것을 더 집중시켜 거친 물질 즉, 물질이 되도록 만든다(에너지 : 미세물질→거친 물질 : 물질). 즉 영혼(창조)이 진화를 계속하는 동안, 영적 에너지는 보다 복잡해지고 보다 지성을 갖추게 된다. 생각이 복잡해질수록 힘이 증가되면서 비중이 발생하게 된다. 이것이 지속되면서 영적 에너지의 질량 또한 증가한다. 물질은 크기를 가진 생각이고 물질은 지능을 가지고 있는 움직이는 에너지이다.

마음이 몸이고 몸이 마음이고, 마음이 물질이고 물질이 곧 마음이다. 물질의 약한 상태가 마음이고 마음의 표현이 물질이다. 마음은 보이지 않는 몸이고, 몸은 드러난 마음이다. 양자의 관계는 같지도 않고 다르지도 않다. 그러나 둘이 같이 있어야 작용한다. 이미 위의 중도(中道)와 일체유심조에서 설명했듯이 정신과 물질(육체)의 관계는 중도(中道)의 관계이다. 그리고 정신과 육체를 연결하는 것은 '호르몬-전기-기(氣)-뇌파'가 하고 있다. 그래서 정신이 따로 있고 물질보다 낫다는 것은 잘못이다. 설령 정신이 따로 있다고 한들 결국 정신도 물질 속에 갇혀 있는 것이고, 물질의 화학-전기-기(氣)의 작용이 정신이 아닌가? 그 반대이기도 하다. 정신도 물질을 통하지 않고는 안으로 아무것도 인식할 수 없고, 안팎으로 아무것도 할 수도 없다. 이리 보면 유물론도 일견 타당성이 있어도 보인다. 따라서 중생들이 잘 모르면서 고상하게 보이려고 "물질보다 정신이 더 낫고 먼저이다"라고 반편이 종교인·철학자들을 앵무새처럼 따라 하는 것은 큰 잘못이다. 기독교는 물질-정신의 관계에서 정신이 우위이고 물질은 그다음으로 생각하고 있으나, 불교에서는 물질과 정신은 언제나 맞붙어서 법(法)이 이루어지게 되어 있다고 보고 있지 어떤 것이 먼저고 우위가 없다.

탄허 스님은 "냉정히 비판하면 도(道) 외의 모든 것은 물질이다. 그러므로 성인들이 물질을 멀리한 것은 물질에 집착한 중생에게 하는 얘기일 뿐이다. 일단 물질을 부정(否定)했다가 그 부정을 완전히 거쳐서 긍정이 될 때 물질 그대로가 진리이고 도이다" 라고 말씀하셨다.

한편 유교에서는 "마음에서 생산되는 기(氣)는 곧 몸에 충만하여

체(體)를 움직이니 심(心)은 본(本)이 되고, 체(體)는 말(末)이 된다. 그러므로 본(本)인 심(心)이 어지러우면 말(末)인 체(體)가 편할 수 없다. 기(氣)로 차 있는 몸이 병드는 것은 기(氣)의 기본인 심기(心氣)가 불편해서이다"라고 본다.

흔히 동양은 정신, 서양은 물질이라고 하지만 지금은 서양이 물질은 물론 정신까지도 앞섰다. 과거에 서양이 정신적으로 뒤처졌다 하더라도 그 정신을 산업혁명과 자유민주주의를 통하여 물질화하고 제도화하고 실천하여 사람들에게 많은 이익이 되게 한 것은 분명 서양이다. 정신과 물질은 분리될 수 없는 것이라, 정신이 높지 않고는 높은 수준의 물질세계가 만들어질 수 없는 것이다. 생각과 설계도 없이 무엇을 그리고 만들까? 또 과학의 발달을 가지고 물질주의라고 하지만 과학의 발달도 역시 정신의 소산이지 물질만 가지고 되는 것이 아니다.

동양은 높은 정신세계가 있다지만 그것을 현실에 구현하고 실천한 것이 과연 무엇이 있는가? 동양이 산업혁명 이전에는 정신·물질 모두 서양에 월등히 앞섰지만 점차 형이하학은 무시하고 형이상학만 중시하여 관념론에 매몰되고 기술을 천시하고 허례허식과 공리공론에 흐른 관계로 공중에 붕 떠 버렸다. 주위를 둘러보라. 우리가 편리하게 쓰고 있는 물질과 합리적이고 이익적인 사상과 제도는 모두 다 서양에서 나왔다.

또한 정신과 물질은 같은 것이고, 일체유심조 말처럼 정신에서 물질이 나왔으므로 정신적 道가 높아지면 물질(돈)이 따라오게 되어 있다. 그래서 도가 높으면 깊은 산골 절이라도 쌀과 돈을 가지고 오고, 득도한 종교인 치고 물질적으로 크게 성공을 하지 않는 사람은 없다.

사사무애의 진정한 경지는
어떤 것인가?

화엄경의 최고 경지로 '사종법계설(四種法界說)'이 있다. 우주의 삼라만상은 각각 서로 인(因)이 되고 연(緣)이 되면서 끝없이 연기를 계속하는데, 이러한 무궁무진한 우주 즉 법계(진리의 세계)를 철학적·종교적으로 분류한 것을 말한다.

①사법계(用, 현상, 파도)→②이법계(體, 본질, 바닷물)→③이사무애법계(體用, 본질-현상, 파도-바닷물이 다르면서 같고 같으면서 다르다)→④사사무애법계(파도와 파도끼리 걸림이 없다. 즉 用과 用, 현상과 현상 모두 걸림이 없다. 大機大用의 경지)
☞ 事法界(아함부 학설 : 우주만유는 實이다)→理法界(방등부 학설 : 우주 전체는 空이다)→理事無碍法界(유식학 : 空과 有가 하나인 中道다)→事事無碍法界(화엄경·법화경 학설 : 우주만유가 그대로 眞理이다)→결국 돌고 돌아서 다시 事法界, 즉 現實과 物質로 되돌아오는 것이다.

내가 여기서 이사무애~사사무애 법계의 뜻과 차이에 대해 거론을 하는 것은 일반인은 물론 평생을 공부해서 도통했다는 스님들조차도 대다수 이법계(理法界) 수준에 머물면서 도를 깨쳤다고 착각을 하고, 좀 더 나으면 이사무애법계까지만 알고 사사무애의 깊은 뜻을 거의 모르기 때문이다. 그리고 정말 열심히 공부해서 사사무애 법계(事事無碍 法界)를 알았다 하더라도, 단순히 이론적-원론적 뜻만 알 뿐, 이것을 현실에 적용-응용하여 이해하고 실천하는 사람이 없기 때문이다.

더더욱 이사무애-사사무애의 구체적·현실적 적용의 차이도 전혀 모른다. 모든 이론과 깨달음은 현실에서 자유자재로 적용-응용할 수 있어야 하고 현실에서 자타에게 큰 이익이 되어야 하는데, 이러지 못하는 것은 쓸모도 없고 완전히 이해했다고 볼 수도 없다.

이사무애의 단계는 문수보살로서 이사(理事)가 같다는 것을 머리로만 이해한 것이고, 또한 이(理)-체(體)-본질-바닷물의 기준과 관점에서 사(事)-용(用)-현상-파도를 이해하고 행동을 하는 것이다. 그러나 이해에 중점을 두고 행동(하화중생)은 소극적으로 하거나 어설프다.

출가→산→하산을 해야 하는데, 아직 산(理)에서 속세(事)를 바라다보는 단계이다. 이론만 아는 백면서생일 뿐이다. 돈오(이론) 점수(실전, 적용, 응용) 중 돈오(頓悟)에 치중되어 있다고 볼 수도 있다. 민물에서만 수영이 가능하고 경제학 교수가 경영과 투자를 하지 못하는 경우이다. 파도와 마장을 만나거나 사바세계에 처하면 단박에 깨지고 만다. 산속의 관념상의 도는 현실적이지도 못하고 현실에 내려오면 무용지물이 되고 만다.

사사무애의 단계는 우선 사바세계의 현실과 물질을 부정했다가 다시 현실과 물질의 세계(事法界)가 진리인 줄 깨닫고 되돌아오는 것인데, 집에 가만히 있으면서 집이 최고라고 생각하는 것 하고, 집이 싫고 나쁘다고 파랑새나 이상향을 찾아서 일단 가출을 했다가 온갖 풍상을 다 겪고 집으로 되돌아와 집이 최고라고 생각하는 것 하고는 겉에서 보기에는 같지만 그 속은 천지의 차이가 있는 것이라고나 할까!

또 사사무애의 단계는 문수보살과 보현보살이 짝을 이뤄 나가는 것으로 이사(理事)가 같다는 것을 확실히 알고, 더 나아가 사(事)-용(用)-현상-파도의 관점에서 이들(事~파도)을 이해하고, 이것을 실천하기 위해 오탁악세의 사바세계에 뛰어들어 부처님 법을 펴되, 탐·진·치의 사바세계에 걸림이 없으면서도 선악을 구분해 행하고 악에 물들지 않는 것이다. 파도-마장-오탁아세-모순 속에 처해도 깨지지 않고 능수능란하게 자리이타하면서 부처님 법을 지혜롭고 적절하게 구현해 내는 것이다.

도가 별세계나 특별한 언행에 있는 것이 아니라 "우주만유가 그대로 진리이다"는 것을 아는 것이고, 돌고 돌아서 다시 사법계(事法界), 즉 현실과 물질로 돌아오는 것이다. 그러나 겉으로 드러나는 것은 事法界이지만 그 속과 뜻은 사악 하면서도 어리석고 불쌍한 중생과 오탁악세의 사회를 위한다는 대선(大善)-자비(慈悲)-공익(公益)이 들어 있는 것이다. 상구보리 하화중생(上求菩提 下化衆生), 십우도(十牛圖), 회향(廻向)하는 것이다. 사바세계의 현실에 뛰어들어 사바세계 속에서 부처님의 법(진리)을 통해 지혜롭게 불국정토를 차례로 구현해 내는 것이다.

포항제철(포스코)과 그 생산품이 같다는 것을 알고, 쇠로 온갖 기계와 장비를 만들 줄 아는 것을 넘어, 그 생산품들을 용처에 맞게 다양하게 쓸 줄 알며, 심지어 다른 기계와 장비를 자유자재로 교환-호환해 쓸 줄 아는 것이다. 트럭에 짐도 싣고 고추도 말리고 잠도 자고 전쟁에서는 기관총을 달고 대포를 끌어서 무기로 사용하는 것이다. 정주영 회장이 폐유조선으로 간척 물막이 공사를 한 것이다.

칼로 놀이도-조각도-장식도-요리도-수술도-약자 구원도-전쟁도 자유자재로 할 수 있는 단계이다. 그때그때에 맞게 절묘한 지혜와 방편을 발휘하는 것이다.

더 나아가 사람이 산도 되고, 산이 사람도 되고, 산이 물도 되고, 물이 산도 되고, 사람이 물도 되고, 물이 사람도 된다. 사람이 때에 따라 바위-짐승-나무-불도 될 수 있다. 그러기 때문에 제불보살이 신통변화로서 무량중생을 제도하는 것이다. 이것이 대기대용(大機大用)이다.

탕탕무애(蕩蕩無碍)-활살자재(活殺自在)-대기대용(大機大用 : 깨달음이 크고 넓고 원숙한 경지에서 나오는 자유자재한 경지, 불보살의 萬能萬德)하여 어디에도 걸림이 없고 능소능대-능수능란한 경지이다. 과감히 오탁악세의 현실 속에 뛰어들어서 현실을 불국정토로 점차 바꾸어 나가려고 하는 것이다. 연꽃이 더러운 물과 진흙 속에서 그들과 화합하면서도 물들지 않고 더 나아가 아름다운 꽃을 피우고 열매를 맺는 것이다.

부처님께서 살생을 금하라고 하셨지만, 또 "열 사람을 살리기 위해 불가피할 경우 한 사람을 죽이라"고 하신 것과, 임진왜란 시 중생을 살리고 나라를 구하기 위하여 승병을 일으킨 경우이다. 살인이 대선(大善)이 되는 것이다. 부처님 당시 백정인 「광액도아」는 소를 잡다가 불교를 깨달았는데, 소를 잡는 것이 사법계~이사무애법계까지는 살생이 되지만, 사사무애법계에 와서는 살생이 아니라 빨리 축생(畜生)의 몸을 벗게 해 주는 대선(大善)이 된다. 이처럼 불교는 대단한 종교이다.

그리고 소승불교는 「사법계」 상에서 교설(敎說)을 세운 것이기 때문에 탐·진·치가 나쁜 것이라 하였지만, 사사무애 법계의 화엄사상에서는 자성(自性, 佛性)을 확실히 깨달은 사람, 마음을 크게 깨친 사람은 탐·진·치-살인-매춘-전쟁-건달 짓조차도 곧 진리의 표현이 되는 것이다.

어린이의 잘못을 고치기 위해 회초리를 치는 것은 큰 악을 미리 막는 선인 것이다. 어린아이가 폭탄주를 마시고 고스톱을 치면 나쁜 것이지만 직장인이 이것을 잘하면 사회성이 좋은 것이 되는 것이다.

그래서 화엄경 「입법계품」의 53선지식 중 '바슈밀녀'는 매춘으로서 중생을 깨우쳐 옳은 사람이 되게 한다. 서산·원효 대사가 승병을 일으키고, 원효 스님은 요석공주와 결혼하여 대학자인 설총(이두, 화왕계)을 낳고 무애가(無碍歌)를 지어 거지들과 어울려 춤추고 노래했다.

건달 짓을 하면서도 양심에 따라 선악을 구별하고 늘 약자-정의-국가를 생각했던 동양 최고의 주먹 '시라소니' 같은 사람이다. 이것이 보살이고 진흙 속의 연꽃이고 사사무애 단계이다. 막대한 국가 보증 외채-특혜 대출-세금을 갖다 썼지만 국가경제를 발전시키는 등 큰 기여를 했고(건설·자동차·조선 등 국가기간산업 위주로 했고, 남북화해에도 큰 역할을 했다) 여자를 탐했지만 "결코 여자에게 지탄과 원한을 사지 않았다"고 당당히 말하는 정주영 왕 회장 같은 경우이다.

이런 사람들이 건달계-경제계의 큰 도인이고 보살이다. 이들은 사사무애 법계를 이론적으로는 몰랐지만, 실제로 그것을 행한 보살들이다. 이처럼 사사무애하고 크게 깨친 자와 도통한 자, 자리이타 하는 보살은 산속이나 절이나 교회에 있는 것이 아니라 오탁악세와 탐·진·치로 불타는 사바세계 속에 있는 것이다. 그래서 조선시대

진묵대사는 "진승(眞僧)은 하산하고 가승(假僧)은 입산한다"고 했다. 산속에 있는 것은 반편이고 꽁생원이고 입만 나불거리는 백면서생이고 선무당이고 돌팔이일 뿐이다. 반편이에 속지 말자!

조용헌 선생은 이무애(理無碍)를 형이상학적인 이치에 걸림이 없는 단계, 사무애(事無碍)를 현실의 일 처리에 걸림이 없는 단계, 이사무애(理事無碍)를 형이상학적인 이치뿐만 아니라 현실의 일 처리에도 걸림이 없는 단계라고 하였다. 특히 사사무애(事事無碍)를 일과 일, 모순과 모순, 극과 극에 걸림이 없는 최고의 경지로 설명하면서, 예수가 '간음한 여자'를 살릴 수도 죽게 내버려 둘 수도 없는 난감한 상황에서 "죄 없는 자 돌로 치라"고 절묘한 지혜를 발휘하여, 여자도 살리고 성난 대중들도 회개시킨 것을 들고 있다.

또한 예수는 이스라엘의 악인들이 "로마에 세금을 납부하는 것이 옳으냐(이스라엘은 로마의 속국임)? 세금을 내지 않는 것이 옳으냐?"며 함정을 파고 올가미를 걸려고 하는 것(세금을 내라고 하면 선지자인 예수가 앞장서서 이스라엘 민족들에게 로마에 굴종을 강요하는 것이 되고, 만약 세금을 바치지 말라고 하면 로마 황제에 대한 반란을 부추기는 것이 된다)에 대해서 "가이사(로마 황제의 얼굴이 새겨진 동전)의 것은 가이사에게, 하나님의 것은 하나님께 바치라"고 응수하였다.

그러나 진정한 사사무애의 경지란 복과 지혜를 다 구족하여 능수능란한 세상사 처리뿐만 아니라 중생들을 크게 교화·구제하고 그 자신도 살아서나 죽고 나서나 모두 영광이라야 하는데, 이 단계를 이룩한 사람은 부처밖에 없다. 나머지 성인들 조 차도 살아서 영광은커녕 소크라테스·예수는 죽임을 당했고 공자는 살아서 인정을 받지 못했다.

영혼이란 무엇인가?

영혼이란 우리가 일반적으로 생각하는 혼비백산(魂飛魄散) 중 혼(魂)이나 기독교에서 말하는 영혼(靈魂)은 몸과 정신 중에 정신을 얘기한다. 그러나 영혼에 대해서 가장 잘 이야기해 놓은 것은 역시 불교이다. 직접적으로는 「유식학」(唯識學)에서 "제8식(아뢰야식)이 윤회의 주체"라고 분명히 얘기해 놓았고, 그 외 불교는 진여(眞如, 참나), 불성(佛性), 자성(自性), 법성(法性) 등으로 표현해 놓았다.

영혼에 해당되는 것을 다른 종교-문화권의 용어나 기계 등으로 표현을 해 보면, 유교-성(性), 주역-태극의 핵(核), 기독교-성령, 플라톤-이데아, 힌두교-아트만, 칸트-순수이성, 컴퓨터-하드 디스크·C드라이브, 비행기·배·차-블랙박스·자동항법장치·내비게이션·자동운전시스템 등이라고 보면 된다.

혼에는 생혼(生魂: 주로 식물이 가지고 있는 혼)-영혼(靈魂 : 주로 육도사생이 가지고 있는 혼)-각혼(覺魂 : 사람만이 가지고 있는 진리를 깨달을 수 있는 혼)이 있다. 특히 각혼에는 허령(虛靈 : 기도 등으로 일심이 되어 솟아오르는 영지)-지각(知覺 : 사색과 오랜 연마를 통해 얻어지는 것)-신명(神明 : 신령한 지혜를 터득하여 얻음)이 있다.

또 우리 몸은 육체(physical body)+에너지체(에너지적인 차원에서 존재하는 에너지체, energy body)+영체, 정보체로 이뤄져 있는데, 영적인 차원의 몸인 영체(靈體, 다른 말로 정보체, spiritual body)를 말한다. 따라서 뇌 속에 좋은 정보를 많이 갖고 있으면 좋은 사람이요, 나쁜 정보를 많이 갖고 있으면 나쁜 사람이다. 이 뇌(腦) 속 정보가 전생 업보의 결과이면서 새로운 업보의 출발이 된다.

던컨 맥두걸(Duncan MacDougall, 1866~1920) 박사가 1907년 과학저널에 '인간 영혼의 무게는 21g'이라고 발표해 센세이션을 일으킨 바 있다. 즉 영혼 역시 '하나의 물질'이란 가설에서 출발하여, 초정밀 저울을 이용해 임종 전후의 환자(6명) 무게를 측정하여 21g의 차이를 발견하게 된다. 더불어 개 15마리도 같은 실험을 했는데, 사람과 달리 개는 죽을 때 몸무겐 차이를 보이지 않았다고 한다.

특수상대성 이론에서 질량과 에너지는 같다고 했고, 양자물리학에서는 모든 물질은 '입자(粒子)'와 '파동(波動)'의 성질을 동시에 가지고 있다고 했으니, '인간 영혼의 무게 21g'이 에너지와 파동의 형태로 변해서 있다가(우주 자궁에 있다가) 일정 기간을 거친 후 인연에 맞게 모태(母胎)에 스며들거나 빨려 들어가서 물질화(입자, 질량)되어 다시 태어난다는 것이 되겠다.

우리는 '물질로 눈에 보이는 것만 집착하고 인정'을 하는데, 우주는 눈에 보이지 않고 우리가 아직 알 수 없는 '에너지'(암흑에너지와 암흑물질 96%)로 대부분 이뤄져 있다는 것을 알아야 한다. 따라서 존재는 꼭 '물질'이 아니라 '에너지 형태'로 존재하고 존재할 수 있는 것이다.

그리고 영혼에 대하여 일반인들이 쉽게 이해하려면, 전체적인 것만 얘기해 놓은 동양과 불교보다는, 아무래도 서양인들이 영혼에 대하여 말해 놓은 것을 예로 드는 것이 좋을 것 같다. 서양인들이 세부적이고 체계적이고 눈이 보이듯 손에 잡히듯 잘 얘기하기 때문이다.

임마누엘 스베덴보리(1688~1772)는 18세기 스웨덴의 유명한 천재과학자로서 27년간 영계(靈界)와 육계(인간세상)를 왕래하며 직접 체험한 일들을 「영계탐방기」란 제목으로 출판하였는데, 영혼이 어떤 것이며, 사후 세계가 어떤 것인지에 대해서 자세히 설명하고 있다.

"우리의 영혼은 일정한 파동(波動)을 지닌 에너지이며, 죽어서 육체를 벗어나면 우리는 에너지 형태로만 남는다. 각 영혼(에너지)에는 결이 있다. 그 결(결, 파동 에너지)은 그가 죽을 때까지 지니고 발전시켜 왔던 자신의 고유한 성품이자 성향이다. 그런데 이 파동은 유유상종이다. 즉 정신적 은하계에서 영적 수준별(같은 '파동 에너지')로 서로 만나는 것이다. 즉 사후 세계는 자기 영적 수준에 따라 자기 스스로 「관념의 세계(영혼에게는 현실인 세계)」를 만들고, 영적 수준이 같은 것끼리 유유상종 모여서 살아간다. 사후 영계(靈界)에서의 세계와 삶은 자신의 영혼 수준에 맞춰 나타난다. 에너지 상태이기 때문에 모습도 자기가 원하는 대로 바뀐다. 사후세계는 철저하게 자기가 만드는 것이다. 정신적 은하계이다. 그래서 극락과 지옥이 따로 있는 것이 아니라 영적 수준이 높은 영혼들은 깊은 사랑과 지혜가 있기 때문에 당연히 그런 곳에서 기쁨만을 느끼며 지내고, 반대로 남을 해치고 욕심만 가득 찬 영혼들은 역시 자기들과 비슷한 사람들만 모여서 계속해서 서로 해치게 되는 것이다. 서로 해치는 영혼들만 모여 있으니, 이런 곳은 우리가 생각하는 지옥과 닮아 있는 것이다. 악당끼리 만나 서로 해치며 사는 것이다."

부처님이 인정한 윤회는
정말 있는가?

불교를 믿으면서 가장 의심나는 것이 '과연 윤회가 있는가?' 이다. 불교에서 윤회(輪廻)를 물이 순환하고 옷이 낡으면 새 옷으로 갈아입는 것과 같다고 하는데, 이 과학시대에 한 번 죽으면 그만이지 무슨 영혼이 있고, 그 영혼이 다른 몸을 받아 다시 산다는 말인가?

이걸 달나라 가는 과학시대에 과연 믿어야 되나? 잠깐 고민과 회의를 해 보다가 이제는 개무시하고 있을 것이다. 그러나 과학시대를 만든 서양에서는 정작 죽은 예수의 육체적 부활과 살아서 우화등선(羽化登仙)까지 하였다고 주장하고 있다.

윤회만 완전히 이해하고 믿으면, 불교를 안 믿으려야 안 믿을 수 없고, 나쁜 일 버리고 좋은 일 안 할래야 안 할 수 없다. 그래서 인과와 윤회는 불교 신도들이 가장 기초적으로 알고 믿어야 하는 개념이다.

불교에서는 우주의 생성을 업(카르마)의 인(因)으로부터 인과필정(因果必定)의 원리에 따른 계(界)가 생겨 육도(六道 : 지옥, 아귀, 축생, 아수라, 인간, 천상)를 윤회하는 것으로 본다. 업은 그 인(因)에 대한 어떤 결과가 올 때까지 소멸하지 않는 업력불멸(業力不滅)의 원리를 갖는다.

불교의 유식학(심리학)에서는 인간은 제5~8식이 있으며, 인간이 죽고 나면 '제8아뢰야식'만 남아 이것이 깨달음을 얻을 때까지 끝도 없이 윤회를 한다고 한다. 제8식은 무몰식(無沒識) 곧 죽지 않는 식, 없어지지 않는 식이라고 하며, 또한 장식(藏識)이라고도 하여 현생의 태어난 이후뿐만 아니라 부모의 경험, 인류가 출현한 이래로 겪어온 모든 경험 전부를 간직하고 있다가 인연이 되면 전부 되살아난다고 한다. 제8식이 '영혼'이고 '블랙박스'와 컴퓨터의 '하드 디스크'라고 보면 된다.

불교에 따르면 윤회하기에 우리는 죽을래야 죽을 수 없다. 숨을 내 맘대로 할 수 없듯이 모든 것은 내가 아니라 '생명'(제8식)이 하고 있다. 예를 들면 전기(대우주, 대생명, 대자연)→각 전기제품, 즉 전기가 어떤 제품(삼라만상)을 통과하느냐에 따라 그 모습과 작용(에어컨, 난로, TV)이 달라진다. 따라서 전기제품이 고장이 났다고 해서 전기 자체가 없어진 것은 아니다. 대생명(천지 기운)→인간 등 각각의 생명체도 이와 마찬가지이다.

삶과 죽음이란 제8식이 부모의 인연화합을 따라 이 육체에 의해 나타났다가 이 육체와의 인연이 흩어지면 다른 곳으로 떠나가는 것이다. 제8식(識)은 죽지 않으므로, 여기서 죽으면 저쪽에서 태어나고 저쪽에서 죽으면 이쪽에서 태어나고, 같은 것이 이쪽저쪽 돌아다니는 것이다(우주 자궁↔인간 자궁). 세상 만물은 단지 모양만 바뀔 뿐 사라지는 것은 아무것도 없다. 색즉시공 공즉시색 하면서 불생불멸 부증불감할 뿐이다.

현대 물리학과 서양에서는 윤회를 '에너지 보존의 법칙'으로 이해한다. 한번 에너지가 생성되면 계속 순환을 하게 된다. 그리고 의식이 우주를 구성하고 우리는 '공간'이나 '에너지'나 '의식'을 파괴할 수 없다. 우리 의식이 우주를 만들고 에너지는 끝없이 순환을 한다는 것이다.

화엄경에서는 세상사와 만물에 대해 "파도 하나하나를 보면 분명히 파도가 생기고 사라지나 바다 전체를 보면 파도가 일어나고 사라지는 것이 아니라 다만 물이 출렁거릴 뿐이다. 즉 생겨나는 것도 아니고 사라지는 것도 아니고 단지 변화할 뿐이다. 전체로 보면 생멸(生滅)이 아니라 변화할 뿐이다. 그래서 불생불멸이다"라고 말하고 있다.

이것을 조계종 혜국 큰스님은 다시 자세히 설명하고 있는데, "조리(몸뚱이)를 들고 바다(대생명)에 들어가면 바닷물(영혼)이 들어온다. 그러나 그릇을 빼내면 바닷물이 빠져나간다. 하지만 생각해보면 바닷물은 그 자리에 가만히 있을 뿐이다. 이처럼 우리의 본질은 가만히 있으니 태어나도 태어난 바가 없고, 죽어도 죽는 바가 없다"고 하셨다.

윤회와 업(카르마) 사상은 부처님께서 주장하시기 이전에 인도에 널리 퍼져 있었던(특히 힌두교) 사상이고, 우주 전체를 깨치신 부처님께서 '인과에 따라 윤회한다'고 다시 강조하신 것이니 믿어야 한다.

주역에서도 윤회의 개념이 있는데, 태극은 만물을 내는데 만물이 태극에서 나올 때 태극의 생명체인 '핵'(核)을 받아가지고 나온다. 모든 생물이 가지고 있는 태극의 核(씨앗, 열매)은 영생불멸이다. 이 핵이 사람에게는 영성(靈性)이 되어 육체는 죽어도 영(靈)은 죽지 않는 것이다. 지뢰복 초구 효사에 '머지않아 회복한다. 부활한다'고 해놓았다.

그리고 천부경에서도 "일시무시일(一時無始一) 일종무종일(一終無終一) 만왕만래(萬往萬來)"라고 하여 윤회를 얘기해 놓았다. 이처럼 원

운동과 순환은 우주의 법칙이다. 거시와 미시 모두 끝없이 돌고 있다.

서양은 윤회의 개념이 없는 줄 잘못 알고 있지만, 윤회의 개념은 인도 등 동양은 물론 고대 이집트·이스라엘·그리스·이탈리아 등 서양 종교와 상류층에서 널리 퍼져 있었고, 소크라테스−플라톤−아리스토텔레스는 물론 쇼펜하우어, 에머슨, 휘트먼, 괴테, 부르노, 프로티누스, 피타고라스 등 고대~근세의 유명한 서양 철학자와 석학들도 믿었다.

특히 플라톤은 "인간이 죽으면 각자가 생전의 행위에 상당하는 상과 벌을 받고는 다시 육체에 깃들어 태어난다"고 하였다. 또 플라톤은 그의 저서 「국가론」에서 에리스 신화를 통해 "우리의 혼이 육체를 덧입고 이 세상에 태어날 무렵, 불볕이 내리쬐는 긴 들판을 건너야 한다. 물도 없는 그 들판이 다 끝나갈 즈음 강이 하나 나타나는데, 그것은 '레테강'이며 그 강물을 마시자마자 우리의 영혼은 과거의 기억을 모두 잊어버리게 된다. 모든 혼이 육신으로 다시 태어날 무렵 어쩔 수 없이 마시게 되는 이 강물로 인해, 우리는 전생에 대한 모든 기억을 잊어버린 채 이 세상에 태어난다. 이 세상에서 후천적인 교육을 받거나 경험을 쌓으면서 잊어버렸던 전생의 기억을 되살리게 된다"고 하였다.

인도 아소카왕 시절에 동남아시아−중동−북아프리카−지중해 등의 각국으로 불교 포교사들을 보냈으며, 유대교 일부 종파와 기독교에서도 불교의 윤회사상을 받아들이고 공개적으로 설교를 하였으나 서기 533년 콘스탄티노플에서 열린 「기독교 종교회의」에서 윤회를 이단으로 규정하여 교리에서 없애 버렸다.

또한 과학적으로 규명하기를 좋아하는 서양 사람들이 윤회를 연구하여 책으로 만들어 놓은 것이 많다. 대표적인 것이 미국 버지니아 대학의 이안 스티븐슨 교수가 지은 「윤회를 나타내는 스무 가지 사례」(다른 이름 : 전생을 기억하는 아이들) 등등이다. 그런데 전생을 기억할 수 있으면 좋을 것 같지만, 이 책에서 나오는 주인공들은 과거와 현재 사이에 갇혀서 정신적·육체적으로 심한 혼란을 겪는 등 오히려 불행하였다. 대개 아는 것이 힘이지만 때로는 모르는 것이 약인가 보다.

그리고 석가-공자-예수 모두 세상살이가 고통스럽고 부질없다고 했는데, 전생의 기억이 남은 상태에서 또다시 이 고통스러운 삶을 살라고 한다면 모두들 뒤로 나자빠질 것이다. 예를 들어 어쩔 수 없이 험하고 높은 에베레스트 산(인생)을 올라갔다가 와서 초죽음이 되어 퍼져 있는데, 또다시 그와 비슷한 다른 험한 산을 올라가라면 하면 가겠는가? 기억을 싹 지워 버리고 다시 올라가라고 하면 또 뭐가 있나 싶어서 열심히 올라간다. 이것을 비슷하게 설명해 놓은 것이 화엄경 「입법계품」에 나오는 '선재동자의 구도기'이다.

미국 심령학자 '에드가 케이시'가 자신이 최면상태에서 타인 수천 명의 전생을 읽어 낸 것이, 「윤회의 비밀」(저자 : 지나 서미나라, 출판사 : 장경각)이란 책인데, 케이시는 현생의 용모·복·질병 등은 전생 행위의 결과라면서 불교에서 말하는 선업선과, 악업악과라고 했다.

기독교 성경 구약에서 한번 죽으면 그만이라고 얘기를 하였고, 신약에서는 ①죽은 다음 믿는 자는 하나님 곁 즉 천국으로 간다는 얘기와 ②일단 죽었다가 예수님이 다시 재림하여 산 자와 죽은 자를 심판할 때 신자만 육체적 부활을 시켜 준다고 하였고, 불교에서는 "몸은 죽었지만 영혼은 남아서 끝도 없이 윤회한다"니 믿을 수 있는가?

옛날 불교 선지식들은 윤회 설명 방편으로 촛불을 들었다. 꺼져가는

초(=육체)에서 타고 있는 촛불(=영혼)을 새로운 초(=새 몸)에 옮겨 붙이면 촛불을 꺼지지 않는다(환생). 그런데 요즘은 과학도 많이 발달하고 기계도 많이 나와서 윤회를 설명하기가 옛날보다 훨씬 더 좋아졌다. 윤회가 과학적으로 어떻게 가능한지 한번 설명해 보겠다.

반야심경에 색즉시공, 공즉시색이라 하는데, 풀어서 설명하면 색(色)이란 유형을 말하고, 공(空)이란 무형을 말한다. 근데 우리는 흔히 색(色)은 있다-살았다-보인다고 하고, 공(空)은 없다-죽었다-안 보인다고 한다. 그러나 모든 물체는 작게 부수면 분자→원자→입자→소립자가 된다. 결국 소립자 뭉치인데, 번쩍번쩍한다. 번쩍할 때는 색이고, 그 이전에는 공이다. 유형↔무형으로의 움직임을 되풀이하고 있다. 색즉시공 공즉시색이다. 모양과 형태만 바뀔 뿐이지 없어지지 않는다.

이것을 아인슈타인은 특수상대성 이론에서 "$E=MC^2$"라고 하여, "에너지가 질량이고, 질량이 에너지라고 하였다"(에너지와 물질의 차이는 다만 형상을 바꾼 동일체이다)고 하였는데, 이 양자의 관계가 곧 불생불멸(不生不滅)이고, 부증불감(不增不減) 이다. 질량보존의 법칙, 에너지 불변의 법칙, 질량-에너지 등가원리(等價原理)라고 한다. 에너지(空)와 질량(色)은 서로 같은데, 우리는 에너지가 질량으로 전환하면 생(生)이고 보인다고 하고, 질량이 에너지로 전환하면 멸(滅)이고 보이지 않는다고 하는 것이다. 양자물리학에서는 모든 물질은 '입자'(色)와 '파동'(空)의 성질을 동시에 가지고 있다고 했다. 그리고 우주의 거시와 미시는 모두 돌고 도는 원 운동을 하고 있어 가면 오게 되어 있다.

그럼 특수 상대성 이론과 양자물리학이 맞다면 윤회는 당연한 것이 되고, 특수 상대성 이론과 양자물리학 등을 믿으면서 윤회를 인정하지 않는 것은 있을 수 없는 일이 되고 만다.

윤회의 또 다른 비유를 들어보면, A 전축·비디오(육체)에 들어 있던 테이프와 CD(영혼, 무의식, 8식, 진여, 불성, 자성, 성(性), 여래장, 이데아, 핵, 아트만, 블랙박스)를, A 전축·비디오가 고장이 나 쓸 수 없게 되면, 전축과 비디오 안에 들어 있던 테이프와 CD를 꺼내서 새로운 B나 C 전축 등에 넣으면 소리·화면이 재생된다. 이것은 간단한 비유이고…

좀 더 차원이 높은 비유를 들어보면, 지금 이 세상에 나와 있는 것 중 인간 두뇌와 가장 근접하게 만들어진 것이 컴퓨터이다. 좀 더 발전하면 인공지능에 인간을 꼭 닮은 로봇이 나올 것이다.

이 컴퓨터에 하드 디스크(C드라이브)라는 것이 있는데, 하드 디스크는 컴퓨터를 구동하는 기본 프로그램이 깔려 있고, 컴퓨터가 작업한 모든 것이 저장되는 곳이다. '하드 디스크' 이것이 인간의 영혼(아뢰야식 : 영혼과 8식은 약간 다른 개념이나 일반인들이 같은 것으로 생각하기 때문에 이해를 돕기 위해 같은 것으로 가정했다)에 해당한다.

검찰이 수사할 때 '하드 디스크' 꼭 뜯어 간다. 여기에 모든 것이 다 기록되어 있기 때문이다. 하드 디스크를 뜯어가서 검찰 컴퓨터에 끼우면 그전에 작업했던 모든 것이 되살아나고 그 위에 새로운 작업도 할 수 있다. 자료를 삭제했더라도 웬만하면 다 복구 할 수 있다.

컴퓨터가 낡거나 폐기(사람이 사망)해야 할 때도 마찬가지이다. 컴퓨터 내 하드 디스크(영혼)만 빼내어 새로운 컴퓨터(母體 내 태아)에 끼우거나, 하드 디스크 내 모든 자료를 디스크나 USB에 옮겨서 보관

저장(우주 자궁)하고 있다가 다시 신상품 컴퓨터(모태内 태아)에 옮기면 된다. 또 컴퓨터의 모든 자료를 '압축파일'로 만들어 이메일을 통해서 다른 컴퓨터에 보내고 거기서 '압축 파일'을 풀어서 저장하면 곧바로 사용할 수가 있다. 그리고 미국과 EU 등에서는 인간 뇌에 저장되어 있는 모든 기억과 의식을 컴퓨터에 다운로드하는 연구를 하고 있다. 인간 뇌에 있는 모든 기억과 의식을 컴퓨터에 다운로드를 했다면 그 사람 의식은 죽지 않고 영생을 하는 것이다. 또 컴퓨터에 사람의 기억과 의식을 다운로드했다면, 컴퓨터에 있는 자료를 다시 인간 뇌에 옮기는 것도 할 수 있다. 그렇게 되면 공부하지 않아도 장인이나 프로가 될 수 있다.

어떻게 영혼을 '모태 내 태아'에게 옮기냐고…? 인간들도 스마트폰을 통해 전파로 자료(영혼)를 주고받을 수 있는데, 하물며 대우주나 신이야…, 즉 신-대우주-대생명이 만든 인간이 이렇게 윤회를 마음대로 하는데 인간을 만든 신-대우주-대생명이 윤회를 못 시킨다는 말인가?

우주와 별이 윤회(성주괴공→블랙홀→화이트홀→성주괴공)하듯이, 인간도 인(因)에 의하여 태어나서 살다가 연(緣)이 다하면 죽고, 죽고 나면 중음으로 헤매다가(우주 자궁) 다시 인(因)이 모이면 새 생명(인간 자궁)으로 환생하는 것이다. 우주의 모든 것은 끝도 없이 윤회를 계속하고 있는 것이다.

귀신은 있다.
귀신을 막고 퇴치할 방법은?

　기독교·불교 등 모든 종교에서 귀신 얘기와 귀신을 쫓아내거나 천도하는 내용이 나온다. 우리가 지금 귀신의 존재를 인정하지 않고 있지만, 공기가 보이지도 잡히지도 않지만 그 작용이 있다는 것이 겨우 15세기에 되어서야 밝혀졌듯이, 앞으로 귀신도 눈에 보이지도 잡히지 않지만 분명히 있고 그 작용도 있다는 것을 알 날이 올 것이다.

　우리 주위에는 중력·전자기력·강력·약력 등 우주를 지배하고 있는 4대 힘, 전파·감마선·X선·자외선 등 전자기파, 암흑에너지와 암흑물질 등 눈에 보이지 않고 잡히지 않지만 작용을 하는 것은 지천으로 널려있다. 그리고 세계 4대 성인 중 2명(부처, 예수)이 귀신이 있다고 했는데, 하찮은 중생들이 귀신을 부정하는 것은 좀 웃기지 않는가?

　기독교는 '타락한 천사'를 귀신(사탄)의 원조로 보며, 금강경(~형상이 없는 중생(無色)이나~)과 지장경(지옥 묘사)에 명시해 놓았다. 또 33천 중 욕계의 '아귀'(굶주림으로 괴로워하는 귀신)가 나온다. 우리가 흔히 알고 있고 직접 접하는 귀신은, 사람이 죽으면 보통 3일 동안 영혼이 육체 주위를 떠돌다가 심판과 처분의 과정(대개 49일)을 받으러 가야 하는데, 극히 일부가 현생에 대한 미련과 집착과 한(恨)이 너무 크고 무지해서 저승의 심판과 처분의 과정으로 가지 않고 '윤회에서 무단이탈하여 이승에서 떠도는 영혼'을 말한다. 이러한 잡귀들이 자신들의 파장(코드)과 맞고 무지하고 심신이 약한 친인척이나 사람들의 주위에 머물면서 괴롭히고 심하면 사람을 숙주삼아 기생하는 것이다.

컴퓨터에 비유하면 귀신은 '바이러스'라고 보면 된다. 접신자는 바이러스로 인해 기존 프로그램이 깨어져 오작동이 되거나 작동이 멈추는 것과 같다. 귀신이 인간에게 접신(接神)되는 과정은 단번에 들어오는 경우도 있지만 대체로 차차로 인간의 무의식 속으로 잠식해 들어온다.

귀신에 잠식된 사람은 눈빛이 기괴한 살기의 빛을 띠면서 붉게 충혈되어 있고 목소리도 음산하며, 60% 이상 잠식되면 스스로 잡귀와 소통하고 잡귀의 목소리를 주변 사람들까지도 들을 수 있게 된다. 80% 이상 잠식하면 무당이 되고, 100% 잠식되면 자아(自我)가 완전히 파괴되어 귀신 그 자체가 되고 만다. 처음 귀신이 들어 올 때는 머리가 멍하거나 붕 뜨는 듯하거나 아프고 속이 메스껍고, 귀가 먹먹해서 잘 들리지도 않고, 정신이 몽롱해 몸을 함부로 움직일 수도 없고, 귀신은 소리나 꿈을 통해 필요할 때 순간순간 자신의 존재를 드러내기도 한다. 명리학에서는 상갓집, 제사, 묘지 이장 등에 가면 귀신이 들리기 쉬운 팔자가 있다고 해 놓았다.

「제2장, 미래를 알 수 있다」에서 이미 얘기했지만 무당은 귀신과 통교(通交)하고 있으며, 통일교에서는 "지상에 사는 인간과 영계에 있는 영인들 간의 대화가 가능하며 입신상태에 들어가 영계(靈界)의 사실을 보고 들을 수 있다"고 주장하고 있다.

귀신을 겁낼 필요는 없다. 귀신은 인간보다 약하기 때문이다. 인간은 육체와 영혼이 다 있는 반면에, 귀신은 육체가 없어 절반밖에 안 된다.

그래서 귀신은 심신이 약한 사람에게만 침투한다.

공자는 신과 귀신에 대하여 주역에서 "음양 기운의 조화와 그 조화의 자취, 그 조화의 흔적이다, 음양을 헤아릴 수 없는 것, 음양이 변화하는 것(계사전)", "만물을 묘하게 함을 말한다(설괘전)"고 하였다. 이것은 삼라만상이 곧 신이라는 범신론을 다르게 설명한 것이고, 양자역학에서 말하고 있는 것과 같다. 양자역학은 신이 따로 있는 것이 아니라 '우주만물을 창조한 원리', '자연의 법칙' 등으로 얘기하고 있다.

귀신에 대하여 기독교는 타락한 천사 및 죽은 사람의 혼령 등 인격체로 좁게 본다. 그러나 세계 각종 원시신앙과 힌두교·불교 등에서는 죽은 사람의 혼령, 눈에 보이지 않으면서 인간에게 화복(禍福)을 내려준다고 하는 정령, 범신론적 존재(삼라만상)와 '우주만물을 창조한 근본 원리와 자연법칙'을 신이나 귀신이라고 말하고 있다. 주역과 양자역학도 같은 입장이다.

귀신을 사전에 막는 방법은 이상한 것을 쫓지 말고, 심신을 튼튼히 하고, 상갓집 등에 가서 지나치게 슬퍼하지 말고, 인류 보편가치에 맞는 검증된 종교를 믿어야 하며, 함부로 산이나 들에서 기도를 하지 말고, 무당 가족력이 있는 경우에는 어릴 때부터 '신묘장구대다라니' 등을 끊임없이 외워야 한다. 즉 바이러스를 막을 방화벽을 치고 바이러스를 치료하는 것이다.

귀신이 들어오지 못하도록 잠깐 차단하거나 이미 들어온 것을 잠깐 쫓아내는 방법은 불과 소리를 이용하는 것이다. 귀신은 음(陰)이기에 그 대척점에 있는 양(陽)인 불과 소리를 이용하면 된다. 그래서 무당을 굿을 할 때 부적을 태우고 징과 꽹과리 등을 쳐서 소리를 내고, 중국에서는 귀신을 쫓는다고 화약을 터트리는 놀이를 하는 것이다.

귀신을 완전히 쫓아내는 방법은 상태가 심할 경우에는 도가 높은 스님·신부·목사 등의 도움을 받아야 하고, 스스로 쫓아내려고 할 경우에는 '관세음보살' 등을 몇 달에서 몇 년간 줄기차게 외우면 된다.

왜 악당도 잘 되어 부귀를 쥐고, 선인도 지독한 고생을 하는가?

불교에서는 선인선과(善因善果), 악인악과(惡因惡果)라고 한다. 그러나 현실을 보면 나쁜 놈들이 잘되고, 착한 사람들은 평생 고생하고 허덕이다가 죽는 경우가 다반사이다. 또 선인선과, 악인악과라면 부귀한 집에 태어난 자는 무조건 선인(善人)과 재능을 가진 자이며, 비천한 집 출생자는 악인(惡人)과 무능한 자이어야 하지 않는가? 그러나 그런 경우도 있고 그렇지 않은 경우도 있다. 이건 어떻게 설명할 것인가?

국가 차원은 또 어떻고? 무지막지한 살육을 한 몽골 등은 철저히 망했지만 해적질을 주로 했던 바이킹 족의 후예인 북유럽과 2차 대전을 일으켜 몽골보다 더 많은 사람을 죽인 독일·일본은 잠깐 망했다가 또다시 어찌 저리도 번성하였는가? 전 세계 식민지 경영과 노예무역을 크게 한 제국주의 스페인·영국·네덜란드는 또 어찌 된 것인가?

사마천의 「사기」를 봐도 충신·선인(善人)은 거의 90% 고생하거나 귀양·사약을 받는 등 잘못되고 겨우 10%만 제대로 평가를 받는 반면 간신·악인은 80%는 호의호식하면서 권세를 누리고 겨우 20% 정도만 그동안의 악행이 발각되어 처벌을 받는 것을 볼 수 있다.

그렇다면 도대체 불교의 선인선과, 악인악과는 어떻게 된 것인가? 심한 회의와 배신감이 드는 것이 사실이다. ①이것을 두고 불교는 그 업보를 현생에 당장 받는 것도 있고, 내생에 받는 것도 있고, 꼭 정해지지 않고 인연이 되어야 발현되는 것도 있다고 얘기를 한다. 그래서 악인이 잘사는 것은 전생 선업의 결과로 지금 잘사는 것일 수 있다고 하고, 못사는 선인(善人)은 전생 악업을 아직도 갚고 있기 때문이라, 이번 생만 보면 불공평하고 잘못된 것 같아 보이지만 여러 생을 걸쳐서 길게 보고 종합해 보면(200년 정도 족보 관찰) 평등하고 제대로 '선인선과-악인악과'라고 한다. 즉 우주적 차원과 영겁의 시간선상에서 보면, 인과응보이고 사필귀정인데 우리 인간은 100년도 못 사니, 선악 판결을 기다릴 수도 없고 그런 사례도 자주 볼 수가 없다는 것이다.

②또 업(業)과 인과(因果) 이라는 것이 직선의 연속적인 현상으로 나타나는 것이 아니라 주식 그래프처럼 '불연속적인 계단식'으로 나타난다는 것이다. 지구에는 관성의 법칙이 있고 업보는 시·공간과 인연이 필요해서 계단식으로 나타나기에 나쁜 짓을 하더라도 잠깐 복을 누리는 것 같지만 결국에는 나쁜 과보(果報)를 받게 된다는 것이다.

③그리고 전생이나 현생에 소소한 잘못을 했더라도, 태양과 같은 선업(善業)을 쌓았다면, 요즘 젊은이들 말로 "전생에 나라를 구했다"면, 밝은 태양 아래 촛불(소소한 잘못)이 힘을 쓰지 못하는 것과 같다는 것이다. 「밀린다 팡하」에서는 100개의 바위(惡業)도 큰 배(善業)로 실을

수 있다고 했다. 이것이 맞다 하더라도 내가 여러 생을 동시에 볼 수가 없으니, 우리 중생들은 섭섭하고 회의가 들고 억울한 것이 사실이다.

그러나 자신이 행하는 모든 행위는 돌고 돌아서 그 파장이 가장 온전하게 맞아떨어지는 자신에게 되돌아올 수밖에 없다. 자기가 한 모든 행위는 무의식에 저장되어 있다가 인연이 되면 어김없이 깨어난다. 사막 속의 씨앗도 비가 오면 순식간에 싹이 나고 꽃이 피듯이 말이다.

나가면 반드시 돌아온다. 우주는 돌면서 순환을 한다. 지구도 달도 돌고 태양도 별도 돈다. 거시와 미시 모두 돌지 않는 것은 없다. 원운동을 한다. 부메랑처럼 떠나면 반드시 돌아온다. 요즈음 세상은 워낙 빨리 돌아가서 자식 대까지 가지 않고 당대에도 영향을 미치고 만다.

부처님께서는 "지은 인연의 과보(果報)는 깊은 산 속에 숨는다고 해도 피할 수 없고, 깊은 바다 속에 숨는다고 해도 피할 수가 없다"고 했다. 지은 인연의 과보(果報)는 반드시 받는다는 게 인과법이다.

미국 심령학자 에드가 케이시가 자신의 최면상태에서 수천 명의 전생을 읽어 내었는데, 현생의 용모·복·질병 등은 전생 행위의 결과로 불교에서 말하는 선업선과(善業善果), 악업악과(惡業惡果)라고 한다.

청나라 태종 순치황제는 "자기는 본래 인도의 수도승인데 무슨 인연으로 타락하여 황제가 되었는가?" 하면서 황제 자리도 버리고 야반도주를 하여 출가해 버렸다. 전생에 잘 닦으면 황제도 되는 것이다.

그리고 실질적으로 주위 노인들을 둘러보거나 노인들 대상 심도 있는 인터뷰를 해 보면, "노년에 인생 전체를 결산해 볼 때, 악하게 사는 사람은 10명 중 2명이 잘되는 것 같은데, 그 속을 들여다보면 자식이 잘되지 않고 항상 뭔가 불안하고 하여튼 행복하지 않은 것 같다"고 한다. "착하고 성실히 산 사람은 10명 중 5명 정도가 자식

농사도 그런대로 괜찮고 행복하게 보인다"고 한다. 즉 그래도 남한테 해코지 안 하고 성실히 산 사람들이 결국엔 좋은 경우가 더 많다는 것이다.

④티베트 불교와 원불교에서는 "아무리 악당이라도 죽는 순간에 강력히 원하면 부귀 등 원하는 대로 태어난다. 죽는 순간 어떤 마음을 갖느냐가 중요하다"고 하고, 특히 원불교에서는 "평생 잘못을 지었어도 죽기 몇 해 전부터 좋은 일을 했다면 좋게 환생한다"고 하는데, 이것은 말도 안 되는 얘기이다. 왜냐하면 강력범이 피해자와 합의하고 뉘우치면 형량이 약간 낮아질 수 있을 뿐이지 상(賞)까지 주지는 않는다. 또 초등~고등학교까지 공부를 전혀 하지 않아서 깡통인 학생이 수능시험 몇 달 전부터 벼락치기 공부를 하고 시험장에 들어가기 전에 시험 잘 치게 해 달라고 기도하면 서울대에 들어갈 점수가 나오는가?

이것은 모두 방편이다. 이제까지 죄를 지은 악당이라도 죄를 멈추고 선을 행하면 좋은 곳으로 갈 수 있다고 위로하고 희망을 줘서 기존 악행에서 새로운 선행으로 방향을 돌리기 위한 방편일 뿐이다. 방편에 너무 휘둘려서도 안 된다.

⑤인과응보와 전혀 관계없이 일어나는 것도 있다. 즉 이 세상은 '영혼 성숙의 장소'이기 때문에 「전인적 인간(全人的 人間)」이 되기 위해서는 갓 태어난 어린 영혼이 어느 한 부분만을 경험하고 그것만 이해하고 잘 해서는 안 되며 이러저러한 경험을 모두 쌓아서 이것저것 모두를 다 이해하고 잘해야 한다는 것이다. 인생 연극에서 늘 주인공만 해서도 안 되고 엑스트라만 해서도 안 되며, 이기는 역할만 해서도 안 되고 지고 실패하는 역할만 해서도 안 된다. 돌아가면서 모두 다 해 봐야 한다.

그런데 이것을 인과응보에만 맡겨 버리면 모든 영혼이 다양한 경험을 결코 해 볼 수가 없거나(선인은 계속 좋은 역할과 주인공 역, 악당은 계속 나쁜 역할과 시다바리 역) 시간이 너무 많이 걸린다(惡人이 언제 선인이 되어 부귀자 역할을 해 볼 것이며, 善人이 언제 악인이 되어 빈천자 역할을 해 볼 것인가?). 그리고 상류층(부귀자)은 모두 선인, 하류층(빈천자)은 모두 악인으로 해 놓으면, 서양의 극과 극의 이분법과 같아서, 즉 2박자가 되어서 세상이 돌아가지도 않고 다양한 일이 일어나지도 않아서 다양한 경험을 해 볼 수가 없다. 세상이 다양성을 넘어 극과 극까지 통해 버리는 주역의 대대논리(對待論理)와 불교의 중도(中道)까지 일어나려면 주역의 4박자가 되어야 한다. 세상이 주역의 4박자 되고 대대논리가 일어나면 무한대의 변수가 생겨나 무한대의 경험을 해 볼 수 있게 되는 것이다.

그래서 인과응보에 관계없이 이러저러한 배역과 역할을 강제로 맡기는 것이다(예 : 음서제도, 비례대표제, 대학특례 입학, 낙하산, 각종 의무 할당제·고용제, 강제 차출 등). 즉 선인도 나쁜 역할을 맡기고, 악인도 좋은 역할을 준다. 그리고 천상 극락에 사는 신이 스스로 원하거나 복이 다해서 인간으로 환생을 해야 할 경우에, 인간세상에서 자신이 부족한 부분을 경험해서 공부하기 위해서 자발적으로 인간세상에서 경험할 것들을 미리 설계도를 그려서 인간 세상에 태어나는 경우도 있다. 영적 에너지가 진화되기 위해서는 반드시 육체를 동반한 인간 세계에서 경험을 얻어야 하기 때문이다. 그러면 선인인 천상극락의 신도 사바세계에서 지독한 고생을 하게 되는 것이다.

따라서 주역의 양중음(陽中陰)−음중양(陰中陽)과 네 박자(태양,

태음, 소양, 소음) 원리에 따라 부귀자 중에도 선인과 악인이 각각 50% 섞여 있고, 빈천자 중에도 악인과 선인이 각각 50% 섞여 있다. 즉 선인(善人)과 능력자도 전생업보에 관계없이 지독한 고난과 멸시를 당하는 역할을 맡을 수도 있고, 악인(惡人)과 무능력자도 부귀를 쥐는 배역을 맡을 수 있는 것이다. 그래서 상류층도 선인(업보의 결과)과 악인(잠시 배역을 맡음)이 반반씩 뒤섞여 있고, 하류층도 선인(잠시 역할을 맡음)과 악인(업보의 결과)이 반반씩 뒤섞여 있는 것이다.

⑥맹자 말처럼 "하늘이 장차 어떤 사람에게 큰 임무를 맡기려 할 때에는 반드시 먼저 그 마음과 뜻을 괴롭히고, 육체적으로 단련시키고, 육신을 굶주리게 하고 궁핍하게 하며, 그가 하는 일을 뜻에 어긋나게 만들어서 무서운 역경에 빠뜨린다. 그렇게 함으로써 그가 분발하여 강한 인내력을 가지고 능력을 키워서 큰 임무를 맡게 하도록 하는 것이다"에 해당되는 것도 있다(예 : 명나라 주원장, 조선 영조·정조 등).

하늘이 어떤 사람을 크게 쓰기 위하여 목동이 양과 소 떼를 자기가 원하는 방향으로 몰고 가듯이, 그 사람의 앞길을 막고 터서 당초 하늘과 신이 예비하신 목적과 방향으로 몰고 간다.

⑦국가와 민족운도 있기에, 천기(天氣)가 햇볕을 따라 동→서진 (西進)하면서 빛(문명과 발전)을 골고루 쬐여 주듯이 지구와 역사의 수레바퀴를 순차적으로 균형있게 돌리기 위하여, 일본처럼 죄를 지은 나라도 잘 살 수 있게 하고 서진하는 과정에서 몽골 제국처럼 많은 죄를 지을 수도 있다.(죄를 지었지만 동서양을 획기적으로 교류하고 새 시대를 열었다) 서진하는 과정에서 몽골 칭기즈칸과 같이 거기에 걸맞고 필요한 인물을 그 사람의 업보와 선악과 관계없이도 점지하여 쓸 수 있다.

⑧미국 영화 「포레스트 검프」에서 주인공이 마지막에 "나는 모르겠어. 엄마가 맞는지("난 네가 운명을 스스로 만들어 가리라 믿는다. 신께서 네게 주신 걸로 최선을 다해라. 너 스스로 알아내야 하는 것이란다. 인생은 초콜릿 상자와 같다. 열기 전까지는 무얼 집을지 모르지…") 아님 댄 중위님이 맞는지("우리에겐 운명이 있어. 아무것도 우연으로 일어나지 않는다. 운명의 일부야…") 우리가 각자 운명이 있는지…, 우린 그냥 바람 같은 것인지…, 난 둘 다 맞는다고 생각해. 둘 다 동시에 일어나는 것 같아…"라는 대사를 하는 것이 나온다.

⑨우리 속담에 "성인도 벼락을 맞는다"고 했다. 과거의 업에 의해 정해진 것도 있지만 현생에서 공업(共業)과 우연히 일어나는 것도 있다.

이제 의문이 풀리는가?

악은 무조건 나쁘고
단죄받아야만 하는가?

악에 대해서 기독교 계통이나 일반인들의 관점에서는 무조건 나쁘고 언젠가 단죄되어야 한다고 생각을 한다. 과연 그럴까?

세상은 음과 양으로 이뤄져 있고 음과 양이 상호 갈등-대결-충돌-협조-균형을 이뤄서 우주와 세상이 돌아가는데, 양의 한쪽 기둥이고 바퀴이며 짝인 음(陰)을 무조건 나쁘다고 단죄만 하면 어떻게 되겠는가?

건물의 양쪽 기둥(陰陽) 중 어느 한쪽 기둥을 자꾸 길게 하거나 짧게 하거나 더 나아가 없애 버리면 건물이 제대로 설 수 있겠는가? 한쪽 바퀴를 찌그러뜨리거나 없애버리면 차가 굴러갈까? 하늘과 땅 중에 땅을, 하루 중에 밤을, 물불 중에 물을 없애 버리면 과연 어떻게 될까?

음은 계속 핍박해서 없애 버리고 양만 장려하고 키운다면 세상은 몇 바퀴 돌다가 더 이상 돌지 않고 멈춰 버리고 말 것이다. 태풍이 없고 계속 맑은 날만 지속되면 사막이 되고 말듯이 말이다. 또 차가움이 없다면 따뜻함도 없고, 뒤가 없으면 앞도 없고, 악이 없으면 선도 없다.

음양은 한 몸인 태극(太極)에서 출발했기 때문에 분리될 수 없다. 인간도 음양의 기운을 받아서 만들어졌기에 선악을 모두 가지고 있다. 참나(진여, 태극)도 이것을 본받아 자기 자신이자 분신인 에고(ego, 7식)를 만들어 낼 때 선과 악을 동시에 넣어 놓았다. 그래야 에고가 많은 것을 해 볼 수 있고 많은 것을 배울 수 있기 때문이다.

우주가 구성되고 돌아가기 위해서는 양도 있어야 하고 음도 있어야 하며, 남자도 있고 여자도 있어야 하고, 불도 있고 물도 있어야 하듯이 선(善)도 있고 악(惡)도 있어야 한다. 세상은 음양이라 음양(선악)이 적당히 섞여 있지 않으면 세상이 돌아가지 않는다. 탄허 스님은 이 세상은 악당 10%·선인 10%가 있고, 80%는 대세를 따라갈 뿐이라고 했다. 우리가 흔히 생각하는 악인 태풍·지진·질병은 물론 전쟁도 없으면 우선 좋은 것 같지만 세상은 돌아가지 않고 멈추고 말 것이다. 선이 세상을 유지시키는 것이라면 악은 기존 것을 파괴하고 세상을 돌리고 새로운 것을 만들어 내는 창조자이다. 선이 악을 낳고 악이 선을 낳으며 뫼비우스의 띠처럼 돌아간다. 힌두교에서는 우주를 창조(브라흐마)-유지(비슈누)-파괴(시바)의 3단계 순환으로 이해하고 있다. 시바신이 파괴를 하는 것은 새로운 창조를 위한 것이다. 창조→유지→파괴→창조~.

하늘의 도가 양인 '선과 사랑'이라면 땅의 도는 음인 '적자생존이고 약육강식'이고 '도전과 응전'이다. 이것 둘 역시 상호 대결과 협조를 이뤄서 세상을 돌리고 있는 것이다. 그래서 동전 앞뒷면처럼 어느 한쪽은 다른 쪽을 위해서 꼭 필요하다. 음양이 다 있어야 완전한 것이다. 한쪽은 반편이다.

따라서 신-대우주-대생명-대자연은 무조건 선만 장려하고 악을 나쁘다고 하거나 단죄만 하지는 않을 것 같다. 이 우주와 지구에 선이 필요하듯이 악도 반드시 필요하기 때문이다. 불필요한 선도 있고 불가피한 악도 있다. 우선 선이지만 나중에 악이 되는 경우도 있고, 지금 보면 악이지만 나중에 선이 되는 것도 비일비재하다. 순수한 선악도 있지만 대개가 선악이 일정 비율로 섞여서 일어난다. 4박자가 맞다. 그래서 절대선도 절대악도 없다. 연기와 중도이고 동전의 앞뒷면일 뿐이다.

불교에서는 살생을 금하고 있지만 "열 사람을 살리기 위해서 한 사람을 죽여야 한다면 죽이라"고 했고, 원불교 교전에서는 "해로움으로부터 은혜로움이 나오고, 은혜로움으로부터 해로움이 나온다"고 하였다. 때로는 선이 악을 조장하고 악이 선을 만들어 낸다. 소소한 예로, 잘못을 저지른 아이에게 적당한 회초리를 때렸다면 악인 것 같지만 악의 씨앗을 제거하고 더 큰 선의 씨앗을 심기 위한 것이라 선이 될 것이고, 바늘 도둑을 방치하면 우선 너그러운 사람 같지만 결국 소도둑이 되게 하는 악을 조장한 것이 될 수 있다.

대우주의 관점에서 보면 악에 대한 평가가 다르다. 그래서 화엄경에서는 창녀가 매춘을 통하여 중생을 제도하는 것이 나오며, 고려나 조선시대에 승병이 일어났던 것이다. 외침에 대항에 수많은 살인을 했지만 애국자와 영웅으로 평가해 주는 것이다. 쿠데타를 하고 정권을 잡은 뒤에 선정(善政)을 펼쳤다면 이 또한 죄가 아니다. 또 조선 태종의 살육이 없었다면 세종의 선정과 태평성대가 나올 수 있었을까? 일제 강점기 시절이나 6·25전쟁이 없었다면 한국에 지금의 번영이 올 수 있었을까?

이 우주와 지구와 세상에는 절대적이고 완전한 선도 없으며 반대로 극단적이고 절대적인 악도 없는 것이다. 그리고 선도 필요하듯이 악도 필요하다. 불교 중도(中道)와 사사무애(事事無碍)의 경지가 바로 이런 차원이다. 선과 악이 섞여서 세상을 유지하고 돌린다.

반야심경에서도 "~이 모든 법의 공한 모양은 원래 더럽지도 않고 깨끗하지도 않은 것이며~"라고 하였다. 따라서 신+대우주+천지 대자연+대생명+대의식은 인간이 죽은 뒤에도 단순히 보통 인간이 생각하는 선악(善惡)을 기준으로 죽은 자를 평가하지는 않을 것 같다.

인과응보가 즉시 일어나지 않는 이유, 인과가 있기는 한가?

인과응보는 분명히 있다. 지구와 우주에는 연기법, 인과법칙, 작용-반작용 법칙, 음양법칙, 질량-에너지 보존과 등가의 법칙, 부메랑의 법칙, 우주 거시-미시 세계 모두 원운동과 순환을 하는 법칙이 있기 때문이다. 그래서 내가 한 것은 결국 내게로 돌아오게 되어 있다.

그러나 우리는 인생을 살면서 악당들이 계속 부귀를 누리는 경우를 많이 본다. 그리고 아주 착한 사람들은 고생만 하다가 예상외로 일찍 죽는데, 악당들은 잘 죽지도 않는다. 당장 하늘의 단죄가 있고 인과응보를 받아 속을 시원하게 해 줬으면 좋겠는데…

이건 왜 그럴까? 인연(因緣)과 조건 때문이다. 당장 인과(因果)의 결과가 나타나는 것도 있지만 대부분의 경우는 연꽃 씨가 발아하는 것처럼 시간-장소-조건(따뜻한 날씨+연못 등)-인연이 다 맞아야 한다.

이와 마찬가지로 인과응보는 시공-인연-조건을 필요로 한다. 또한 우리는 육체를 가지고 물질의 세계에 살기 때문에 관성의 법칙과 시간-공간 속에 갇혀 있다. 즉 관성이 있어 정지한 차를 갑자기 고속으로 출발시킬 수도, 달리는 차를 갑자기 멈추거나 좌우 회전할 수가 없다.

그래서 악당이라도 전생의 복락이 남아 있다면 그 관성으로 계속 복락을 누리는 것이다. 그리고 우리 용모·성격 등도 수없는 윤회의 결과로 유전 인자화 되어 있어 갑자기 바꿀 수가 없다.

또한 물질세계는 변화를 이루려면 시·공간과 조건이 필요하다. 갑자기 우물에서 숭늉을 찾을 수는 없다. 시간이 경과되어야 소화·발효·부화·변화·성숙이 일어나는 것이다. 막걸리 등 각종 술도 쌀+누룩+효모가 금방 술이 되지 않는다. 서로 만나는 인연(조건)과 발효의 시간이 필요한 것이다. 농작물도 조건이 맞고 시간이 걸려야 한다.

은행 적금도 당장 받을 수 없고, 대출도 거치기간이 있고 분할 상환도 할 수 있다. 그리고 대부분의 잘못은 당장 처벌되지 않는다. 잘못이 누적되어 큰 잘못이 되거나, 바늘 도둑이 소 도둑 된 다음 처벌을 받고, 범인도 금방 잡히거나 즉시 처벌되지 않는다. 시간이 걸린다.

너무 즉각적인 인과응보는 물질세계에 맞지 않고 또 그렇게 되면 물질세계인 이 세상이 유지될 수가 없다. 예를 들어 흔히들 법과 제도가 현실보다 항상 늦다고 불평을 하지만, 법과 제도를 현실에 맞게 금방금방 변경하면 견딜 수 있겠는가? 똑똑한 10%만 따라갈 수 있다. 그래서 법과 제도와 계율은 현실의 문제를 해결하기 위해 대개 문제 발생 후 한두 템포 늦게 만들어진다. 그래야 일반 중생들이 따라갈 수 있다.

또한 악당들을 곧바로 단죄하지 않는 것은, 악당 스스로 반성하고 잘못을 바로 잡을 수 있는 기회를 주기 위한 것이다. 그리고 그 악당이 인과응보를 견딜 수 있는 내공이 있을 때까지 기다려 주는 것이다. 그러나 인간의 지각이 날로 깨고 과학 기술의 발달로 지구촌이 되는 등 시공(時空)이 자꾸 좁아지고 발전 속도가 빨라짐에 그에 비례하여 인과응보의 시공과 인연이 자꾸 좁아지고 빨라지고 있음을 알아야 한다.

　기독교 원죄(原罪)와 불교의 인과응보는 자신은 물론 선조의 죄과(罪過)를 후대의 자손들이 떠맡아야 한다는 원리도 포함되어 있다.(사마천의 사기 : 부자 3대는 있어도 장군 3대는 없다) 주역의 "적선지가 필유여경(積善之家 必有餘慶) 적악지가 필유여앙(積惡之家 必有餘殃)"도 마찬가지이다. 후손을 위해서라도 잘할 일이다.

왜 이토록
끝도 없이 윤회하게 하는가?

　불교에서는 이 세상을 고통의 바다라고 한다. 다른 종교나 문화권에서도 별반 다르지 않는 것 같다. 금수저나 부귀자도 마찬가지이다. 서양 선진국 사람들도 우리와 똑같이 이야기를 한다. 그럼 왜 이렇게 힘든 생을 윤회토록 하는 것일까?

　인간도 자식들이 행복하기만을 바라고 애완동물에게도 잘해 주려고 하는데, 인간보다 더 뛰어난 신이 있다면 그 창조물들이나 하위 인간들이 행복하기를 바라고 실질적으로 그렇게 해 주어야 하지 않을까?

　그런데 왜 이 세상을 고해의 바다와 불타는 집으로 만들었으며, 그것도 끝도 없이 힘든 윤회를 계속하게 하는가? 그리고 진흙탕에서 살게 하고 놀게 하면서 옷은 더럽히지 말라고 하는가? '차칼쑤 없는 곳'에서 '차카게 살'고 한다는 말이다. 신이 있다면 네가 한번 해 봐라!

그래서 한때 나는 신(神)을 만나기만 하면 야구 방망이로 복날 개 패듯 패서 죽이고 싶었다. 그리고 내가 그 자리를 대신해서 인간들을 행복하게 해 주고 싶었다. 그래야 합당하고 한과 분이 풀리기 때문이다.

그럼 윤회의 원인은 어디에 있는가? ①불교에서는 윤회의 원인이 '진여'(眞如, 제8식, 참나)에서 문득 발생한 '무명'(無明 : 어리석은 생각, 自我, ego, 정신분석학 용어로 '意識', 에덴동산의 '선악과')에서 비롯되었고 윤회를 탈피하기 위해서는 무명을 타파하고 다시 진여로 돌아가야 한다고 했다.

즉 집이 좋은 줄 모르고 밖에 뭔가 좋은 것이 있는 줄 알고 쓸데없는 한 생각을 일으켜 가출을 했는데, 막상 좋은 것은 별로 없고 그것도 한순간이며 대부분 생존경쟁에 휘둘려 온갖 선악을 짓고 희로애락에 물들어 타락하고 더러운 때가 묻게 되었다. 이제 그것을 반성하고 심신 모두 가출하기 전의 순수한 상태로 돌아가라는 것이다. 이것은 원시반본(原始返本) 사상으로 모든 종교에서 말하고 있는 것이다.

이것을 잘 설명해 놓은 것이 「12연기법」이며, 「대승기신론」이다.

진여(대우주적 전체 자아, 브라흐만, 나와 남의 구분이 없다)에서 자아(ego, 7식, 아트만)가 발생하여 나와 남을 구분하고 나를 위한 삶을 산 관계로 온갖 죄업과 업보를 짓게 되었는데, 고난의 훈련과정을 통해 정신을 차려서 이것이 잘못된 것을 느끼고 다시 우주적 자아와 합일하여 자아를 성숙시키고 자타를 위한 삶으로 바꿔야 한다는 것이다.

②어린이가 어른으로 성장하기 위해서는 다양한 음식-운동-교육이

필요하듯이, 갓 태어난 어린 영혼도 성숙을 위해서는 여러 생에 걸쳐 각종 지식·경험 습득과 고난의 훈련 과정이 필요하다. 이것을 잘 설명해 놓은 것이 「화엄경 입법계품」에 등장하는 선재동자 구도기이다.

즉 이 세상은 영혼이 태어나 성숙하기 위한 '영혼 성숙의 장소'이며, 영혼은 육체가 동반될 때 비로소 경험과 지혜를 얻을 수 있기 때문에 자꾸 윤회를 거친다는 것이다. 육체가 있어야 인과(因果)를 지을 수 있다는 것이다. 다르게 말하면 육신과 영혼 간의 관계는 나무와 열매와의 관계와 같아서, 영혼은 육신이 없이는 완성되지 못한다는 것이다.

그리고 정신 성숙도가 높을수록 욕계(欲界 : 욕망의 지배를 받는 중생들의 세계)→색계(色界 : 욕계와 같은 탐욕은 벗어났으나 아직 무색계와 같이 완전히 정신적인 것은 되지 못한 중간의 물적인 세계)→무색계(無色界 : 육체와 물질의 속박을 벗어나 마음과 정신만이 존재하는 정신적 사유의 세계) 순으로 올라간다. 정신적 부분이 발달할수록 몸도 육체적인 부분이 줄어들어 차츰 투명해진다. 기계도 쇠보다 반도체가 많이 들어가고 인공지능이 높을수록 고급 첨단제품이듯이 말이다.

주역 수화기제(水火旣濟)→화수미제(火水未濟) 괘에서는 "사람–사회–세상 등 모든 것은 미완성이며, 완성이라는 것은 있을 수 없다. 완성이 있다면 그야말로 종말이 온다. 끝도 없이 완성을 향한 미완성만 있을 뿐이다"(초중고, 대학→입사·사회·자기 교육)라고 말하고 있다. 삼라만상은 윤회를 통해 자꾸 완성을 향하여 돌고 돌면서 나아가는 것이다.

③고난을 주는 것은 그것을 온몸과 마음으로 느껴 고통과 부당함을

알고 남에게 그런 짓을 하지 못하도록 하는 데 있다. 즉 전생이나 현생의 잘못된 마음과 언행을 선(善)과 본성으로 되돌리는 데 있다.

④윤회가 없다면 한번 죄를 지은 사람은 영원히 그 죄를 씻지 못하고 죄인이 될 수밖에 없다. 즉 죄를 씻을 수 있는 기회를 주는 것이다. 그리고 우주 의식이 특정 개인에게 준 소명이나 자기가 특별히 하고 싶은 일들은 단 한 번의 생으로는 이룰 수 없기에 자꾸 윤회를 통해서 그 일을 발전시키고 완성시켜 나간다는 것이다.

⑤우주 大 의식(아카식 레코드, 클라우드, 본사)이 다양한 경험을 쌓기 위해 의식을 나누어 각 개인별로 에고(ego, 개인 PC나 스마트 폰, 지사 등)를 덧씌워서 경험을 쌓게 한 다음에 이들 개인 경험을 모아서 우주 大 의식·도서관(아카식 레코드)을 확대시키고 발전시키기 위해서라고 한다.

⑥「플레이아데스의 사명」에서 말하는 우주 창조와 윤회 목적이 가장 수승하고 불교 이론과 아주 유사하다. : 우주에는 창조적 에너지(영적 에너지)인 'Absolutum'이라고 부르는 대우주가 있고, 이 안에는 10의 49승에 달하는 물질적 우주가 들어 있다. 이 'Absolutum'의 창조적 에너지(대우주, 대생명, 대 의식, 대자연, 大 진여, 클라우드, 부모, 본사 등)는 자신의 더 큰 성장을 위하여 새로운 물질적 우주(삼라만상, 개인 PC·스마트 폰, 프랜차이즈 가맹점, 지점·지사, 대 에고 등)를 신(新) 창조한다. 지점의 이익은 본사에 귀속되고 개인 PC 자료는 인터넷을 통해 클라우드에 모이듯이, 새로운 물질적 우주의 경험과 성장은 부모격인 창조적 에너지의 경험과 성장이 된다. 'Absolutum'의 창조적 에너지를 「원(元)창조」(부모, 大 진여)라 하고, 새로운 우주의 시작이 되는 새로운 생각을 「신(新)창조」(자식, 大에고, 삼라만상)라고

한다.

신창조는 영혼→빛→솜털 물질, 수소→가스→광물질→식물군→
동물군→인간으로 진화한다. 인간은 큰 일곱 단계의 배움의
훈련과정을 반복한다(3백 11조 40억 년). 큰 일곱 단계의 각 단계마다
일곱 단계의 작은 배움의 과정(1~5단계 : 물질적인 생명, 欲界 /
6단계 : 물질적·영적 생명, 色界 / 7단계 : 영적 생명, 無色界)들이
있다. 물질적 한계와 제약 때문에 인간의 물질적 경험이 원(元)창조
성장과 발전에 더 이상 기여할 수 없을 때에는 인간은 물질적 윤회를
끝내고 다시 원창조로 합일한다. 즉 인간은 고도의 의식형태(지성,
영적에너지)로 진화(욕계→색계→무색계)하여 「원(元) 창조 영적
집단의식」의 한 부분이 된다.

윤회에 대한 의문,
왜 인구가 늘어나는가?

윤회에 대해 많은 사람들이 가지는 의문과 시비거리가, 인간이
윤회한다면 지구의 인구는 일정해야 되는데, 왜 자꾸 늘어나는
것인가?~하는 데 있다. 그에 대한 설명을 하고자 한다.

첫째 : 영혼은 그 숫자가 불변으로 고정된 것이 아니라 새로운 영혼이
태어나기도 하고, 몇 번의 반성을 기회를 줬는데도 반성하지 않고

개정의 정을 보이지 않아 도저히 악해서 안 될 경우 파괴시켜 버린다. 그리고 정신적인 공부를 하지 않아 영혼의 성숙도와 밀집도가 낮은 것은 단단하지 못하기에 시간이 지나면 스스로 공기처럼 흩어져 버린다.

세상과 인간은 신+대우주+대생명+대 의식+천지 대자연+지구의 축소 모사판이라, 신의 세계와 그 뜻을 알려면 거꾸로 축소 모사판인 인간과 세상을 확대해 보면 된다. 농민이 추수 때 쭉정이와 병든 것과 잡초를 버리고 태우듯이, 인간세상에서 중범자는 사형을 시켜 버리듯이, 악한 영혼도 파괴되고 만다. 영혼은 죽지 않는다고 잘못알고 방심하지 말자!

영혼의 숫자가 고정된 것이 아니다. 늘이거나 줄일 수 있다. 즉 전기(천지기운, 대우주, 대생명)와 전자제품(사람 등 삼라만상)이 있다고 치자. 무한대의 전기에 어떤 전자제품을 사용하느냐? 그 전자제품 숫자를 얼마로 하느냐? 에 따라, 그 전자제품 모양과 기능과 작동되는 전자제품 수가 달라지는 것이다(밥솥, 에어컨, TV, 세탁기 등). 또 물(대 영혼, 대 진여)을 합치면 하나이고 뿌리면 수도 없이(영혼, 에고) 늘어나게 할 수 있다.

「아바타」라는 영화(2009.12월)도 있었고, 불교에서는 법신(法身 : 부처님의 自性인 眞如, 달, 발전소)-보신(報身 : 부처님 지혜, 달빛, 전기)-화신(化身 : 부처님 및 만물, 지상 각각의 물에 비친 수많은 달, 전구·TV 등 각종 전자제품)의 개념이 있고, 관세음보살은 천수천안으로 동시에 여러 곳에 몸을 나타내실 수 있다고 했다. 그래서 부처님께서는 수백·수천의 장소에 동시에 몸을 나타내어 중생들을 제도하고, 신라 원효 스님은 같은 날-같은 시간에 6곳에서 동시에 열반을 하였다. 이것들은 양자물리학에서 한 물체가 여러 곳에서 동시에 나타날 수 있다고 했고, 또한 '다중우주론적 해석'이나 '평행우주론'에서 가능한 것들이다.

영혼과 육체도 동시에 여러 곳에 환생할 수 있다. 하나의 노래 CD를 수없이 복사하여 여러 곳에서 각자 사용할 수 있고, 한글 프로그램을 여러 컴퓨터에 깔아서 동시에 사용할 수 있듯이 말이다. 물은 뭉치면 하나요, 확 뿌리면 수도 없이 늘어날 수 있다.

후천에서는 "인공지능의 발달로 유전자 조작을 남발하여 인체를 복제하고 허령(虛靈)까지도 매체로 개입시켜 인간의 생명을 주무르는 날이 온다"고 하였는데, 그리 멀지 않은 세월 내에 현실이 되리라 본다. 미국 영화 〈아일랜드〉에서는 이것을 자세히 보여 주었다.

통일장이론에서는 「11차원의 다중 우주론」(불교 : 3계 28천, 도교 : 36천)을 얘기하고 있으며, 다중 우주론은 다시 거품 우주론, 막 우주론, 평행 우주론으로 나뉜다. 평행우주론에 따르면 전자와 같은 양자는 동시에 서로 다른 장소에 존재할 수 있고 상충되는 성질을 동시에 가질 수도 있다. 즉 무한한 우주공간 안에서는 나 자신을 이루는 것과 똑같은 원자 결합이 생길 확률이 얼마든지 존재하고, 따라서 어딘가에는 나와 똑같은 존재가 무한의 우주에 무한개로 있다는 것이다.

둘째 : 아틀란티스나 뮤 대륙 등 과거 초고대문명 속에서 살다가 핵전쟁, 유성 충돌, 대륙 침몰, 문명 몰락, 천지의 겁(劫)이 다하여 대거 죽은 사람들이 저승(우주 자궁)에서 환생하기 위해서 대기하고 있다가 다시 환생하는 경우이다.

지구는 그동안 지구 내 국가와 민족들 간 핵전쟁 등으로 수많은 초고대문명이 명멸(明滅)을 거듭해 왔다는 설이 심심치 않게 대두되고 있는데, 플라톤이 제기한 아틀란티스 대륙 침몰도 그와 같은 경우이다.

아함경에서 부처님께서는 "옛날 천지의 마지막 겁(劫)이 다해 무너질 때 중생들은 죽어 다 광음천에 태어나 기쁨을 음식으로 살았다. 그 뒤 땅은 다 물로 변하고 큰 어둠이 있었다. 이 물이 다시 변해 천지가 되었고 모든 광음천의 무리들은 복이 다해 땅에 태어났다"고 했다.

셋째 : 금강경·화엄경 등에서는 '삼천대천세계' '갠지스 강의 모래알처럼 많은 세계' 및 '3계와 28천' 등으로 무한한 세계와 차원을 얘기하고 있다. 여기에 있는 수많은 영혼과 생명들이 지구로 환생할 수 있다. 또 대부분의 윤회는 지구 안에서 또한 가계 안에서 일어나지만, 특별한 경우는 우리 우주의 다른 행성이나 차원이나 다른 우주에서 살던 영혼들이 인연과 원생(소명)에 의해 지구에서 태어날 수도 있다.

넷째 : 중생은 육도(하늘·인간·아수라·축생·아귀·지옥)를 윤회하기에 공룡 등 과거 멸종된 짐승들의 영혼이 저승에서 대기하고 있다가 인간으로 환생할 수 있다. 또 천상에 있는 고귀한 영혼이 복이 다하거나 인간세계에서 뜻을 펴기 위해서 인간으로 환생할 수 있고, 지옥에서 형기를 다 채운 영혼이 위 단계인 인간으로 다시 환생할 수도 있다.

우리는 죽은 뒤에
어떤 과정을 거쳐서 다시 환생을 할까?

우리가 죽은 뒤에 "사후 세계가 어떻게 펼쳐지는가?"에 대해 설명해 놓은 책으로 불교에서는 지장경·목련경·우란분경·티벳 사자의 서 등이 있다. 특히 목련경·우란분경은 부처 제자 목련존자가 생전에 죄를 많이 지어 지옥에 간 어머니를 구한다는 내용으로 영화(목련구모, 1968년)까지 만들어졌다. 세계적으로 유명하고 많이 읽히고 있는 책은 「티벳 사자의 서」·「이집트 사자의 서」·「영계탐방기」 등 3가지가 있다. 사후 세계와 영혼을 다룬 영화로는 〈사랑과 영혼(1990년)〉, 〈중천(2006년)〉, 〈리버월드 : 사후 세계의 비밀(2010년)〉 등이 있었다.

「티벳 사자의 서」는 티베트의 고승 파드마삼바바가 불교 및 동양적 관점에서 쓴 것이고, 「영계탐방기」는 스웨덴의 천재과학자·기독교 신자인 임마누엘 스베덴보리가 기독교적 및 서양적 관점에서 쓴 것이다. 이중 「영계탐방기」는 스베덴보리(1688~1772년)가 27년간 영계와 육계를 오가면서 직접 체험한 일들을 기록한 것이다.

그중 「티벳 사자의 서」가 가장 심도있게 잘되어 있는데, 사망→영혼 (제8식, 진여, 무의식, 性, 이데아, 블랙박스)이 3일간 시체 주위 배회→ 저승→대개 49일간 대기 및 심판을 거쳐, 대기와 육도 윤회(지옥, 아귀, 축생, 아수라, 인간, 천상)로 분류→대기, 육도 윤회, 입태(축생· 인간으로 태어날 경우) 순으로 얘기해 놓고 있다. 이 책은 사후세계에 대한 안내서로, 죽은 자에게 이 책을 읽어주는 것만으로도 해탈을 얻을 수 있다고 한다. 그 내용은 크게 3단계로 나눠지는데, ①죽음의 순간 묘사, ②죽음 직후에 잇달아 일어나는 환상·환영 같은 현상이나 과정을 설명, ③출생 충동과 출생 이전의 과정 등을 상세히 설명하고 있다.

이 책의 주요 내용은 49일 환생 기간 동안에 죽은 자(死者)에게 불교 대승경전이나 「티벳 사자의 서」에 나오는 글들을 읽어주면 죽은 자의 영혼이 이를 알아듣고 나쁜 유혹에 빠지지 않고 회개하고 깨달아서 좀 더 좋은 곳으로 가거나 태어날 수 있다는 것이다. 그리고 죽은 사람도 무념무상의 상태에서 계속 부처님을 생각하면서 진언(옴메니반메훔 등)을 외우거나 대승경전 또는 「티벳 사자의 서」에 나오는 글을 생각하고, 현생의 잘못을 반성하고 더 좋은 곳으로 태어나기를 간절히 바라면 깨달음을 얻어서 부처님 진리의 세계로 들어가거나 자신의 업보보다 더 좋은 곳으로 갈 수 있다고 해 놓았다.

「티베트 사자의 서」와 「영계탐방기」, 이 두 가지 책을 중심으로 사후 세계를 살펴보면, 두 책의 공통점은 "사람이 죽은 뒤에 3일 동안 영혼이 육체를 떠나지 않고 맴돌며, 3일이 지나면 안내자(빛, 저승사자)가 와서 자기의 인생 전부를 요약해서 보여 주고, 죽은 친인척들을 만나 안부를 물은 다음, 안내자를 따라 저세상으로 가고, 거기서 대개 49일 동안 각각의 생전(生前) 선·악업과 깨달음의 정도(지혜와 영적 수준)에 따라 심판을 받아서 지옥·극락 행—인간으로 환생 등 육도 윤회(단 영계탐방기의 증언은 '환생' 개념 없음)를 하게 된다는 것이다.

내가 고등학교 시절 횡단보도에서 택시에 치여 공중으로 붕 떴다가 떨어졌는데, 그 2~3초가 무한한 시간으로 길게 느껴졌으며 필자 전

인생이 파노라마처럼 모두 보였다. 그 수초가 한없는 긴 시간으로 느껴졌는데, 돌이켜 보니 부처님께서 법성게의 "찰나의 한 생각이 무량한 긴 겁이니…"를 보여준 것이라고 생각한다. 죽은 뒤에도 이처럼 자기 인생의 중요한 순간을 요약해서 보여준다는 것이다. 실제로 절체절명의 위급한 순간에 많은 사람들이 경험하고 있다.

순간적으로 전 인생을 요약해서 보여주는 것이 불가능하다고 할 수도 있으나, 우리는 이미 녹음기와 녹화기를 활용하여 우리의 말과 행동들을 기록했다가 다시 재생시키는 일을 하고 있다. 녹화 필름이 아주 빠르게 돌아간다고 보면 된다. 인간이 만든 기계도 이런 일을 하는데, 인간의 창조주가 이것을 못할까? 그리고 불교와 칼 융은 무의식(제8아뢰야식, 하드디스크)에 모든 것이 기록된다고 해 놓았다.

그런데 49일 동안의 심판이라는 것이 49일 동안 자기 마음이 만들어 낸 온갖 환상·환영을 겪거나 이것에 시달리고, 결국은 영혼이 저승에서 푸른색 빛·흰색 빛·노란색 빛·붉은색 빛·초록색 빛 순으로 빛(열=사랑, 밝기=진리)을 선택하는 데 있다는 것이다. 같은 색깔의 빛이라도 뜨겁고 밝고 강한 빛일수록 극락과 붓다의 경지로 들어가는 쪽이고, 열이 없고 탁하고 어두운 빛일수록 지옥과 육도 윤회 쪽이라고 한다.

현생에서 좋은 업을 짓고 깨달음이 높을수록 그에 비례해 뜨겁고 밝고 강한 빛이 좋아 그리로 가고(여기가 극락·천국이고 깨달은 부처의 세계인데 여러 단계가 있다. 호텔도 3~7성급이 있듯이) 나쁜 일을 많이 하고 영적 단계가 낮을수록 그에 비례해 열이 없고 탁하고 어두운 빛이 편안하고 좋아서 그 빛을 따라간다(육도 윤회 중 인간 이하의 세계인데 지옥도 감옥처럼 여러 단계가 있다)는 것이다. 불교에서는 이미 '3계

28천'을, 통일장 이론에서는 '11차원'을 얘기하고 있다.

이도 저도 아닌 평범한 사람들은 저승에 남아서 기쁨도 고통도 겪지 않고 멍한 상태로 무료하게 지내거나 점차 육체가 없는 것에 허전함을 느끼고 새로운 육체를 찾아서 미친 듯이 헤매다가 대개 49일 만에 환생(죽자마자 곧바로 환생하는 경우도 있다)을 한다는 것이다. 인연이 되지 않으면 49일 이상 대기를 하다가 인연이 되어야 환생할 수 있다.

그래서 생겨난 것이 3일장(장례)인데, 3일의 기간을 두는 것은 의학적으로나 영혼적으로 다시 깨어날 수도 있고, 실제로 그런 예가 간혹 있기 때문이다. 그래서 시체를 염할 때 매듭을 지어 묶지 않는다. 또 영혼이 육체를 순조롭게 다 빠져나오는 데 걸리는 시간이 3일이다. 죽자마자 즉시 영혼이 빠져나오는 경우도 간혹 있지만 대체로 3일이 걸리기 때문에 3일 이전에 매장이나 화장을 해 버리면 영혼이 육체를 빠져나오는 데 문제가 생겨서 다음 환생을 하는데 지장을 받게 된다.

미국의 레이몬드 무디 철학과 교수가 죽은 다음 다시 살아난 경우인 '근사경험(近死經驗)'을 책으로 써 놓은 것에 따르면 "처음 죽었을 때 캄캄한 어떤 터널 같은 곳을 빠져나오는데 자신의 신체가 침대 위에 누워 있는 것이 내려다보여, '이상하다. 내가 죽었는가?' 라고 생각을 한다.

☞ 영혼이 몸속을 빠져나오는 과정
제1차크라 회음부에서 출발하여→단전→배→가슴→목→미간을 통과하여 모든 차크라 영혼이 백회(百會)에서 모인 다음→백회를 통해 빠져나간다.

그리고는 아주 밝은 광명(저승사자)이 나타나 죽은 자가 평생 겪은 모든 일들을 잠깐 동안에 보여 준다. 그 뒤에 자기가 아는 먼저 죽은 사람들이 나타나 서로 안부를 묻는 등 얘기를 나눈다. 또한 의사가 자기를 살리려고 분주히 움직이고 가족들이 울고 장사 지낼 논의를 하는 것이 보고 들려, 가족들에게 말을 걸어 보지만 자기의 말을 알아듣지 못한다."

죽었다가 살아난 다른 예를 보면, 바로 위의 과정을 겪고 저승사자를 따라서 복숭아꽃이 만발한 아름다운 정원을 지나다가 다시 돌아왔다는 경우도 있고, 또 저승사자를 따라가다가 강물이 앞에 있어 멈췄는데 강 건너편에서 부모 등 조상이 다시 돌아가라고 해서 다시 돌아왔다고 하는 경우도 있으며, 또 강물을 건너기 전에 저승사자가 강을 건널 것인지 여부를 확인하여 '싫다'고 하니 다시 돌려보내 줬다는 얘기 등이 있다.

위에 경우는 다시 살아나는 경우이고, 살아나지 못하는 경우는 3일간 자신의 육체 주위를 떠돌며 가족들을 애타게 불러 보지만, 자신의 말을 알아듣지 못하는 것에 대해 답답해하고 섭섭해 하다가, 어쩔 수 없이 빛(안내자, 저승사자)을 따라 저세상으로 간다.

불교에서 49제를 지내는 것은 사람이 죽은 뒤 곧바로 환생하거나 49일 이전과 이후에 환생하는 경우도 있지만 대개 49일 만에 환생을 하기 때문에 그동안 좋은 선생(스님)을 모셔서 죽은 조상에게 '특별 고액 족집게 과외'를 시켜 전생의 잘못을 반성하게 하고 깨달음과 지혜를 늘려서 부처의 세계나 좀 더 좋은 곳으로 환생하도록 하기 위한 것이다. 그런데 영혼(제8식, 무의식, 블랙박스)은 육체를 벗으면 7~9배 더 똑똑해지기 때문에 평소 무식하거나 불교를 몰라도 법문을 알아듣는다고 한다. 법문을 알아듣고 반성하고 지혜를 얻으면 자기가 지은 현생의 선·악업보다 훨씬 상위(上位)의 좋은 곳으로 간다는 것이다.

「영계탐방기」에서는 죽은 뒤에 우리가 살았을 때와의 똑같은 세상이 펼쳐진다고 얘기하고 있다. 성격·선악이나 달란트가 비슷한 유유상종의 영혼끼리 모여서 살아간다는 것이다. 그런데 「영계탐방기」는 환생 부분이 없으니 그만두고, 「티베트 사자의 서」에서 죽은 다음을 설명해 놓은 것을 보면, 회색빛이 주야로 비치는 곳(저승)에 살아 있을 때의 모습과 성격을 똑같이 닮은 영혼의 발광체가 솟아오른다(化生). 영혼은 바위나 산도 거침없이 통과할 수 있고, 몸의 모양도 마음대로 바꿀 수 있으며 시공이 없기에 생각하는 순간 곧바로 갈 수 있다. 그러나 바람에 휘날리는 낙엽처럼 쉬지 못하고 끊임없이 이곳저곳을 헤매고 다니는 처지가 된다.

환생의 과정을 보면 우선 극락으로 가는 경우, ①복이 다하면 극락 호텔(5성급)에서 무조건 나와 다시 환생을 해야 하는 곳 ②극락 호텔(7성급)에 계속 거주 또는 환생을 마음대로 선택할 수 있는 곳 ③극락 호텔(10성급)에 머물며 환생을 아예 안 할 수도 있는 곳이 있다. 여기 극락에서 더없는 환희와 행복과 평화를 느끼며 지낸다.

지옥도 역시 극락호텔처럼 구치소→교도소→청송교도소→ 삼청교육대 등 여러 단계가 있어서, 여기서 정한 처벌과 형기를 다 채우고 난 뒤에야 환생을 할 수 있다. 지옥에서는 무슨 염라대왕이 있고 지옥사자가 죽은 자를 괴롭히는 것이 아니라 자기 마음속에서 나온 각종 환영·환상으로 인해 몸이 찢기고 난도질당하는 등 온갖 종류의 고통·고난을 겪는다. 깨달음의 단계가 낮기에 환영·환상을 사실로 느끼고 심한 고통을 받는다. 여기서 도망가려고 해도 무서운 낭떠러지(실제가 아니라 환영·환상)에 의해 막혀 있어 탈출할 수가 없다. 이것에서 벗어나는 길은 부처님을 생각하면서 불경을 외우는 것이다. 지옥에서 형기를 다 채우고 환생하려고 해도 모두 사람으로 환생할 수 있는 것은 아니며, 환생도 죽은 자의 생전 죄질에 따라 동물로도 환생할 수 있고 사람으로 환생도 흙수저~플라스틱 수저 급으로 태어난다.

일반 영혼은 대개 49일 만에 환생하게 되는데, 죽은 뒤 처음에는 가족을 잃고 혼자 된 것을 슬퍼하다가 그다음에는 육체를 벗어 7~9배 더 똑똑해지고 신체도 완전해지고 시간-공간-물질의 제약 등 어떤 걸림도 없이 마음대로 할 수 있어서 좋아하다가, 차츰 육체가 없는 것에 대해 허전하고 불안해하면서, 다시 육체를 갖기를 간절히 갈망하면서 육체를 찾아 미친 듯이 헤맨다. 그러면 영혼의 지금 모습은 점점 희미해지고, 미래의 삶에서 갖게 될 모습(사람, 동물 등)으로 변해간다.

이때에 영혼 앞에 여러 개의 동굴(자궁)이 나타나게 되고, 그 동굴 각각에는 환생할 장소와 부모, 탄생 후 인생 등을 전체적인 영상으로 보여 주며, 전생 업보와 깨달음의 정도에 따라 그중 하나의 동굴(엄마 자궁)을 선택하게 되면, 그 순간 예비 부모의 성교하는 모습이 보임과 동시에 자궁 속으로 순식간에 빨려 들어가게 된다. 즉 정자와 난자가 결합하는 순간 최고의 환희를 체험하면서 무의식(제8식) 속으로 기절해 버린다. 다시 깨어나면 개 등 동물이나 사람으로 이미 태어나 있거나 알이나 태아 상태 속에 갇혀 있는 자신을 발견하게 된다.

「티벳 사자의 서」에서는 죽은 자가 더 이상 윤회를 하지 않고 극락세계에서 태어나기를 원한다면, "나는 지겹고 끔찍한 윤회에서 벗어나 서쪽 극락세계의 아미타불 부처님 나라에 태어나고 싶다"고 진심으로 기원하면 즉시 그곳에 태어나고, 인간으로 큰 복과 지혜를 갖추어 태어나고 싶다면, "나는 삼라만상 모두에게 큰 봉사와 보시를 할 수 있도록 종교적 신심이 가득한 훌륭한 가문에 갖가지 좋은 장점을 갖춘 훌륭한 아들로 태어나고 싶다"고 기원하면 된다고 한다.

영혼이 육체에 들어오는 시기와 관련하여 여러 가지 설(說)이 있다. 정자+난자가 만나는 순간, 엄마 뱃속에 있을 때(구체적으로 뇌가 만들어진 다음), 탯줄을 자르는 순간 등이다.

「티벳 사자의 서」에 따르면 정자+난자가 만나는 순간 영혼이 들어오는 것이 된다. 정자+난자+아라야식=새 생명이 되는 것이다. 엄마 뱃속에 있을 때는 일반인들의 생각이고, 탯줄을 자르는 순간은 명리학계의 주장이다. 불교의 일반적인 입장은 이 세 가지를 다 인정한다. 「티벳 사자의 서」가 가장 자세히 되어 있으니 이것 위주로 좀 더 자세히 설명하면, 정자+난자가 만날 때 엄청난 스파크가 발생하는데, 이때에 영혼도 순간적으로 기절하여 순식간에 수정란 속으로 빨려 들어간다고 한다. 정자+난자+아뢰야식(제8식)=새 생명이다. 이 아뢰야식이 뇌(腦)가 성장함에 따라 그에 맞게 서서히 깨어나는 것이다.

12연기법으로 다시 설명하면 무명(無明)→행(行)→식(識)→명색(名色)~노사(老死) 등 12단계 중 네 번째 단계인 名色에서 영혼이 생겨난다. 식(識, 8식)이 모태에서 육체와 결합하여 명색(名色)으로 生한다.

그런데 사람들은 생전에는 이 세상을 '고해(苦海)의 바다이다',

'차라리 죽는 것이 낫다'고 하다가도, 막상 죽어서 육체를 잃어버리면 처음에는 섭섭해 하고 불안해하다, 곧 시공을 초월하여 마음대로 할 수 있고 똑똑해지고 신체도 젊고 완전해 져서 좋아하다가, 차츰 육체가 없고 혼자인 것이 너무 허전하고 불안해서 다시 육체를 갖고 환생하기를 간절히 소망한다고 하니, 참으로 아이러니가 아닐 수 없다.

직장 생활을 하면 간절히 은퇴하여 쉬고 싶다가도 오래 쉬다 보면 무료함을 견디지 못하고 다시 일을 그리워하는 것과도 같다. 그래서 황급히 이것저것 시도를 하고 또다시 세파에 시달리게 된다.

다시 비유를 들면, 집이(眞如) 최고인데 괜히 쓸데없는 생각(無明)으로 집을 나와(行, 識) 찜질방에 가서(名色) 뜨거운 황토방(生, 세상에 태어남)에 들어갔다가 조금 있으니 더워 죽겠다고 난리를 치면서(老·病), 얼음방(死)으로 황급히 뛰어가 '어 시원하다' 하다가 조금 후 '춥다'고 덜덜 떨면서 아까 뜨거운 황토방(還生)을 간절히 그리는 꼴이다.

이것이 일반 중생들의 끝없는 윤회의 삶이다. 이쪽(이승)으로 갔다가 저쪽(저승)으로 갔다가 하면서 시작도 끝도 없이 돌고 도는 것이다.

극락과 지옥은
어느 곳과 어느 차원에 있을까?

사후에 극락과 지옥은 있을까? 있다면 어디에 있을까? 극락과 지옥을 임시 방편설 이라는 말도 있으나 불교에서는 이미 '삼천대천세계와 3界 28天'을, 도교는 36天을, 물리학인 「통일장 이론」에서는 '11차원의 다중 우주론'을 얘기하고 있다. 11차원이 있다는 것은 우리 차원은 11개로 구성되어 있는데, 4차원 속에 나머지 5~11차원이 숨어 있다는 것이다.

첫째 : 세상은 음양이기에 이승이 있으면 저승이 있을 수밖에 없다. 그리고 인간은 관념의 세계에서 살고 있기에 조상들이 이미 관념으로 지옥과 극락을 만들었고 그 후손들이 지옥과 극락을 믿고 있기 때문에, 지옥과 극락은 관념으로 진짜 현존하며, 사후 관념으로 이뤄진 영혼이 자기 현생 업보에 따라 관념의 세계인 지옥과 극락을 찾아간다.

둘째 : 극락과 지옥은 「티베트 사자의 서」, 「지장경」에서처럼 지금 우리가 살고 있는 지구에서 차원(5~11차원)을 달리해 지구의 중력이 미치는 주위 하늘과 지구 땅속 어디에 있다. 거기에 영혼의 형태로 인연이 있을 때까지 머무른다. 고층 아파트에 여러 세대가 층을 나누어 살듯이…, 고층 아파트 비유가 곧 다중우주론 중 '막 우주론'이다. 그래서 보이지 않는 영혼이 우리와 같은 공간 내에 함께 있을 수 있다.

셋째 : 「불설아미타경」에서는 "여기에서 서쪽으로 십만억 불토를 지나가면 극락이 있는데, 아미타불 부처님이 계신다"고 하면서 금은

등 온갖 보물과 보석으로 치장된 아무런 고통도 없고 즐거움만 있는 극락에 대해서 자세히 묘사하고 있다. 그 밖에 무량수경-관무량수경-무량수의궤경도 극락세계를 자세히 설명하고 있다.

그렇다면 극락은 지구보다 훨씬 좋은 멀리 떨어진 우주 내 다른 별에 있으며, 사후 영혼은 그 별에 가서 영혼의 형태로 존재하거나 반(半) 영혼 반 육체나 육체를 가지고 다시 태어나서 사는 것이 되겠다.

넷째 : 금강경·화엄경에서 말 한대로 우주에는 여러 세계-계층-차원이 있는데, 극락과 지옥은 그 중 어느 하나에 있다. 첫째와 둘째에서 말한 차원과 장소에다가 거품·막·평행 우주론 속 어디별 어디 차원에서 영혼의 형태로 머무르거나 반 육체나 육체를 가지고 태어난다.

불교의 우주관은 수미산을 중심으로 한 3계(욕계-6천, 색계-18天, 무색계-4천) 28천(지옥~비상비비상천)이다. 즉 물질세계(욕계)-반물질 반영혼 세계(색계)-영혼의 세계(무색계)가 있는데, 영혼의 단계가 높을수록 물질을 차츰 벗어나 순수한 영혼의 형태로 투명하게 발전해 간다. 영혼은 자신의 생전 업(카르마)과 인연에 따라 상하로 움직인다.

위의 가정 중 첫째와 둘째는 지구라는 작고 부분적인 차원에서, 셋째, 넷째는 다중 우주(거품·막·평행 우주론)라는 크고 전체적인 차원에서 얘기한 것이다. 그러나 일반적으로 윤회는 자기가 태어나고 죽은 지구나 은하계 내에서 주로 일어나는 것이 옳다.

왜냐하면 육체와 영혼 모두를 지구에서 받았고 지구에서 업을 지었으니 다시 지구로 돌아가야지, 전혀 다른 인연-에너지-주파수-파동의 세계로 가고 또 거기에서 머무른다는 것은 맞지 않기 때문이다(그러나 지구 현생의 깨달음 정도가 커서 지구 수준보다

에너지나 주파수나 파동이 높을 경우에는 다른 세계나 차원으로 갈 수 있고, 또 특별한 인연-원생-소명이 있을 경우에는 다른 세계나 차원으로 갈 수 있다).

다섯째 : 또 이렇게 생각해 볼 수도 있다. 49일 등 단기간에 인간으로 환생할 영혼들은 지구 주위에서 머물다가 환생하고, 극락·지옥 등 특별한 곳에 가는 영혼들은 다중 우주 차원에서 다른 별이나 다른 차원에서 육체나 반 육체를 가지고 태어나거나 영혼의 형태로 머무른다.

그러나 죽기 전 살아서도 극락과 지옥을 여실히 맛볼 수 있다(극락과 지옥은 꼭 죽어서 있는 것이 아니라 여기 사바세계가 극락과 지옥이 공존하고 있는 곳이다). 탐·진·치와 역경(逆境)이 일어나면 극락문이 닫히고 지옥문이 열리며, 순경(順境)이 열리고 탐·진·치가 가라앉으면 지옥문이 닫히고 극락문이 열린다. 으랏차차!

도(道)를 아십니까?

사이비 종교인들이 "도(道)를 아십니까? 영원히 살고 천국 가는 방법을 아십니까?"라고 하면서, "곧 종말이 오니 이 세상·현실·돈과 물질이 아무것도 아니니 무조건 버리고 비워야 한다고 하고, 오직 신과 자기만 믿고 따르면 된다"라고 하면서 세뇌하고 정신을 뺏은 다음, 피땀 어린 돈과 예쁜 몸을 빼앗아 간다. 즉 파멸의 길로 이끈다.

종교의 이름을 내건 사이비·사기꾼·양아치·얼치기·반편이 종교인들이 하는 짓이다. 그러나 실제로는 사이비나 얼치기 종교인들이 더 부귀─명예─미인─현실을 집착하고 중요시한다. 돈과 현실을 버리라고 하는 것은 종교를 이용해 돈과 몸을 뺏기 위한 술수요 고등 사기일 뿐이다.

이처럼 아직도 일제 강점기 시절 재산 강탈·살인·강간·간음·사기 등 수많은 해악을 끼친 「백백교 사건」 등과 같은 사이비 종교가 근절되지 않고, 종교 간판─교주─제목만 바꾸어서 무수히 재연(再演)되고 있다.

그래서 공자님은 논어에서 "믿는 것만 좋아하고 배우지를 아니하면 그 폐단이 온 세상의 적이 되는 것이다"라고 하였다. 즉 올바른 신앙이란 것이 배워서 사리분별을 하면서 믿어야 그 믿음이 바로 서고 이로운 것이지, 배우지는 않고 믿음만 갖고 맹종·맹신을 하게 되면 자타는 물론 사회 전체를 혼란에 빠뜨리는 큰 폐단이 된다는 말이다.

또 일반 사람들은 종교를 믿고 도를 공부하거나 남들이 그렇게 한다고 하면, 돈 등 물질·현실이 전혀 중요치 않고, 부귀를 우습게 생각해야 하고, 마음만 중요시하고, 무슨 신비한 것을 추구하고, 약간 이상하고 덜떨어지고, 욕심내면 안 되고 모두 비워야 하고, 이상한 것을 생각하거나 쫓고, 현실에서 숨고 고립되고 회피·도피하고, 무소유와 공수래공수거라는 말을 수시로 읊조리고, 분별하면 안 되고, 무조건 착하고 점잖고 이해하고 져주고 양보하고 내어줘야 하고, 공리공론의 허황된 소리와 행동을 해야 하는 것으로 아주 잘못 알고 있다.

그리고 욕심이 왜 나쁜가? 모든 삼라만상의 생존과 발전이 모두 욕심에서 출발하고 욕심이 있기에 존재하고 가능한 것이다. 단지 욕심에 음양-화복-길흉-선악이 같이 붙어 있기에 양심에 따라 중용과 지혜를 잘 발휘해서 쓰라는 것일 뿐이다. 종교와 도와 깨침도 모두 욕심이다. 아이러니하게도 비움과 버림도 또한 욕심이다. 인간 포함 삼라만상은 욕심 없이 못산다. 특히 사람은 살아 있을 때는 생활에 필요한 이것도 있어야 하고 저것도 있어야 한다. 단지 양심에 따른 합리적인 욕심, 자리이타 하는 욕심, 그릇과 인연에 맞는 욕심을 내야 한다. 이런 욕심이 아니라면 자꾸 마음(그릇)을 비우는 연습을 해야 한다. 그래야 산다.

우리 전통 단군의 대의(大義 : 弘益人間·在世理化)와 깨달음은 밝고 강해지는 것이고, 집단적-부국강병의 깨달음이고, 정복자와 피정복자가 상생하는 것이었다(피 정복지를 잘 살게 해 주고 道를 전하고 문명화시켜 줌→新民). 그러나 현재는 밝은 것만 전해져서 홀로 숨고 피하는 나약한 깨달음, 개인적 깨달음, 저질 깨달음, 또라이성 깨달음만 남았다. 우리가 선진국·강대국이 되려면 강해지는 깨달음을 되찾아야 한다.

부처님께서 말씀하신 불교의 대의(大義)도 많은 사람들의 고통을 치유해 주고, 많은 사람들의 이익과 행복을 위하는 것이다. 수행도 안팎으로 하라고 했는데, 지금은 안으로만 하고 있다.

중용에서는 도에 대하여, "중(中)이란 천하의 근본이다. 하늘이 명한 것을 성(性)이라 이르고, 그 성(性)대로 따름을 일러 도(道)라고 하고, 도(道)를 잘 닦는 것을 교(敎)라 이른다"고 하였다. 하늘의 뜻에 따라 바르게 살라는 것이다.

기독교와 통일교에서는 하나님의 구원섭리는 창조본연 상태로 복귀하는 것이라고 주장하고 있으며, 증산교는 원시반본사상(元始返本思想)을 강조한다. 즉 창조주가 우리에게 준 '선(善)의 성품'으로 되돌아가는 것을 의미한다. 사실 거의 모든 종교와 도가 이것을 얘기하고 있다.

대종교의 중심교리가 삼진귀일(三眞歸一)인데, 삼진귀일이란 인간이 천신으로부터 '성품(性品)과 생명(生命)과 정기(精氣)'라는 삼진(三眞)을 받았지만, 인간이 갖고 있는 마음과 기운이 흐려지며 후(厚)한 육체가 박(薄)하게 되었기 때문에, 감정을 억제하고 기운을 조절하여 금욕함으로써 천신(天神)으로부터 받은 삼진으로 되돌리는 것을 말한다.

원불교에서는 도(道)를 '마음 밭 개발(心田 啓發)'이라고 한다. 즉 마음 밭에 난 잡초(惡心)를 매고 매어 없애고 농작물(양심)만 골라 가꾸어 가을에 많은 수확을 얻어야 한다는 것이다.

또 각종 종교와 성인들이 도를 공부한다는 것은 그릇된 생각에서 벗어나 지혜를 얻고 깨치고 해탈하고 열반에 들어야 한다고 했지, 누가 바보·또라이·정신병자가 되고, 사회 부적응자가 되라고 했단 말인가?

어느 미치고 덜떨어진 개새끼가 이런 개소리를 하고 이것을 믿고 실천하고 있단 말인가! 똥통에 빠지고 무간지옥에 떨어질 잡놈들이다.

이것은 소승·도교의 은둔주의 도, 사이비와 얼치기의 잘못되고 덜떨어진 도이다. 심지어 남자가 긴 머리에 귀걸이를 하고 군복 등 이상한 옷을 걸치고 아무한테나 반말과 상소리를 하고 궤변을 늘어놓으면서 청와대 앞에 가서 노상방뇨를 하다가 잡힌 것을 자랑하기도 한다.

모든 종교의 출발점이 자연-미래-죽음 등 불가항력에 대한 두려움 해소와 극복, 일신과 사회의 선(善)과 행복을 추구하기 위해 만들어졌듯이 결국 종교와 도의 궁극적 목적은 잘 먹고 잘사는 것이다. 잘 먹고 잘살기 위해서는 항산(恒産)-항신(恒身)-항심(恒心)을 잘해야 한다.

부처님 말씀처럼 일상적인 삶의 현장에서 다수에게 실질적인 이익-선(善)-행복이 되는 방법을 찾고 가르치고 동참시키는 것이다. 즉 도는 양심-상식-경우대로 지혜롭고 합리적으로 살고 서로 상생하면서 잘 먹고 잘사는 것이다. 그런데 이 간단한 것과 말을 각 종교마다 온갖 어렵고 복잡한 말을 써가며 왜곡을 해 놓아서 헤매게 되는 것이다.

양심과 진리의 길을 찾자는 데 있다. 진리의 길은 나를 자유롭게 하고 행복하게 한다. 진리의 길은 나에게도 좋고, 남에게도 좋고, 지금도 좋고, 나중에도 좋아야 한다. 행복은 준비하는 것이 아니라 바로 지금부터 행복해야 한다. 오늘 행복하지 못한 사람은 내일 행복할 수가 없고, 이생에서 행복하지 못하면 내생에 가서도 행복할 수가 없다.

실질적으로 세계 모든 종교들은 공히 현실과 이상세계 모두 중요시하라고 가르치고 있다(중도, 중용, 균형과 조화). 진리는 중도에 있지 이것과 저것에 고정되어 있지 않다. 그런데 일부 종교인들이 잘못 이해하거나 부분만 이해해서 잘못 가르치고 있는 것이다. 그리고 현재와 살아서 잘 살지 못하면 미래와 사후에도 결코 잘살지 못한다.

그래서 도와 종교의 궁극적 목적이 양심·상식·경우·지혜를 가지고 잘 먹고 잘사는 것이다. 좀 더 구체적으로 나도 잘 먹고 잘살고, 너도 잘 먹고 잘살고, 우리 모두 잘 먹고 잘살자는 것이다. 맡은바 직분을 양심 바르고 지혜롭게 최선을 다해서 부모와 처자식 잘 봉양하면서 자리이타의 삶을 사는 것이다. 그래서 지상천국−불국정토를 만드는 것이다.

절대로 위에서 언급한 것처럼 현실을 무시하고 현실을 외면하고 현실을 버리고 이상한 짓을 하는 것이 아니다.

어설픈 종교 교수−종교인들이 펄펄 뛴다. "그럼 동물과 다른 것이 무엇입니까?"라면서…, 먹는 부분에 한정지어서 생각을 하는 것을 보니 말하는 네놈들이 무식한 동물이다. 아가리를 닥쳐라. 확 째기 전에…

道의 종착점은
다시 현실과 물질로 되돌아오는 것이다

도는 위에서 말한 것처럼 현실 도피도 아니고 신비주의도 아니다. 육체적-정신적-개인적-사회적으로 잘 먹고 잘사는 것을 연구하고 실천하고 동참시키는 것이다. 불국정토-지상천국을 건설하자는 것이다.

그런데 프로 종교인-도사들도 겨우 사법계(事法界)→이법계(理法界) 까지만 이해하고, 초탈-청렴-깐깐-비난과 비판-폭언-희롱-여유-기행-고상을 떨면서 스스로 도통했다고 착각을 한다. 이것이 다인 줄 알고 금과옥조처럼 여긴다. 노땅에~ 꼰대에~ 또라이에~ 반풍수에~ 돌팔이에~ 선무당에~ 앞뒤 꽉 막힌 줄 모르고…, 이건 차라리 시정잡배나 사법계(事法界) 수준보다 못하다. 그래서 헤매고 자타에 해를 끼치고 외면받고 진짜를 만나면 한방에 부서지고 나가떨어진다.

도(道)라는 것은 첫째 : 사바세계의 현실이 고(苦)라는 부정에서 출발해서, 둘째 : 현실을 부정하고 진리와 대안을 찾아야 한다. 셋째 : 부정한 현실에서 진리를 알아 다시 현실의 중요성을 깨닫고 대안을 가지고 현실로 돌아오는 것이다. 이것을 설명해 놓은 것이 화엄경이고 십우도이다. 넷째 : 현실과 물질로 되돌아와서 현실을 불국정토로 바꾸어 나가는 것이다. 그래서 어떤 선사는 깨침 후에 "도가 세상과 다른 별것이 없는데, 괜히 부처가 나와서 이런저런 소리를 했다"고 했다.

그러나 그냥 가만히 집(진리의 세계, 진여, 부처의 가르침)에 있으면서 집이 최고로 좋다고 생각하는 것하고, 집이 나쁘다고 잘못 생각해서(無明) 일단 가출했다가 온갖 풍상을 겪고 다시 집으로 돌아와 집이 최고라고 생각하는 것은 천지 차이로 틀린다. 하지만 대부분 다시 집으로 돌아오지 못하고 중간에서 헤매다가 자타에 피해만 끼치다가 죽고 만다. 연어가 성장하여 태어난 물로 회귀하듯이 다시 돌아와야 한다. 가출해서 헤매면 집에 가만히 있는 것보다 더 나쁘다.

성철 스님이 첫째 : "산은 산이요, 물은 물이다" 하면서 산(현실, 用, 事法界)과 물(이상사회, 體, 理法界)을 별개로 봤다가(→현상 집착), 둘째 : "산은 물이요, 물은 산이요" 하면서 산과 물이 고정된 형태가 아니라 서로 다르면서 같은 것이고 같으면서 다른 것(理事無碍) 임을 알았다가(→同體大悲), 셋째 : 다시 "산은 산이요, 물은 물이요" 하면서, 그래도 결국 현실이 진리이고 극락이라 현실은 엄중하며 피할 수 없고 소중히 하고 충실해야 한다고 느낀 것과 같다(事事無碍, 다시 현실로 돌아옴).

화엄경 진리처럼 "사바세계의 현실(물질)이 곧 부처님의 화현이며 극락세계"라는 것을 알았던 것이다. 즉 다시 출발점인 현실과 물질로 되돌아와야 한다. 모든 법 그대로가 진리이고 실상이라는 것을 알아야 한다. 부정을 한번 완전히 거쳐서 다시 긍정한 것이다. 즉 부정적인 긍정이다. 부정을 완전히 거쳐서 다시 긍정을 할 때 진리가 확연히 진다.

그런데 수많은 사람들이 다시 현실(물질세계)로 돌아오지 못하고, 현실과 이상세계가 다른 것인 줄 알고 헤맨다. 그 중간에서 그만 길을 잃고 헤매면서 염세·은둔·회피·신비·운명주의에 빠져서 허덕인다.

십우도(十牛圖)에서처럼 산에 갔으면 소를 찾아서 집으로 돌아와야 한다.

주역과 중용 모두 "도가 사람(현실)을 떠나서 있는 것이 아닌데, 사람이 도를 하는데 사람을 멀리한다면 도를 행하는 것이 아니다"라고 하였다. 사람과 세상과 관계가 없고 이익이 안 되는 것은 도가 아니다.

도와 깨침과 열반이 인간-육체-세속-물질에 떠나서 있는 무슨 신비한 현상이 아니라, 양심과 상식과 경우대로 합리적으로 살고 상생하고 지혜롭게 처신하는 것이다. 도와 깨침도 단지 삶의 한 과정일 뿐이다.

부처님께서 왕궁을 버리고 출가하여 도를 이룬 다음 현실을 중요시하고 다시 가족과 고향으로 돌아와 법을 전했듯이, 우리는 출가하여 '상구보리(上求菩提)' 한 다음 다시 '하화중생(下化衆生)' 하러 속세와 현실로 와야 한다.

이상세계가 따로 있는 줄 알았는데, 다시 현실로 와야 하고 현실(물질세계)이 곧 이상사회라고 하니까, 답답하고 섭섭한가? 이것을 잘 설명해 놓은 것이 화엄경이다. 섭섭해 하지 말고 공부를 더 해야 한다.

종교와 도를
어떻게 믿고 닦아야 하는가?

종교와 도가 무엇이고, 어떻게 종교를 믿고 도를 닦아야 되는지, 가장 현실적이고 합리적으로 잘 설명하고 올바르고 수승하게 잘 이끌어 주는 종교가, 불교계의 공자(주역을 공자가 최종 정리하여 집대성하였듯이, 원불교 교조 박중빈도 불교를 현대적으로 재정립하고 발전시킴)이며, 불교의 신약(기존의 불교가 성경의 '구약'이라면 원불교는 성경의 '신약'에 해당된다고 할 수 있다) 이라고 할 수 있는 원불교이다.

원불교에서는 처처불상(處處佛像), 사사불공(事事佛供), 무시선(無時禪), 무처선(無處禪), 동정일여(動靜一如), 영육쌍전(靈肉雙全), 불법시생활(佛法是生活) 생활시불법(生活是佛法)이라고 하여, 대승불교를 포함한 각종 기존 종교들에서 잘못 이해했거나 몰라서 빠뜨렸거나 겉 다르고 속 다른 이중적 행태를 한 것을 올바르고 제대로 바로 잡아 놓았다.

즉 기존 종교에서 동(動)-현실-생활-실천-물질(육체, 경제) 등을 낮추어 보고 소홀히 하고 외면하고 '눈 가리고 아웅' 했다면, 원불교에서는 동(動)과 정(靜), 현실과 이상, 종교와 실생활, 이론과 실천, 정신과 물질 모두를 중시하고 동시에 병행하도록 하여 수레의 양 바퀴와 비행기의 양 날개를 모두 갖췄으며, 현 시대상과 중생들의 근기에 부합하였다. 그리고 불교에서 맹목적으로 신비화하고 두리뭉실 총론만 얘기한 깨달음에 대해서도 그 과정과 방법 등을 상세히 설명하고 있다.

또한 이를 위한 세부적인 삼학으로 정신수양→사리연구(事理硏究)→ 작업취사(作業取捨)를 강조하여, "정신을 수양하여 수양력을 얻었고, 사리를 연구하여 연구력(세상 이치 및 일의 깨달음과 지혜)을 얻었다 하더라도, 실제 일에서 실행을 하지 못하면 수양과 연구가 수포에 돌아갈 뿐이요. 실 효과를 얻기가 어렵다. 예를 들면 줄기와 가지와 꽃과 잎은 좋은 나무에 결실이 없는 것과 같다"고 하였다.

그러나 종교를 맹신하거나 모든 것을 종교에 의지해서는 안 된다. 영성만 있고 지성이 없으면 사이비 종교에 빠져서 패가망신한다. 사람을 위한 종교이지 종교를 위한 사람이 되어서는 안 된다. 종교는 단지 방편일 뿐이다. 퇴계 이황 선생은 "윤리라는 것은 누구나 잘 살아가기 위해 필요한 것이지, 사람을 희생시키기 위해 있는 것이 아니다"라고 말하면서, 최고 유학자로서의 명성과 집안의 체면을 버리고서 일찍 과부가 된 둘째 며느리의 재가(再嫁)를 적극적으로 도와주었다. 또 고려는 불교로 시작해 불교로 망했고, 조선은 유교로 시작해 유교로 망했다.

불교를 잘못 믿고 받아들이면 티베트처럼 중국에 대살육을 당하고 결국 나라마저 빼앗기고 만다. 티베트(토번)는 한때 강대하여 당나라 태종이 '문성공주'를 티베트 왕에게 시집을 보내야 할 정도였지만 불교를 '착할 선'으로만 지엽적으로 잘못 해석하고 믿은 관계로 중국의 식민지에다 가장 못사는 지역 중에 하나로 떨어진 것이다. 하늘 즉 종교의 도인 '착할 선'(善)만 강조하고, 땅의 도인 적자생존과 약육강식과 도전과 응전을 외면해서 현실과 무(武)를 천대하고 상무정신을 잃어버리고 국방력을 무시한 것이 티베트의 현재 결과를 가져온 것이다(속담 : 강도는 칼로 맞서야 하고 미친개는 몽둥이로 맞서야 한다). 하늘의 도와 땅의 도는 수레의 양 바퀴라 반드시 양쪽 다를 알고 행할 줄 알아야 한다.

불교의 일부 뜻이 '불살생'이지만 또 부처는 "열 사람을 살리기 위해서는 한 사람을 죽여야 한다면 죽이라"고 했고, 신라는 불교의 생사일여관(生死一如觀)의 정신을 갖고 삼국을 통일하였으며, 일본은 선검일여(禪劍一如) 정신으로 한때 조선·중국 등 아시아를 제패했다. 즉 불교를 믿어서 못사는 것이 아니라, 그 정신을 잘 알고 잘 활용하면 흥하고, 그렇지 못하면 후진국이 되고 나라마저 빼앗기는 것이다. 즉 계율을 지키되 또 계율에 절대적으로 얽매여서는 아니 된다. 어느 하나에 매이고 집착하는 것은 도(道)라고 할 수 없다. 저울의 추는 어느 한 곳에 고착하지 않고 물체에 따라 자유 무애하게 이동하여 중량을 알아낸다. 결국 중(中)은 시간, 장소, 위치, 조건에 따라 변한다는 말이다.

그리고 종교 지도자에 대해 절대 맹신·맹종을 하지 말아야 한다. 맹신과 맹종을 하다가 동서고금에 수많은 사람·민족·국가들이 정신적·육체적·문화적·물질적·사회적 피해를 보는 것을 고전과 주위와 언론보도에서 쉽게 알 수 있다. 성직자들은 결단코 대단한 사람들이 아니다. 단지 종교와 진리에 나아가는 가이드 역할만 할 뿐이다.

그들도 탐·진·치와 세파에 허덕이는 어리석은 중생일 뿐이며, 오히려 학·경력과 인격·팔자 등 모든 면에서 사바세계의 우리보다 훨씬 못한 사람들이 거의 다이다. 그런데 왜 맹종인가? 그들을 단지 참고만 하되 결국은 부처님 말씀처럼 자등명 법등명(自燈明 法燈明) 해야 한다. 성직자들을 비방한다고 할 수 있으나 성직자들도 결국은 중생을 위해서 있는 것이니 중생들이 사이비나 반편이에 당하지 말라는 뜻에서 고언을 하는 것이다.

진리는 어느 한 종교에만 있지 않다. 모두 다 알아야 한다

종교가 대우주-대생명-대자연-신의 참뜻에 따라 살고 개인의 심신과 사회를 건강하고 행복하게 하는 목적은 같지만, 그 종교별-교파별 주장 내용이 다 다르고 역시 인간이 만든 것이라 모두 장단점이 있다. 이에 주역에서는 "돌아가는 곳이 같은데도 가는 길이 다르며, 한 가지를 이루는데도 생각은 백 가지로 다르다"고 하였다. 결국 진리는 하나인데 이것을 표현하고 이해하고 실천하는 방법이 다른 것뿐이다.

그래서 유불선은 물론 기독교 등 모든 종교를 알고 믿을 필요가 있다. 어느 한 가지로는 완전할 수 없고 단점들도 있어서 종합이 필요하다. 산의 정상은 하나이고 올라가는 길이 틀릴 뿐이지만 아무래도 등산로 여러 곳을 다 올라 가 보는 것이 산을 더 잘 이해할 수 있다. 더 나아가 남의 산에 가서 내 산을 한번 보면 내 산을 더 잘 알 수 있다.

옛날에는 인구가 적고 교통·통신의 미발달로 종교가 특정 민족과 지역에 근거하여 만들어졌고 사회현상도 간단하여 하나의 특정 종교만으로도 능히 대중들을 교화하고 난국을 바로 잡을 수 있었으나, 이제 인구가 급격히 늘어나고 교통·통신의 발달로 지구촌이 되고 과학시대와 물질문명의 비약적인 도약으로 모든 것이 수만 배로 복잡다단하게 늘어난 데다 대중들의 교육 수준도 높아져서 전 세계인들에게 통하는 전문성과 보편성이 부족하게 되었다. 이에 모든 종교의 단점은 버리고 장점만을 모아서 대도대법(大道大法)을 펼쳐야 할 필요성이 대두되게 되었다.

따라서 동서고금의 최고 종교인 불교를 중심으로 삼되 여러 종교를 모두 알아야 한다. 불교는 안으로 들어가 마음자리(心)의 근원을 연구하는 것이다. 그러면 밖은 어떻게 할 것인가? 달팽이처럼 자꾸 안쪽으로 들어가 한쪽만 치우치면 완전한 것이 못 된다. 안팎 모두 공부해야 한다. 그래서 수신제가치국평천하, 명명덕(明明德), 입신양명, 신민(新民)을 주장하면서 안에서 밖으로 뻗어나가는 유교를 병행 공부해야 한다. 수신제가치국평천하·신민은 불교의 '상구보리 하화중생'의 또 다른 이름이기도 하다. 세상을 다스리는 데는 유교가 최고이다. 또한 유교의 삼강오륜과 인의도덕도 빼놓을 수 없다. 유교(人-性)는 존심양성(存心養性)·진심지성(眞心知性)이고, 불교(地-肉)는 명심견성(明心見性)이며, 도교(天-魂)는 수심연성(修心練性)이다. 옛날 조사들은 유교가 뿌리는 심는 것이면, 도교는 뿌리를 북돋워 주는 것이며, 불교는 뿌리를 뽑는 것이라고 했다.

그리고 불교·도교의 한 갈래인 기독교도 믿고 배워라. 기독교는 간단하고 이해하기 쉽고 실천하기 쉽고 은혜받기 쉽다. 주역에서 "쉽고 간단하면 따르기 쉽고 오래 하기 쉽고 공이 크다"고 했다. 지금 세계를 지배하고 있는 서양의 선진 문물·문화·제도의 근간이기도 하다. 기독교가 물질문명과 함께 자유-평등-민주주의-인권-복지-자본주의도 만들어 냈다.

또한 우리는 기독교 세력(美國)에 3가지 큰 은혜를 입었다. 첫째 : 일본으로부터 해방을 시켜줬고, 둘째 : 6·25전쟁 시 구원해 줬으며, 셋째 : 산업화 과정에서 안보와 경제발전에 큰 기여를 했다. 자유민주주의와 자본주의 등 각종 선진 제도도 줬다. 기독교를 모르고는 서양과 이 세상을 이해할 수 없다. 후천인 현 시대의 큰 시절 인연은 서양-기독교-과학이다.

도교도 알아야 한다. 즉 성명쌍수(性命雙手)를 해야 한다. 성(性)은 불교로 마음을 닦고, 명(命)은 도교의 호흡법을 통해 몸을 강철같이 단련하는 것이다. 성(性)만 닦고 명(命)을 닦지 않으면 지혜는 밝지만 몸이 아프고 신통력이 나오지 않고, 그 반대는 장수(長壽)는 할지라도 지혜가 없다. 우리는 불로장생·우화등선은 못 하더라도 건강하게 살아야 한다.

신라 최치원 선생이 왜 유교(인간이 갖춰야 할 도리, 예의)-불교(마음)-도교(몸) 삼교를 모두 알아야 한다는 '포함삼교(包含三敎)'를 주장했고, 탄허 스님이 주역 포함 유불선 모두를 공부하고 능했는지 다 이유가 있는 것이다. 옛 속담에 "동쪽을 바르게 보려면 서쪽에서 보아야 한다"고 했다.

1990년대 세계 종교학자들이 모여서 모든 종교를 비교해 보았더니, 73%는 같았고 나머지 27%만이 각 종교의 특징을 나타내는 말이었다.

즉 겉모습만 다르지 우주의 근본을 찾고 신의 뜻을 헤아리는 것은 모두 똑같다는 것이다. 그리고 사실상 종교란 것이 '고통은 싫고 행복하고 싶고 죽기 싫고 죽음이 겁나서 영생하고 싶다는 것'이고, 또한 '양심과 상식과 경우대로 살라'는 것을 어렵고 복잡하고 신비스럽게 해 놓았을 뿐이다.

지금 종교가 빛과 소금의 역할을 하지 못하고 부패해 있고 종교 간 전쟁을 벌이고 있는 것은, 종교도 일부 문제가 있지만 그것보다 종교를 가르치는 사람들이 잘못되어 그런 것이다. 따라서 자기 종교의 단점은 개선하고 복잡한 교리나 우월성 대신, 세계 사랑과 평화를 이루는 지혜를 가르쳐야 한다.

종교 공부는 기독교→유교→도교→불교→원불교 순으로 해라. 서산대사는 마지막으로 사교입선(捨敎入禪)을 해야 한다고 했다. 학문을 어느 정도 연마했으면 이를 버리고 선정(禪定)에 들어가는 것이 순서라는 것이다. 그간 공부(배추와 양념)를 선정을 통해 하나로 녹여 내고 발효(잘 익은 김치)시키고 뭉뚱그려 크고 깊게 끓어 칠 줄 알아야 한다.

깨달음의 의미와 순서,
그리고 열반

'깨달음'이란 말은 인도 힌두교에서 비롯된 것으로, 힌두교의 깨달음이란 자아(自我 : 아트만)와 우주적 자아(브라흐만)의 완전한 일치를 의미하는 범아일여(梵我一如)의 원리를 깨닫고 그 경지를 체험하는 것이 수행의 궁극적인 목표인 해탈이며, 이것이 최고의 행복이라는 것이다. 이것은 한 개인의 자아가 우주적 자아와 일치할 때, 곧 브라흐만과 합치될 때 위 없는 행복, 최고선에 도달할 수 있다는 것을 의미한다.

즉 우주적 자아(참나, 진여)가 여러 개로 나누어지고 거기에다 각각의 개별성을 부여하기 위해 에고(ego)를 갖다 붙인 것이 나인데, 내가 우주적 자아였던 것을 잊고 너무 에고에만 집착하여 개별적인 나만 생각하게 되니까, 망각하고 있었던 우주적 자아도 함께 생각을 하라는 것이다.

오온(五蘊)과 나라는 에고(自我, 我相, 7식)가 녹아서 나와 우주가 합일된 관계가 되는 것이다. '나'라는 의식 속에 갇혀 있던 한계를 깨고 큰 우주적 자아(참나)와 하나라는 것을 자각하는 것이다. 그래서 자아를 성숙시키고 나 위주의 삶에서 자리이타와 공익을 위한 삶으로 바꾸는 것이다. 우주의 참뜻과 양심에 따라 사는 것이다. 빅뱅이론과 프랙탈 이론에 따르면 나와 우주는 같은 것이고, 모든 것은 양자물리학과 연기론에 따라 중중무진 인다라망으로 서로 연결되어 상호작용을 하고 있기에 불가분의 관계이다. 즉 서로 같은 동체(同體)이다.

부처님 당시 힌두교식 업-윤회사상이 일반적으로 수용되면서, 중생들 사이에는 염세주의가 퍼져 나가고 이런 고통스런 세상 안에서 끊임없이 윤회해야 한다는 교리에 심각한 공포와 좌절을 느꼈으며, 이에 부처님 등 많은 사상가들이 윤회의 현실에 만족치 않고 윤회의 동력인 '업(業)'을 소멸함으로써 해탈 열반을 획득하려는 시도를 하였다. 즉 무명(無明)에 의하여 업(業)이 있고 업력(業力)에 의하여 윤회가 계속되는 것이므로, 부자유 불완전의 근본 원인인 무명을 제거하여 업과 윤회의 속박에서 벗어나 자신의 본연상태인 '참나'에 환귀코자 한 것이다. 이 과정에서 불교-자이나교 등 수많은 사상과 종교가 태동되었다.

그러나 불교는 힌두교의 아트만 사상과 반대로 아(我)란 본래 없는 것이라고 하여 무아(無我)를 주장하는 입장이며, 모든 것은 인연에 의해 생겨난 것이기 때문에 그 실체(實體)도 없고, 또한 그러한 연기적(緣起的) 존재는 시간 속에서 변해가는 무상(無常)한 모습이라고 했다. 불교는 괴로움의 원인을 세상만사와 만물은 실체가 없는 무아이고 무상하며 인간의 능력은 유한한데 욕망은 무한한 데서 오는 괴리라고 얘기하고, 수행의 통해 욕망(慾望)의 불길을 꺼서 열반(涅槃)에 이르고자 한다. 무상(無常)이고 무아(無我)임을 자각함으로써 마음을 속박하는 집착심으로부터 해방되어 대 자유를 성취할 수 있다는 것이다.

불교에서는 늘 '깨달음'(正覺)을 강조하지만 불경이나 스님들이 쓴

책이나 말에서 보면 정작 깨달음에 대하여 구체적으로 손에 잡히는 것이 전혀 없고 총론만 이야기해 놓거나 구름 잡는 이야기거나 심지어 자기가 직접 느껴야지 말로 도저히 설명할 수 없다고 해 놓았다. 말로 못한다는 것은 사기이고 가짜이다.

인간이 인간의 생각과 일을 왜 말과 글로 설명하지 못하는가? 말로 하면 원뜻을 다 전달할 수가 없고 원뜻이 왜곡될 수가 있다고 생 까고 핑계를 대는데, 말이란 원래 다 표현을 못 하는 것이다. 그렇게 따지면 세상 그 어떤 것도 말로 못한다. 큰 과정과 윤곽에 대해서 얼마든지 말과 글로 표현하고 「매뉴얼」까지 만들 수 있다. 하찮은 전자제품 사용 매뉴얼은 물론이고 그 어렵고 복잡한 우주선, 원자·수소폭탄조차도 제조 방법과 매뉴얼이 다 있다. 그런 것 없이 시종일관 신비화만 하고 있으니 후학들이 길을 잘못 들어 헤매고 깨달음은커녕 '상기병·주화입마' 등 각종 병으로 스스로에 해만 끼치다 죽고 마는 것이다.

직접 국을 떠먹어봐야 안다는데, 그 떠먹은 맛이 무엇인지 일부분이 라도 설명을 해 봐라! 개인 편차가 있고 말의 한계가 있어서 다 전달 할 수 없고 다 받아들일 수 없지만 그래도 큰 과정과 윤곽은 잡을 수 있다. 서양 사람들은 만사만물을 말과 글로 자세히 잘도 설명할 뿐만 아니라 그것을 기계와 제도로 만들어 내어 세계를 지배하고 있다.

그리고 인간끼리 말과 글로 설명이 안 되는 것은 공감은커녕 실생활에 쓰일 수도 없다. 진리가 꼭 말과 글에 있지 아니하나 분명 말과 글로 나타낼 수 있고 말과 글을 떠나서 있는 것도 아니기 때문이다. 그러니 서양인들처럼 실험해서 증명하고 기계나 제도를 만들어 내지는 못하더라도 말이나 한번 제대로 해 봐라. 궁예처럼 관심법(觀心法)을 해서 알랴? 실상은 아무것도 없으면서 괜히 자랑하고 신비주의나 일삼는 개수작이다. 고등 사기꾼이다. 모르고 특별한 것이 없으니 애써 숨기고 더 그럴듯하게 보이고자 하는 것이다. '깨달음'이란 신비주의 마케팅으로 앞으로 존경과 뒤로는 술밥과 돈을 잘도 얻어 처먹고 있다.

깨달음의 구체적 방법과 수단-과정-장애-깨달은 내용과 느낌-특징-육체적 변화-신비한 현상-결과 등을 왜 말로 설명을 못 하는가?

원불교 교전에 이러한 갈증을 해소해 줄 진리가 대충이나마 들어 있다. 깨달음을 추구하는 사람은 원불교 교전을 반드시 챙겨 볼 일이다. 그런데 기존 불교에는 아무것도 없다. 그냥 닥치고 참선을 하라고만 한다. 옛날에는 알음알이가 병이라며 책도 보지 말라고 했다. 자기가 그토록 믿는 종교 교리가 뭔지도 모르고 동서남북도 모르면서 도대체 뭘 하고 어디로 간단 말인가? 무식을 넘어서 미친 돌대가리로 지옥에 처넣어야 한다.

차라리 일반인과 서양인이 불교를 공부하여 불교나 깨달음에 대하여 말을 하거나 써 놓은 것이 더 낫다. 이러니 깨달음이 말장난이고 빈 깡통과 빈 수레를 감추기 위한 신비주의 취급을 받는 것이다. 금강경(수다원→사다함→아나함→아라한→보살마하살→부처)이나 화엄경 십지품(十地品)에 깨달음의 단계에 대해서 써 놓았지만 역시 불교의 취약점인 각론과 현실성이 아주 떨어지는 것을 또다시 확인할 뿐이다.

그래서 깨달음에 대해 후학들이 참고하여 공부의 바른 나침반이나 디딤돌로 삼을 수 있도록 '깨달음의 순간을 가장 구체적이고 잘 묘사'해 놓은 큰 글(뇌파진동 : 출판사-브레인월드, 저자-일지 이승헌)을 소개할까 한다.

"깨달음이란 뇌파(腦波)를 자기 의지대로 조절하고 창조하는 것! 즉 환경에 지배당하는 것이 아니라 자기 속에 잠재된 힘을 끌어내서 원하는 삶을 마음대로 창조할 수 있는 것이다.(주체적인 삶) 깨달음은 이미 우리 뇌 속에 잠재되어 있는 우주 에너지(무의식, 제8식)와 통하는 것이요. 우주의 정보장(대우주, 대생명, 천지 대자연)과 하나가 되는 일이다. 우주의 에너지와 공명(共鳴)이 일어날 때 우리는 자기 내부에 있는 참 자아(진여, 불성)를 깨닫게 된다. 내가 우주와 하나라는 신성(神性)의 목소리를 듣게 되는 것이다.(깨달음) 모악산에서 21일 동안 먹지도 자지도 않은 채 스스로를 삶과 죽음의 경계까지 몰고 갔다(예수 40일 단식). 그 기간 동안 나는 오감의 세계를 넘어선 초의식 상태에서 수많은 기적, 영적 체험을 했다. 몸은 절반쯤 수면 상태에 들어가 있는데 의식은 지극히 명료한 각성 상태였던 것 같다. 시간이 흐를수록 극심한 고통과 공포가 느껴졌다. 머리뼈가 늘어나는 것처럼 빠지직거리는 소리가 연신 고막을 울렸고, 눈은 빠질 듯 아팠다. 뇌는 시들시들 쪼그라들면서 바짝 마른 느낌이 들었고 금방이라도 폭발할 것 같았다. 그런데 바로 그 순간에 내면에서 울려오는 소리가 있었다. '내 몸은 내가 아니라 내 것이다(梵我一如)'라는 생각이 나를 뚫고 지나갈 때 내 머릿속에서 '펑'하고 엄청난 폭발음이 들려 왔다. 처음에는 머리가 날아가 버린 줄 알았다. 그리고 거짓말처럼 모든 통증이 사라지고 엄청난 평화가 찾아왔다. 주변이 온통 빛으로 환해지는 것을 느꼈고 온몸의 세포 하나하나의 감각이 믿을 수 없을 정도로 확장되었다. 또한 뇌 깊숙한 곳에서 어떤 목소리가 천지사방으로 울려 퍼졌다. 그동안 궁금했던 "나는 누구인가?"라는 질문에, "나는 천지 기운이야! 나는 천지 마음이야!" 하는 답이 터져 나왔다(범신론·주역·화엄경 : 우리는 대우주·대생명·대자연의 일부라는 것이다 / 성인은 자연의 이치를 그대로 갖고 태어난 사람이며 성인의 마음은 곧 우주의 마음이다). 우주와 내가 둘이 아니었고, 산과 내가, 저 강과 내가 둘이 아니었다(理事無碍). 온 천지가 나와 함께 호흡(同體大悲)하고 있었다. 가슴에는 우주의 음악이 울리고, 피부로는 자연의 숨결이 드나들었다(우주와 합일). 나는 그 순간 모든 생명의 근원이 '빛'과 '소리'와 '파동'이라는 것을 알았고, 우주의 생명 에너지가 나의 뇌 안에서 출렁이고 있다는 것을 느꼈다. 모든 생명활동과 창조활동의 근원이 여기(뇌)에 있다(불성, 태극, 성령이 내 안에 있다).

각(覺)이란 무엇인가? 각은 '미(迷)'의 반대말로 한 생각이 일어난 것이 '미(迷)'라면, 한 생각이 일어나는 곳이 없는 줄 확연히 본 것을 '각(覺)'이라 한다. 아는 게 끊어진 자리를 보는 것을 말한다. 즉 시공이 끊어진 자리를 보고 그곳으로 돌아가는 것을 말한다.

☞ 시공이 끊어진 자리
불교 : 佛性, 自性, 眞如, 8識, 法身 등
힌두교 : 아트만
칸트 : 순수이성
주역 : 태극
플라톤 : 이데아, 善의 이데아
유교 : 性, 중용의 '中'
기독교 : 하나님·성부, 산상수훈 – 마음을 비우는 자, 마태복음 – 동자가 되는 것

삼라만상은 우리의 인생이 큰 꿈(大夢, 허상)이라는 것을 아는 것이다. 엄연히 육체가 있고 살아 있는데 무슨 꿈이냐? 고 할 것이다. 그러나 꿈-가상현실-사이버세계-시뮬레이션 속에서 그것이 꿈이고 가상현실이라고 알 사람은 거의 없다. 그렇기에 깨달음이 어려운 것이다.

참선에 대하여 만해 한용운 스님의 견해를 소개하면, "참선의 요점은 '적적성성'이다. 적적(寂寂), 즉 마음이 고요하면 움직이지 않고, 성성(惺惺), 즉 마음이 늘 깨어 있으면 어둡지 않을 수 있다. 그리고 움직이지 않으면 흐트러짐이 없고, 어둡지 않으면 혼타(昏墮)함이 없으니, 흐트러짐이 없고 혼타함이 없으면 마음의 본체가 밝혀지게 마련이다."

그리고 깨달음의 단계에 대하여 성철 스님은 보살 수행의 단계 또는 도달하는 경지를 자세히 설명한 화엄경 십지품(十地品)을 근거로 하여, 참선은 화두(自性을 깨쳐 들어가는 법칙)가 동정일여(動靜一如)→몽중일여(夢中一如)→숙면일여(熟眠一如)→숙면일여에서 한 걸음 더 나아가야 견성(見性)할 수 있다고 하였다.

성철스님은 해탈에 대하여 "생멸(生滅)하는 생각이 완전히 없어지는 것을 해탈이라고 한다. 생멸하는 생각이 없으면 생사도 없다. 이것을 철저히 하여, 제8아라야식의 근본무명(根本無明), 무시무명(無始無明)까지 모두 끊어지면 미래 겁이 다하도록 자유자재할 수가 있고, 그렇게 되면 완전한 해탈(解脫)을 얻을 수 있다"고 했다.

앞에서 무의식이 우리 삶의 배후 조종자라고 누차 말했듯이, 십우도(十牛圖)에서는 "소를 통제되지 않은 무의식(8식)으로 보고, 이 무의식을 소처럼 잘 다뤄서 길들이는 과정이 깨달음의 길이라"고 하고 있다.

반야심경은 "공(空)을 아는 것(오온이 모두 공함을 비춰 보고 일체 고액에서 벗어났느니라~)", 대승기신론은 "깨달음은 마음속에 생각(망념)이 떠나간 것", 육조단경은 "깨달음이란 생각이 끊어진 것", 금강경은 "상(相)을 떠나라(관념적인 생각을 일으키지 말라)" 등으로 표현하고 있다.

유교에서는 하늘이 인간에게 준 본성이 성(性, 理)으로 돌아가는 것, 사사로운 것을 다 이기고 하느님에게 타고난 기본적인 예(禮)를 회복하는 것, 즉 극기복례(克己復禮)가 깨달음에 해당된다.

도교의 「상청정경(常青靜經)」에서는 "사람은 음양이 있듯이 청탁(淸濁)과 동정(動靜)이 있어, 맑은 것은 흐린 것의 근원이 되고 움직이는 것은 고요한 것이 그 터전이 되니, 사람이 항상 맑고 고요하면 천지가 모두 그곳으로 돌아간다. 참으로 깨달음을 얻은 자는 항상 맑고 고요할 것이다"라고 했다.

주역에서는 깨달음에 대하여 "군자는 미미한 것도 알고 밝게 드러난 것도 알고, 부드러운 것도 알고 강한 것도 아니, 온 천하의 남자들이 우러러보는 것이다"라고 하였다. 능수능란한 팔방미남이 되어야 한다는 것이다.(속담 : 사내는 도둑질 말고 다 배워라) 또한 모든 만물이 태극(불교 : 眞如)으로부터 나왔고, 태극은 선(善)으로 만물을 내기 때문에 다시 善한 태극으로 돌아가야 하며, 이를 위해 대학에서 말하는 밝은 덕(德)을 밝힌다는 명명덕(明明德), 백성을 새롭게 한다는 신민(新民), 지극히 선한 데 그친다는 지어지선(至於至善)을 해야 한다고 했다.

문선명 통일교 총재는 "마음을 침착하게 가라앉히면 마음 깊은 곳에 마음이 가라앉는 자리가 있다. 그 자리까지 내 마음이 들어가야 한다.

마음이 거기에 들어가서 자고 깰 때에는 정신이 아주 예민해진다. 바로 그때 잡다한 생각을 물리치고 정신을 집중하면 모든 것이 통한다. 마음의 눈을 뜨고 있으면 숨기는 것까지 다 알 게 된다"고 했다.

불교를 공부한 독일 철학자 쇼펜하우어는 "우리의 모든 고통이 끊임없는 의지의 발동에 의한 것이므로 아예 의지 자체를 억제하거나 없앰으로써 영속적인 해탈을 얻을 수 있다. 이 의지의 발동을 미리 막는 금욕을 통하여 무아경이나 황홀경의 상태로 들어갈 수 있다"고 했다.

기타 깨달음의 순서가 어떻게 되는가? 라는 질문에, 어느 고승은 "일체개공(一切皆空)→오탁악세(五濁惡世)→토한다(미인→똥자루, 할머니로 보임)→무욕(無慾)→깨달음"의 순이라고 하였다. 즉 일단 세상이 일체개공이요 오탁악세라는 것을 확실히 깨치면, 미인도 똥자루로 보이고 오탁악세가 역겨워 정신적-육체적으로 토한다고 한다. 토하고 나면 무욕(無慾)이 일어나고 그것이 지속되면 깨달음이 온다고 한다.

그런데 중생들은 오탁악세에서 괴롭다고 하면서 또한 그것을 황금·미인 보듯 하며 가지려고 즐기려고 싸우고 갖가지 고민과 발버둥을 친다. 우리는 똥구덩이를 더럽다고 싫어하지만, 똥구덩이 속(사바세계)의 파리(우리 인간)와 그 자식인 구더기는, 그 똥구덩이가 극락이다. 구더기는 똥을 진수성찬처럼 먹고 파리는 똥구덩이가 천국인 양 신나게 그 위를 날아다닌다. 또한 구더기는 똥구덩이 위를 날아다니는 파리가 부러워 연신 그 파리를 꿈꾼다. 그런데 날아도 결국 똥구덩이이다.

위에서 깨달음에 대해서 살펴보았지만 뭔가 신비스럽고 인간세계를 뛰어넘는 이상한 그 무엇이거나 별세계나 별천지가 아니다.

부처님께서 말씀하신 초기 불교의 깨달음은 "눈을 뜨고 있는 그대로 여실(如實)히 보고 알고 이해하고 사는 것, 그릇된 생각에서 벗어나는 것"이며 좀 더 차원 높게는 존재의 이법(理法)인 "연기법(緣起法)을 이해하는 것"이었다. 또 부처님은 "쾌락적인 행도 아니고 고통스러운 행도 아닌 비고비락(非苦非樂)의 중도행(中道行)을 닦았더니 정각(正覺)과 해탈(解脫)을 이룰 수 있었다"고 했다. 즉 연기(緣起)와 중도(中道)를 알고 행하는 것이 깨달음이고 해탈이다.

그런데 이것이 대승불교에 오면서 특히 중국의 선불교를 거치면서 마치 인간세계의 일이 아니고 신에 버금가는 사람이나 할 수 있는 엄청난 것이고 말로 도저히 설명할 수도 없는 대단한 그 무엇인 양 신비화시켜 놓았다. 깨달음이란 무슨 대단한 것이나! 신비주의나! 이상한 것! 특별한 것! 현실이 아니거나! 특별한 능력! 특별한 느낌! 별천지! 등이 아니다. 깨달음이란 우리 앞에 있는 현실과 물질을 일단 부정을 완전히 거쳐서 긍정으로 승화하고 거기서 새로운 대안을 찾을 때, 현실과 물질이 더욱 명료해 지고 개선할 수 있는 힘을 얻는 것이다. 즉 세상 현실과 물질은 그대로인데 나 자신의 '인식(認識)의 전환'만 가져올 뿐이다. 깨달음이란 경천동지할 큰 사건이 아니라 연기법과 중도(中道)를 알아 그릇된 생각에서 벗어나 지혜를 성취하는 것'이다. 그 지혜를 바탕으로 바르게 살고 고(苦)에서 벗어나 열반에 드는 것이다.

깨달음을 얻었다고 해서 현실과 물질에서 벗어날 수도 없고, 생로병사와 팔자에서 완전히 벗어날 수도 없다. 부수적으로 타심통 등 육신통(六神通)을 얻었다 한들 현실의 범위 내일 뿐이다. 다만 도통(道通)하면 중생들보다 나은 것은 현실을 있는 그대로 받아들이고 맘 편히 가지고 양심에 따라 좀 더 지혜롭게 처신할 수 있을 뿐이다.

그리고 우리가 흔히 불교의 궁극적 목적을 깨달음이라고 잘못 알고 있는데, 깨달음이 아니라 '열반'이다. 깨달음은 '수단'이고 열반이 '목적'이라는 것을 알아야 한다. 연기법과 중도는 부처가 성취한 깨달음의 '내용'이고, 열반은 연기법과 중도를 응용해서 고(苦) 문제를 해결한 '결과'이다. 깨달음은 '이해의 영역'이고 열반은 '체험의 영역'이다.

부처가 되는 것이 무엇이 어려운 일인가? 참으로 쉬운 일이나 꾸준히 하지 않기 때문에 어려운 것이며, 한 생각 깨칠 때 부처가 나타나고, 한 생각 미혹할 때 참 부처가 사라지고 마는 것이다.

위에서 깨달음에 대해서 여러 어려운 얘기를 했지만 사실 깨달음이란 자신의 허물을 알고 이를 고쳐서 발전해 나가는 인격수양이다. 또 성인·종교의 말씀이나 속담·격언 등 예전부터 보고 들어서 알고는 있었지만 깊게 모르고 크게 와 닿지 않았던 것들을, 내가 성숙하고 여러 가지 기회나 인연을 통해서 깊이 이해하고 체득하는 것을 말한다.

더 나아가서 도가 따로 없고 깨달음이 따로 없다. 무슨 신비하거나 별세계나 특별한 생각이 따로 없다는 것이다. 죽어서 극락과 지옥이 있는 것도 아니다. 중생들의 번뇌가 곧 깨달음이고, 개·돼지처럼 보이는 중생들의 치고받고 밥 먹고 똥 싸는 하찮은 삶이 도이고 진리이고, 혼란과 미로와 지옥 같아 보이는 사바세계가 그대로 진리이고 극락이다.

수행과 깨달음은
무의식의 정화이다

무의식(=空, 아뢰야식, 제8식, 진여, 불성, 순수이성, 아트만, 하드 디스크, 내비게이션, 찰나, 대생명−천지 대자연−대우주의 일부)에 컴퓨터의 하드 디스크처럼 내 조상과 내 개인의 전생 윤회 경험과 그 업보가 모두 담겨져 있어서 인연과 조건이 되면 모두 깨어난다.

불교를 공부한 정신분석학자인 칼 융이 "무의식을 의식화하지 않으면 무의식이 우리 삶의 방향을 결정하게 되는데, 우리는 이것을 두고 '운명'이라고 부른다. 나의 생애는 무의식의 자기실현의 역사이다. 무의식이 곧 운명이다"라고 했듯이, 무의식 속 관념이 현실을 만든다. 무의식을 정화하지 않고 그대로 두면 결국 무의식이 시키는 대로 언행을 하고 팔자와 운명이 만들어지고 만다. 따라서 깨치고 팔자와 운명을 개선하기 위해서는 수행을 통한 무의식의 정화가 반드시 필요하다. 언행은 무의식→잠재의식→의식 순으로 일어나기에(물론 그 반대로도 일어난다) 생각의 원천 저수지이고 발전소인 무의식을 깨끗이 정화하고 성능을 높이지 않으면, 그 물과 전기를 사용하는 모든 것들은 깨끗할 수도 없고 기계가 성능을 제대로 발휘할 수가 없다.

컴퓨터(인간 머리)를 수리하고 자료를 정리하는 것이다. 컴퓨터를 열어서 본체를 깨끗이 청소하고, 컴퓨터 내에 필요 없는 자료나 프로그램을 없애고 쓰레기통을 비우고, 바이러스에 감염된 것을 치료하고 강력한 백신과 방어벽을 치고, 포맷하고 성능을 업그레이드하는 것이다. 우리가 주기적으로 목욕하고 옷을 빨아서 입고 정기검진을 통해 건강을 챙기듯이, 마음의 때와 오염을 씻어내고 고장을 수리하는 것이다.

그럼 무의식에 대해서 알아보자. 무의식은 위에서 얘기했듯이 空이고 천지 대자연–대생명–대우주의 일부이다. 그래서 개인의 무의식이나 대우주는 그 구성 원리가 똑같고 작용의 원리도 똑같다. 인간의 대우주의 부분이고 산물이기 때문이다. 인간은 대우주의 축소 모사판이다.

무의식과 대우주와 대생명이 어떻게 되어 있고 어떻게 작용하는지에 대해서는 「반야심경」과 「의상조사 법성게」에 잘 나타나 있다. 반야심경과 의상조사 법성게는 단지 우리 마음만 설명하고 어떻게 마음을 닦아야 하는지만 얘기하는 것이 아니라, 空과 무의식이 어떻게 생겨 먹고 어떻게 작용을 하는지, 더 나아가 우리 대우주가 어떻게 되어 있고 작용하는지를 설명하는 것이다. 그래서 불교는 우주 과학이다.

무의식에 대해서 더 자세히 설명해보면, 반야심경과 법성게에서 얘기하듯이 무의식에는 자타가 없고, 주관–객관이 없고, 생사도 없고, 선악도 없고, 깨끗하지도 않고 더럽지도 않고, 좋고 싫고도 없고, 시간도 없고 공간도 없고, 크고 작은 것도 없고, 많고 적음도 없다. 즉 아기처럼 아무런 분별심(7식, ego, 自我, 我想)이 없다. 그냥 잔잔한 바닷물이고, 깨끗한 물이다. 바다에 파도가 쳐야 묘용과 형상과 작용이 일어나고, 깨끗한 물에 온갖 조미료를 탈 때 사이다·콜라·주스 등 이것저것이 만들어진다. 사람도 아기 때는 거의 무의식만 작용하기에 주관-객관이 없으나 성장함에 따라 무의식→잠재의식→의식의 과정을 거쳐서 자아가 생겨나기에 온갖 분별심이 만들어지는 것이다.

무의식이 분별심이 없기에 내 무의식 속에 악심과 타인에 대한 원망·분노·저주 등 나쁜 것들이 들어 있으면 타인도 해치지만 무의식은 자타(自他)를 구분치 않기에 나마저도 해치게 된다. 또 생각의 발전소인 무의식이 더럽고 성능이 나쁘면 좋고 큰 생각도 행동도 할 수가 없다. 그래서 수행을 통하여 무의식을 정화하고 성능을 높여야 한다. 수행을 통하지 않고는 무의식을 정화하고 성능을 업그레이드할 수 없다.

무의식은 시간이 없기에 아무리 오래된 것도 기억하고 아무리 먼 미래라도 알 수 있다. 또 공간이 없기에 아무리 멀리 떨어진 것도 알 수 있는 것이다. 시간이 없기에 의상조사 법성게에서 말한 것처럼 한없는 긴 시간이 한 생각 찰나이고 찰나의 한 생각이 무량한 긴 겁이 될 수 있고, 공간과 크고 작음이 없기에 하나에 모두 있고 많은데 하나 있어 하나 곧 모두이고 모두 곧 하나이니 한 티끌 작은 속에 세계를 머금고 낱낱의 티끌마다 세계가 다 들어 있을 수 있는 것이다.

더럽고 오염되고 잘못되고 성능이 낮은 무의식을 수행을 통하여 정화하고 업그레이드하지 않으면 언행과 팔자와 운명을 바꿀 수 없다. 수행을 통해서 무의식을 정화한 다음 뇌 의식(의식, 잠재의식)과 무의식을 합일시켜야 한다. 무의식을 통제하면 운명의 주인공이 된다.

호흡과 道, 깨달음의 관계,
호흡법이 가장 좋다

　세상의 모든 종교는 호흡을 아주 중요시 한다. 호흡은 우주의 에너지(天氣)를 들여 마시는 것이라 인간의 생명과 정신도 호흡에 있기 때문이다. 그래서 옛날부터 "도(道)의 요체는 '호흡지간'에 있다"고 하였다.

　호흡은 기(氣)를 다스리고 도(道)에 이르는 기초 공부이고 정법(正法)이다. 이처럼 호흡은 탄생 순간이나 탄생 후 내 운명의 시작과 끝을 결정하는 중요한 것이다. 호흡은 우리 몸과 마음을 연결해 주는 아주 중요한 다리이다. 호흡이 편하면 마음도 편하다. 그래서 모든 운동과 명상의 기초나 시작이나 진행이나 마무리를 호흡에 두는 것이 좋다.

　참선-염불·주문-절하기 등은 심신이 다치는 등 심각한 부작용을 불러올 수 있고, 거기다 마(魔)와 장애도 따라온다. 또 능엄경을 보고 손가락을 태우는(燒指供養) 등의 자해(自害)-불효-배불(排佛)하는 미친 짓은 당장 그만둬야 한다.

　우선 중국 선종(禪宗)을 통해 국내에 들어온 간화선은 근기가 아주 수승한 상근기를 제외하고는 되지 않고, 대다수 상기병(上氣病)과 주화입마(走火入魔) 등 부작용에 걸려 고생이나 하면서 세월을 낭비한다. 상기병 증상으로는 열이 머리로 올라와서 머리가 뜨겁고 멍하고 띵하고 지끈지끈 아프고, 심신이 공중에 붕 뜬 듯하며, 머릿속에 벌레가 스멀스멀 기어가는 듯하고, 심하면 어지럽고 속이 메스꺼워서 토하고 쓰러지기까지 한다. 심지어 돌발성 난청이 오거나 귀 고막과 머리 혈관이 터지는 수도 있다. 그래서 참선으로 도통(道通)은 '가뭄에 콩 나기'보다 더 어렵고 대부분이 병이 들어서 두통약을 먹고 있는 실정이다.

그리고 중국 선종이라는 것이 인도에서 온 달마대사의 영향으로 시작되었다고 하지만 사실상 불교가 기존의 도교와 합쳐진 것이라 불교의 발전이라고도 할 수도 있지만, 또 순수한 불교가 아닐 수도 있다.

염불·주문 역시 참선과 같은 병이 오고 숨을 밖으로 지나치게 빨리 많이 내뱉기 때문에 상기병에 압력밥솥에 김이 빠지듯 심신의 기(氣)가 다 빼앗겨서 힘이 없거나 빨리 늙을 수 있는 등 심신이 다친다. 이것 역시 참선과 같은 부작용이 온다.

108배·3천배 등 절하기는 신심이 있거나 무식한 스님들이 자기도 하고 신도들에게 자주 권하는 것이고, TV에조차 심신에 좋다고 하고부터는 일반인들이 널리 따라 하고 있으나, 조금씩 하는 것은 괜찮지만 너무 오래 하고 많이 하면 무릎과 허리가 나가서(다쳐서) 늙어서는 걸음도 제대로 걷지 못하는 부작용을 초래한다. 절을 많이 한 스님과 신도들은 대개 이 꼴이 난다. 똑똑하고 양심 바른 스님에게 물어봐라.

참선(간화선)은 하근기는 아예 되지도 않고 염불·주문-절 등도 조금씩 적당히 해야지 심하게 하면 위와 같은 부작용이 반드시 나타나서 도통은커녕 심신을 크게 망치는 우를 범하고 만다. 설령 위의 같은 방법으로 도통을 했다고 해도 그것으로 인해 다친 심신의 병이 치유되는 것은 아니다. 병은 도인이나 부처라고 해서 봐주지 않는다. 깊이 유념할 일이다. 내가 말한 것을 무시했다가 나중에 깨달으면 이미 늦다. 도(道)는 물론 삼라만상이 약간 덜 채워야 다 채운 것이지, 다 채우려고 하면 덜 채운 것이 되고 사고가 나고 처음으로 되돌아간다.

그럼 무엇을 해야 하는가? 부처님도 그 당시 인도에서 유행하던 육체적 고행 등 깨달음을 위한 모든 방편을 다 해 보았으나 실패하고, 호흡을 통한 수식관(數息觀, 위빠사나)을 해서 깨달음을 얻으셨다. 수식관이란 들숨과 날숨을 코끝에 집중하고 이를 관찰하는 것이다. 더불어 그 호흡의 숫자를 세는 것이다. 이것이 부처님이 자기 아들 '라홀라'에게도 따로 불러서 직접 가르친 불교의 정법(正法)이고 다른 부작용이 없으면서도 심신의 힘을 얻고 심오한 경지에 들어가 최상의 깨달음을 얻을 수 있는 수승한 방법이다. 수식관의 방법은 다음과 같다.

"먼저 사람이 없는 한적한 곳을 찾아서 몸과 마음을 바르게 하고 가부좌를 하고 앉으라. 그런 다음 일체의 잡념을 없애고 의식의 초점을 코끝에 집중시켜라. 날숨이 길면 긴 줄 알아채고 들숨이 길면 긴 줄 알아채라. 날숨이 짧으면 짧은 줄 알아채고 들숨이 길면 긴 줄 알아채며, 날숨이 차가우면 차가운 줄 알아채고 들숨이 차가우면 차가운 줄 알아채라. 날숨이 따뜻하면 따뜻한 줄 알아채고 들숨이 따뜻하면 따뜻한 줄 알아채라. 이렇게 온몸의 들숨과 날숨을 관(觀)하여 모두 다 알아채야 한다. 어떤 때는 숨이 있으면 있다고 알아채고 숨이 없으면 없다고 알아채야 한다. 만일 그 숨이 폐장에서 나오면 폐장(肺臟)에서 나오는 줄 알아채며, 혹은 그 숨이 폐장으로 들어가면 폐장으로 들어간다고 알아채야 한다. 수행자가 이와 같이 수식관을 닦아 행하면 곧 근심과 걱정을 없애고 온갖 번뇌가 사라지며 큰 과보를 성취하며 감로(甘露)의 법을 얻게 되리라."

단학의 경전인 「심인경(心印經)」은 "사람은 작은 우주다. 작은 우주가 큰 우주와 하나 되지 못하는 것은 자기를 '나'라고 생각하는 그릇된 생각 때문이다. 정신이 호흡을 따라 맑고 가벼운 기운으로 바뀌면서 '나'라는 생각에서 벗어나 내 몸이 있는지 없는지 모르는 상태로 들어가게 되면, 대우주와 하나 됨을 체험하게 된다. 즉 대우주와 하나 되는데 장애가 되는 '나'라고 하는 집착과 망념에서 완전히 벗어나게 되면 대우주가 곧 '나'임을 알게 되고 내 몸은 '내'가 아니라 '내 것'(대우주)이 된다. 이렇게 되면 그동안 몸을 조절하지 못하여 늘 몸에 끌려만 다닌 것이, 이제는 마음대로 몸을 지배할 수 있게 된다"고 하였다.

깨달음의 결과와
과실은 무엇일까?

불교에서 깨달음의 목적과 결과와 과실은 다 알다시피 '성불(成佛)'이고 '열반(涅槃)'이다. '나'라는 아상(我相, ego, 7식, 自我)의 틀과 한계를 깨고 우주와 내가 하나라는 것을 알고 우주와 합일이 되는 것이다. 그러면 깨달음의 과정과 결과로 생기는 부수적인 효과는 무엇인가?

모든 종교 공히 대체로 예언, 병 치유, 설통(설교와 법문으로 중생을 교화하는 능력)의 능력이 나타나며, 불교에서는 더 구체적으로 육신통(신족통, 천이통, 타심통, 숙명통, 천안통, 누진통)을 얘기하고 있다.

부처·예수는 물론 그 제자들도 병 치유·예언·설통, 6신통 등 각종 기적과 이적을 나타내었으며, 그 결과가 성경·불교에 기록되어 있다(부처, 예수, 신통제일 목건련 존자 등). 그리고 우주와 하나가 되고 일체유심조가 되었으니, 장애가 없어지고 만사와 만물이 술술 풀리는 등 원하는 일이 이뤄지고(팔자 개선) 돈·여자 등 물질이 모이는 것은 당연한 일이다.

몸을 중시하는 도교에서는 최고의 경지로 불로장생과 우화등선 (羽化登仙), 그 아랫단계로 엄청난 육체적 파워가 나온다고 한다.

불교의 깨달음을 얻은 자의 인격은 자비와 지혜로 나타난다. 자비는 미소를 머금고, 지혜는 냉철한 기색을 띠게 된다. 보통 사람들은 자비만 나타나고 그것만 옳다고 잘못 알고 있다. 불교는 지혜의 종교이다.

어느 쪽이 더 강하게 나타나는가는 근기·인연과 자신이 추구하는 방향에 따라 달라지겠지만, 결국은 수레의 양 바퀴와 비행기의 양 날개처럼 모두 다 갖춰야 한다. 불교는 자비와 지혜의 종교이기 때문이다.

이번 생이나 다음 생에 완전한 깨달음을 얻으려면 평소 복과 지혜를 동시에 닦는 복혜쌍수(福慧雙修)해야 한다. 복이 있어야 깨달음과 지혜를 얻고 중생 제도도 할 수 있기 때문이다. 복만 있고 지혜가 없으면 복을 제대로 쓸 수 없고 결국 자타에 해만 끼치게 되고 만다.

그리고 깨달았다고 해서 바로 인격이 완성되고 무애자재하는 신통과 도통을 얻는 것이 아니다. 그래서 돈오돈수(頓悟頓修)보다 돈오점수(頓悟漸修)가 맞다. 깨달음은 완성이 아니라 더 큰 깨달음으로 나아가기 위한 시작과 발판일 뿐이다(주역 : 水火旣濟→火水未濟~).

불교는 무지와 바보를 왜 나쁘다고 하는가?
너 자신을 알아라

불교에서는 탐·진·치가 번뇌와 업의 근원이라고 하면서 근절하라고 한다. 그러나 탐·진은 버려야 할 것으로 이해되었지만, 치(癡)에 대해서는 이해가 되지 않았다. 어리석은 것은 용서할 수 있지 않은가?

지나친 욕심은 꿀벌이 꿀을 탐하다 꿀 속에 빠져 죽는 것처럼 된다. 사람들은 평생 화내는 시간은 6년이지만 웃는 시간은 46일에 불과하다. 분노는 눈과 귀를 어둡게 하고 일을 그르치고 몸을 상하게 하며 쉽게 적을 만든다. 범죄자들은 대개 화기(火氣)가 지나치게 많다.

그런데 치(癡), 어리석음은 무슨 악의가 있어서 그런 것이 아니라 단지 몰라서 그런 것인데, 또 어찌 보면 순수하고 순진하고 때 묻지 않아서 일수도 있는데 가르쳐 주면 되지…, 도대체 어리석은 것이 왜 나쁠까? 이것에 대해 오랜 세월 풀지 못했으나 알고 보니, 불교는 진리(法)와 지혜의 종교인데 어리석고 지혜가 없기 때문에, 탐·진(貪瞋)을 유발하여 자타에게 온갖 번뇌·해악·피해를 초래하기 때문이다.

어리석고 지혜가 없기 때문에, 결과적으로 치(癡)가 결국 무명(無明)과 탐·진(貪瞋)의 근본이고 출발이 되고 마는 것이다. 그래서 치가 나쁘다. 속담에 "무식한 귀신은 부처님 경도 통하지 않는다"고 했다. 사람도 마찬가지이다. 무지(無知)는 죄악이고 모든 죄악의 근원이고 출발이다. 그래서 늘 깨기 위해 노력하고 또 노력해야 한다. 12연기법과 대승기신론에서도 무명(無明)을 모든 그릇된 것의 출발로 보았다. 이에 소크라테스는 '너 자신을 알라'고 했다. 아무것도 모르는 자신을 똑바로 알고 있어야 한다. 자신이 모른다는 것을 깨닫는 것이다. 스스로 무지를 자각할 때 진리로 나아갈 수 있는 길이 열리기 때문이다.

그리고 착한 사람들은 자신의 착한 것을 무기로 내세우고 자기는 착하기 때문에 완전무결하다고 생각을 하는데 큰 착각이다. 대개 착한 사람들은 세상 물정을 잘 모르고 꽉 막히고 고집이 아주 센 특징이 있다. 세상 동물 중 가장 고집이 센 것이 순한 것의 대표선수인 양이다. 또한 맹목적으로 착하다는 것은 지혜와 분별이 없고 참고 참는다는 것인데, 결국 자신을 망가뜨리고 영혼까지 부서지게 한다. 게다가 선악은 붙어 있기에 착한 에너지가 발작하면 더 무섭게 작용을 하고 만다.

보는 눈과 듣는 귀가 있어야 한다. 특히 듣는 귀의 중요성은 불교·기독교·주역 모두 강조하고 있다. 행동할 수 있는 의지와 손과 발이 있어야 한다. 진시황과 칭기즈칸처럼 나보다 나은 것, 나은 생각, 내게 유리하고 좋은 것, 돈 되는 것은 꿀벌이 꿀을 모으듯 하고 진공청소기처럼 모두 빨아들여야 한다.

사바세계는 종교에서 말하는 하늘의 도가 있어 선(善)과 자비(慈悲)도 필요하지만 또한 땅에는 약육강식, 적자생존 즉 국가 간 전쟁-개인 간 전쟁-도전과 응전이기 때문에 지혜와 용맹 모두를 갖춰야 한다.

그래서 부처님께서는 "그대들은 항상 재시(財施)보다 법시(法施)에 힘쓰며, 재은(財恩)보다는 법은(法恩)에 감사하며, 어리석은 모습보다는 지혜로운 모습을 갖추기에 힘써야 한다"고 강조하셨다.

「밀린다팡하」에 보면, "지혜가 있으면 뜨거운 솥이나 주전자를 맨손으로 잡지도 않을뿐더러 잡더라도 아주 조심하기 때문에 피해를 덜 입는다"고 얘기하고 있다. 또한 6바라밀의 마지막이 지혜(智慧)이다. 지혜가 있으면 일에 대하여 의심이 없고 성공을 끌어올 수 있다.

불교에서는 나쁜 악도 알고 행하는 악이 모르고 행하는 악보다 피해가 적다고 했다. 그러나 잘난 자는 항상 부족함을 느껴서 더 알고 싶은데 무지(無知)한 자는 스스로 결코 무지한 줄 모른다. 서푼 어치도 안 되는 것을 들고 그것이 전부인 양 스스로 똑똑하다고 착각을 하며 귀를 막고 오만을 떤다. 무지의 늪 속과 똥구덩이 속에 빠져 있으면서 거기가 극락인 줄 아는 것이다. 거기다 악화(惡貨, 무지한 자)가 양화(良貨, 지혜로운 자)를 능멸하고 쫓아내려고 든다.

자기가 무지하고 못난 것을 알면 지혜와 잘난 길로 나아갈 길이 열리는데, 무지하면서 10개 중 딸랑 1~2개만 알고 다인 줄 착각하거나 열등감에 뒤틀리고 또라이성 오기로 못 먹는 감 찔러나 보고 훼방이나 놓고 보자는 마음을 가지면…, 그 사람 인생은 더욱 나락으로 떨어지고 만다. 영원히 지혜와 헌헌장부로 나아 갈 수 있는 길이 막히고 만다. 무식한 자가 소신까지 있으면 영원히 답이 없고 자타만 해치고 만다.

똥구덩이 속에 구더기와 파리로 계속 살 것인가? 너 자신을 알고 네 주제를 파악하여, 지혜있는 사람에게 배워 똥구덩이에서 나올 것인가?

기도 성취 이치와 과학적 근거,
기도는 이루어진다

인간은 자기 식견만큼 복과 인연만큼 팔자만큼 보고 듣고 행하고 얻을 수 있는데, 이것을 뛰어넘으려면 기도+스승(참모)가 필요하다. 부귀와 큰 길흉화복은 하늘이 내리기에 하늘에 빌어야 한다. 동서고금의 역사를 보면 일의 크기와 중요도가 높아질수록 일의 성패가 노력과 재주보다는 운과 돌발 변수에 의해서 결정되는 수가 더 많기 때문이다.

그러나 우리는 기도나 기원을 하면서 "이것이 이뤄질 것인가?", "공염불하는 것이 아닌가?", "과학시대에 미신이지?" 하고 의심하는 경우가 많다. 나도 옛날 책이나 위인전에서 '기우제를 지냈더니 비가 왔다', '뛰어난 아들을 낳게 해 달라고 부처님께 빌었더니 그런 아들을 낳았다', '김유신 장군이 산(경북 경산시 소재 '불굴사 홍주암')에 올라가 나라를 구할 지혜와 힘을 달라고 했더니, 산신령이 나타나 지도해 주었다', '이성계가 왕이 되기 전에 '남해 금산(錦山) 등 전국 명산을 찾아다니며 산신령께 기도했다' 등을 보고, 옛날 사람들이 참으로 어리석다 저런 미신 같은 짓을 하다니, 그리고 위인들이 성공과 출세를 한 후에 그것을 합리화·신비화하려고 각색한 것이다, 이렇게 생각을 했다.

그런데 인생의 신산(辛酸)을 겪고 공부를 많이 해 보니 이게 미신이 아니었다. 사실이다. 무지하면 맹신하고, 조금 알면 과학을 내세워 미신이라고 맹비난하고, 공부 많이 해서 알면 다시 사실인 것을 알 수 있다. 언제나 어중간한 것이 문제이다. 늘 의심만 하다가 끝난다.

그리고 철선과 대포를 동원해 기존 동양의 모든 것을 미신이나 쓸모없는 것으로 부정해 버린 서양은 막상 자기들은 미신 덩어리인 성경에 "쉬지 말고 기도하라"고 써놓고 실제로 열심히 기도를 하고 있다.

기도를 하면 ①우선 스스로를 돕는 마음과 행동을 내고, 하늘은 스스로 돕는 자를 돕는다고 했듯이 하늘의 도움과 사전 허락을 얻을 수 있고 ②내 무의식(제8식, 이제까지 조상과 내가 윤회한 모든 경험들이 다 들어있다.)과 천명(아카식 레코드)을 활용하여 무한한 지혜와 힘을 낼 수 있으며 ③좋은 판단을 하고 좋은 것을 당기고 크게 할 수 있고, 업장을 소멸하고 나쁜 판단과 나쁜 것을 작게나 멀리할 수 있다.

기도는 반드시 이뤄진다. 기도를 생활화하자. 그럼 기도가 「어떤 이치와 과학적 근거」로 이뤄지는지 얘기해 보겠다.

첫째 : 속담에 "우는 아이 젖 먼저 준다"고 했다.→아이가 울면 어머니도 젖은 주는데, 우리의 큰 부모인 부처님께서 소원을 들어주지 않겠는가? 부처님과 관세음보살 등은 천수천안으로 중생들을 보고 수백·수천의 장소에 동시에 몸을 나타내어 중생을 제도하고 도와주신다. 거품우주론−평행우주론에 따르면 이것이 가능하다.

예수님께서도 "구하라. 받을 것이다. 찾아라. 얻을 것이다. 문을 두드려라. 열릴 것이다. 누구든지 구하면 받고 찾으면 얻고 문을 두드리면 열릴 것이다. 사람들은 귀찮아서라도 요구를 들어 주는데 하늘에 계신 너희 아버지께서 자기에게 구하는 자들에게 더 많이 주시지 않겠느냐? 너희 중에 누가 아들이 빵을 구하는데 아버지가 되어 그에게 돌을 주겠느냐? 혹은 그가 생선을 구하는데 그에게 생선 대신 뱀을 주겠느냐? 혹은 그가 알을 구하는데 전갈을 주겠느냐? 너희가 악하면서도 자기 자녀에게는 좋은 것을 줄줄 알거든 하늘에 계신 아버지께서야 구하는 사람에게 더 좋은 것 즉 성령을 주시지 않겠느냐"고 하셨다.

불교 등 세계 종교 공히 기도를 통해서 소원을 성취한 사례는 넘치고 넘치는데, 이처럼 많은 실증 사례를 모두 거짓으로 돌릴 것인가?

둘째 : 원하는 것은 끌려오며 유사한 것은 같이 있고 싶어 한다 (유유상종, 자석원리, 끌어당김의 법칙, 심기혈정의 원리, 동기감응 등).

에너지인 기(氣)가 모이고 쌓이고 다져지면 결국 물질이 되어 눈에 보이고 만져진다. 햇볕-별빛-달빛 등은 아주 미세하고 밝은 광물질로 이뤄져 있는데, 이 빛 입자들을 고도로 농축하면 광물질이 된다(火生金). 그리고 기는 파장(波長)을 통하여 실제로 작용을 한다. 그리고 우주 창조는 소리→빛→영혼→물질 순이라는 것을 이미 설명했다. 또 수많은 사람이 끈질기게 기우제를 지내면 비가 오는 것은 비를 간절히 바라면 공기 중에 있는 물 기운의 '파동'이→물 '입자'로 바뀌고, 원하는 곳으로 끌려와서 자꾸자꾸 크게 뭉치기 때문이다.

이것을 양자 역학으로 설명하면, 양자 역학은 '소립자'에 마음(自由意思)이 있다고 한다. 즉 소립자는 '입자'와 '파동'의 성질을 동시에 가지고 있는데(세상의 모든 물질을 이루는 기본적인 입자를 관찰해보니 "우리가 지켜볼 때만 '입자'의 형태로 존재하고, 보지 않을 때는 물질이 아닌 '파동, 에너지' 형태로 있다"는 것이다) 파동의 형태로 있던 것이 우리가 지켜보거나 원하면 입자로 바뀌어 나타난다는 것이다.

셋째 : 휴대폰 원리이다. 내가 원하는 번호를 눌러 상대방에게 계속 신호를 보내면 응답한다. 특히 소방서(119)·경찰서(112)에 전화를 걸면 직접 와서 도와주기까지 한다. 휴대폰(플라스틱+쇠+반도체)이 부탁을 해도 응답하고 들어주는데, 만물의 영장·小우주·小부처님인 인간이 간절히 '텔레파시'를 보내는데 어찌 응답이 없고 들어주지 않겠는가?

최근 의학 연구에 의하면 실제로 두뇌 표면에는 '수상돌기'라 불리는 수많은 송수신 안테나가 가득히 자리하고 있는데, 이 안테나가 제대로 작동되기만 하면 그 능력은 대단할 것이라고 한다.

공상과학 만화나 영화에 보면 사람이 손을 사용하지 않고 '뇌파 송수신 장치'를 통해서 승용차나 비행접시를 운전하는 것을 볼 수 있다. 옛날 무협지나 고전에 보면 사이비 교주나 무당 등이 뇌파를 통해 상대방의 머리를 조종·통제한다는 내용이 나온다. 그런데 지난 2015년 영화 「아바타」가 현실로 나타났다. 미국 캘리포니아 어바인 대학의 안도 박사는 「뇌파 송수신 시스템」을 이용해 사람의 뇌파를 분석해 의도를 파악한 뒤, 이에 맞는 전기 자극을 다리 근육에 보내는 방식으로 척수가 손상돼 하반신이 마비된 환자를 걷게 하는 데 성공했다.

넷째 : 화엄경에 「일체유심조」라고 했고, 천수경에도 「수지심시 신통장(受持心是神通藏)」-"받아 지닌 저의 마음은 신통의 창고 같으니"라고 하여, 마음이 만물의 창조자이고 주인이라고 했다. 예수도 "네가 믿는 대로 이루어지리라"고 하였다. 의상 조사의 「법성게」에도 "이로운 법의 비는 허공에 가득하여, 제 나름 중생들로 온갖 원 얻게 하네"라고 했다. 혜능 스님은 육조단경에서 "自性은 본래 청정하고, 본래 모든 것을 다 가지고 있고, 본래 모든 것을 다 이루어 낸다"고

하였다.

위와 관련하여 특수상대성 이론에서 에너지와 질량은 같다고 이미 얘기하였고, 양자물리학에서 마음(생각 에너지)이 신통의 창고이고 모든 문제를 풀 근원적인 힘임을 과학적으로 증명하였다.

다섯째 : 일반적으로 "생각→말→행동·결과" 순으로 이뤄진다. 즉 무(無)인 생각이 곧 유형(有形)의 결과이다. "시작이 반이다", 법성게의 초발심시변정각(初發心時便正覺, 처음 내는 그 마음이 부처를 이룬 때다)이라고 했듯이 마음먹는 순간 이뤄진 것이나 다름없다.

우리가 마음속으로 뭔가의 상(像)을 그리면 그것은 물질 형상을 취하기 시작한다. 그 상을 더 오래 그릴수록, 그리고 더 많은 사람이 그 상(像)을 그릴수록, 그 형상(形象)은 더 물질이 되어간다. 자꾸 에너지를 투입하면 물질과 현실이 되어 나타나고 만다.

여섯째 : 기도를 하면 무의식(제8식, 컴퓨터 '하드 디스크')을 이용할 수 있어 원하는 것을 이룰 수 있다. 무의식에는 조상과 나의 수없는 윤회로 쌓인 다양한 지식과 경험이 있고 무한한 능력이 들어 있는데, 기도를 통해 무의식의 세계로 들어가 그 지식과 능력을 사용할 수 있다. 더 나아가 우주 대도서관인 「아카식 레코드」에 접근할 수 있다. 현대 학자들은 역사적인 발견과 발명품은 개인의 생각이 아니라 「아카식 레코드」에서 특정 개인에게 영감을 통해 가르쳐준 것이라고 보고 있다.

일곱째 : 주문이란 기원(祈願)하는 글이란 뜻인데, 주문식 기도란 정성껏 기원의 뜻을 되풀이하여 외면, 정신의 동화작용으로 그 기원을 이룬 것과 같은 정신상태(뇌가 착각)가 되어 결국 기원을 이루게 되는 방법이다. 소망하는 것을 뇌에 구체적이고 생생하게 직접 입력을 하는

것이다. 그러면 뇌는 그것이 이미 이루어진 현실이라고 느끼며 그에 맞는 뇌파를 발신한다. 이 뇌파는 결국 「에너지 공명현상」에 따라 거기에 어울리는 일과 사람, 에너지 등을 끌어당기게 되는 것이다.

열 번째 : 기도가 올바르면 참회하는 마음이 일어나게 되는데 참회를 하면 자신을 비울 수 있다. 비워지면 새로운 기운이 들어온다. 또 기도를 하면 무의식을 정화하여 업그레이드할 수 있다. 기도로 새로운 기운이 들어오고 영적 수준과 질량이 높아지면 그 수준에 맞은 물질과 인연과 복을 만나게 된다.

그럼 「기도 성취 방법」에 대하여 알아보자. 요즘 젊은이들은 간절히 바라고 생각하면 결국 이뤄진다는 내용의 서양인이 만든 「시크릿」이라는 책을 읽어서 그런지 그렇게 하면 무조건 되는 줄 알고 있다.

그러나 그냥 태양빛으로는 물을 끓이거나 물체를 태울 수 없다. 빛을 '오목렌즈'로 모아 지속적으로 비춰야 물이 끓고 물체가 탄다. 인공 다이아몬드 제조도 '탄소'를 엄청난 압력·열을 가해 일정 기간(3일~1주일 정도)을 지속시켜야 쓸모없는 재가 보석인 '다이아몬드'로 바뀐다. 이처럼 애절하고 간절하고 입술이 타고 피가 맺히고 뼈에 사무치게 끝도 없이 갈구하고 기도해야 한다. 여러 생을 해야 할 경우도 있다. 개도 주인에게 맛있는 것을 얻어먹을 때 그 애타고 간절함은 말로 다 못한다.

그리고 기도를 이루려면 반드시 「선행조건」으로 먼저 "인과의 법칙"을 따라야 된다. 즉 과(果)를 얻으려면 먼저 인(因), 즉 씨를 뿌리고 열심히 가꾸는 것을 기본으로 해야 한다(부처님은 살아서나 죽는 순간에나 "현재와 미래의 소원 성취 방법은 게으르지 않은 것이다"라고 하셨다). 복권이라도 사고 예쁜 여자가 있으면 일단 좋다고 해봐야 한다. 하늘은 스스로 돕는 자를 돕기에 우선 스스로를 도와야 한다.

기도 장소는 시간·장소·조건에 구애받을 필요는 없으나 아무래도 바위가 많은 곳, 유명 사찰과 옛날 성인들과 유명 인물들이 기도했던 터에서 하면 효과가 더 좋은 것은 기정사실이다. 그런 곳은 명당이고 공간에너지가 집중되어 있는 곳이기 때문이다.

기도 효과를 보기 위해서는 짧은 시간이라도 긴 기간을 계속하는 것이 좋으며, 살생·조급함을 버리고 말과 맘을 잘 쓰고 방생과 보시를 하면서 하면 더욱 좋다. 기도 중에 장애나 마장이 나타날 수 있으나 그것은 업장소멸의 과정으로 명현현상이니 더욱 분발해야 한다. 부처님은 깨달음을 위해 5백 생을 정진적공(精進積功) 하셨다.

영국 성공회 대주교 윌리엄 템플은 "기도를 하면 우연한 일들이 일어난다. 그러나 기도를 하지 않으면 그런 일이 생기지 않는다"고 했다.

누구나 다
성불(成佛)할 수 있는가?

결론적으로 말하면 모두 다 성불 할 수는 없다. 모두 다 성불할 수 있다는 말은 단지 중생들에게 희망을 주고 가능성을 열어 놓은 방편(方便)에 불과할 뿐이다. 사바세계나 신의 세계 모두 100%는 없다.

부처님은 여자는 성불할 수 없다고 하면서 자기의 이모이자 엄마인 '대애도 부인'의 출가를 3번이나 거절하고 4번째 겨우 허락을 하였고, 말세 중생은 성불할 수 없다고 하셨다. 그러나 부처님은 자신을 3번이나 죽이려고 한 사촌 남동생인 '데바닷타'에게는 향후 부처가 될 것이라는 수기(授記)를 준다. 이는 언젠가 참회하여 누구나 지니고 있는 불성(佛性)을 회복하기만 하면 부처가 될 수 있다는 것이다. 이처럼 초기불교에서는 여자와 중생들의 성불에 대해서 상반된 얘기를 하고 있다.

대승불교에 와서야 「여래장 사상」을 통해 "모든 중생은 본래부터 여래(부처)가 될 수 있는 가능성(佛性)을 가지고 있다"고 하였으며, 「화엄경」에서는 "여자 포함 모든 중생이 성불할 수 있다"고 했다.

허나 이것은 중생들에게 희망을 주기 위한 방편(희망팔이)으로 크고 넓게 가능성을 열어 놓은 것일 뿐…, 진짜로는 모두 다 성불할 수는 없다. 도가(道家)나 선가(仙家)에서는 "악하게 살고 어영부영 정신수양을 하지 않고 살면 결국 영혼이 흩어지거나 파괴되어 버린다고 하였고, 예수는 추수할 때 쭉정이와 잡초는 버리고 태워 없앤다"고 했다. 농부들은 가을이 되면 실제로 그렇게 한다. 과일과 나무도 우수한 것을 키우기 위해 열매 솎아내기-가지치기-간벌도 하고 심지어 숲이 병들면 전체를 베어서 태워 버린다. 소돔과 고모라가 불태워진 것처럼 말이다. 농부가 농사를 짓듯이 신과 우주도 인간 농사를 짓는 것이다.

우리의 세상과 인간은 신+대우주+대생명+대자연+지구의 축소 모사판으로 그들의 자식이고 표상이다. 즉 하늘은 인간을 통해 그 뜻을 드러낸다. 따라서 인간과 인간 세계를 고차원적으로 확대해 보면 곧 신+대자연+대생명+지구가 되고 그들의 모양과 참뜻을 알 수 있다. 우리 인간과 세상을 확대하면 곧 신(神)과 신의 세상과 대우주-대생명이 된다. 다르게 말하면, 대우주+대생명+신+지구의 본성은 이 세상에 존재하는 만물과 만사를 보아서 알 수 있다. 즉 작품을 모아서 작가를 알 수 있듯이, 신과 대우주 등이 만들어 낸 이 세상의 만물과 만사를 보아서 이들의 신성(神性)-참뜻-능력 등을 알아낼 수가 있는 것이다. 우리가 하는 것은 신도 한다. 왜냐? 신이 하는 것을 우리가 하기 때문이다. 축생들도 말만 못할 뿐 인간의 축소 모사판의 생활을 한다.

그리고 만약에 먼저와 나중이 있을 뿐 시간이 지나면 모두 다 성불(成佛)할 수 있다고 하더라도 나중 된 것은 그 단계는 낮고 별 쓸모가 없을 것이다. 참외도 제일 먼저 따내는 최고 비싼 상품이 있고, 중간 단계에 따는 중품이 있고, 마지막으로 참외밭을 철거하기 전의 '끝물'로 참외이기는 하나 모양도 맛도 없고 작아서 상품 가치가 별로 없는 것이 있다. '끝물'도 못되어서 그냥 갈아엎어야 하는 것도 천지이다.

그러나 실제로 자연의 이치는 시간이 지나면 무조건 열매를 맺는 것이 아니라 더 엄하고 어려워서 꽃이 아예 피지 않는 나무도 있고, 설령 꽃이 피웠다고 해도 다 열매를 맺는다고 볼 수 없으며, 열매를 맺었다 하더라도 성장하는 과정에서 저절로 열매솎기나 벌레가 먹어서 중간에 떨어지고 완전한 열매가 되는 것은 드물다. 이 모든 과정을 거쳐서 열매가 되었다 한들 각 열매별 상품가치와 등급은 천양지차이다. 또 열매가 상품가치가 없으면 거름으로 사용하고 그 열매가 잡초라면 불에 던져진다. 인간도 이와 같고 성불도 이와 같다.

다른 예를 들어 사람별로 학력과 졸업 학교도 다 틀리고, 모두 대학을 졸업할 수 있는 것이 아니라 자퇴·퇴학이 있고, 설령 대학을 졸업했다 하더라도 그 졸업 대학 레벨과 성적과 순위가 있고, 대졸자도 각종 자격증과 입사 시험에서 실력이 있는 일부만 통과할 수 있을 뿐이다.

이에 의상조사 법성게에서는 "~깊고도 현묘할 손 진리의 성품, 내 성품 못 벗으면 인연 따라 이루네~이로운 법의 비는 허공에 가득하여, 제 나름 중생들로 온갖 원 얻게 하네~"라고 하였다. 따라서 성불을 위한 발걸음을 지금 당장 간절한 마음으로 내딛어야 한다(初發心時便正覺 : 처음 내킨 그 마음이 부처를 이룬 때고~).

우리는
지상 극락도 만들 수 있다

불교에서는 세상의 모든 것이 고(苦)이며, 속세를 사바세계−불타는 집−고해(苦海)의 바다라고 한다. 여타 다른 종교와 문화권에서도 별반 다르지 않다. 누가 이렇게 만들었는가? 우리 인간들이 만들었다. 자기들이 스스로 지옥을 만들어 놓고 괴롭고 힘들다고 하는 것이다.

그런데 우리가 지옥을 만들 능력이 있다면 반대로 천국과 극락도 만들 수 있다는 말이 된다. 건물을 더럽히고 부술 능력이 있다면 그에 앞서 건물을 신축이나 재건축할 능력도 당연히 있는 것이다.

선천시대에는 사후에 천국·극락을 가는 것이 목표이고 모든 것이 불비(不備)하여 그럴 수밖에 없지만, 후천시대에는 지상에 천국·극락을 만드는 것을 목표로 해야 하며 또 그럴 수 있는 시절 인연이 왔다.

이제 지옥만 만들지 말고 지상 천국·극락을 만들어서 다 같이 잘 먹고 잘살아 보자. 꼭 죽어서 구원을 받거나 천국−천당−극락에 갈 것이 아니라 현실에서 지상천국과 불국정토를 만들어 천상천국으로 연결해야 한다. 이생에서 잘 살지 못하면 다음 생에도 잘 살 수 없고, 역시 이생에서 극락을 만들지 못하면 내생에서 극락을 갈 수가 없다.

우리 모두 힘을 합쳐 현재의 모든 거짓−모순−부조리−억울함−가난−질병−재해를 없애 버리고, 인간이 인간다운 대접을 받고, 참다운 인간의 자유와 평등이 보장되며, 건강과 물질적인 풍요가 있는 그런 세상을 만들어야 한다. 즉 자유·평등·정의·복지를 현실에서 구현해 내어야 한다. 양심에 따라 지혜롭게 상식대로 경우대로 살면 충분히 가능하다.

통일교에서는 화엄경과 같이 이 세상을 지상 천국(극락)으로 만들어 천상천국으로 연결시키려는 교리를 가지고 있다. 이를 위해 현세에서 4가지 수단, 즉 4권(사상, 과학, 언론, 경제)을 쥐려고 노력하고 있다.

참고 문헌

강성률, 서양철학사 산책, 평단 문화사, 2009

지나 서미나라, 백련선서간행회 역, 윤회의 비밀, 장경각, 1993

이승헌, 뇌파진동, ㈜한문화멀티미디어, 2008

문선명, 평화를 사랑하는 세계인으로, 2010

한동석, 우주변화의 원리, 대원출판, 2010

황성기, 불교학개론, 아름다운세상, 1999

호진 지안, 성지에서 쓴 편지, 도피안사, 2010

탄허 큰스님, 부처님이 계신다면, 교림, 2005

성철 큰스님, 영원한 자유, 장경각, 2008

조용헌, 조용헌의 고수기행, 랜덤하우스 중앙, 2006

김석진, 우리의 미래, 대유학당, 2009

조용헌, 조용헌 살롱, 랜덤하우스코리아, 2006

강성태, 화두 짓는 법, 토방, 1998

오희규, 운명, 인디넷, 2011

김석진, 대산주역강의, 한길사, 2004

강재웅, 사랑으로 세월의 강을 건널수는 없다. 계백, 1998

김석진, 스승의 길, 주역의 길, 한길사, 2007

석성우, 태교, 토방, 1996

한용운, 옮긴이 이원섭, 운주사, 2007

권오민, 아비달마불교, 민족사, 2009

랜돌프 윈터즈, 김경긴 옮김, 플레이아데스의 사명, 대원출판, 1997

김재영, 초기불교 개척사, 도피안사, 2006

김성규, 아인슈타인이 깨달은 윤회의 법칙, 큰산, 1996

법륜(그림 유근택), 인생수업, 한겨레출판, 2014

한국의 신흥종교, 가톨릭신문사, 1997

이재숙(그림 박레지나), 천 가지 표정이 있는 나라 인도이야기, 아이세움, 2010

홍사성, 한 권으로 읽은 아함경, 불교시대사, 2009

최대림, 근사록, 홍신문화사, 1997

조용헌, 조용헌의 사주명리학, 생각의 나무, 2010